ŒUVRES INÉDITES

DE

MAINE DE BIRAN

TOME I.

Tout exemplaire de cet ouvrage non revêtu de notre signature sera réputé contrefait.

Coulommiers. — Imprimerie A. MOUSSIN.

ŒUVRES INÉDITES

DE

MAINE DE BIRAN

PUBLIÉES PAR

ERNEST NAVILLE

AVEC LA COLLABORATION DE MARC DEBRIT.

TOME I.

PARIS
DEZOBRY, E. MAGDELEINE ET Cie, LIBRAIRES-ÉDITEURS,
Rue des Écoles, 78,
Près du Musée de Cluny et de la Sorbonne.

1859

AVANT-PROPOS DE L'ÉDITEUR.

Les œuvres inédites de Maine de Biran diffèrent beaucoup de la plupart des publications qui portent un titre analogue. On ne trouvera pas ici, comme il serait naturel de le penser, un simple complément formé d'écrits d'une importance secondaire, mais les ouvrages peut-être les plus dignes d'attention d'un écrivain mort pourtant depuis plus de trente années. Le contenu de ces trois volumes, et la comparaison que chacun peut en faire avec les ouvrages déjà publiés du même auteur, fourniront la preuve de cette assertion.

Les circonstances qui ont amené ce résultat étrange, ont été portées à la connaissance du public (1). Il suffira de rappeler ici que depuis les quatre volumes édités par M. Cousin (2), le manuscrit le plus étendu de M. de Biran a été retrouvé avec beaucoup d'autres, et que le *Journal intime* de ce philosophe a fourni de précieuses lumières

---

(1) Voir l'histoire des manuscrits inédits de Maine de Biran, en tête du volume, *M. de Biran, sa vie et ses pensées*, par Ernest Naville; Paris, Cherbuliez, 1857.

(2) *Œuvres philosophiques de M. de Biran;* Paris, Ladrange, 1841.

sur l'ordre, la date et le but de tous ses ouvrages.

La publication actuelle, indépendamment de l'introduction générale qui en forme le préambule, se compose de deux parties assez distinctes. Les deux premiers volumes sont remplis par un ouvrage de psychologie pure qui résume, coordonne et complète tout ce que l'on connaissait naguère de la philosophie de M. de Biran. Le troisième volume ne renferme que des écrits fragmentaires; mais, pour en sentir l'importance, il suffit de savoir que ces fragments contiennent l'étude des questions religieuses, et les premières ébauches d'une philosophie chrétienne.

Quant à l'Introduction, elle a été rédigée après une longue étude, non-seulement de tous les écrits du philosophe dont elle retrace les travaux, mais des documents de toute nature qui pouvaient être un secours pour le rédacteur. Entre ces documents, il en est un qui mérite une mention particulière : la belle étude publiée par M. Cousin en 1834 (1).

Plusieurs des écrits de M. de Biran demeurent encore inédits (2); dans le nombre, il en est qui sont

---

(1) Cette pièce figure sous le titre de Préface de l'Éditeur, en tête du quatrième volume des Œuvres philosophiques de M. de Biran. Ce volume avait primitivement été publié seul en 1834.

(2) Voir le catalogue raisonné, à la fin du troisième volume de cette édition.

dignes de voir le jour, mais ils n'auront tout leur intérêt, et ne trouveront par conséquent leur place la plus avantageuse que dans les œuvres complètes de ce philosophe. Le travail nécessaire à la publication de ces œuvres complètes est aujourd'hui à peu de chose près terminé. Le moment viendra, sans doute, où il sera possible d'élever ce monument public à la mémoire d'un penseur d'élite. Des droits acquis, ou, dans tous les cas, des motifs de convenance et d'équité, ne permettaient pas de le faire dans les circonstances actuelles. Du reste, si le lecteur n'a pas sous les yeux toutes les rédactions de M. de Biran, il possède désormais dans les écrits édités par M. Cousin, dans le texte des présents volumes, et dans l'Introduction qui en complète les données d'après les manuscrits, toute la pensée de ce philosophe ; il peut donc se former sur ses doctrines un jugement dont aucune publication subséquente ne viendra modifier les bases.

Je ne redirais pas combien il a fallu de travail pour déchiffrer, coordonner, classer des masses énormes de manuscrits en désordre et souvent indistincts, si je ne désirais saisir l'occasion d'exprimer ici mes remercîments à toutes les personnes qui m'ont prêté leur concours dans l'accomplissement de cette longue tâche. Il en est deux surtout auxquelles je dois une reconnaissance spéciale. M. J.-J. Rapet n'a pas cessé, depuis dix ans, de mettre à mon service toutes les ressources de son active obligeance. M. Debrit, à une époque où les forces me faisaient défaut, a pris sa part d'une œuvre qui sans lui serait vraisemblablement inachevée encore. Les deux avant-propos signés de son nom abordent des points de doctrine de quelque importance, qui ne rentraient pas dans le cadre de l'introduction générale. La rédaction de ces avant-propos ne représente, du reste, qu'une partie du travail consacré par M. Debrit, non-seulement à la publication actuelle, mais aux ouvrages qui restent encore inédits.

L'usage des dédicaces est passé; s'il en était autrement, la première page de ce livre ne pourrait qu'être consacrée à la mémoire de mon père, dont le zèle désintéressé et les efforts persévérants ont préservé les manuscrits de M. de Biran de la destruction, et conservé aux amis de la science des œuvres importantes en elles-mêmes, et indispensables à l'histoire complète du mouvement de la philosophie contemporaine.

Genève, le 4 octobre 1858.

INTRODUCTION GÉNÉRALE

AUX

ŒUVRES DE M. DE BIRAN.

INTRODUCTION GÉNÉRALE

AUX

ŒUVRES DE M. DE BIRAN.

Il est des philosophes dont l'œuvre entière n'est qu'une même pensée. On les trouve, au terme de leurs travaux, occupés à étendre, à développer sans en modifier les bases, la théorie de leurs premiers jours. Tel fut Descartes : toute la doctrine de ce génie de premier ordre est plus qu'en germe dans le *Discours de la Méthode*. Cet écrit si court, et qui, dans sa brièveté, aurait suffi à renouveler la métaphysique, est le programme complet et définitif du Cartésianisme. D'autres penseurs s'avancent, au début, dans une certaine voie, puis changent de direction, d'une manière plus ou moins subite. Leur ligne se brise à un point donné, et, dans une même vie, ils fournissent deux carrières scientifiques différentes. Schelling, après avoir largement marqué sa place entre Kant et Hégel, dans l'histoire de la métaphysique, consacre les années d'un long silence à préparer une nouvelle philosophie.

M. de Biran est peut-être l'exemple le plus saillant d'une destinée philosophique qui se distingue des deux destinées précédentes. Il n'y a pas d'unité dans son œuvre : sa fin contredit son commencement. Il n'y a pas non plus un moment qu'on puisse assigner, où une pensée nouvelle, surgissant dans son esprit, vienne couper en deux parties distinctes sa vie scientifique. Il se modifie, mais d'une manière progressive et sans brusques transitions. Sa pensée va toujours en avant, par un mouvement continu; et plus on l'étudie de près, plus on y découvre, à chaque moment, la trace du moment qui précède et le germe du moment qui suit. Malgré toute la distance qui sépare son point d'arrivée de son point de départ, il est difficile de trouver dans sa marche des points d'arrêt véritables. La détermination de périodes dans l'exposition successive de ses doctrines a donc nécessairement quelque chose d'artificiel. Il convenait de signaler, dès le début, ce fait caractéristique, afin que le lecteur n'attribue pas une importance exagérée à des divisions dont une histoire quelconque pourrait difficilement se passer.

Les travaux de M. de Biran lui-même fournissent du reste des secours précieux pour établir, dans son développement philosophique, les périodes les moins artificielles qu'il soit possible d'espérer. Il a donné, sans y penser, le cadre d'une histoire complète de son existence intellectuelle ; il sera facile de s'en convaincre.

Lorsque ce philosophe traça le plan d'un dernier ouvrage que la mort ne devait pas lui permettre d'achever, il groupa tous les faits que la nature humaine avait successivement révélés à son observation, dans les trois classes suivantes, qu'il appela des vies :

La vie animale, qui se caractérise par des impressions, des appétits et des mouvements, organiques dans leur origine, et régis par la loi de la nécessité.

La vie humaine, résultant de l'apparition de la volonté libre et de la conscience de soi.

La vie de l'esprit, qui commence au moment où l'âme, affranchie du joug des penchants inférieurs, se tourne vers Dieu, et trouve en Dieu sa force et son repos.

Or, les trois vies n'étaient pas seulement le résultat dernier des observations du philosophe, c'étaient aussi les trois degrés successifs par lesquels il s'était élevé à une possession de plus en plus complète de la vérité. Il avait commencé par croire, ou tout au moins par dire, avec l'école régnante dans sa jeunesse, que cette sensibilité physique par laquelle l'homme se rapproche de l'animal suffit à expliquer l'homme tout en entier. Il avait ensuite professé que la force propre de la volonté consciente, dans sa réunion avec les éléments de la vie inférieure, explique tous les phénomènes, et que la domination de la force libre sur les penchants aveugles est le terme le plus élevé de la destinée humaine. Il avait enfin affirmé que si la volonté se sent faite pour régner sur les éléments de la nature animale, elle ne se sent pas moins constituée en dépendance d'un ordre supérieur et divin, où elle doit chercher son appui. La vie de l'esprit s'était dès lors manifestée à ses yeux comme la fin dernière et seule légitime du développement des âmes.

Ainsi, lorsque M. de Biran, au terme de sa carrière, traça sa triple division des faits de l'existence humaine, il ne fit que raconter son propre développement : sa théorie des trois vies était sa propre histoire. Ses travaux, d'après les indications qui résultent de ces travaux eux-mêmes, se répartissent donc en trois périodes.

La première période commence en 1794, date des premières ébauches de l'auteur, et s'étend jusqu'en 1804. M. de Biran se pose en disciple de Condillac ; il répète, avec Cabanis et de Tracy, que les impressions faites sur les sens sont l'unique origine de toute la pensée. A la vérité, un regard attentif discerne déjà, dans les travaux de l'*idéologue*, les signes précurseurs d'un prochain affranchissement. Mais ces germes d'un autre avenir, enveloppés encore et inaperçus de l'écrivain lui-même, ne doivent pas empêcher de désigner cette première période sous le titre de *Philosophie de la Sensation*.

La seconde période (1804 à 1818) est celle de la *Philosophie de la Volonté*. M. de Biran met en lumière, avec toutes ses conséquences, ce fait de l'activité de l'âme que M. de Tracy avait indiqué sans pouvoir en tirer parti, et dont M. Laromiguière devait plus tard réclamer les droits timidement et d'une manière incomplète. Cette restauration de la puissance active et libre dans l'analyse de la nature humaine était, jusqu'à la publication d'un volume récent (1), le titre à peu près unique sur lequel reposait la renommée métaphysique de M. de Biran. C'est l'œuvre dont M. Cousin a si bien exposé la nature et fait sentir l'importance dans la préface qu'il a publiée en 1834.

Mais ce n'est pas là que s'arrête le développement du philosophe qui, le premier en France, a réagi sérieusement contre la domination du sensualisme. Sa pensée parcourt une période nouvelle, dont les monuments, malgré leur état incomplet et fragmentaire, n'en sont pas moins de la plus haute importance. Les préoccupations qui produisent et caractérisent cette période ne permettent pas d'hésiter sur le nom qui doit lui être donné; c'est la période de la *Philosophie de la Religion* (1818 à 1824).

Passer en revue ces trois périodes successives, non pour en faire l'histoire détaillée qui demanderait un long récit, mais pour en saisir, s'il est possible, l'esprit général et la portée scientifique, tel est le but de cette Introduction. Je me suis servi pour ce travail, non-seulement de tous les écrits publiés de l'auteur, mais de ses ouvrages encore inédits, de ses ébauches, de ses notes et du *Journal intime* dans lequel il enregistrait, avec les événements de sa vie, ses impressions et ses pensées de chaque jour.

Une remarque préalable est encore nécessaire. S'il y a quelque chose d'artificiel dans le fait de couper

---

(1) *Maine de Biran, sa vie et ses pensées*. La vie, placée en tête de ce volume, est le complément naturel de la présente introduction. J'y renvoie pour toute la partie proprement biographique.

en un certain nombre d'époques déterminées, le mouvement continu de la pensée de M. de Biran, il est impossible, à plus forte raison, de donner une valeur rigoureuse à la désignation expresse de l'année qui commence ou finit chacune de ces époques. C'est en 1804 que M. de Biran aperçoit nettement le rôle de la volonté dans l'homme; c'est en 1818 que la préoccupation religieuse influe décidément sur ses travaux. Mais les directions de sa pensée qui se manifestent très-clairement à ces deux dates se trouvent en germe dans des écrits antérieurs; et il n'est pas moins essentiel de remarquer que tel écrit rédigé dans une des périodes indiquées porte le caractère prédominant de la période précédente. Les mouvements de l'esprit humain ne se conforment pas à la précision d'une division chronologique. Deux courants de la pensée, dont l'un doit finir par absorber l'autre, coulent souvent dans le même lit, sans se confondre, pendant un certain espace de temps. C'est donc le cas d'appliquer ici, à l'histoire d'un seul philosophe (la suite de ces pages en fournira la preuve), ce que le docteur Ritter a heureusement exprimé en vue de l'histoire générale de la philosophie : « Notre division ressemble moins à une « division mécanique qu'à la décomposition chi- « mique d'un composé d'éléments divers. »

PREMIÈRE PÉRIODE.

PHILOSOPHIE DE LA SENSATION.

1794 A 1804.

> L'action de la pensée par laquelle on croit une chose, étant différente de celle par laquelle on connait qu'on la croit, elles sont souvent l'une sans l'autre.
>
> (Descartes.)

M. de Biran n'avait rédigé aucun ouvrage proprement dit jusqu'à son *Mémoire sur l'habitude*, couronné par l'Institut en 1802. L'histoire de sa pensée peut toutefois remonter au delà de cet écrit, au moyen de quelques fragments détachés et d'un recueil de notes assez volumineux, qui commence en 1794. Les pensées éparses qui résultent des premières méditations de sa jeunesse offrent un vif intérêt. C'est une intelligence qui s'essaye librement et sans but encore déterminé; c'est la source qui bouillonne et se répand en tous sens avant de descendre dans le lit que va tracer son cours.

Après avoir parcouru ces ébauches, on peut affirmer que M. de Biran, à ses débuts, n'avait aucune connaissance du mouvement général de la philosophie en Europe. Il ignorait vraisemblablement jusqu'au nom du chef de l'école écossaise et du grand métaphysicien de Kœnisberg, bien que Reid et Kant eussent commencé, depuis quelques années, leurs principales publications. Il lisait parfois Cicéron, il connaissait un peu Sénèque; mais ces classiques étaient plutôt à ses yeux des écrivains et des moralistes que des philosophes proprement dits. Condillac et son école étaient pour lui toute la philosophie. Comment s'en étonner, et que pouvait savoir de plus un garde-du-corps de Louis XVI, que la Révolution avait relégué dans la solitude?

M. de Biran d'ailleurs, quand il essaya, pour la première fois, de donner essor à sa pensée, ne devait connaître l'école sensualiste qu'en homme du monde qui a quelque lecture. Il ne part pas d'une doctrine étudiée et reçue. Solitaire, ayant le besoin de s'observer lui-même, et une merveilleuse aptitude à le faire, il rencontre la philosophie, il n'en part pas, comme fait l'homme qui était le disciple d'une école, avant de devenir un penseur indépendant. La source vive de ses idées est en lui, et il reçoit du dehors aussi peu qu'il est possible; il en fut ainsi jusqu'à la fin. Il trouve donc la philosophie sur son chemin, et il la trouve sous la forme de la doctrine de la sensation. Cette doctrine avait des affinités avec sa nature personnelle, avec l'action incessante qu'exerçaient les variations de la sensibilité sur une âme éminemment impressionnable. Il accepte donc la théorie régnante, et il n'y a qu'à feuilleter ses notes de 1794 pour y trouver des thèses comme celles-ci : « Quel que soit le mécanisme par lequel « nous avons des idées, il est démontré que leur ori-« gine est dans les sens. » — « Le tempérament est « la cause qui unit ou plutôt qui *identifie* ce qu'on « appelle le physique et le moral de l'homme. »

Ces déclarations sont explicites. Ce ne sont là toutefois qu'un des courants de cette pensée encore incertaine. Tout à côté du passage où il est parlé du mécanisme par lequel nous avons des idées, on rencontre les lignes suivantes : « Sans doute on n'expli-« quera jamais mécaniquement la simplicité de l'être « pensant. Elle répugne à la composition de la ma-« tière. Le *moi* auquel je rapporte toutes mes sensa-« tions les plus variées, qui reste toujours un, tou-« jours simple, toujours indivisible, aurait-il les « propriétés de la matière ? C'est ce qu'on ne saurait « comprendre. » Le physique et le moral s'identifient dans une cause commune, qui est le tempérament. Mais M. de Biran rencontre-t-il, dans Cabanis, l'expression trop précise d'une pensée analogue, il proteste : « Aucun paradoxe ne peut étonner de la « part de celui qui ose dire, avec assurance, qu'il « faut considérer le cerveau comme un organe par-« ticulier, destiné spécialement à produire la pensée, « de même que l'estomac et les intestins à faire la « digestion, le foie à filtrer la bile..... Dire que le « cerveau filtre des pensées, c'est bien la plus grande « absurdité, la plus grande impropriété de langage « qu'on puisse imaginer. »

Des contradictions de même nature se manifestent

dans l'ordre des questions morales. Ce que M. de Biran sait des théories de Hobbes et de Spinosa l'épouvante. Chose étrange! et qui n'est pas toutefois sans exemples, on le voit émettre la crainte que les doctrines de cet ordre ne soient difficiles à réfuter, et s'élever en même temps contre leurs conséquences avec une sorte d'indignation : « Tout ce qui enlève à
« la société les sublimes ressorts de la vertu, tout ce
« qui dégrade l'homme, en effaçant à ses yeux le mé-
« rite de ses bonnes actions, et ôtant de son cœur l'a-
« mour du beau moral par l'impuissance démontrée
« d'y parvenir, doit être combattu avec l'ardeur que
« l'on met à repousser un ennemi dangereux. Il faut
« chercher dans sa raison des moyens pour parvenir
« à la victoire, et si la raison ne nous prêtait pas des
« armes assez puissantes, nous trouverions toujours
« dans nos cœurs une force qui rendrait vaines les sé-
« ductions de ces principes. » Et ailleurs : « J'en ap-
« pelle au sens intime. » Ou encore : « Les vérités de
« sentiment sont à l'abri de tout sophisme. » Voilà le cœur et la conscience, la voix intérieure et le sentiment immédiat des faits qui parlent clairement et réclament leurs droits. Mais bientôt la considération de l'action du physique sur le moral, de l'influence de l'organisme sur les déterminations de la volonté viennent jeter tout leur poids du côté du sensualisme le plus complet, et le philosophe découragé, oubliant ses protestations en faveur de l'ordre moral, conclut que le jeu de la machine organisée décide seul de tout ce que nous sommes, et que tout essai de lutte contre cette puissance aveugle est une tentative illusoire.

Ces incertitudes renouvelées le conduisent à la question qui est, à ses yeux, la première en importance : Que pouvons-nous? Y a-t-il, dans l'homme, un principe d'activité? S'il existe, quelles sont les limites de son pouvoir? « Avant d'entrer dans au-
« cune recherche sur la morale, sur la manière de
« diriger nos facultés vers le bien, et de tirer de
« nous-mêmes le meilleur parti possible, pendant ces
« courts moments où nous figurons sur le théâtre
« du monde, il faudrait bien nous assurer si l'homme
« est réellement actif; s'il est bien le maître de con-
« duire son entendement et sa volonté; ou bien,
« si soumis sans cesse à l'impression des objets,
« tous ses jugements sont invinciblement entraî-
« nés par eux; si les divers états par lesquels il
« passe, dans le cours de son existence, sont forcés,
« de telle sorte qu'il n'en ait qu'un sentiment passif.
« Dans ce dernier cas, toutes nos recherches seraient
« vaines; tous nos soins pour régler nos pensées et
« leur donner une pente à la perfection, seraient su-
« perflus. Nous n'aurions qu'à nous laisser entraîner
« par le torrent. Il serait même déraisonnable de
« nous consumer en vains efforts et de rendre notre
« position plus malheureuse, en cherchant à lutter
« contre elle. Avant donc de nous embarquer dans
« aucune étude, cherchons si nous sommes actifs
« dans nos jugements, et jusqu'à quel point nous le
« sommes. »

Tel est le problème fondamental qu'agite M. de Biran, au début de sa carrière philosophique ; ce problème est demeuré toujours l'objet principal de ses préoccupations. Il l'a envisagé successivement, sous des faces différentes; mais si la solution a varié, la question est restée la même. Que pouvons-nous? Il se l'est demandé jusqu'à la fin, et il semble avoir tracé lui-même le programme général de son œuvre, lorsqu'il écrit, vers 1794 ou 1795 : « Il serait bien à désirer qu'un homme, habitué à « s'observer, analysât la volonté comme Condillac a « analysé l'entendement. » Il devait être cet homme et ne se doutait pas encore que son analyse ruinerait celle de Condillac.

Le caractère prédominant des ébauches que nous venons de parcourir, est l'indécision de la pensée. Cette indécision résulte surtout de la lutte entre une doctrine reçue dont l'auteur accepte les conclusions, et les tendances propres de sa pensée qui le font reculer lorsque ces conclusions dévoilent toutes leurs conséquences. Cette lutte subsiste, et se montre, sous des formes nouvelles, dans le *Mémoire sur l'influence de l'habitude*.

L'écrivain se rattache ostensiblement à l'école de Condillac. Il n'a pas d'autre prétention que celle d'appliquer les principes de cette école à une question de détail. Ce fait est assez notoire pour qu'il suffise d'en rappeler brièvement les preuves. Il est dit explicitement dans le *Mémoire sur l'habitude* que la nature de l'entendement n'est autre chose que « l'ensemble des habitudes premières de l'organe « central (1). » Un signe qui n'est pas un son vide,

---

(1) Édition Cousin, tome I, page 120.

ne peut exprimer, selon l'auteur, « qu'un objet re-
« présentable ou susceptible d'être ramené aux re-
« présentations claires des sens (1). » Dès que l'esprit s'éloigne de cette source unique de connaissance, il ne fait plus que réaliser de vaines abstractions, former des concepts vagues et incertains qui, tels que ceux de *substance* et d'*essence*, par exemple, acquièrent, en raison même de leur caractère indéterminable, une sorte de pouvoir magique (2).

La méthode recommandée est bien celle qui résulte logiquement d'une telle doctrine. Deux règles sont particulièrement à remarquer : la première exprime la convenance d'unir l'idéologie à la physiologie, et de demander à la physique de répandre du jour sur les obscurités de l'être pensant. La seconde prescrit de s'arrêter uniquement à l'étude des *effets*, sans prétendre s'occuper des *causes*, ou, en d'autres termes, de ne s'occuper, selon la méthode des physiciens, que du rapport et de la succession des phénomènes (3). Il s'agit donc d'enlever à l'étude de l'homme, tout caractère spécifique, pour la faire rentrer dans le cadre général des sciences de la nature. C'est l'application complète et précise des vues de Bacon. Ajoutons encore que, dans un écrit peu postérieur en date au *Mémoire sur l'habitude*, on trouve des appréciations historiques, telles que celles-ci : « la métaphysique, chez les Grecs, fut *un jargon puéril, un tissu monstrueux de rêveries et d'ab-*

---

(1) Édition Cousin, tome I, page 218.
(2)   Id.,   Id.,   pages 187, 209 et 305.
(3)   Id.,   Id.,   pages 16 et 17.

surdités. » Pythagore, Platon, Descartes et Leibnitz ont fourni la preuve que l'esprit géométrique ne peut que retarder les progrès de la science de l'homme ; tandis que Bacon, Hobbes, Locke et Condillac sont les auteurs qui ont le plus avancé l'analyse de l'entendement (1).

Il y avait là certainement tout ce qu'il fallait pour satisfaire les idéologues les plus exigeants. Aussi, M. de Biran fut-il reconnu et adopté par l'école ; Cabanis et de Tracy, en particulier, devinrent ses amis et ses correspondants. Le rapport concernant le *Mémoire sur l'habitude*, présenté à l'Institut par M. de Tracy, approuve les doctrines de l'auteur, et renferme seulement l'énoncé de quelques dissentiments trop légers pour qu'on puisse les appeler des réserves. Et toutefois, lorsque l'attention est éveillée par le développement ultérieur des pensées de M. de Biran, il n'est pas difficile de discerner dans ce Mémoire les germes déjà développés de tendances qui devaient conduire l'auteur bien loin du sensualisme. Il suffit, pour s'en convaincre, de résumer et de réunir, à ce point de vue, quelques-unes des idées qu'il développe au début de son ouvrage. Voici comment il s'explique :

Il n'est point d'opérations intellectuelles antérieures à l'action des sens ; mais, en partant de cette base, la philosophie a donné au terme *sensation* une signification vague et indéterminée qui n'est pas exempte d'inconvénients. Pour éviter tout malen-

---

(1) Manuscrit, n° IV du catalogue raisonné.

tendu, appelons *impressions* les faits de tout ordre qui résultent des modifications internes ou externes des organes. Il y a lieu à distinguer des impressions actives et des impressions passives. Si j'éprouve une douleur, si je me trouve dans une température chaude ou froide, je subis une modification, à l'égard de laquelle je me sens passif. Si je meus un de mes membres, je suis modifié encore, mais je suis actif, et la conscience de mon activité est pour moi d'une évidence égale à celle de la modification même. Il y a donc là deux ordres de faits très-divers : la *sensibilité passive*, l'*activité motrice* ; et il importe de ne pas confondre ces faits sous le terme commun de *sensation*, puisque ce terme conserve toujours, de son acception primitive, une valeur essentiellement passive. L'activité motrice n'existe pas seulement dans le cas d'un mouvement musculaire, perceptible au dehors : Je meus, lorsque j'étends le bras ou déplace mon corps, mais je meus aussi lorsque je dirige mon regard, lorsque je tends l'oreille ; et même dans la méditation solitaire, au sein du repos le plus apparent, je reconnais, en m'y rendant attentif, le déploiement de la force motrice appliquée aux organes du cerveau. Il y a mouvement, en un mot, toutes les fois qu'il y a conscience de l'*effort*. Cet élément d'effort existe à quelque degré, même dans les opérations des sens les plus passives en apparence ; et lorsqu'on analyse avec soin un des faits de cet ordre, on y distingue toujours le mélange d'une impression *affective* (qui affecte la sensibilité passive), et du pouvoir moteur. Mais comme le mélange des deux éléments se produit dans des proportions très-diverses, on est fondé à distinguer le cas où l'élément passif prédomine, tellement que le mouvement qui concourt avec lui demeure inaperçu, et le cas où l'individu a, au contraire, la conscience claire et distincte du déploiement de son activité. J'appellerai *sensations* les impressions de la première espèce, *perceptions* (1), celles de la seconde.

Une observation fondamentale dans le sujet de l'habitude vient justifier et consolider cette distinction. La répétition fréquente a des effets précisément inverses, sur les modes actifs et sur les modes passifs. Les sensations d'odeur, de saveur, de froid et de chaud s'émoussent à la longue, et finissent presque par disparaître. Au contraire, lorsque l'activité est en exercice dans les fonctions des sens, plus l'acte se reproduit fréquemment, et plus la connaissance devient facile, nette et distincte. « On ne sau-
« rait donc rapporter ces deux classes d'impressions
« à une seule et même faculté ; car il faudrait sup-
« poser que cette faculté unique peut devenir, tout

---

(1) Il ne sera peut-être pas inutile d'observer que le terme *perception* est employé, par M. de Biran, dans un sens différent de celui que ce terme a reçu dans la langue psychologique contemporaine. Dans cette langue, la sensation est une modification passive, la perception l'acte de la connaissance : ce sont des faits différents par nature, et la sensation proprement dite, mode de sensibilité pure, ne donne à l'âme aucune connaissance autre que celle de ce mode lui-même. Pour M. de Biran, la sensation et la perception ne diffèrent pas par leur nature, mais par le degré d'effort ; il admet des *sensations représentatives* qui sont des éléments de connaissance. Sa terminologie sous ce rapport n'est pas toujours, du reste, parfaitement précise et constante.

« à la fois, plus inerte et plus active par la même ha-
« bitude (1). »

L'effort n'est pas seulement un fait à noter avec d'autres dans l'analyse intellectuelle ; il est le fait capital en cette matière, car c'est à lui que se rapporte le sentiment même de l'existence personnelle. L'effort suppose un sujet qui détermine le mouvement, et un terme qui résiste. Si l'individu ne voulait pas, ou n'était pas déterminé à commencer de se mouvoir, il ne connaîtrait rien. Si rien ne lui résistait, il ne connaîtrait rien non plus ; il ne soupçonnerait aucune existence « il n'aurait pas même
« d'idée de la sienne propre (2). » Séparer les impressions du *moi* qui les éprouve est la condition fondamentale de toute connaissance ; et il est digne de remarque que des métaphysiciens tels que Condillac et Bonnet « présupposent toujours le jugement
« de personnalité, dont il fallait avant tout assigner
« le fondement (3). »

Les philosophes de cette école ont aussi le tort de mettre tous les sens sur un pied d'égalité, comme si toutes les sensations étaient identiques, et pouvaient servir également de base aux opérations intellectuelles. Ils ont cherché à simplifier leur objet le plus qu'il leur a été possible. Partant d'un premier fait ou d'une première sensation, par exemple des impressions d'un sens isolé, ils ont avancé « en re-
« composant notre être, bien plus qu'en le décom-

---

(1) Édition Cousin, page 74.
(2)   Id.,   page 27.
(3)   Id.,   page 45, note.

« posant (1). » Une analyse réelle, éclairée, par la distinction de l'ordre actif et de l'ordre passif, trouve, au contraire, à noter dans les fonctions des sens des différences profondes. Le toucher, sens de l'activité par excellence, occupe le plus haut rang dans l'échelle. C'est lui qui nous révèle, dans la résistance à l'effort, l'existence et la forme des corps étrangers, base première de la connaissance de la nature. Le goût et l'odorat ne nous donnant guère, au contraire, que des impressions affectives et confuses, occupent, en quelque sorte, parmi nos sens externes, le même rang que le polype ou l'huître dans l'échelle de l'animalité. Si, descendant encore d'un degré, on en vient aux impressions que nous éprouvons dans les parties intérieures du corps, tout devient vague et indistinct, toute lumière s'éclipse avec la faculté de mouvement.

La faculté de percevoir, de distinguer nos impressions entre elles, et de les séparer du *moi* qui les éprouve, n'est donc point un attribut de l'être purement sensitif, mais dépend absolument de la motilité volontaire. On n'est nullement fondé à considérer la sensation d'une manière générale et abstraite, pour dériver ensuite les données de l'intelligence de ses transformations, puisque les sensations proprement dites demeurent toujours des modes simples qui ne sauraient se transformer en aucune manière. Bonnet et Condillac supposant l'âme identifiée avec ses modifications, se mettent hors d'état

---

(1) Édition Cousin, page 281, note.

d'assigner un fondement réel à la personnalité; car la personnalité suppose un sujet qui se distingue de ses modes, au lieu de s'identifier avec eux.

Là où il n'y a pas personnalité, il ne pourra y avoir ni réminiscence, ni souvenir : tout demeurera confusément dans la sensibilité. Le *sujet voulant*, au contraire, reconnaît sa propre identité à chaque fois qu'il agit, et la reproduction des mêmes actes donne une base solide au souvenir. « Lors, par « exemple, que la main reprend, ou tend à repren- « dre, la même disposition qu'elle avait en touchant « ou en embrassant un globe, l'individu se retrouve « à peu près dans le même état actif où il a été ; il « perçoit, il touche encore, pour ainsi dire, par la « pensée, un globe absent (1). » Ces mouvements libres et qui sont des copies, se distinguent fort bien des mouvements des perceptions primitives, dans lesquelles se trouvait la contrainte d'un obstacle extérieur. C'est encore dans l'élément actif de notre nature qu'on trouve la base, soit des signes naturels, qui ne sont autres que les copies dont il vient d'être question, soit des signes du langage institué et volontaire. Pour l'être borné à la sensation, il ne peut y avoir ni signes, ni mémoire. Ce n'est enfin qu'en faisant à l'activité la part qui lui appartient, qu'on peut tracer une juste ligne de démarcation entre la mémoire proprement dite et l'imagination. La mémoire est une faculté active ; c'est le rappel volontaire des idées par le moyen de leurs signes. L'ima-

---

(1) Édition Cousin, page 51.

gination, ou la reproduction spontanée des images, est une faculté passive qui se manifeste d'autant plus librement, que l'activité de l'esprit s'efface davantage.

Telles sont, dans leurs principaux éléments, les analyses qui servent d'introduction au *Mémoire sur l'habitude*. Il y a là, certes, tous les éléments d'une polémique directe contre les théories de Condillac, et ce n'est qu'avec des réserves positives qu'on peut placer cet écrit dans le catalogue des productions de l'école idéologique. Mais l'auteur est loin d'avoir conscience de sa position réelle dans le domaine de la pensée. Les chefs de l'école sensualiste sont pour lui les *maîtres*, et il pense ne s'écarter de leurs traces que sur quelques points secondaires.

Un fait particulier contribue peut-être à l'entretenir dans cette illusion. M. de Tracy, soit dans des mémoires lus à la classe des sciences morales et politiques, soit dans son *Idéologie*, plaçait l'origine de la connaissance du monde extérieur, et par suite de la distinction du *moi* et des objets étrangers, dans les faits corrélatifs d'une action voulue et d'une résistance éprouvée (1). M. de Biran estime que ses

---

(1) Voir, en particulier, le *Mémoire sur la faculté de penser*, dans les Mémoires de la classe des sciences morales et politiques de l'Institut national, tome I. M. de Tracy observe que Condillac n'explique pas d'une manière satisfaisante l'origine de la connaissance des corps, et que les perceptions de l'ouïe, du goût, de l'odorat et du toucher passif ne sont que des modifications intérieures de notre être. Il ajoute : « la faculté de faire du mouve-
« ment et d'en avoir la conscience nous apprend, seule, qu'il existe
« ce que nous appelons des corps, et elle nous l'apprend par la ré-
« sistance que ces corps opposent à nos mouvements... La motilité

vues personnelles ne sont que le développement de cette idée. La ressemblance était réelle ; il pouvait même y avoir emprunt, mais la manière de tirer parti d'une même observation, engageait les deux écrivains dans des voies tout à fait diverses. M. de Tracy, comme pour atténuer la portée du fait de l'activité humaine, qu'il fallait bien reconnaître, s'efforce de ramener le mouvement volontaire au fait passif d'une sensation de mouvement, accompagné du fait passif aussi d'un désir. Selon cet écrivain, on donne le nom de volonté à « cette admi-« rable faculté que nous avons de sentir ce qu'on « appelle des désirs (1), » et c'est en vertu d'une illusion que « l'homme se croit plus essentiellement « actif dans le vouloir, que dans toute autre modifi-« cation de son être (2). » Le but principal de M. de Biran, dans ses analyses, était de détruire la confusion entre les faits actifs et les faits passifs, et il était déjà bien plus éloigné qu'il ne le savait de l'auteur qui débutait, dans la science de l'homme, par la déclaration que « l'idéologie est une partie de la « zoologie (3). »

Pour bien comprendre la situation intellectuelle

---

est donc le seul lien entre notre *moi* et l'univers sensible. » (Page 302.) Il y a plus : la motilité qui révèle la cause des sensations est nécessaire, aux yeux de l'auteur, pour distinguer une sensation d'une autre et d'un souvenir, pour nous permettre de former des jugements. « Sans la faculté de nous mouvoir, nous n'aurions, à « proprement parler, aucun jugement. » (Page 316.)

(1) *Idéologie*, chapitre v.
(2) *Mémoire sur la faculté de penser*, page 366.
(3) *Idéologie*, préface.

de l'auteur du *Mémoire sur l'habitude*, il est essentiel d'observer que cet écrit fait toujours allusion à la base fondamentale de la doctrine sensualiste comme à quelque chose de convenu entre les philosophes, d'universellement admis, et qui ne peut être matière à discussion. Toutes nos facultés dérivent au fond et primitivement de celle de sentir ou de recevoir des impressions. La faculté de mouvoir ne se distingue de celle de sentir que comme on distingue un rameau principal du tronc de l'arbre (1); voilà ce que M. de Biran admet comme des principes qu'il se garde de contester, mais à l'appui desquels il n'énonce rien qui ressemble à une preuve. Il y a dans sa pensée un élément convenu qu'il reçoit sur l'autorité des maîtres, et un élément personnel qui fait effort pour se manifester. C'est bien, avec de plus grandes proportions, la même lutte que nous avons déjà remarquée dans les ébauches du commencement. Un des exemples de cette lutte intérieure est trop remarquable pour être passé sous silence.

Il s'agit de l'origine de la notion de cause. « En « considérant un terme quelconque par rapport à « celui qui le suit (ou que l'imagination reproduit « immédiatement après lui en vertu de l'habitude), « ce terme est dit ou jugé *cause*, et son suivant est « dit ou jugé *effet*... L'habitude nous crée des *causes* « dans l'ordre des *successifs*, comme des *essences* « dans celui des *co-existants* (2). » Ainsi s'exprime

---

(1) Pages 16 et 24.
(2) Page 129.

l'auteur, dans son texte imprimé. Quelques lignes manuscrites, ajoutées par lui sur son exemplaire, rendent sa pensée plus explicite encore. Ces lignes portent que « l'idée de *cause* est un effet de l'ima-« gination, et ne renferme aucune autre relation que « celle d'une succession habituelle, » et que « la « proposition : *Il n'y a pas d'effet sans cause*, a la « même valeur logique que cette autre proposition : « *Le soleil va d'Orient en Occident.* »

Voilà bien la doctrine régnante admise dans une de ses conséquences les plus significatives, poussée à ces extrémités dernières où Hume devait la conduire avec tant d'éclat. Aussi n'est-ce pas sans étonnement qu'on trouve au bas de ce même passage une note expliquant que « l'idée de cause nous vient, « dans l'origine, de l'exercice de notre propre action, « et se transporte du *moi* à la nature. »

Il faut choisir cependant : si la notion de cause n'est autre que celle de la succession, la croyance à notre pouvoir moteur est illusoire ; si la notion de cause se fonde sur un fait intérieur, manifeste au regard de la conscience, elle n'est pas un simple résultat de l'imagination. M. de Biran ne tardera pas à choisir. Son point de départ et l'avenir réservé à sa pensée se heurtent, pour ainsi dire, à nu dans le passage cité, et il serait difficile de trouver un plus curieux exemple de l'indécision d'un philosophe partagé entre ses tendances réelles et une doctrine qu'il croit admettre.

Tel est le *Mémoire sur l'habitude*, œuvre d'une pensée encore mal assise, et qui cherche sa voie.

Selon l'aspect sous lequel on le considère, il se prête à deux jugements contraires, vrais tous les deux, et tous les deux incomplets ; il appartient à l'école sensualiste et ne lui appartient pas; il rompt avec cette école et il en reconnaît l'influence. Placer le *Mémoire sur l'habitude*, dans une période qui porte pour titre *Philosophie de la sensation*, c'est faire une part assez large aux éléments sensualistes renfermés dans cet écrit. J'insisterai encore en terminant, sur le fait moins notoire des tendances d'un autre ordre qui s'y manifestent.

Les vues de l'auteur qui s'écartent de la tradition condillacienne peuvent se ramener aux thèses suivantes :

1° Il y a dans l'homme une force active, qu'il faut se garder de confondre avec les impressions purement passives de la sensibilité.

2° L'effort, manifestation immédiate de l'activité, est, dans ses deux termes (le sujet et la résistance), la base de la conscience personnelle, de la connaissance du monde extérieur et de toute opération intellectuelle.

3° La science de l'homme doit procéder au moyen d'une analyse réelle ; assigner à chaque sens ses fonctions propres ; distinguer ce qui est actif et ce qui est passif dans la connaissance, au lieu de considérer la sensation d'une manière abstraite et générale, pour reconstruire ensuite l'homme intellectuel au moyen d'une synthèse dépourvue de base.

Les deux premières thèses expriment des points de doctrine touchant la nature de l'homme; la troisième renferme une règle de méthode, et cette règle est peut-être le plus fécond des germes étrangers au sensualisme que renferme le *Mémoire sur l'habitude.* La distinction soigneuse des faits de nature différente devait tout d'abord tracer une ligne ferme de démarcation entre les phénomènes de la matière et les phénomènes intérieurs de la conscience, et faire disparaître ainsi cette autre règle de méthode, empruntée aux sensualistes les plus avancés, qui prescrivait de demander des lumières à la physique pour éclairer les obscurités de l'être pensant. Puis, devant une analyse réelle, devaient succomber pour toujours ces transformations fantastiques, au moyen desquelles on tirait de la sensation les phénomènes intellectuels les plus divers. Au lieu de se livrer à des combinaisons ingénieuses dans lesquelles la logique prenait la place de l'observation, il fallait se mettre en face des faits complexes de la nature humaine, en reconnaître les éléments, et sacrifier les agréments d'une clarté superficielle aux avantages plus sérieux d'une étude difficile. En un mot, au lieu de *composer* un homme hypothétique avec des sensations transformées, il fallait *décomposer* l'homme vrai. Telle était la nécessité clairement entrevue et assez distinctement exprimée par M. de Biran, dans son premier écrit. Une nouvelle question posée par l'Institut vint s'emparer de sa pensée, au point précis où elle était parvenue, et le pousser en avant dans la voie où il n'avait fait encore que quelques pas.

DEUXIÈME PÉRIODE.

PHILOSOPHIE DE LA VOLONTÉ.

1804 a 1818.

> Sentit igitur animus se moveri : quod quum sentit, illud una sentit se vi sua, non aliena moveri.
>
> (Cicéron.)

Le *Mémoire sur l'habitude* avait été couronné par l'Institut en 1802. En 1805, M. de Biran obtint un nouveau prix pour son mémoire sur la *décomposition de la pensée*. « Ce qui honore singulièrement les ju-« ges », observe M. Cousin, « et témoigne en eux « d'un sincère amour de la vérité, c'est qu'ils cou-« ronnèrent ce nouveau mémoire, qui, sous les for-« mes les plus polies, leur annonçait un adversaire. »

Ce nouvel écrit, en effet, constituait une rupture ouverte avec l'école de Condillac. Il ne renfermait, à la vérité, que le développement des germes contenus dans le *Mémoire sur l'habitude*. Mais ces germes, en se développant, avaient brisé les enveloppes étrangères qui les renfermaient. M. de Biran avait acquis la pleine conscience de sa position, et il était manifeste pour les autres comme pour lui-même, qu'un dissentiment profond le séparait désormais des hommes qu'il avait appelés ses maîtres.

La question posée par l'Institut ne fut pas seulement pour lui une occasion favorable de faire connaître ses pensées. Cette question même paraît avoir influé directement sur la modification de ses doctrines.

L'Institut demandait : « Comment doit-on décom-« poser la faculté de penser, et quelles sont les fa-« cultés élémentaires qu'il faut y reconnaître? » Le problème posé était de déterminer les éléments dont l'intelligence est le résultat et la combinaison. Il ne suffisait donc plus, comme pour la question de l'habitude, de partir d'une doctrine reçue et d'en faire l'application à un cas particulier ; il fallait remonter à la source même de toute doctrine, aux éléments primitifs que la nature humaine livre à l'observation.

Une fois entré dans cette voie, M. de Biran reconnut deux faits : le premier, que, dans le système de Condillac, toute décomposition vraie de la pensée était impossible ; le second, que cette décomposition était possible, en partant de certaines bases qu'il avait énoncées clairement déjà, mais sous la condition que ces bases fussent dégagées des théories sensualistes auxquelles il avait cru pouvoir les agréger. Je vais le laisser parler lui-même en cherchant à résumer fidèlement sa pensée.

Dans la doctrine de Condillac, la sensation est l'origine unique de nos facultés. Cette sensation se transforme, mais sans changer de nature; on peut la montrer sous diverses formes, changeant d'aspect et de nom en vertu de circonstances déterminées, devenant attention, mémoire, volonté..... Mais, dans ces transformations, la sensation demeure identique en soi; son nom change, sa nature reste la même. On la suit dans toutes ses destinées, on en fait l'histoire, on ne la décompose pas, on ne peut la décomposer. Comment, en effet, reconnaître et noter des éléments distincts, là où il n'y a qu'un fait identique? Au point de vue de Condillac, il n'y a pas de décomposition possible, et la question proposée ne peut obtenir de réponse.

Ce qui est plus grave, c'est que, dans ce point de vue, il n'y a pas de vérité. On est le maître, sans doute, d'appeler *attention* une sensation si forte qu'elle devient exclusive; *mémoire* une sensation qui persiste en l'absence de son objet; *volonté* un désir qui est la trace que les sensations agréables laissent à leur suite. Mais en présence de cette terminologie arbitraire, les faits ne restent pas moins ce qu'ils sont. La conscience proclame qu'il y a une *attention*, dont l'activité est l'essence, qui ne se laisse pas confondre avec une sensation vive; une *mémoire* qui est la reproduction volontaire des signes et non la persistance des images; une *volonté*, enfin, qui, loin de se confondre avec le désir, est souvent avec le désir dans une lutte manifeste. Laisse-t-on ces faits à l'écart? on met de côté les éléments les plus essentiels de la nature humaine, on construit une science pauvre et étrangement mutilée. Prétend-on confondre ces faits, à l'aide d'un signe commun avec l'attention, la mémoire et la volonté, prises au sens des idéologues? on retrouve tout dans la sensation, parce qu'on y fait tout rentrer d'une manière subreptice. La sensation qui renfermerait ainsi tout l'homme ne serait plus un fait, mais une abstraction purement conventionnelle, et dont nulle théorie réelle ne saurait sortir.

Il suffirait d'ailleurs d'observer que l'âme qui *devient ses sensations* ne saurait, en raison de cette hypothèse même, donner lieu à aucune décomposition. Pour décomposer il faut être en présence de deux éléments pour le moins. S'il y a dans la connaissance une part interne et une part externe; si le sujet est reconnaissable et distinct de l'objet; s'il existe une *idéologie subjective*, dans laquelle l'être pensant se manifeste à lui-même, indépendamment des éléments extérieurs et objectifs de sa pensée; alors on pourra décomposer le fait double de la connaissance, mettant d'un côté ce qui constitue le sujet, de l'autre ce qui lui vient du dehors. Mais comment décomposer, encore une fois, si l'âme devient ses modifications, si le sujet et l'objet s'identifient dans le fait unique de la sensation? « La question est « fondamentale : il faut savoir s'il y a une conscience « réfléchie de nos actes, distincte de la connaissance « des modifications et des idées quelconques, dont « l'analyse et la classification font l'objet de l'idéo- « logie. »

Pour bien entendre l'impuissance de décomposer la pensée dans laquelle se trouve l'école de Condillac, il est nécessaire d'étudier cette école dans ses origines et de remonter à Bacon.

Dans sa classification universelle des sciences, Bacon divise la doctrine de l'âme en trois parties : doctrine de la substance de l'âme, — doctrine de ses facultés, — doctrine de l'usage et de l'objet de ses facultés. Une science de la substance de l'âme, ou simplement de ses facultés étudiées indépendamment de leurs produits, ne saurait être que le résultat d'une connaissance intérieure dans laquelle l'âme se replierait sur elle-même. Mais ce mode de connaissance est absolument proscrit par Bacon. Bacon, tout à la méthode des physiciens, ne connaît d'autre science que celle qui va des phénomènes à leurs lois, des faits à leurs causes physiques qui ne sont que les titres nominaux de ces faits généralisés. Une science de cette espèce ne saurait remonter au delà de la manifestation des facultés; les facultés en elles-mêmes, la substance de l'âme à plus forte raison, lui échappent. Aussi, le restaurateur des sciences naturelles, fidèle à son point de vue général, se borne en fait à la troisième division de son tableau, et ne connaît de science réelle de l'âme que celle des produits extérieurs dans lesquels se manifestent l'usage et l'objet de ses facultés.

Locke pareillement, ne voit dans l'étude de l'esprit humain que des faits à classer, des phénomènes à ramener à leurs lois, selon la méthode des physiciens. Il admet, à la vérité, dans la connaissance des éléments divers et se rapportant à deux sources distinctes, les idées de sensation et les idées de réflexion. Mais l'idée de sensation, telle que Locke la considère, provient tout entière de l'action des objets extérieurs, est simple et ne se prête à aucune décomposition réelle. Le sujet est censé compris dans la sensation primitive, il n'a pas d'activité propre; il ne joue aucun rôle à l'origine première de tout savoir. La réflexion qui travaille sur des matériaux donnés n'a qu'une part subordonnée, secondaire, et qui va bientôt disparaître. La connaissance ne pouvant être analysée dans sa source même, l'entendement n'offre à l'observation que des phénomènes à coordonner. Les facultés, dont on n'a pas reconnu l'activité propre dans les premiers faits intellectuels, ne sont plus que les titres nominaux de certains effets. Tout se borne à classer les idées, ce qui est le point de vue propre de l'idéologie.

Condillac part des idées de Locke, dont il achève le système en le simplifiant. La réflexion n'avait qu'une part subordonnée dans les analyses du philosophe anglais; elle est entièrement supprimée dans le système du philosophe français. Condillac observe avec sagacité l'influence des signes sur la pensée. Partant de cette observation réelle, il déplace l'analyse, la transportant de la pensée elle-même aux signes qui la manifestent après avoir concouru à sa production. L'art de penser se confond dès lors avec l'art de parler, et l'idéologie se transforme en *grammaire générale*.

C'est ainsi que l'étude de l'esprit humain, s'éloignant toujours plus des sources réelles et des causes efficientes des produits intellectuels, se porte toujours plus au dehors et n'envisage plus les phénomènes de la pensée que dans leur manifestation extérieure. Un pas reste encore à faire dans cette voie. Les faits intellectuels ont des conditions physiologiques que détermine l'étude du corps organisé et vivant. A la vérité, l'idéologie, lorsqu'elle demeure conséquente à ses principes, n'ouvre aucune voie pour sortir des modifications internes et atteindre une réalité extérieure. Mais elle admet, par hypothèse ou par inconséquence, la réalité des conditions organiques de la pensée, et porte l'analyse sur ces conditions qui se manifestent à l'observation sensible. L'objet de la science de l'homme devient par une transformation dernière, le jeu des organes qui concourent à produire la sensation. De l'étude des signes on passe à l'étude des appareils des sens et du système nerveux. Tout s'objective alors, tout se ramène à des représentations claires; la voie est ouverte à une décomposition réelle, qui est celle des anatomistes. Mais alors aussi l'objet même de la science de l'esprit humain se trouve supprimé. Il n'y a plus d'étude spéciale de l'homme distincte de l'étude générale des êtres organisés et vivants.

Voilà comment, par une suite de dégénérations successives, la méthode de Bacon substitue à l'analyse des facultés : l'idéologie, — la grammaire générale, — la physiologie. La science propre de l'esprit humain s'évanouit, et l'on voit surgir à la place : la classification de ses produits, — l'étude des signes de ses manifestations, — l'étude des conditions organiques de son exercice. Et pourquoi ces transformations étranges d'une étude dont les droits se manifestent pourtant si clairement à la conscience? Parce qu'aucune part n'a été faite à l'esprit humain lui-même, au *sujet*, dans l'origine première de la connaissance. C'est une omission au début; et, à la fin du système déroulé dans toutes ses conséquences, cette omission se retrouve sous la forme d'une négation absolue.

Pour décomposer véritablement la pensée, pour jeter les bases réelles d'une analyse de l'entendement, il faudrait sortir des abstractions conventionnelles et stériles dans lesquelles s'égare trop souvent la philosophie; il faudrait atteindre, en fait et séparément, les facultés élémentaires qui concourent à la production de la pensée, et dont le programme de l'Institut reconnaît l'existence. Il n'y a de décomposition possible que si la pensée n'est pas un fait simple, comme la sensation de Condillac, mais un composé résultant de facultés diverses. Pour entrer dans cette voie, il faut avant tout être fixé sur la valeur du terme *faculté*.

Que sont les facultés? Dans le premier sens que ce mot présente à l'esprit, ce sont des causes, des forces productives. Ce sens du mot répond à un témoignage très-clair et très-positif de la conscience, qui nous assure qu'il est en nous une puissance d'agir qui se manifeste à elle-même, et dont les résultats extérieurs de notre activité sont le produit. Voilà le sens psychologique du mot. Mais ce mot a un autre sens, celui qu'y attachent les physiciens et les physiologistes fidèles à la méthode de Bacon. Pour eux une faculté est simplement le titre d'une classe de faits, et n'emporte nulle idée de force ou de cause, nul retour au sentiment intérieur d'une puissance. Ainsi la *sensibilité* et la *motilité* sont des facultés reconnues par les naturalistes aux corps vivants qui font l'objet de leur étude. Que veulent-ils dire par ces termes? Ceci seulement : c'est que les corps vivants soumis à certaines excitations observables, manifestent des mouvements de réaction observables aussi. Le tout se produit au dehors et s'offre à la vue du spectateur. La faculté n'est ici que le titre d'une classe de faits qui ne supposent aucune intervention des données propres de la conscience. Mais cette notion de la faculté ne peut remplacer l'autre, la notion interne et psychologique. La sensibilité et la motilité demeurent autre chose pour nous que l'excitation d'un nerf et les mouvements de réaction qui en résultent, car nous savons d'une science interne et certaine qui n'emprunte rien à l'observation du dehors, ce que c'est que sentir et mouvoir. En vain bannit-on de la théorie cette idée de la faculté telle qu'elle se révèle à la conscience, elle n'en demeure pas moins présente à l'esprit du savant. Aussi voit-on que, dans l'école de Bacon et de Locke, où l'idée d'une cause réelle, individuelle, n'a aucune base, cette idée s'impose sans cesse à la pensée des philosophes sans qu'ils s'en doutent, et vient continuellement se mêler d'une façon indue à l'exposition de leurs doctrines.

Le terme faculté a donc deux sens bien distincts. Au sens psychologique il exprime une puissance réelle; au sens des physiologistes il exprime une classe de phénomènes. On comprend combien serait grave la confusion dans laquelle on tomberait, en ne séparant pas nettement des idées aussi dissemblables. L'essentiel est de distinguer dans la science ce qui est distinct dans la nature des choses, et de chercher pour l'étude et la décomposition de la pensée, une méthode qui préserve de la confusion. Or, les objets externes de nos idées, — l'organisme par le moyen duquel nous sommes mis en rapport avec la nature, — les sensations qui nous modifient, — enfin l'intelligence en elle-même sont des objets parfaitement distincts. Prétendre les rapporter tous à un mode unique de connaissance, comme on le fait dans la théorie de la sensation transformée, c'est ruiner d'avance toutes les bases d'une analyse vraie et sérieuse.

Nous avons dit où conduit, en psychologie, la méthode de Bacon, qui est celle des physiciens. La méthode véritable pour l'étude de la nature humaine se ramène aux règles suivantes : « Appliquer les sens « externes et l'imagination aux objets de nos idées ; « l'observation physiologique à la connaissance des « instruments qui concourent à les produire ou à les « transmettre ; le sentiment immédiat aux affections « passives qui naissent du jeu de ces instruments, « la réflexion seule aux formes constitutives de la « pensée. »

L'exposé qu'on vient de lire renferme quelques-unes des idées fondamentales du *Mémoire sur la décomposition de la pensée*, celles qui portèrent M. de

Biran à rompre ouvertement et d'une manière consciente avec l'école des idéologues. Cette rupture qui éclate sur le terrain de la méthode principalement, manifeste immédiatement ses conséquences dans les appréciations historiques de l'auteur. Il ne parle qu'avec égards de ses anciens maîtres ; mais sa lutte contre Condillac est une lutte déclarée, elle remonte jusqu'à Bacon ; Descartes est remis à sa place légitime. Si Locke est encore appelé « le plus sage peut-« être des philosophes », Leibnitz est nommé « le « génie le plus étonnant peut-être de tous les gé-« nies » ; enfin Kant et même Fichte et Schelling sont cités avec estime comme « des esprits profonds, « mais peut-être trop téméraires. » A peine l'idéologue affranchi a-t-il conquis sa pleine indépendance, que son horizon s'ouvre de tous les côtés ; il a complétement brisé les chaînes dont la tradition étroite de l'école sensualiste semblait un instant l'avoir enveloppé.

Une fois en possession de sa propre pensée, M. de Biran revient à la distinction établie dans le *Mémoire sur l'habitude*, entre les impressions passives de la sensibilité et l'activité motrice. Il y a, dans la vie totale de l'homme, deux vies essentiellement diverses. L'une est composée de modes de vitalité simple, c'est-à-dire d'impressions reçues par les organes et de réactions spontanées de ces organes, le tout sans conscience. L'autre est caractérisée par la présence du *moi*, puissance active qui se possède et se connaît. La vie inconsciente se joint à la vie du *moi*, mais sans qu'il y ait de l'une à l'autre aucune transformation. L'auteur déduit librement les conséquences de cette vue fondamentale, et dans une réfutation longue et développée du *Traité des sensations*, il distingue soigneusement tout ce que l'école sensualiste avait confondu : l'imagination passive et la mémoire volontaire, le désir et la volonté ; les idées générales abstraites des sensations qui procèdent du dehors, et les idées simples de la réflexion que l'âme ne puise qu'en elle-même. Il prouve que la réflexion est la condition de l'institution des signes, et non les signes la condition de la réflexion ; que le raisonnement nous met en possession de vérités nouvelles, et n'est pas une série d'identités. En un mot, il suit la théorie de Condillac dans toutes ses ramifications, pour contester ses conséquences aussi bien que ses prémisses, ses détails aussi bien que ses principes généraux.

Le contenu du *Mémoire sur la décomposition de la pensée*, se reproduisant tout entier dans les productions subséquentes de l'auteur, il n'y a pas lieu à entrer ici dans l'analyse détaillée de cet écrit. Il suffisait de bien marquer sa place, de préciser sa signification historique. Or, cette signification n'est pas douteuse : c'est la rupture positive avec l'école idéologique. Il est, toutefois, dans le mode de cette rupture un fait trop caractéristique pour être passé sous silence, et qui ne ressort pas suffisamment de ce qui précède.

M. de Biran parle dans ses règles de méthode, des *formes constitutives de la pensée* ; il étudie la nature du raisonnement ; il s'avance même sur le terrain de la métaphysique proprement dite, jusqu'à affirmer quelque part l'identité de la substance et de la force. Il semble qu'il a reconnu la place et l'importance de l'ordre rationnel proprement dit, et qu'il le constate explicitement. En fait, il n'en est pas ainsi. Les vues de cet ordre sont bien à la vérité dans l'ouvrage, mais l'auteur n'en a pas conscience. Il se borne à réclamer une place pour la motilité volontaire qui résume à ses yeux toutes les facultés actives. Ce qu'il a reconnu, ce qu'il a proclamé, ce qui l'a décidé à abandonner ses anciens maîtres, c'est le fait que l'homme se sent actif, et que le témoignage intérieur de la conscience révélant cette activité, est d'une nature tout à fait hétérogène aux représentations externes et aux sensations. Mais l'activité est un fait ; ce que la conscience révèle, ce sont des faits manifestés au sens intérieur. M. de Biran ne voit pas au delà. Il ne voit pas qu'au delà des faits, tant du dedans que du dehors, il y a des idées ; au delà de l'expérience, la raison. S'il fait appel à ces vérités, c'est en quelque sorte sans le savoir, c'est certainement sans se rendre compte de la portée de cet appel. Par le résultat d'une illusion singulière, la conscience de l'effort, du vouloir, se transforme à ses yeux en intelligence. L'effort est un : voilà l'idée d'unité ; le *moi* est cause : voilà le principe de causalité. Il ne se doute pas qu'avoir montré dans un fait l'exemple d'une idée ou l'application d'un principe, ce n'est point avoir expliqué le caractère général de l'idée ou le caractère nécessaire du principe. On s'étonnerait de cette illusion au delà des bornes légitimes, on aurait même quelque difficulté à la comprendre si on oubliait le point de départ de l'auteur. Locke avait habitué la philosophie à méconnaître les caractères propres des idées de la raison, en les ramenant aux données de l'expérience, par des procédés qu'on avait admis sans en examiner la valeur. Condillac avait amené son école à faire tout sortir de la sensation transformée. M. de Biran proteste contre la transformation de la sensation en volonté, des phénomènes passifs en puissances actives. Il ne s'aperçoit pas qu'il opère une métamorphose non moins étrange, lorsqu'il ne fait de l'intelligence qu'une face particulière de la volonté. C'est en obéissant encore aux habitudes de la philosophie qu'il combattait, qu'il méconnaît la différence profonde entre deux faits dont la confusion choquante pour le sens commun ne peut résulter que d'une mauvaise culture scientifique.

Il ne conteste donc pas l'adage : *Nihil est in intellectu quod non prius fuerit in sensu;* loin de là il l'accepte pour son compte et le soutient. L'erreur des sensualistes est de méconnaître les faits intérieurs ; mais toute donnée réelle est, à ses yeux, fait et acte. La science n'a nul compte à tenir d'idées innées, de virtualités, de formes pures qui ne peuvent être que des abstractions réalisées par des signes. L'homme s'explique tout entier par ces deux seuls éléments : sentir et agir. « Sentir et agir ; avoir conscience des
« modifications passives ; apercevoir ses actes dans
« leur propre détermination, ou percevoir simple-
« ment les résultats, et cela toujours dans un exer-

« cice actuel et positif de certains instruments or-
« ganiques, soumis directement ou indirectement à
« une puissance de vouloir, *moi*, laquelle n'est
« point constituée elle-même dans sa propre réflexion,
« hors de cet exercice... Voilà, je crois, des facultés
« bien distinctes, *sui generis*, mais voilà tout. Telles
« sont, du moins, les bornes de ma vue. »

Si ces paroles ne semblent pas assez décisives, on trouve ailleurs la déclaration formelle que la distinction établie entre l'entendement et la volonté, est une distinction *illusoire*. La seule chose dont M. de Biran se rend compte, c'est donc bien qu'il a rétabli dans la science un fait méconnu par l'école sensualiste : le fait de l'activité de l'âme. Il parle des formes constitutives de la pensée, de la part de l'esprit humain dans la connaissance ; mais il interprète ses assertions dans un sens tel qu'elles n'affirment rien de plus que la conscience de l'activité même. L'ordre rationnel proprement dit reste couvert d'un voile à ses yeux.

Il y avait au fond d'une telle philosophie une contradiction qui ne pouvait subsister. D'une part, les faits de l'intelligence et de la raison étaient clairement mentionnés ; de l'autre, ils recevaient une explication qui les dénaturait complétement. Le travail sur la *décomposition de la pensée* nous offre donc, à un degré supérieur de développement, le même spectacle que le *Mémoire sur l'habitude* : l'exposition d'une théorie renfermant des germes étrangers, et qui la dépassent visiblement. Mais les germes d'avenir, contenus dans le *Mémoire sur l'habitude*, s'étaient épanouis sans retard. Des années devaient passer avant qu'il en fût de même pour les germes d'une autre nature, qu'enfermait le *Mémoire sur la décomposition de la pensée.* Ils devaient toutefois s'épanouir un jour; on le verra par la suite.

Il y a donc une lacune très-saillante dans l'écrit qui nous occupe; mais cette lacune, par cela même qu'elle est saillante, offre un intérêt particulier. Elle prouve combien M. de Biran avait peu subi l'influence des grands maîtres de l'école spiritualiste, de Descartes, de Leibnitz, même alors qu'il commençait à leur rendre justice; elle met dans tout son jour le caractère spontané de son développement. « Le premier mérite de cette doctrine, dit
« M. Cousin, est son incontestable originalité. De
« tous mes maîtres de France, M. de Biran, s'il n'est
« pas le plus grand peut-être, est assurément le plus
« original. M. Laromiguière, tout en modifiant Con-
« dillac sur quelques points, le continue. M. Royer-
« Collard vient de la philosophie écossaise qu'avec
« la vigueur et la puissance naturelle de sa raison
« il eût infailliblement surpassée, s'il eût suivi des
« travaux qui ne sont pas la partie la moins solide de
« sa gloire. Pour moi, je viens à la fois et de la phi-
« losophie écossaise et de la philosophie allemande.
« M. de Biran seul ne vient que de lui-même et de
« ses propres méditations.

« Disciple de la philosophie de son temps, engagé
« dans la célèbre société d'Auteuil, produit par elle
« dans le monde et dans les affaires, après avoir
« débuté sous ses auspices par un succès brillant

« en philosophie, il s'en écarte peu à peu sans
« aucune influence étrangère; de jour en jour il
« s'en sépare davantage, et il arrive enfin à une
« doctrine diamétralement opposée à celle à laquelle
« il avait dû ses premiers succès.... Quelle lumière
« lui était venue, et de quel côté de l'horizon philo-
« sophique? Elle n'avait pu lui venir ni de l'Écosse
« ni de l'Allemagne; il ne savait ni l'anglais ni l'al-
« lemand. Nul homme, nul écrit contemporain n'a-
« vait pu modifier sa propre pensée; elle s'était mo-
« difiée elle-même par sa propre sagacité (1). »

Ces réflexions, qui franchiraient les limites d'une stricte exactitude si on les appliquait à toute la carrière philosophique de M. de Biran, demeurent l'expression de la vérité, lorsqu'on en borne l'application au *Mémoire sur la décomposition de la pensée* et aux écrits qui suivirent immédiatement. La rédaction de ce mémoire était déjà fort avancée, lorsque l'histoire de la philosophie de M. de Gérando lui révéla le nom et les travaux des philosophes allemands, dont il fit mention dans son écrit. On a vu déjà que les œuvres de Descartes et de Leibnitz, dont il avait pris quelque connaissance, n'avaient pas réussi à lui faire comprendre la nature du problème relatif aux idées de la raison. Plus tard sans doute il étendit un peu sa science des systèmes métaphysiques; mais son érudition fut toujours bornée. L'étude de ses manuscrits prouve qu'il avait arrêté

---

(1) *OEuvres philosophiques de M. de Biran*, tome IV, préface de l'éditeur, pages VI et VII.

toutes les bases de sa théorie sur la différence des idées générales et des idées de réflexion, lorsqu'un article de l'*Encyclopédie* lui apprit que cette question, longuement débattue au moyen-âge, avait divisé en deux camps les réalistes et les nominaux. Ampère, dans une lettre de 1812, lui conseille d'étudier un peu la doctrine de Kant, et, le croirait-on? de lire l'*Essai* de Locke, avant de mettre la dernière main à l'ouvrage qu'il songeait alors à publier.

M. de Biran, du reste, nous a livré lui-même le secret du peu d'influence que la lecture des pensées d'autrui avait sur son esprit.

« Si je lis passivement, écrit-il quelque part, je ne
« puis rien retenir. Si je lis quelque chose qui mette
« en jeu mes facultés méditatives, mes méditations
« et mes idées propres se croisent souvent avec
« celles de l'auteur, en sorte que je tire très-peu de
« profit de mes lectures sous le rapport de la mé-
« moire. Je n'y cherche guère que des occasions ou
« des excitants pour penser par moi-même. » Penser par soi-même, ce fut toujours sa devise. Il subit sans doute cette action du milieu intellectuel à laquelle nul n'échappe, et que Descartes se flattait vainement d'avoir détruite dans son esprit; il aborda, en avançant, des vérités que la tradition seule conserve et propose aux intelligences; mais il eut toujours besoin d'être porté par la marche intérieure de sa pensée à la rencontre des idées qu'il reçut du dehors; il n'accepta jamais de solutions qu'aux problèmes qui s'étaient présentés sur la route de son propre développement. La spontanéité est un des

caractères les plus marqués de son œuvre tout entière.

Ce développement spontané se recommande encore à l'attention par un autre caractère : il est renfermé dans le domaine de la recherche philosophique pure ; il est libre de toute influence étrangère à la science proprement dite. M. de Biran avait des opinions politiques très-prononcées ; il était royaliste pur et royaliste fervent ; mais ses spéculations métaphysiques ne furent jamais subordonnées, à aucun degré, aux intérêts de son parti. On le voit bien, vers la fin de sa vie, chercher à établir quelques analogies entre ses théories de métaphysicien et ses vues d'homme d'État, et proscrire le gouvernement populaire comme représentant dans l'ordre social ce qu'est dans l'ordre psychologique, la suprématie des passions et des instincts sur la raison. Mais ce ne fut là, chez lui, qu'un mouvement fugitif de la pensée, et ces vues ne paraissent qu'à une époque où ses doctrines anti-sensualistes étaient parfaitement arrêtées. A l'époque où il rompait avec l'école de Condillac, il ne se doutait en aucune façon que ses études solitaires pussent rien avoir de commun avec les luttes orageuses des partis. Jamais la science n'a été plus désintéressée. A l'époque même où il fut jeté dans le tourbillon des affaires et de la vie de Paris, M. de Biran, en présence de ses manuscrits et l'œil fixé sur les faits intérieurs de l'âme, était isolé du monde extérieur, de ses intérêts et de ses passions, autant que pouvait l'être Descartes dans sa solitude de Hollande.

Est-il besoin d'ajouter que la préoccupation nationale n'eut pas plus d'action sur sa vie de penseur que la préoccupation politique? La remarque serait oiseuse, et ne s'offrirait même pas à l'esprit, si nous n'avions vu des philosophes arborer fièrement la cocarde de leur pays, et déclarer qu'ils aspiraient à fonder une philosophie nationale. Étrange association d'idées! Qu'est-ce que chercher une philosophie française ou allemande, sinon chercher sciemment une vérité qui ne soit pas tout à fait vraie? Tout respectable qu'il soit, le patriotisme a des limites qu'il ne doit pas dépasser; il ne sera jamais qu'un intrus dans le domaine de la philosophie. M. de Biran était trop sérieusement occupé de son objet pour qu'il y eût là une tentation pour sa pensée. Aussi sa théorie de l'homme était faite pour être également appréciée par les métaphysiciens de tous les pays; elle ne tarda pas à l'être.

Il s'était fait connaître à la France; une question posée par l'Académie de Berlin vint bientôt lui fournir l'occasion de se faire connaître à l'étranger. Son *Mémoire sur la décomposition de la pensée* lui parut renfermer la réponse à la question posée par l'Académie étrangère. Il se borna à remanier cet écrit en un petit nombre de jours. L'Académie de Berlin couronna le travail d'un disciple de Schelling; elle accorda le second rang à M. de Biran; mais, par une exception formelle, et en contradiction avec son règlement, elle voulut qu'une médaille fût offerte au philosophe français. M. Ancillon lui adressa, à cette occasion, une lettre qui mérite d'être mise sous les yeux du lecteur. La voici :

« Le mémoire que vous avez envoyé à l'Académie
« méritait, selon moi, d'être couronné; il n'a eu que
« la seconde place et méritait la première. Je me
« suis félicité d'être un de vos juges, puisque j'ai
« pu vous admirer avant le public, et exprimer hau-
« tement mon admiration. Vous jugerez du travail
« de votre trop heureux rival. Le mémoire de
« M. Suabedissen lui fait beaucoup d'honneur; il
« porte l'empreinte de la méditation, et le style en
« est simple, précis et lumineux. Mais, au fond, ce
« n'est qu'un exposé clair, complet, de la philosophie
« qu'on appelle à tort, en Allemagne, la philosophie
« de la nature, du système de Schelling; il était
« facile pour un Allemand de faire ce mémoire.
« Dans le vôtre, au contraire, il y a une marche
« neuve et originale. Vous cherchez à résoudre la
« question par la voie de l'analyse, et cette analyse
« est aussi ingénieuse que profonde. Vous vous en-
« gagez courageusement dans le labyrinthe du *moi*,
« avec le fil conducteur d'un esprit supérieur; vous
« vous placez dans le point central, et de là vous
« en tracez, d'une manière ferme, les sinuosités,
« et vous en signalez les issues. En général, ce mé-
« moire rappelle les beaux temps de la philosophie
« française, les temps des Descartes et des Male-
« branche. Voyez, je vous prie, Monsieur, dans ce
« que j'ai l'honneur de vous dire, l'expression faible
« mais fidèle de mes sentiments; de vains compli-
« ments seraient également indignes de la vérité, de
« vous et de moi.

« Quand votre excellent ouvrage aura paru et que

« je pourrai le relire, je prendrai la liberté de vous
« exposer quelques doutes et quelques objections,
« avec autant de franchise que j'en mets à vous pré-
« senter mon admiration. Quand on cherche sincè-
« rement la vérité, c'est s'accorder que de se com-
« battre.

« Ce qui surtout m'étonne et me réjouit, c'est que
« vous ne partagez pas la manière de penser de la
« plupart de vos compatriotes qui, depuis Condillac,
« ne veulent voir d'autres sources de nos connais-
« sances que l'expérience, ne placent cette expérience
« que dans les sensations, et s'imaginent qu'en ana-
« lysant le langage, ils résoudront le problème géné-
« rateur. L'analyse du langage peut répandre du
« jour sur le développement de nos facultés et sur la
« nature de nos représentations, mais elle ne pourra
« jamais nous servir à découvrir l'origine de nos
« idées. C'est dans le sens intime, dans la conscience
« du *moi*, qu'il faut aller chercher cette source,
« plus cachée que celle du Nil ; et quand on y pro-
« cède comme vous, on peut se promettre autant et
« plus de succès que Bruce. »

M. Ancillon, comme on le voit, n'est pas seulement frappé de la valeur propre de l'œuvre de
M. de Biran et de l'originalité de sa pensée ; il salue
dans cette œuvre le premier indice d'un mouvement
nouveau dans le sein de la philosophie française ;
l'affranchissement de l'école de Condillac, et la restauration des grandes traditions du XVIIe siècle. C'est
sur ce point particulièrement que je voulais attirer
l'attention du lecteur.

Il ne faut pas seulement accorder à M. de Biran le mérite de vues scientifiques personnelles et spontanées, on doit reconnaître encore sa priorité dans le mouvement des esprits qui a produit la philosophie française contemporaine.

La réaction contre les tendances du XVIII° siècle n'avait pas attendu, sans doute, pour se manifester le résultat de ses méditations. Cette réaction, toujours en germe dans les besoins des âmes, dans les intérêts de la société et dans les croyances chrétiennes, n'avait jamais cessé d'avoir quelques représentants, et venait de trouver, en dernier lieu, des représentants illustres. Avant le *Mémoire sur la décomposition de la pensée*, MM. de Bonald et Ballanche avaient commencé leurs publications; l'abbé Frayssinous avait entrepris ses conférences de Notre-Dame, le *Génie du Christianisme* avait ouvert aux imaginations un monde nouveau; Saint-Martin, après avoir soutenu publiquement dans les conférences des écoles normales, qu'il y a dans l'homme un organe d'intelligence distinct de la sensibilité, avait donné au public quelques-uns de ses opuscules. Bien des voix avaient donc fait entendre des paroles qui présageaient et préparaient un avenir autre que celui que Garat et Destutt de Tracy assignaient à la pensée humaine. Mais ces réactions très-positives contre les tendances des encyclopédistes et des idéologues ne se produisaient pas en général sur le terrain, et avec les formes propres de la science; elles revêtaient plutôt un caractère littéraire, politique ou religieux. Dans le mouvement spécialement philosophique, M. de Biran est le premier. C'est en 1805 qu'il s'éloigne franchement de l'école de Condillac ; c'est en 1811 seulement que Laromiguière entreprend de modifier les doctrines de cette école, et que la grave parole de Royer-Collard leur oppose les théories du réformateur de la philosophie écossaise. Cette date de 1811 est importante, parce qu'elle fixe le moment où des tendances nouvelles se font jour avec éclat à la Sorbonne, et inaugurent une ère nouvelle dans l'enseignement de la métaphysique en France ; mais le penseur solitaire avait pris les devants. C'est cette priorité dans le mouvement des idées qu'on avait observée à Berlin, et c'est pour ce motif aussi que Royer-Collard pouvait dire du métaphysicien admiré par M. Ancillon, cette parole que l'histoire a enregistrée : « Il est notre maître à tous. »

Confiné à cette époque dans la solitude de son département, M. de Biran ne pouvait avoir avec les chefs du mouvement intellectuel de la France, que quelques rapports de correspondance. Il chercha toutefois à exercer, autour de lui, la faible action philosophique que lui permettaient les circonstances. Il rédigea, pour une société qu'il avait fondée à Bergerac, trois écrits : l'un, sur les perceptions obscures du système de Leibnitz, l'autre, sur la doctrine de Gall, le troisième, sur les phénomènes du sommeil.

En 1811, il adressa à la Société royale de Copenhague, un *Mémoire sur les rapports du physique et du moral*, qui obtint le prix proposé par ce corps savant. Ces divers travaux renfermaient moins les bases de doctrines nouvelles, que des applications diverses de la théorie fondamentale du *Mémoire sur la décomposition de la pensée*. Mais ces applications par leur étendue et leur fécondité, donnaient à l'auteur des preuves nouvelles de la valeur de ses prémisses. Aucun encouragement ne lui faisait défaut : il se sentait riche de son propre fonds; il avait été couronné par l'Institut de France, dont les membres les plus influents étaient loin de partager ses idées; couronné par deux Sociétés étrangères auxquelles il était parfaitement inconnu; nulle faveur, nulle protection n'altéraient la valeur de ses succès; il avait donc le droit de penser que ses théories étaient importantes, que ses découvertes étaient réelles. C'est dans cette disposition qu'il entreprit la rédaction de l'*Essai sur les fondements de la Psychologie*, ouvrage destiné à réunir tous ses travaux précédents, dans un travail d'ensemble qui exposât à la fois la base et les applications, les vues fondamentales et les détails de sa doctrine.

Quelle était cette doctrine, dont nous n'avons vu jusqu'ici que les préambules, la formation et les délinéaments? C'est ce qu'il convient d'exposer maintenant d'une manière complète, au risque de quelques répétitions avec ce qui précède, et en mettant également à profit l'*Essai sur les fondements de la Psychologie*, et les autres écrits de l'auteur qui appartiennent à la même époque de sa pensée.

Le but de M. de Biran est de fonder une science de l'homme reposant sur des bases certaines, et, par suite, de bien établir les rapports de cette science avec la science de la nature. Sortant du domaine des classifications vagues et arbitraires dont l'idéologie avait tant abusé ; se préservant de ces généralisations précipitées qui confondent sous les mêmes signes les éléments actifs et passifs de notre nature, les phénomènes qui dépendent du jeu des organes et les résultats de la volonté, il aspire à poser dans une analyse réelle les bases d'une synthèse vraie. Kant trouvait de l'analogie entre la révolution qu'il voulait introduire dans la philosophie, et la découverte de Copernic. M. de Biran compare l'œuvre qu'il se propose d'accomplir, à l'œuvre de Lavoisier. En découvrant le principe générateur des acides, Lavoisier a transformé la chimie. S'il existe un principe générateur des faits intellectuels, et que ce principe soit méconnu, le reconnaître et le désigner, sera transformer la psychologie. Le problème est donc de découvrir le principe générateur, et d'assigner ensuite le mode et les degrés divers de ses combinaisons avec des éléments d'une autre nature.

Le principe générateur cherché doit être un fait, un élément réel et observable ; une abstraction mise à la base de la science ne saurait produire que des théories conventionnelles, dépourvues de toute valeur. Quel pourrait être ce principe sinon le *sujet* en soi, toujours présent dans l'acte de la connaissance, élément fixe combiné avec une matière qui varie ? Si le sujet est une fois déterminé, l'*objet* de la connaissance le sera aussi par cela même, il sera, pour ainsi dire, mis à nu, et les combinaisons deviendront observables.

Au lieu de chercher vaguement la condition de la connaissance en général, il est indiqué, par la nature des choses, de chercher la condition de la conscience sans laquelle toute connaissance est impossible. La conscience est le caractère essentiel et permanent du sujet ; si l'on réussit à déterminer sa condition, on aura trouvé par là même le fait qui constitue le sujet lui-même. Or, il est un fait condition de la conscience, de la personnalité, du *moi*, et par suite de toute connaissance. L'homme peut vivre sans le savoir, comme il arrive dans les cas de sommeil absolu et de défaillance, par exemple ; il n'est pour lui-même, il ne se dit *moi* qu'en raison du sentiment d'une activité intérieure qui lui révèle sa propre existence. Être, pour lui, c'est agir. Le *moi* n'a pas de fondement dans un mode quelconque de la sensibilité, comme le pense l'école de Locke ; il ne se manifeste que dans l'action. L'action est donc le fait cherché, la condition de la conscience et de la personnalité.

Mais l'acte continu qui fait l'existence humaine n'est pas un acte pur, et la conscience n'est pas le sentiment abstrait d'une force qui ne se connaît que comme force. L'acte fondamental de l'existence humaine est un *effort*, c'est-à-dire une action indivisiblement liée à une résistance ; et le sentiment de la force ne se manifeste que dans le sentiment de cette résistance même. Effort, résistance, les deux termes sont inséparables, puisque l'un des deux étant supprimé, l'autre s'évanouit en même temps.

L'homme donc se sent et se sait double primitivement. Au moyen de ses sens extérieurs, il apprendra qu'il a un corps étendu, figuré, doué de telles qualités sensibles ; mais sans avoir vu son corps, sans avoir promené la main sur sa surface, il a la connaissance immédiate et purement interne d'un organisme qui résiste et cède à son effort. Ce sentiment est inséparable de celui de son existence : l'âme et le corps se manifestent à la fois et indivisiblement. Si nul ne peut méconnaître la résistance des muscles dans le fait de la locomotion, une réflexion exercée réussit à rompre le voile de l'habitude et à discerner dans l'acte de la pensée la plus abstraite en apparence, le sentiment immédiat d'un terme organique qui résiste.

Tel est le fait primitif de la connaissance, dualité absolue, irréductible, qui est celle d'une cause agissante et d'un terme résistant, non celle d'une substance et d'un mode. Le *moi*, en effet, ou la personne constituée pour elle-même, ne doit pas être confondu avec l'âme substance, concept objectif qui peut devenir la base d'une foule d'assertions hypothétiques, précisément parce que c'est un concept objectif et non un fait donné par la conscience.

Les deux termes du fait primitif ne tombent pas sous la loi de la succession et du temps ; il n'y a entre eux ni avant, ni après, puisqu'ils sont constitués l'un par l'autre. L'analyse philosophique est insuffisante si elle ne remonte pas jusqu'à cette dualité fondamentale ; elle devient abstraite, c'est-à-dire qu'elle s'égare en s'éloignant de la source de toute réalité, dès qu'elle prétend remonter au delà.

C'est ainsi qu'est constitué, aux yeux de M. de Biran, le sujet pur, dégagé de tout élément adventice. Tout lecteur attentif aura remarqué que ce point de doctrine, base fondamentale de toute sa théorie de l'homme, n'est que le développement d'un germe contenu déjà dans le *Mémoire sur l'habitude*, et, plus explicitement, dans le *Mémoire sur la décomposition de la pensée*. Dans l'être purement sensitif de Condillac, il a placé l'activité, substituant ainsi une dualité réelle à l'unité factice de la sensation transformée. C'est là son œuvre dès le commencement. Plus il avance, plus cette œuvre s'étend et se développe en riches conséquences. Dans l'*Essai* il ne s'agit plus seulement de rétablir un fait méconnu, mais de déduire de ce fait toute une théorie de l'homme, et d'abord une théorie de l'entendement.

Les notions fondamentales qui sont la base permanente du travail de la pensée, ne sont, aux yeux de l'auteur, que les dérivations immédiates du fait primitif. L'idée de force a son type manifeste dans l'effort même. L'idée de substance se réfère, soit aux deux termes de la dualité primitive qui subsistent les mêmes dans toutes les variations de l'existence, soit plus particulièrement au terme résistant. L'idée de cause n'est que l'expression même du rapport qui constitue le fait primitif. Le *moi*, indivisible dans son opposition aux éléments sensitifs variables, est la base de l'idée de l'unité. La permanence du rapport des deux termes du fait primitif est la source de la notion de l'identité. C'est dans l'activité même du sujet que l'idée de la liberté a tout son fondement.

Enfin, la base première du concept de l'espace se trouve dans le sentiment intérieur et immédiat du corps propre et de ses diverses parties, tandis que la volonté, successive dans ses actes dont elle ne peut faire qu'un à la fois, est l'origine première de l'idée du temps.

Ainsi sont fournies à la pensée ces notions premières, qui ne peuvent être dites innées ou *a priori* puisqu'elles ne sont que l'expression du fait constitutif du sujet, mais qui diffèrent profondément des idées générales, déduites des impressions externes par la voie de l'abstraction et de la comparaison. Les idées générales sont le résultat de l'observation qui se dirige sur les objets du dehors; les notions sont le produit pur de la réflexion du sujet sur lui-même. Et comme le sujet est l'élément indispensable de toute connaissance, les notions dans lesquelles le sujet manifeste sa propre nature se retrouvent partout et toujours, tandis que les idées générales varient comme les objets qui leur donnent naissance. Partout où existe le sujet, il porte avec lui ces idées fondamentales inséparables de son existence ou de la perception interne qu'il a de lui-même; il les porte dans l'acte de la connaissance, il ne les reçoit pas. Et comme de toutes les notions la plus voisine du fait primitif est celle de cause, dans laquelle ce fait reçoit son expression immédiate, l'idée de cause est l'idée-mère et véritablement la pierre angulaire de toute la philosophie. C'est pourquoi, plus le scepticisme sera intelligent, plus il mettra de soin et d'importance à attaquer cette base de toute connaissance réelle. Hume l'a compris, et la vivacité de ses attaques contre le principe de causalité suffirait au besoin pour nous révéler toute l'importance de ce principe.

La psychologie pure, telle que M. de Biran la conçoit, se renfermerait dans le développement des idées qui précèdent. Lorsqu'elle aurait analysé dans ses éléments, et suivi dans ses conséquences, le fait primitif du sens intime, sa tâche serait terminée. Mais, observe-t-il, ce ne serait là qu'une étude bien incomplète de l'homme. L'homme, en effet, n'est constitué dans la réalité de son existence que par la combinaison du sujet avec un élément étranger.

Cet élément étranger au *moi*, mais partie constitutive de notre être dans sa totalité, est une vie inconsciente par laquelle l'homme se rejoint à la nature, dont la conscience de son activité propre le distingue. Cette vie est celle dont la physiologie étudie les conditions organiques. Elle se compose d'impressions sans conscience et de mouvements de réaction sans conscience aussi, et bien différents des mouvements volontaires. C'est la vie de l'animal, une vie obscure dans laquelle l'être *devient* véritablement les modifications dont il ne se distingue pas. Là se trouve en quelque sorte la matière brute des phénomènes de l'esprit humain : des *affections* qui deviendront des sensations agréables ou douloureuses, lorsque la conscience sera présente ; des *intuitions* ou images organiques qui serviront de base aux représentations externes ; des mouvements instinctifs dont la volonté pourra s'emparer ; des instincts, des appétits aveugles qui seront la source de désirs. Mais ce ne seront point là les modifications d'un principe se transformant tout en demeurant le même dans son essence. La vie obscure qui résulte du jeu des organes vivants, ne se transforme pas; elle se rejoint à la conscience, élément d'une autre nature, et qui ne sort en aucune manière du précédent. Au moment où la conscience s'éveille dans le mystère d'un premier effort voulu, la force personnelle trouve une matière préexistante au sein de laquelle elle se développe ; elle agit sur cette matière, elle s'en empare, elle n'en procède point.

La vie humaine est double, a dit Boërhave : *Homo simplex in vitalitate, duplex in humanitate*. Cette parole résume la théorie vraie de l'homme. Deux éléments d'origine distincte et de nature différente, se rencontrent dans la conscience : l'esprit humain, le sujet, principe de toute connaissance, et ces éléments d'une vie obscure qui ne se manifestent que lorsqu'ils sont éclairés d'ailleurs, pareils à l'ombre que la lumière seule rend visible.

Après l'éveil de la conscience, la vie inférieure ne continue pas moins à subsister avec ses lois propres. Quel homme habitué à s'observer ne sent perpétuellement surgir, au sein de la vie de l'intelligence et de la volonté, cette vie qui est en lui, sans être lui ? cette vie, principe de désirs que la raison n'avoue pas, de joies et de tristesses, qui, sans cause extérieure, naissent du jeu spontané des organes, d'images enfin, de fantômes qui se produisent d'eux-mêmes sur le théâtre intérieur. L'intelligence et la volonté dominent à des degrés divers ces éléments étrangers ; mais que l'activité du *moi* soit suspendue, la vie inférieure reprend son empire. La rêverie, l'entraînement de la passion, les songes du sommeil, le délire, la folie représentent, à des degrés divers, cette domination de la vie animale et de ses lois sur la force personnelle qui abdique. Ainsi, l'homme ne saurait être expliqué par les transformations d'un élément identique ; il présente au contraire le spectacle de la lutte de deux principes opposés, dont les combinaisons variables expliquent seules les états divers qu'on peut observer dans son développement.

En partant de ce point de vue, M. de Biran reconnaît dans l'homme des états notablement divers, qu'il réduit à quatre, et auxquels il donne le nom de *systèmes*.

Le système *affectif* est la vie commune à l'homme et à l'animal, l'ensemble des impressions et des mouvements instinctifs qui résultent du jeu de la machine organisée. Cette vie, contemporaine de l'existence, précède l'éveil de la personne consciente. Le *moi* n'étant pas présent aux phénomènes, ces phénomènes ne peuvent être observés que du dehors par un spectateur étranger. Ils laissent des traces dans l'organisation, mais aucun souvenir. Cette vie inférieure, aussi longtemps qu'une lumière qui procède d'ailleurs, ne vient pas l'éclairer, s'écoule obscure et sans que rien la rappelle.

Le *moi* s'éveille avec l'effort, au sein des ténèbres de cette vie primitive, et l'observation intérieure commence. Le simple degré d'effort qui fait l'état de veille sans un déploiement exprès d'activité, caractérise le système *sensitif*. Le *moi* est le spectateur des phénomènes ; le sentiment de l'identité personnelle apparaît ; les modes de l'existence connus par le sujet qui les éprouve donnent lieu à la réminiscence ; l'idée de cause que le *moi* tire de son propre fonds fait attribuer aux modes sentis une cause étrangère. Les éléments du système affectif ne se transforment pas, mais ils entrent en combinaison avec l'effort, élément d'une autre nature. Les sensations sont doubles, car toute sensation ramenée à l'unité n'est plus que l'impression inconsciente du système précédent.

Le *moi* présent ou absent établit une ligne de démarcation absolue entre le système affectif et le système sensitif ; la subordination entière de l'activité propre de l'âme aux impressions du dehors, fait le caractère du système sensitif par opposition aux systèmes suivants.

Lorsque l'effort dépasse le degré qui fait le simple état de veille, il prend le jeu des organes sous sa direction, et concentre tour à tour leur action sur un seul objet. Tel est le caractère de l'attention dont la présence détermine les faits du système *perceptif*.

Les sensations rendues plus distinctes deviennent des perceptions, c'est-à-dire des actes de connaissance auxquels le *moi* concourt par un déploiement exprès d'activité. Le fait capital de ce système est le jugement d'extériorité qui introduit la connaissance des corps étrangers. Dans l'ordre sensitif, la sensation s'accompagne de la croyance à une cause indéterminée, *non-moi*, qui la produit ; mais cette croyance n'est pas une connaissance. Ce n'est que par l'exercice du toucher proprement dit, résultat d'une activité expresse, que le corps étranger se manifeste dans sa nature propre, comme résistance externe à l'effort. Dès lors le corps étranger est connu dans son essence, il devient le support substantiel de tous les modes sensibles, et la science de la nature s'ouvre à l'esprit humain.

L'attention ne permet pas seulement l'accès à la science de la nature, elle fournit encore à l'ordre moral des garanties nécessaires. Tant qu'il ne sort pas de la sphère des pures sensations, l'homme obéit à tous ses entraînements, et sa conduite dépend tout entière de l'équilibre des penchants naturels qui se combattent librement, sans qu'aucun principe étranger vienne troubler la prépondérance des plus énergiques. Mais l'attention a le privilége de donner une vivacité proportionnelle à son intensité, aux idées sur lesquelles elle se fixe. Par ce moyen, l'activité personnelle intervient dans la lutte des penchants, oppose des *idées* qu'elle avive à des passions immédiates, et donne à la conduite de l'homme une règle autre que ses instincts.

Telles sont les conséquences importantes de l'attention, qui n'est rien autre que la volonté-même en exercice. Toutefois, dans le système perceptif, si le *moi* exerce son initiative, s'il n'est plus le simple spectateur et l'esclave des impressions du dehors, il n'agit que sollicité par ces impressions. Le monde sensible prévaut encore, en ce sens qu'il est toujours l'occasion et le point de départ des phénomènes. Aussi la science ne pourra être que celle des modes et des qualités variables qui dépendent de notre sensibilité, la description et le classement des objets extérieurs, la formation des idées générales qui s'y rapportent. Il n'y aura pas encore de place pour les notions purement intellectuelles, pour la théorie des êtres, considérés indépendamment de leurs modes ; une science de cet ordre n'appartient qu'au système suivant.

Ce dernier système, le système *réflexif*, est le résultat du plus haut degré de l'effort, par lequel le *moi* s'abstrayant lui-même de tous les éléments adventices, se connaît et se contemple dans sa pureté. L'acte de réflexion est l'acte dernier de la conscience. Le sujet s'isole de tout ce qui n'est pas lui ; la connaissance purement intérieure est alors réduite au fait primitif et aux notions qui s'y rattachent. Le sujet trouve en soi, la source des deux sciences de raisonnement pur, qui ne dépendent en rien des modes variables de la sensibilité. La conception pure de l'espace, manifesté intérieurement dans le continu résistant, est la base des mathématiques ; l'effort en lui-même est, avec tout le système des idées intellectuelles qui en dérivent, l'objet propre de la psychologie. La réflexion enfin donne à l'âme la conscience claire de son pouvoir d'agir, et cette conscience, combinée avec l'idée du temps, rend possible la prédétermination des actes futurs, complément de la liberté morale.

Le système réflexif ayant son fondement dans le

fait primitif de l'existence devrait, ce semble, se manifester à la pensée dès l'origine et ne jamais disparaître. En réalité, il n'en est pas ainsi. Le sentiment de l'activité, précisément parce qu'il est continu, s'obscurcit et se voile par la puissance de l'habitude. Les résultats extérieurs de nos actes, et les impressions du dehors qui les provoquent, captivent toute notre attention dans les périodes inférieures de l'existence ; le sentiment des objets étrangers étouffe le sentiment de notre propre pouvoir. Il appartient au langage institué de nous rendre la conscience de notre véritable nature. Les signes disponibles du langage, en tant qu'impressions actives et passives à la fois (puisque si c'est nous qui recevons l'impression, c'est nous seuls qui la produisons par un acte libre), ces signes disponibles, déchirent le voile de l'habitude, nous révèlent notre propre action, et fournissent au système réflexif l'occasion de se manifester ; de telle sorte que le langage qui ne serait pas sans le pouvoir de réfléchir, est nécessaire toutefois pour que ce pouvoir entre en exercice et produise ses conséquences.

Il est peut-être ici une confusion à prévenir. Ce qui se manifeste dans le système réflexif, ce n'est pas l'esprit à l'état pur, conception abstraite et tout à fait étrangère à la réalité. Sur ce point, M. de Biran est très-explicite. Dans l'acte de la réflexion, ce qui apparaît à l'état pur, c'est le *moi*. Or, « exister pour
« le *moi*, c'est sentir son corps. L'erreur des méta-
« physiciens est de croire que la liaison, ou la rela-
« tion de l'âme et du corps est le grand mystère de

« l'humanité. C'est leur séparation réelle ou pos-
« sible qui est le mystère. Quant à la liaison, elle
« est donnée immédiatement par le fait de conscience,
« puisqu'elle constitue le sujet même qui s'aper-
« çoit. »

Tels sont les quatre systèmes qu'on peut reconnaître dans la vie totale de l'homme. Ce ne sont point là les produits d'une analyse abstraite et arbitraire, mais des états réels, observables dans les phases diverses de l'existence. La vie réelle est le résultat de la lutte et de l'équilibre instable de deux forces opposées. La valeur d'une existence humaine dépend de la prépondérance acquise par l'un ou l'autre des éléments qui constituent cette existence double. Résister à l'action des éléments passifs d'une nature inférieure, resserrer toujours plus le cercle de leur influence, s'élever par des actes libres, par la possession de soi-même, par la domination sur la vie animale vers les régions sereines de la raison, de la paix, d'un bonheur que les passions ne troublent ni n'obscurcissent . . . . telle est la fin légitime de l'homme. Ce but lui est clairement assigné par le fait qui constitue l'essence même de son existence personnelle, par l'éveil du pouvoir conscient et libre au sein d'une vie aveugle et fatale qu'il doit dominer toujours plus. Si nous faillissons à notre destinée, si la force consciente, infidèle à sa mission, sommeille dans notre sein, nous redescendons l'échelle de la vie proportionnellement aux degrés de son abdication; nous redevenons de plus en plus les esclaves des sensations, des impressions du dehors, jusqu'à ce que le *moi*, disparaissant tout à fait, l'homme proprement dit ait cessé d'être, pour ne laisser subsister que l'existence obscure de l'être simplement organisé et vivant. Aux deux extrémités du développement humain, se trouve donc, d'une part, la force personnelle et libre dominant la nature, de l'autre, la nature reprenant tout son empire, faisant rentrer l'esprit sous ses lois, et ramenant l'homme à l'animal.

Le lecteur a maintenant sous les yeux, dans ses bases essentielles, la doctrine formulée par M. de Biran, au milieu de sa carrière philosophique. Cette doctrine, sans doute, même réduite aux éléments principaux qui en forment comme le squelette, se recommande à l'attention par sa valeur propre, et sa formation spontanée dans l'esprit d'un penseur solitaire qui procède de l'école de Condillac en augmente l'intérêt. Toutefois, on n'en reconnaît véritablement tout le mérite, que lorsqu'on l'étudie dans les analyses ingénieuses et multipliées qui lui servent de fondement, et qu'on la suit avec une attention soutenue dans la richesse de ses conséquences.

Les écrits de M. de Biran sont dépourvus de tout éclat; ils n'ont rien qui frappe, rien qui attire au premier abord; il serait facile de les parcourir d'un bout à l'autre, sans en discerner la valeur. Mais leurs mérites voilés apparaissent en proportion de l'effort que fait le lecteur. Ils donnent beaucoup, à qui leur accorde la peine qu'ils réclament; ils excitent la pensée et sont féconds par les idées qu'ils éveillent.

autant que riches de celles qu'ils énoncent explicitement. Les amis de la philosophie en feront l'expérience, s'ils veulent entrer dans une voie qu'on leur indique en toute sécurité. Ces pages ne sauraient remplacer l'étude des textes qu'elles précèdent et n'en ont point la prétention ; je puis donc me borner ici à quelques indications rapides, relatives aux principales conséquences tirées par l'auteur des principes généraux qui viennent d'être exposés.

M. de Biran, dès ses débuts, avait été scandalisé de l'assertion de Cabanis que : « le cerveau digère « les impressions et fait organiquement la sécrétion « de la pensée. » Une fois en possession de sa théorie, il put apprécier complétement la valeur de la doctrine qui affirmait que : « le moral n'est que le « physique considéré sous certains points de vue « particuliers, » et élever une science nouvelle des rapports des deux éléments de la vie humaine, en opposition à celle de l'illustre médecin qui avait été l'un de ses maîtres.

Il n'oublie jamais la part faite à l'élément physique de notre nature, mais il trace ses limites d'une main ferme, et ne permet pas plus à la science de l'esprit d'oublier le corps, qu'à la science du corps de méconnaître l'esprit. Solidement fondé sur le terrain de la conscience et de l'observation intérieure, il juge et écarte facilement : le *mécanisme* de Hobbes qui supprime l'objet même de la psychologie ; l'*animisme* de Stahl qui, attribuant à l'action de l'âme, les fonctions organiques inconscientes, de même que les opérations de l'entendement et les actes de la volonté, confondait les phénomènes les plus divers, et, par cette confusion même, opérée au profit de l'âme, appelait et facilitait une réaction devant tout confondre au profit du corps ; le *symbolisme* de Bonnet qui, traduisant les phénomènes intérieurs en jeu de fibres, trompe facilement la pensée en lui faisant indûment franchir l'abîme qui sépare le monde intérieur des représentations objectives ; enfin la *Phrénologie* de Gall qui, en tant que science purement expérimentale de la correspondance de l'âme et du corps, ne peut être jugée que par l'expérience, mais qui s'égare jusqu'à l'absurdité, lorsqu'elle prétend remplacer et annuler la psychologie, oubliant que la classification des facultés n'est pas écrite sur les protubérances du crâne, et que le phrénologue ne peut que chercher les signes extérieurs de faits que la conscience seule révèle, et que l'observation intérieure seule peut classer.

Ces vues incomplètes ou fausses étant écartées, M. de Biran établit sa propre doctrine. Il y a dans l'homme, deux vies bien distinctes. La vie organique et la vie animale distinguées par Bichat, se ramènent à une seule, quant aux rapports du corps et de l'âme, et constituent le *physique*, élément inconscient et fatal de notre nature. Les phénomènes intérieurs auxquels le *moi* préside, constituent le *moral*, domaine de la liberté, sphère de l'intelligence qui se sait, et de la volonté qui se possède. La séparation de ces éléments, quant à leur nature, est absolue. Mais la vie passive persistant au sein du développement de l'activité, et tendant toujours à reprendre son empire, le conflit des deux forces opposées ouvre un vaste champ à l'observation. Les deux ordres réagissent perpétuellement l'un sur l'autre par le moyen de l'imagination, faculté mixte qui, soumise à l'organisme, et susceptible de subir l'action de la volonté, est comme le trait d'union des deux parties constitutives de l'homme. Une passion, par exemple, commence tantôt dans le physique d'où elle envahit le moral, tantôt dans l'ordre moral d'où elle finit par agir sur le physique. Le même fait est donc susceptible d'être étudié sous deux points de vue ; la science du physique et la science du moral de l'homme ont un terrain commun, et peuvent se rendre de mutuels services. La médecine, éclairée par la physiologie, peut agir immédiatement sur les affections sensitives, et médiatement sur les idées et le caractère. D'un autre côté, la volonté détermine la direction de la pensée, agit par les idées sur l'imagination, et, par un travail continu, finit par modifier les affections sensitives.

Le physique et le moral se touchent, se modifient continuellement. Mais c'est bien vainement qu'on voudrait se prévaloir de cette observation pour identifier des éléments, aussi profondément divers qu'ils sont intimement unis. L'âme, sans doute, peut être triste ou joyeuse, selon la disposition bonne ou mauvaise des organes, mais ne la voyons-nous pas, en certaines circonstances, triomphant des sollicitations sensibles, se réjouir au sein des souffrances du corps, s'affliger des joies immodérées ou mauvaises de l'animal, et témoigner ainsi que, dans son union intime avec la matière vivante, elle conserve toutefois son indépendance, et se sent appelée à exercer sa supériorité ?

Les vues générales de M. de Biran sur les rapports du physique et du moral lui fournissent des explications, au moins spécieuses, des phénomènes de l'aliénation mentale. Elle se caractérise, à ses yeux, par une sorte de paralysie intérieure, ou de suspension de la volonté, qui laisse la vie inférieure et passive se développer selon ses lois propres, envahir l'être intellectuel et moral, et substituer les images et les impulsions qui naissent d'un organisme en désordre, aux produits réguliers de l'intelligence et aux actes réfléchis de la volonté.

Les phénomènes du sommeil ont fortement excité aussi l'attention de M. de Biran. Il s'élève contre la division de Bichat qui reconnaît un sommeil partiel des organes, et un sommeil général qui est la somme des sommeils partiels. A ses yeux, le sommeil est le résultat de la suspension momentanée de la volonté, ou puissance d'effort ; il peut être complet ou incomplet ; il ne saurait être partiel ou général. Quelles sont les facultés qui subsistent dans cet état mystérieux ? Celles qui ne supposent pas d'efforts, qui sont hors de la sphère de l'attention. Les images qui constituent les rêves se succèdent et s'agrègent selon les lois naturelles d'une imagination passive, sous la dépendance de notre sensibilité. Une certaine disposition de la sensibilité détermine, dans l'état de veille, notre humeur, notre sentiment de l'existence et ces rêveries que contient l'action de la volonté. Lorsque la volonté cesse, les rêveries de la veille deviennent les rêves du sommeil, la force vitale mystérieusement unie à l'être conscient et libre reprend toute sa puissance et règle seule la nature et la série des phénomènes.

L'analyse de M. de Biran ne lui donne pas seulement le moyen d'expliquer les faits de la nature humaine, elle lui fournit encore des vues nouvelles sur l'histoire de la philosophie. On a vu combien ses connaissances, à cet égard, étaient limitées. Dans la période dont l'*Essai sur les fondements de la Psychologie* est la production principale, il se borne à l'examen de la philosophie moderne. Dans ce champ limité, il n'aborde que les systèmes les plus célèbres, et ne les envisage que sous le rapport spécial de leur conception du fait primitif de la connaissance. Il range, sous deux chefs, les grandes conceptions métaphysiques : philosophie *a priori*, philosophie de l'expérience.

Les partisans de la philosophie *a priori* élèvent des constructions logiques, souvent fort habiles. Mais, bien que les chaînons de leur raisonnement soient étroitement liés, lorsqu'on parvient au terme on se trouve fort loin de la réalité, et si la logique triomphe, la vérité est absente. D'où viennent de tels écarts? D'une vue fausse du premier principe de la connaissance, pris pour point de départ. Parvenu au fait primitif, on ne se borne pas à en distinguer les éléments, on les sépare par une analyse abstraite, et on réalise ses abstractions.

Descartes se place, au début, dans le vrai point de vue, celui de la conscience du sujet, mais il s'en éloigne incontinent. Son âme substance, ou *chose* pensante, n'est pas le sujet donné par la conscience ; c'est un concept objectif qui ouvre la voie aux hypothèses, concept dont on demande ce qu'il est, que Hobbes et Gassendi s'efforcent de ramener dans le domaine de l'imagination sensible, tandis que le *moi*, simplement constaté dans ses éléments, par la voie de l'observation intérieure, ne soulève aucune question, et ne se prête à aucune hypothèse.

Leibnitz, en substituant l'idée de force à l'idée de substance, s'est rapproché des données de l'expérience intérieure, et a fait faire un grand pas à la science. Mais la force, telle qu'il la conçoit dans l'absolu, n'est pas la cause individuelle, *moi*, qui est le vrai point de départ de toute science réelle. La force de Leibnitz est encore une abstraction réalisée, qui entraîne son système loin des voies de l'observation et de la réalité.

Kant étudie les phénomènes intellectuels en eux-mêmes, et séparés de leur sujet d'inhérence. Le sujet tel qu'il le considère n'est pas le *moi* qui se connaît, mais l'absolu de l'âme. Il analyse, en quelque sorte, les produits de l'intelligence à l'état mort, sans remonter à leur origine, à l'activité qui est à leur base. Aussi, après avoir distingué soigneusement l'abstraction qui opère sur les impressions extérieures, de cette autre abstraction qui sépare l'esprit lui-même de tout élément adventice, il confond lui-même ce qu'il a distingué, et admet, à titre égal, dans ses *formes* et dans ses *catégories*, des idées générales et des notions réflexives.

C'est ainsi que la philosophie *a priori* abstrait trop, et dépassant le fait primitif dans son analyse, arrive à s'enlever toute base de fait et tout moyen d'observation. Elle place le possible avant le réel, elle prend son point de départ dans des concepts qui ne sont plus la représentation des faits. Aussi, dans ses développements, arrive-t-elle à nier les réalités les mieux établies, à construire des théories, produit de la logique seule. Ces théories peuvent être admirables pour l'enchaînement des idées et la rigueur des déductions, mais elles sont étrangères à une science vraie de l'homme. Leurs conséquences contredisent souvent l'observation, parce que ces conséquences vont toutes se rattacher à un principe abstrait et hypothétique, non à un fait.

Si la philosophie *a priori* pèche par excès d'abstraction, la philosophie de l'expérience abstrait trop peu. Son analyse insuffisante s'arrête en deçà du fait primitif. Supposant le *moi* présent dans la première idée de sensation, elle ne fait aucune étude de ce *moi*, elle n'en recherche ni la nature, ni la condition, ni l'origine, et méconnaît par suite la part entière du sujet dans le fait de la connaissance. De là, la dégénérescence progressive et inévitable de cette école. Bacon proscrit la réflexion; Locke réduit la science à la classification des idées; Condillac, par ses artifices de langage, ne peut tirer de la sensation que ce qu'il y a mis indûment, comme ces alchimistes sortant de leurs creusets l'or qu'ils y avaient préalablement introduit.

Les deux grandes écoles entre lesquelles se partage la philosophie s'égarent donc, l'une pour ne pas atteindre le fait primitif, l'autre pour le dépasser. Le moyen de fonder une science vraie, est, en même temps, le moyen d'accorder ces écoles rivales, et de mettre à profit les éléments de vérité qu'elles possèdent. Il faut prendre pour point de départ de la spéculation métaphysique, le fait primitif dans sa réalité, cette origine première de tout savoir. Un élément d'expérience est à la base de tout le travail de l'esprit humain, comme l'enseigne l'empirisme; mais cette expérience est une expérience intérieure, profondément distincte de l'expérience sensible. Le fait premier de la connaissance est d'un ordre suprasensible, ainsi que le proclame la philosophie *a priori;* mais c'est un fait, ce n'est pas un concept arbitraire, abstrait, et par là même indéterminé. Voilà ce qu'il suffit de voir clairement et de poser à la base de la philosophie, pour terminer les longs débats des sectes rivales. La science de l'homme, solidement fondée sur la base de l'expérience interne, préservée des écueils du matérialisme et du scepticisme, contre lesquels le sensualisme peut également échouer, mise à l'abri des spéculations arbitraires d'un idéalisme sans contrôle, la science de l'homme prendra une marche sûre, et s'avancera enfin d'un pas ferme à la conquête des destinées qu'elle a le droit d'ambitionner. Tel est, on peut le dire, le traité de paix proposé par l'auteur aux parties belligérantes dans la lutte des opinions spéculatives.

M. de Biran savait peu d'histoire, et il n'y a pas lieu à lui demander les résultats d'une érudition spéciale, au sujet des systèmes de ses prédécesseurs. Mais j'en ai la conviction, les savants eux-mêmes, ceux qui ont le plus et le mieux étudié Descartes et Leibnitz, pourront trouver encore quelque chose à apprendre sur les théories de ces grands hommes, dans les aperçus de ce penseur solitaire qui avait peu lu, mais qui possédait ce que l'érudition ne donne pas, et ce qui parfois la remplace en quelque mesure, le regard pénétrant d'un génie naturel, exercé par de longues méditations.

L'*Essai sur les fondements de la Psychologie*, base principale des expositions qu'on vient de lire, est l'ouvrage essentiel de M. de Biran, à l'époque où nous avons conduit l'exposé de ses doctrines. Les autres écrits de cette époque se rattachent sans effort à l'*Essai*, à titre de travaux préliminaires, ou d'applications de détails; et ce qu'il y a d'essentiel dans leur contenu, a fourni en partie la matière des pages qui précèdent. Le moment serait donc venu d'aborder les documents d'une période nouvelle, s'il ne convenait de faire suivre le simple exposé des doctrines de M. de Biran de quelques remarques générales.

Je n'ai pas l'intention d'aborder ici l'examen de l'*Essai* dans ses détails. On trouvera quelques fragments d'un examen de cette nature dans les notes du résumé joint à cet ouvrage même. Mon but est de soumettre à l'appréciation du lecteur un petit nombre d'idées relatives aux vues fondamentales de M. de Biran dans la seconde période de ses travaux, à l'importance de ces vues et à leur place dans l'histoire de la philosophie (1).

Toute la théorie de l'*Essai* repose sur deux bases : la détermination du fait de conscience ; la constatation d'un élément affectif et inconscient dans la vie de l'homme. Examinons successivement ces deux éléments de doctrine.

Il est au fond de toutes les pensées de M. de Biran une vue qui se reproduit sans cesse, et dont on ne saurait méconnaître l'importance. Elle est relative à l'idée même de la science de l'homme. L'homme se connaît par un procédé qui ne comporte aucune autre application. Il ne se connaît pas par l'observation sensible qui révèle les phénomènes extérieurs, et sert de base à la science de la nature. Il ne se connaît pas par le procédé rationnel qui saisit un concept et en déduit logiquement les conséquences, comme c'est le cas pour les mathématiques, par exemple. La conscience de soi, la manifestation de l'homme à lui-même, est un fait *sui generis*, un fait unique. Dans la science intérieure, le sujet et l'objet s'identifient, et c'est le seul cas où il en soit

---

(1) Je n'ai touché nulle part au côté physiologique des études de M. de Biran ; avant tout parce que je ne possède sur ces matières que ce demi-savoir qui n'autorise pas à parler ; puis, parce que nul ne songera à chercher dans un livre qui a plus de quarante ans de date, des renseignements sur l'état actuel de la science de l'organisation physique de l'homme.

ainsi. L'étude de l'homme étant dans une condition exceptionnelle, doit avoir une méthode exceptionnelle aussi. Elle s'égare dès les premiers pas, si elle adopte les procédés de l'observation de la nature, comme le demande Bacon, et comme le pratique son école. Elle s'égare pareillement si, recourant à des procédés empruntés aux mathématiques, comme le font Descartes et Leibnitz, elle substitue au sujet *moi*, pour lequel l'être et le connaître sont indivisibles, le concept abstrait d'une substance ou d'une force, concept dont on étudie logiquement le contenu et les conséquences. La voie unique d'une étude réelle de l'homme, c'est l'étude du fait même de la conscience, dans lequel l'homme manifeste sa nature propre, en dehors de toute analogie avec des connaissances d'un autre ordre.

Si cette vue n'appartient pas en propre à M. de Biran, tout au moins en a-t-il tiré, je le pense, un parti plus grand qu'aucun autre philosophe, et peut-il être considéré, à juste titre, comme le fondateur de la méthode psychologique. On admettra facilement que rien n'est plus éloigné de cette méthode que le système de Condillac qui, supposant le *moi* présent dans la première sensation, fermait toute voie à la recherche de la nature propre du sujet; mais le lecteur, au courant des publications contemporaines, demandera peut-être si le vrai fondateur de la méthode psychologique n'est pas Descartes, et pourra suspecter d'ignorance ou d'injustice une assertion contraire à cette donnée historique. Descartes, sans doute, a posé à la base de tout son édifice métaphysique, le *je suis*, expression immédiate du fait de conscience. Mais qu'on étudie avec une attention sévère les pages immortelles du *Discours de la Méthode* ou des *Méditations*, on reconnaîtra que l'existence personnelle n'est pour l'auteur que le point de départ de la pure spéculation métaphysique. A peine a-t-il fait un pas, qu'il abandonne le terrain des faits pour s'élancer dans le monde des idées ; le *je* disparaît pour ne laisser que la seule *pensée*, base de tout l'édifice cartésien. Dans la pensée, Descartes trouve l'infini ; dans l'infini, Dieu ; en Dieu, l'explication *a priori* de l'univers et de l'homme. Tout ce qu'il demande à l'expérience, dont il s'empresse de méconnaître les droits, c'est un point d'appui pour s'élancer. Quant à rechercher les conditions de la conscience, la manière dont le sujet se manifeste à lui-même, sa part de *fait* dans les opérations intellectuelles, l'auteur du *Discours de la Méthode* est loin d'y songer. C'est donc bien vainement, ce me semble, et en s'emparant assez à la légère d'un mot dont on n'examine pas la portée réelle, qu'on a voulu nous montrer le fondateur de la méthode psychologique et le promoteur de l'observation interne, dans un génie purement spéculatif, dans un philosophe qui ne connut d'autre science que la science *a priori*, et qui a soin de nous prévenir que, à ses yeux, la méthode géométrique doit être la méthode universelle.

Le point de départ dont Descartes s'éloigne tout de suite, le *je suis*, M. de Biran s'y arrête. Déterminer le fait de conscience, en reconnaître la condition, en assigner la part dans toute la vie humaine : tel est à ses yeux, le but premier de la science, et il montre que cette étude est le point de départ de toute la métaphysique, que la manière dont le *moi* se conçoit lui-même, détermine nécessairement la manière dont il conçoit le système général des existences. On ne saurait méconnaître à ces traits, les bases de la vraie méthode psychologique.

La voie où il s'engage lui fait rencontrer tout d'abord l'explication de *l'unité de conscience*. Notre psychologie ordinaire, après avoir scindé les facultés humaines, et les avoir classées d'après leurs produits, consacre bien un article à l'unité de l'âme. Mais cette unité, simplement constatée sans qu'on en détermine la condition, ne remédie pas aux inconvénients de ce brisement de l'être humain, résultat d'une étude des facultés qui les isole trop les unes des autres. De là, le caractère souvent artificiel et abstrait de notre science anthropologique. M. de Biran ne se borne pas à simplement indiquer l'unité de conscience, il la montre incessamment et en fait, dans toutes ses analyses. Le *un* dans l'homme, le principe qui demeure identique au sein de la mobilité perpétuelle de nos impressions, des modes si variables de notre vie, c'est la force qui se connaît. L'activité est plus visible, sans doute, se montre plus à nu dans les faits de la volonté proprement dite; mais dans la sensation, dans la pensée, partout où est le *moi*, il y a de l'activité à quelque degré, et c'est dans cette activité que réside l'unité du sujet. Cette force une qui nous constitue, entre en combinaison avec des éléments qui sont en nous, sans être nous. L'étude de ces combinaisons appelle à passer en revue les états divers de notre existence, et donne lieu à une reproduction vivante, à une synthèse réelle, qui est à l'étude artificielle et abstraite des facultés, ce que la physiologie qui décrit les fonctions des organes vivants, est à la dissection qui les mutile.

Si l'homme est un, en tant que sujet permanent de tous ses actes, il se sent profondément double à un autre point de vue, et la doctrine de M. de Biran n'est pas moins heureuse dans l'explication de la dualité humaine, que dans celle de l'unité de conscience.

Les phénomènes de la pensée, du sentiment, de la volonté, sont d'un autre ordre que les phénomènes de la forme, de la couleur, de la pesanteur, que présente la matière des organes; l'homme est composé d'une âme et d'un corps, et ce corps et cette âme agissent et réagissent continuellement l'un sur l'autre : telle est la donnée du sens commun, le résultat général de l'expérience universelle. Il faut reconnaître toutefois que cette donnée du sens commun, malgré son caractère apparent d'évidence, se trouve singulièrement compromise dans les systèmes des philosophes. L'école matérialiste nie la différence de l'esprit et de la matière, Malebranche et Leibnitz contestent l'action efficace de l'âme sur le corps; toute l'histoire de la métaphysique nous montre cette science, obéissant à un besoin intérieur d'unité, tendre sans cesse à effacer la ligne de démarcation qui sépare les deux termes de la dualité humaine,

Le caractère propre de la théorie de M. de Biran est de saisir cette dualité à la source même de la pensée et de l'établir sur une base telle que la science marche désormais d'accord avec le vrai bon sens, qui n'est que le sentiment immédiat de la réalité. Pour ce philosophe, en effet, la question de la dualité primitive et de l'action efficace dans laquelle elle se manifeste, est toute différente de la question de l'existence du corps et de l'âme, prise à un point de vue objectif et absolu. Avant que l'homme, par le progrès successif de sa pensée, se soit élevé à l'idée d'une substance spirituelle, avant qu'il ait réuni ses observations extérieures pour concevoir l'idée générale du corps solide, étendu, coloré, il se sait force active unie à un terme résistant. Ce fait primitif est au début de toute pensée, puisqu'il est la condition de tout acte intellectuel. Le contester, c'est mettre la pensée en révolte contre son origine même, c'est ruiner le fondement de toute certitude. Ce qui est certain pour l'homme, avant tout et plus que tout, c'est qu'il est double, et que celui des éléments de sa nature avec lequel il s'identifie, agit sur l'autre élément qui cède à l'effort en lui résistant.

La nature matérielle, sous sa forme interne et subjective, se trouve donc engagée dans le fait même de conscience. Dans le même acte, l'acte primitif de l'existence personnelle, l'homme se distingue de la nature par le sentiment de sa libre activité, et se sait intimement uni à la nature par le sentiment de la résistance inséparable de cette activité. Dès lors, la dualité se trouvant renfermée dans le fait qui est la condition de toute pensée, on ne saurait la nier, au nom de la logique, et toute conception unitaire, matérialiste ou idéaliste, est coupée par sa racine. Le matérialisme est vaincu d'autant plus sûrement que l'élément de vérité qu'il renferme a été loyalement et largement reconnu. La coexistence de l'élément matériel est admise explicitement dans tous les modes de la vie humaine; le matérialisme qui, observant du dehors l'influence des fonctions des organes sur l'âme, en conclut que la matière est la condition de la pensée, est même dépassé en un sens par une doctrine qui reconnaît que, dans la sphère de l'observation purement intérieure, la matière se révèle comme inséparable des actes de l'esprit. Mais conclure de là que l'esprit est de la matière, serait raisonner comme le physicien qui, sachant que les forces qu'il étudie ne se manifestent que dans les corps, en conclurait que ces forces sont des corps. Pour qui réfléchit sérieusement, les assertions du matérialisme sont proprement absurdes, et reconnaître l'élément de vérité dont elles abusent, est le moyen le plus efficace d'en dissiper le prestige.

L'idéalisme succombe également dès que son point de départ est détruit. Si Descartes est convaincu de s'être trompé lorsqu'il affirme que l'esprit peut avoir conscience de lui-même à l'état pur, s'il est reconnu par l'observation que l'homme se sait double de science certaine, dès son entrée dans la carrière de l'intelligence, il n'est plus à craindre que la philosophie vienne heurter le sens commun, en élevant des doutes sur la réalité des corps. Descartes et Malebranche se préoccupent bien vainement de chercher les preuves d'un fait évident. Le corps n'est pas à prouver plus que l'esprit ; l'un et l'autre sont simultanément affirmés dans le fait même de la première connaissance que l'homme acquiert de son être propre.

Telles sont les vues profondes qui résultent de la manière dont M. de Biran a déterminé le fait primitif. Mais ces vues ne sont pas exemptes de difficultés. Il reste des objections à faire, ou, pour le moins, des questions à poser.

En faisant de l'activité le caractère essentiel de l'esprit humain et la condition de la conscience, l'auteur n'a-t-il pas méconnu la différence qui existe entre l'activité volontaire qui préside à nos actes réfléchis, et une activité spontanée, sans conscience, qui se rencontre soit dans les fonctions des sens, soit dans les opérations intellectuelles? L'activité du regard que provoque l'étonnement, bien que ce soit une activité réelle, ne diffère-t-elle pas du regard proprement volontaire? Le mouvement de l'esprit qui va d'une pensée à l'autre dans l'étude, est tout autre chose que la succession passive des images ; n'est-elle pas autre chose aussi que l'acte de la volonté qui a primitivement dirigé la pensée sur tel objet déterminé? Je sais bien qu'on peut déduire de quelques passages de M. de Biran, que, à ses yeux, toute activité est volontaire dans l'origine, et descend ensuite dans la spontanéité par un effet de l'habitude. L'habitude ramène à la nature ce qui a primitivement appartenu à l'esprit. Cette vue est féconde, sans doute, je suis loin d'en contester la valeur; mais suffit-elle à justifier la réunion sous un même titre de tous les éléments actifs de la nature humaine? N'y aurait-il point ici une de ces généralisations précipitées et arbitraires, dont M. de Biran a si bien signalé l'abus, dont nul mieux que lui n'a reconnu les inconvénients? La question subsiste malgré toutes les lumières que l'on peut recueillir à cet égard dans ses écrits, et je ne suis pas le premier à la poser.

Un doute grave aussi s'attache à la manière dont M. de Biran détermine cet effort qui est la pierre angulaire de son système. L'expression d'*effort musculaire* qui reparaît souvent dans l'exposition de sa doctrine, semble limiter à un ordre de faits secondaires et inférieurs l'activité constitutive du sujet; et l'on se demande comment tous les phénomènes de l'esprit humain peuvent s'expliquer avec un élément de cette nature? Pour bien saisir la portée de cette difficulté, il faut ne pas perdre de vue le point de départ de M. de Biran. Il débute en attaquant Condillac, et toutes ses armes sont forgées dans ce premier combat. Condillac réduisait toute la science à l'analyse des sensations. Son adversaire se place sur le même terrain, et c'est dans les fonctions des sens que le principe actif se révèle à lui. Or, dans les fonctions des sens, l'activité de l'âme se résout bien toujours en un effort musculaire. Ce point de départ agit visiblement sur les idées de M. de Biran, et malgré le chemin que l'auteur avait parcouru, il est certain qu'à l'époque de l'*Essai* sa conception de l'activité est trop matérielle encore pour qu'il puisse en déduire légitimement tout ce qu'il en déduit en effet.

Cette objection, lui-même se l'est posée plus tard. Il est rare qu'on puisse élever à l'égard de ses doctrines quelque difficulté sérieuse que cette intelligence si ouverte et si dégagée de toute préoccupation systématique, n'ait rencontrée sur son chemin, et franchement abordée. Il s'aperçoit donc en avançant que si l'effort est le caractère constant de la vie de l'âme, cet effort n'est pas musculaire ou cérébral dans tous les cas. Il s'élève à la conception d'un organe intime de l'âme, distinct des organes locomobiles, et seul en jeu dans la pensée abstraite. Il va même plus loin lorsque, près de la fin de sa vie vraisemblablement, il trace les lignes suivantes : « L'effort peut n'avoir rien d'organique quant à « son terme. La résistance n'est que dans l'opposition qui existe entre les idées, les images, les « habitudes, les goûts, et la force de l'âme qui « tend à écarter tous les nuages, pour recevoir une « lumière plus pure. » Les traces du point de départ, la détermination trop matérielle de l'activité ont ici entièrement disparu pour faire place à la conception de l'âme comme force relative, en conflit avec une résistance qui peut n'avoir rien d'organique dans son objet immédiat. La mort qui surprit M. de Biran, peu après l'époque où il avait envisagé son sujet sous cette face particulière, ne lui a pas permis de développer ces vues nouvelles autant qu'il serait à désirer, et de les concilier avec sa thèse fondamentale du sentiment immédiat et continu du corps propre.

Pour en revenir à la période qui fait l'objet actuel de notre étude, on peut conclure en disant que si la détermination du fait de conscience, dans la théorie de l'*Essai*, est riche en vues neuves et fécondes, elle n'offre pas de tous points une précision complète, et laisse subsister quelques nuages dans l'esprit du lecteur. Il en est de même pour cet élément affectif qui se combine avec l'activité dans la vie totale de l'homme.

L'élément affectif se révèle à l'observation intérieure par une série de phénomènes ayant leurs lois propres, et tout à fait indépendantes de la volonté, phénomènes obscurs par eux-mêmes, mais venant s'éclairer de la lumière de la conscience. L'homme proprement dit, l'être qui se sait et se possède se développe au sein d'une vie préexistante. C'est dans cette vie qu'ont leurs fondements les penchants, les désirs, les images qui se produisent spontanément, sans que l'être actif y reconnaisse les résultats de l'exercice de son activité. Il y a donc dans la sphère de l'expérience purement interne une dualité autre que la dualité primitive de l'effort et de la résistance, savoir celle de la vie active et de la vie passive. L'observation extérieure, se combinant avec les données du sens intime, apprend à l'homme que cette vie qui est en lui sans être lui-même, est sous la dépendance des fonctions de ses organes corporels. Dès lors l'idée du corps se complète; il n'est plus seulement la résistance, le terme immédiat de l'effort; il est de plus le siège de tous ces modes confus d'une vie primitive à laquelle la conscience se surajoute. Aucun des instants de notre existence n'est dégagé de quelqu'un de ces modes vitaux qui déterminent notre bien-être ou notre mal-être, notre humeur, nos dispositions. C'est donc une erreur grave de ne voir dans le corps qu'un ensemble d'organes au service de l'intelligence, puisqu'il est le principe d'une vie qui est toujours en conflit avec la vie propre du *moi*, et souvent la trouble et l'opprime. La conception purement objective et mécanique du corps comme instrument de l'esprit est loin de répondre à cette réalité de deux principes en lutte. L'esprit se développe dans un animal vivant, et non dans une machine (1).

Ces vues sont confirmées par l'expérience, et fortes de l'appui des faits et du sens commun. Chacun sent et sait, au fond, qu'il y a en nous autre chose que le mécanisme des organes d'une part, et de l'autre l'esprit qui pense. Au moment du réveil, un homme habitué à s'observer perçoit en lui des phénomènes qui ne commencent pas, mais qui suivent leur cours antérieur au moment où la conscience vient les

---

(1) Qu'on me permette de citer ici un auteur dont les charmantes fantaisies recouvrent parfois de profondes vérités : « On « s'aperçoit bien en gros que l'homme est double; mais c'est, dit-« on, parce qu'il est composé d'une âme et d'un corps; et l'on « accuse le corps de je ne sais combien de choses, bien mal à pro-« pos assurément, puisqu'il est aussi incapable de sentir que de « penser. C'est à la bête qu'il faut s'en prendre, à cet être sen-« sible, parfaitement distinct de l'âme, *véritable individu*, qui a « son existence séparée, ses goûts, ses inclinations, sa volonté, et « qui n'est au-dessus des animaux que parce qu'il est mieux élevé, « et pourvu d'organes plus parfaits. »

(XAVIER DE MAISTRE, *Voyage autour de ma chambre.*)

éclairer. Les rêveries de la veille qui prennent plus ou moins d'empire selon le degré d'effort de la pensée, et qui toujours sont prêtes à se développer selon leurs propres lois, dès qu'on leur abandonne les rênes, livrent à l'observation des faits de même nature. La bête enfin nous offre le type d'un mode d'existence, que nous ne pouvons ni assimiler au nôtre, ni réduire à un pur mécanisme, sans faire violence aux données confuses mais positives qui résultent de l'expérience. Lorsque nous rapprochons de cette existence animale les modes de la vie passive qui se développe en nous, nous avons en faveur de notre thèse, non-seulement toutes les conclusions de la science de la nature, mais ce sentiment immédiat des réalités que l'esprit de système ne brave pas impunément.

Telles sont les considérations qui militent en faveur des vues de M. de Biran, et assurent à ces vues une supériorité incontestable sur le système cartésien. Ce n'est pas à dire que toute difficulté ait disparu ; les difficultés abondent au contraire.

Quelle idée pouvons-nous nous former d'une sensation où le *moi* n'est pas ? Qu'est-ce qu'une peine ou un plaisir non sentis ? Qu'est-ce qu'une image qui n'est pas une représentation pour le sujet ? Il y a à cet égard deux questions principales à faire.

Et d'abord, à qui ou à quoi appartiennent ces modes intermédiaires entre le mécanisme et la conscience ?

Les qualités mécaniques et sensibles appartiennent à la substance matérielle ; la pensée et la volonté appartiennent au *moi;* quel est le sujet d'inhérence des modes vitaux? M. de Biran semble parfois admettre un principe distinct, sous le titre d'âme sensitive. Le plus souvent, il attribue les modes vitaux au corps, et considère les affections comme contemporaines de la vie, comme appartenant à la molécule organique, sans nous indiquer comment la conception de tels modes qui n'ont rien d'objectif et de percevable pour les sens, peut se relier à la conception de la matière étendue et figurée.

Il faut reconnaître du reste que M. de Biran est placé sur un terrain qui lui permet de récuser cette première question, à titre de question de métaphysique pure. La théorie des substances et des modes, à un point de vue absolu, est en dehors de son programme qui n'admet que les données de l'observation. Mais récuser cette question par un semblable motif, c'est provoquer la seconde qui ne comporte pas une fin de non-recevoir de même nature.

Par quelle méthode, disait Royer-Collard à son ami, connaissez-vous ces faits de l'ordre affectif, qui jouent un si grand rôle dans votre doctrine? Par l'observation externe? Mais vous affirmez que ce ne sont pas des représentations. — Par l'observation interne? Mais vous faites de l'absence du *moi,* le caractère essentiel de ces modes; dès lors, ils ne tombent plus sous l'œil de la conscience. — Vous introduisez donc dans votre théorie un élément dont vous ne sauriez justifier l'origine, puisqu'il ne découle ni de l'un ni de l'autre des deux moyens de connaître que vous proclamez seuls légitimes. L'objection était embarrassante, et M. de Biran, qui nous l'a conservée, sent bien qu'il ne peut y donner une réponse propre à satisfaire tous les esprits.

« La supposition d'un état affectif sans volonté, « sans *moi*, » écrit-il, « et tout ce que j'en ai déduit, « paraîtra se réduire, aux yeux de plusieurs, à la « valeur d'une pure hypothèse. » Mais il est des hypothèses nécessaires, et M. de Biran croit que celle-ci est du nombre. Il sait bien que tous les exemples qu'il allègue pour établir la réalité des modes vitaux inconscients ne peuvent avoir la valeur d'une démonstration logique, puisque, de ces exemples nécessairement pris dans la sphère de la conscience, il faut conclure à ce qui est sans la conscience. Il ne méconnaît en aucune manière la portée de l'objection de Royer-Collard, mais il estime qu'en présence des faits l'admission d'un état affectif est impérieusement réclamée par le sens commun, ou, si l'on redoute ce terme dont on a trop abusé, par ce sentiment immédiat des réalités, dont les procédés échappent parfois à l'analyse, mais qui, après tout, pose les problèmes à la science, et juge en dernier ressort des solutions systématiques. « Nous ne pouvons nous faire d'*idée* « *objective* de ces affections, qui sont des effets de « mouvements organiques mais sans ressemblance « avec leurs causes. Nous ne pouvons non plus nous « en faire d'*idée subjective*, puisque le *moi* n'a pas « été présent. Mais nous n'en sommes pas moins « nécessités à les admettre sous le titre d'affections « d'un principe sensitif aveugle dans son principe

« et distinct du *moi* voulant, agissant et pen-
« sant. »

La question est de savoir si cette nécessité invoquée par le philosophe est une nécessité factice résultat de son système, ou une nécessité réelle provenant de la nature des choses. Je n'hésite pas pour ma part à accepter la seconde alternative. Oui, la nature de l'homme ne peut s'expliquer par le moyen de conceptions claires et distinctes seulement. Nos conceptions claires et distinctes quant au corps et à l'âme se résument dans l'idée de l'espace figuré et de ses attributs, et dans l'idée de la pensée et de ses modes. C'est là ce que Descartes a vu avec le coup d'œil profond du génie, et on ne saurait trop admirer la puissance logique avec laquelle il a déduit de cette vue systématique toutes les conséquences qu'elle renferme. Mais Descartes a dénaturé dans sa doctrine l'homme et l'animal. A l'homme réel il a substitué une création métaphysique; à l'animal tel que Dieu l'a fait, un mécanisme hypothétique. Entre la pensée et le mécanisme, il y a la vie, et toute théorie qui méconnaît la réalité de cet intermédiaire est condamnée par cela même. Cette vie qui n'est pas la matière et qui n'est pas l'esprit est mystérieuse sans doute, l'irréflexion seule peut lui contester ce caractère; mais nous ne pouvons nous passer, dans l'explication des faits, de cet élément inexplicable lui-même; et l'on peut bien appliquer à ce sujet, ce que disait Pascal d'un point de doctrine plus grave encore : « Sans ce mystère, le plus
« incompréhensible de tous, nous sommes incom-

« préhensibles à nous-mêmes. Le nœud de notre
« condition prend ses retours et ses plis dans cet
« abîme (1). »

C'est ce principe intermédiaire que Leibnitz a rétabli dans la science, par la théorie. Le rôle de M. de Biran était de confirmer par l'observation les vues du grand métaphysicien. Mais, il faut le reconnaître, ici sa méthode est une arme impuissante et qui se brise entre ses mains. Aussi, contrairement à ses habitudes, lorsqu'il aborde ce sujet, il cherche les autorités ; il s'appuie de Leibnitz, de Buffon, de Bossuet, pareil à un homme qui appelle au secours, ses propres forces lui faisant défaut. Pour le blâmer de n'avoir pas délié le nœud de ce difficile problème, il sera permis d'attendre que quelqu'autre philosophe ait mieux réussi dans cette tentative. Ce qu'on peut lui reprocher peut-être, c'est de n'avoir pas reconnu toujours et assez explicitement, ce qu'il reconnaît pourtant ainsi qu'on l'a vu, c'est que l'être simplement vivant est une donnée dont la science ne saurait se passer, sans que la science soit en mesure d'en préciser la nature, et d'en éloigner le mystère.

La détermination des deux éléments fondamentaux de la nature humaine, dans la doctrine de l'*Essai*, donne donc lieu, sinon à des objections proprement dites, du moins à d'assez sérieuses difficultés. En poursuivant notre examen, nous allons rencontrer maintenant des lacunes proprement dites

---

(1) *Pensées de Pascal :* Du péché originel.

et très-saillantes. C'est dans la théorie générale de la connaissance qu'elles se manifestent surtout.

La connaissance a pour condition l'existence du *moi*, et le *moi* n'existe pas sans un certain degré d'activité. Voilà la thèse fondamentale de M. de Biran. S'il se bornait à affirmer que l'intelligence subsiste et ne se développe que dans un être actif son sujet d'inhérence; que l'intelligence isolément considérée est une pure abstraction, il pourrait dire légitimement, comme il le dit en effet, que : « la « division entre l'entendement et la volonté est pu- « rement artificielle. » La conception de l'intelligence comme chose en soi, séparée d'un sujet réel dans lequel elle réside, est une des aberrations fondamentales de la métaphysique, et le point de départ de tout idéalisme. Mais M. de Biran va plus loin. Nous l'avons vu, à l'occasion du *Mémoire sur la décomposition de la pensée*, et les expositions de l'*Essai* soulèvent les mêmes objections.

L'auteur ne voit pas que la connaissance a ses lois propres indépendantes de l'activité personnelle du sujet, lois qui se prêtent à une étude directe. La condition de la connaissance qu'il a déterminée se confond pour lui avec la connaissance même. Toutes les facultés se réduisent à ses yeux à l'effort en exercice; le vouloir et ses modes sont toute la part du sujet dans la connaissance. En un mot; il transforme l'*acte* en *idée*, et opère une confusion bizarre entre les deux notions si distinctes de l'agir et du connaître.

Telle est la lacune la plus grave de la doctrine de

l'*Essai*, lacune souvent observée déjà, signalée par M. Cousin en particulier, reconnue plus tard par M. de Biran lui-même, et dont il est temps d'apprécier toute l'étendue.

Remarquons, en premier lieu, que le fait de la connaissance en soi n'ayant pas obtenu sa place légitime, il en résulte que la volonté n'a pas été étudiée comme elle devait l'être dans ses rapports avec l'idée. Le vouloir primitif est la condition du sujet, et par suite de toute connaissance : voilà ce que M. de Biran expose et développe sous toutes les formes. Mais, en admettant pleinement ce point de vue, il n'en demeure pas moins vrai que la question se pose sous une autre face. Si l'on ne peut concevoir de connaissance sans activité on ne peut concevoir non plus d'activité, tout au moins d'activité consciente et proprement volontaire, sans un but conçu et poursuivi. Or, un but conçu se présente sous la forme d'une idée. Si l'activité est la condition de l'idée, l'idée à son tour est donc la condition de l'activité, et l'on ne paraît pas fondé à déclarer primitif l'un de ces éléments à l'exclusion de l'autre.

M. de Biran touche bien ce problème en passant, et cherche à le résoudre par la considération que l'activité se manifeste d'abord à l'état spontané, et que cette activité spontanée devient elle-même le but de l'acte proprement volontaire. Mais il faut reconnaître qu'il est loin de donner à cette discussion toute l'importance qu'elle réclame, et que ses brèves explications auraient besoin elles-mêmes d'être expliquées. Son point de départ fait comprendre au reste la marche de sa pensée, et l'insuffisance de son étude sur ce grave problème. Parti de la doctrine de Condillac, il proclame la libre activité en face du *fatum* de la sensation. Toute sa puissance intellectuelle est, en quelque sorte, consumée dans cette lutte; il ne voit pas nettement que le fatalisme condillacien n'est ni le seul, ni le plus sérieux, et que le *fatum* des motifs que l'entendement propose à la volonté, est l'objection capitale à la théorie du libre arbitre.

Il est digne de remarque que le philosophe, qui revient si souvent aux idées de la cause et de l'effet, de la substance et du mode, de la force et de la résistance, ne traite nulle part des catégories du but et du moyen. L'idée de but, abordée par un penseur préoccupé avant tout de l'activité volontaire, l'aurait conduit à la considération du but de la volonté, de la loi morale manifestée à la conscience et de cette dualité de la liberté et du devoir non moins apparente que celle de l'effort et de la résistance. Mais toute la théorie des motifs fait défaut dans ses expositions, et ce n'est ici qu'une face particulière de la lacune générale de l'étude des rapports de la volonté avec l'idée. En effet, si l'on peut contester que le fait moral primitif soit, dans son essence, un élément de raison, il est certain toutefois que les exigences de la conscience morale deviennent motifs réfléchis et par conséquent idées dans leurs rapports avec le libre arbitre.

D'ailleurs, sans discuter ici la nature fondamentale du fait moral, il est permis de dire que ce fait a presque échappé aux regards de M. de Biran, dans ses analyses, et ce n'est pas, je pense, une des moindres singularités de l'histoire de la philosophie que l'existence d'un penseur éminent qui consume sa vie entière dans l'étude de la volonté, sans jamais fixer son regard sur la loi de cette volonté. Ce n'est pas à dire sans doute que les allusions à l'ordre moral ne reviennent fréquemment dans l'*Essai* et dans les autres écrits de l'auteur. Mais le fait du devoir n'y est jamais expressément désigné; il est parfois confondu avec la sympathie, et, en tout cas, lorsqu'il se montre, c'est occasionnellement et dans les synthèses, sans avoir sa place dans les analyses (1).

Abordons maintenant, d'une manière plus directe, la lacune que présente, dans la doctrine de M. de Biran, la théorie de la connaissance.

Les idées de l'entendement humain sont liées entre elles par des lois immuables, et absolument indépendantes du libre arbitre. Il n'y a rien de moins arbitraire que la nature d'un jugement et les relations de ses parties entre elles; rien de moins arbitraire non plus que le rapport qui unit une conclusion à des prémisses données. Ce sont là des faits d'une nature spéciale, un domaine à part que la logique étudie et qui est, par excellence, le domaine

---

(1) Voir, pour plus de détails sur ce point, l'avertissement placé en tête des *Fragments relatifs aux fondements de la morale et de la religion*, tome III de cette édition.

de la nécessité. Ces faits, ou plutôt ce fait unique dans sa multiplicité : la constitution de la pensée humaine, M. de Biran s'en occupe peu dans la période de son développement qui fait l'objet actuel de notre étude, et, lorsqu'il s'en occupe, c'est pour le défigurer ou le méconnaître. Il incline sans cesse à confondre le rapport nécessaire des éléments de la pensée, avec le lien des éléments du langage qu'il suppose arbitraire. Chose étrange! et qu'on aurait peine à s'expliquer, si on oubliait les habitudes qu'il avait contractées dans l'école idéologique, les termes de *valeur logique* et de *valeur conditionnelle* sont synonymes pour lui, c'est-à-dire qu'il assigne le caractère d'éléments factices et variables aux éléments constitutifs de l'entendement humain.

On peut dire que l'ordre logique avec toutes les questions qu'il soulève, ou, en d'autres termes, toute la théorie de l'intelligence proprement dite manque à peu près complétement dans l'*Essai*. Il n'en est pas de même des notions fondamentales et des principes *a priori*, dont la présence dans l'esprit de l'homme constitue la raison, au sens spécial de ce mot. M. de Biran s'en préoccupe et en traite explicitement (1). Il établit la ligne de démarcation entre les notions purement réflexives de cause, de substance, d'unité, etc., et les idées générales abstraites des sensations. Il sépare avec soin le principe de causalité des jugements tirés de l'expérience. Il n'y

---

(1) Voir dans les notes du résumé de l'*Essai sur les fondements de la Psychologie*, quelques observations sur les lacunes des analyses de M. de Biran relatives aux idées *a priori*.

a là rien de plus que l'expression de vérités admises de tout temps par l'école spiritualiste ; M. de Biran y joint des vues qui lui sont propres. Entrant dans une voie ouverte par un passage de Leibnitz (1), il montre dans le sens intime le type primitif des idées universelles, et prouve que les concepts de la raison ne sont pas *a priori* dans un sens absolu, mais reposent sur une base psychologique. Il étudie donc un problème très-essentiel, et trop négligé par les métaphysiciens, à savoir : Comment, et sous quelles conditions, les idées de la raison se manifestent. Dans son point de vue, il n'y a pas seulement entre le sujet et les idées l'acte de la réflexion qui actualise les données virtuelles de la raison, ainsi que Descartes l'a pensé, et que Leibnitz l'a explicitement reconnu ; mais les idées sont la reproduction de ce qui existe en fait dans le *moi*, de telle sorte que c'est le réel, et non le simple possible ou le nécessaire logique, qui est la base première de l'entendement.

Tout cela est instructif et fécond en conséquences ; mais tout cela n'épuise pas la question. Les notions et les principes fondamentaux de la raison ont un caractère d'universalité, et, de plus, nous leur attribuons une valeur objective. Quand nous affirmons que « le tout est égal à la somme de ses parties, » ou que « tout ce qui commence a une cause, » nous énonçons des jugements qui s'appliquent sans excep-

---

(1) Leibnitz demande comment nous pourrions avoir quelque notion d'être, si nous n'étions pas nous-mêmes des êtres.

tion à tous les temps et à tous les lieux ; et nous croyons que ces jugements sont l'expression des réalités, et non des pensées sans rapport avec les choses. Or, comment M. de Biran explique-t-il le caractère universel des principes de la raison, et la croyance à leur valeur? C'est ici surtout que sa théorie est en défaut.

Quant à l'universalité, il indique que les notions sont universelles parce que le *moi* les porte avec lui, et revêt les objets de ses formes propres. Mais ce sont là des affirmations, dont il ne semble pas calculer la portée. Il arrive aux redoutables problèmes soulevés par Kant, et passe outre, comme s'il ne les avait pas vus. Sa manière d'expliquer la valeur objective des notions fondamentales paraît conduire à nier leur valeur objective, tout au moins à révoquer cette valeur en doute, dans le point de vue d'un subjectivisme absolu. Mais, encore une fois, il n'aborde pas directement ce problème, et, par une curieuse indécision de sa pensée, il lui arrive de considérer la croyance aux principes universels, tantôt comme nécessaire, tantôt comme hypothétique et conventionnelle. C'est surtout en présence de la notion de l'infini, que sa doctrine est insuffisante, ainsi que M. Cousin l'a fait observer. Il en parle peu, et s'il en parle, c'est pour en faire un élément sans valeur en déclarant que : « toute faculté appropriée à l'infini, à l'absolu, est hypothétique, » ou c'est pour en faire une conception purement négative, en disant : que « la notion de l'infini

« prouve seulement que nous avons la faculté d'ôter
« toute limite à nos conceptions. »

Il y a plus, dans la période que nous parcourons, sa doctrine, lorsqu'on la pousse à ses conséquences dernières, ne lui fournit pas les moyens d'expliquer la croyance à une réalité objective quelconque, non pas même à la réalité de l'âme et du corps propre, ces deux objets permanents de son étude. En effet, le *moi*, ce point de départ et ce pivot de toute sa théorie, est la conscience de la force dans son exercice actuel. Mais la conscience de la force actuelle est autre chose que la croyance à l'âme comme substance durable, et au corps comme réalité substantielle. M. de Biran le sait fort bien, au moins par moments, puisqu'il insiste sur cette différence. Mais par quel procédé passons-nous de la certitude de conscience qui ne porte que sur l'acte, à la croyance à la réalité des deux termes, l'âme et le corps, dont l'acte primitif est le conflit? L'*Essai* ne fournit pas de réponse à cette question.

Ainsi, pour nous résumer, si M. de Biran, dans la seconde période de son développement, a soigneusement étudié les conditions psychologiques de la connaissance, il n'a pas dirigé son étude sur le fait de la connaissance envisagé en lui-même et dans les lois qui lui sont propres. Il manque dans les analyses de l'*Essai* :

La théorie de l'intelligence ou du rapport logique de nos idées ;

La théorie de la raison, ou des idées et des principes *a priori*, pour toute la partie qui traite de l'universalité et de la valeur objective de ces principes et de ces idées;

La théorie de la certitude ou de la croyance à des réalités extérieures à notre *moi*.

Il ne faut pas penser que l'auteur, placé en face des problèmes que soulèvent ces théories, se soit trouvé impuissant à les résoudre. Il ne les voit pas encore, ou du moins ne les voit pas dans leur portée et leur étendue. C'est une lacune, mais une lacune énorme. Aussi tombe-t-il dans des contradictions inévitables, lorsqu'il traite du raisonnement. Là, en effet, il parle d'idées universelles et nécessaires, de concepts qui ont une valeur objective et absolue, et qui sont liés par un lien nécessaire. Mais ces vues n'ont pas de base dans les analyses antérieures; elles ne sortent par aucune voie naturelle de la considération du fait primitif, qui devait être seul la pierre angulaire de la science. En traitant du raisonnement, M. de Biran est manifestement sous l'influence de Descartes, et, en particulier, des *Règles pour la direction de l'esprit;* et il subit cette influence sans se rendre compte que ses assertions ne se lient plus avec son point de départ. On le voit assimiler les faits du sens intime aux conceptions mathématiques; tirer ses exemples de l'algèbre, de la géométrie; et s'avancer si loin dans cette voie que, par une contradiction manifeste avec ses principes, il lui arrive de parler d'une psychologie *a priori*, dérivant toutes ses données de l'essence du sujet, par voie de pure déduction. Ailleurs, revenant aux vues qui sont vraiment les siennes, il prend les *faits primitifs* pour synonymes des *premiers principes*, et considère comme identique au point mathématique l'unité de résistance qu'offrirait la matière au toucher actif d'un ongle très-aigu. Il y a là des éléments hétérogènes qui ne pouvaient subsister longtemps ensemble. M. de Biran avait parcouru bien du chemin depuis le *Mémoire sur l'habitude;* toutefois sa nouvelle doctrine était encore trop étroite pour l'ensemble de ses pensées. Il est impossible au fond, de résumer en quelques pages l'*Essai sur les fondements de la Psychologie* d'une manière complète et suffisante, parce que cet écrit, de même que ceux qui l'avaient précédé, renferme des vues divergentes, un système et des aperçus qui débordent ce système.

Si l'on se borne à rassembler dans cet ouvrage les vues susceptibles de se réunir en un même corps de doctrine, on arrive à une théorie bien connue dans l'histoire de la philosophie : à l'empirisme. M. de Biran, à prendre à la rigueur ses déclarations et ses règles de méthode, ne reconnaît qu'une source réelle de savoir : l'expérience; et s'il applique aux données de l'expérience les éléments de l'ordre logique, il le fait sans assigner à l'ordre logique sa place légitime. C'est bien là le caractère spécial de l'empirisme, et la contradiction intime qu'il recèle toujours dans son sein. Mais, il faut se hâter de le dire, nous avons affaire ici à un empirisme tout spécial, et qui ne se laisse confondre avec aucun autre. L'auteur de l'*Essai* a élevé des barrières infranchissables entre sa pensée et les aberrations dernières de cette doctrine. Il appartient encore à l'école de l'expérience, mais il lui appartient comme quelqu'un qui a la puissance de s'en affranchir et ne doit pas tarder à le faire; il lui appartient par les lacunes de sa méthode plus que par la méthode elle-même, et on distingue clairement déjà dans son esprit des tendances qui ne demandent qu'à être libres pour s'épanouir en conséquences métaphysiques de la plus haute importance.

La vue profonde des droits de l'observation intérieure ; la distinction des notions réflexives apanage du *moi,* et des idées qui résultent de l'abstraction opérant sur les données sensibles, l'éloignent à jamais de la voie qui conduit de Locke à Condillac, et de Condillac aux matérialistes. C'est de ce côté, qu'a porté tout l'effort de sa pensée, et il a marché dans sa route d'un pas trop ferme et trop assuré pour être exposé à revenir en arrière. Il ne risque pas non plus d'arriver à cet idéalisme particulier que l'empirisme porte dans son sein, et que Hume en a dégagé avec tant d'éclat. Cet idéalisme réduit tout l'homme à une collection d'impressions passives que la conscience constate, sans qu'il soit possible de rien affirmer au delà du fait de ces impressions mêmes. Pour M. de Biran, l'affirmation fondamentale, la certitude primitive n'est pas l'impression passive, mais l'acte du sujet sans lequel l'impression ne serait pas perçue. En tant qu'il est conséquent à ses principes, il demeure bien dans le subjectivisme, puisqu'il n'a pas de base pour affirmer des réalités objectives, mais son subjectivisme est celui de la force, de l'action, et non des modes passifs de la sensibilité.

Au premier coup d'œil, cette doctrine qui tend à réduire toute la connaissance humaine à la conscience du *moi* et de ses actes, semble aboutir au *moi-créateur* de Fichte, cette dégénérescence de la monade leibnitzienne (1) ; mais, lorsqu'on y regarde de près, des différences essentielles ne tardent pas à se manifester. Il importe d'autant plus de les signaler que M. de Biran a été désigné plus d'une fois comme un disciple de Leibnitz.

Il se range, il est vrai, du parti de Leibnitz dans ses luttes avec les Cartésiens ; il fait souvent ressortir la supériorité de l'idée de la force sur celle de la substance, comme base d'un système métaphysique ; il adopte et défend contre la doctrine qui ne reconnaît dans l'univers que le mécanisme et la pensée, la théorie des perceptions obscures et inconscientes de l'être simplement vivant. Mais c'est là que s'arrêtent les analogies et les emprunts de M. de Biran, qui sait bien que l'idée de la cause, fondement général de son système, est toute autre chose que la force de l'auteur de la Monadologie.

L'activité de l'école leibnitzienne a son type dans l'activité intellectuelle, ou dans le déploiement de la puissance logique de l'esprit dont les sciences dites exactes sont l'application la plus complète. C'est par

---

(1) Sur le rapprochement de la doctrine de Fichte et de celle de M. de Biran, voyez la préface de M. Cousin aux *OEuvres philosophiques de M. de Biran,* pages XL et XLI.

là que Leibnitz, tout en se distinguant de Descartes, ne se sépare pourtant pas au fond et pour l'essentiel de cette grande école dont Descartes est, chez les modernes, le représentant le plus illustre, école qui, dès le temps de Pythagore, a pris dans les mathématiques le modèle de la science universelle, et prétend résoudre les grands problèmes métaphysiques à la manière des géomètres. Cette détermination logique de l'activité a passé dans les spéculations de l'école allemande moderne. De là, ce fatalisme formulé par les Hégéliens, fatalisme que Leibnitz pressent déjà, et contre lequel tout son génie soutient une lutte inégale. Comment arriver à un autre résultat lorsqu'on prend le type de l'activité dans l'ordre intellectuel, c'est-à-dire dans le domaine de la nécessité absolue? L'auteur de la Monadologie tend par une autre voie encore, à la négation de la liberté. Sa conception de la force est *a priori*, et il considère la force comme absolue. Mais, chaque monade étant force absolue, c'est-à-dire n'étant que force, ne renferme nul élément de passivité. Une monade ne peut donc subir l'action d'une autre monade. Dès lors, l'action de chaque monade est purement intérieure, ou, pour mieux dire, il n'y a pas d'action à proprement parler, mais seulement le développement progressif des éléments de l'univers selon des lois nécessaires qui résultent de leur constitution intime. Toute causalité réelle disparaît ainsi, et la doctrine qui débute par réhabiliter l'idée de la force, aboutit dans ses conséquences dernières à un déterminisme absolu.

Les vues de M. de Biran ont un tout autre caractère, et il s'éloigne de Leibnitz beaucoup plus que Leibnitz ne s'éloigne de Descartes. Son point de départ en effet n'est pas l'idée *a priori* de la force, mais la conscience de l'activité libre; et le principe de causalité dans toute sa rigueur, de causalité effective et réelle, est pour lui le premier des axiomes. Aucune considération métaphysique, aucune déduction de principes abstraits ne saurait ébranler cette base première de la science, car le réel est donné avant le possible; le réel est le seul point de départ légitime, et c'est s'égarer dès le début que de mettre la science avant l'existence. Telle est la base profondément *réaliste* des conceptions de M. de Biran, et c'est par là, qu'il se fait une place à part dans le mouvement général de la philosophie contemporaine.

Le dernier mouvement essentiel que l'histoire de la métaphysique ait à enregistrer, est la réaction générale contre l'influence de l'école de Locke. Cette école, triomphante dans toute l'Europe à la fin du XVIIIe siècle, avait pu dérouler librement ses conséquences. Or ces conséquences sont de deux espèces, selon le plus ou moins de rigueur avec lequel on en suit l'enchaînement. Du principe que toutes les idées tirent leur origine de la sensation, certains esprits arrivent assez vite à conclure que les objets sensibles et les organes vivants qui en reçoivent l'action sont les seules réalités; ils répètent avec Hobbes que, les corps exceptés, tout n'est qu'illusion et chimère. D'autres esprits, et les plus profonds, observant que la sensation est un pur mode du *moi*, que rien dans ce mode ne garantit ni la réalité du corps extérieur qui est censé le produire, ni la réalité de l'organe qui est censé l'éprouver ou le transmettre, déclarent que la sensation ne garantit qu'elle-même, et que nous ne pouvons atteindre aucune réalité autre que les impressions variables que nous éprouvons. C'est ainsi que de la racine commune du sensualisme sortent, comme deux troncs qui se divisent, le matérialisme d'une part, l'idéalisme absolu ou le scepticisme de l'autre. Condillac est plus près de l'idéalisme qu'on ne le sait à l'ordinaire. C'est bien lui qui déclare que : « soit que nous « nous élevions jusque dans les cieux, soit que « nous descendions dans les abimes, nous ne sortons « point de nous-mêmes, et ce n'est jamais que « notre pensée que nous apercevons (1). » Mais la France du xviiie siècle, en général, dériva plutôt du côté du matérialisme, et ramena la psychologie à la physiologie. Il était réservé à Hume de tirer des prémisses de Locke, un scepticisme fondamental.

Cette déduction étant la plus rigoureuse et la plus profonde, la doctrine de Hume demeure, en philosophie pure, le résultat le plus essentiel du mouvement général des esprits, à la fin du dernier siècle. C'est pourquoi le sceptique Écossais a dans l'histoire une place considérable et assurée. Il a rendu à l'esprit humain cette espèce particulière de service qui consiste à conduire l'erreur jusqu'à ces limites

---

(1) *Essai sur l'origine des connaissances humaines*, chap. 1er.

extrêmes où elle frappe tous les regards, et se détruit elle-même par sa pleine manifestation. Un fait suffirait à constater l'importance de Hume. Les deux hommes qui ont renouvelé la science, Reid en Écosse, Kant en Allemagne, sont partis de Hume ; c'est Hume qui a été l'occasion du déploiement de leur pensée, ainsi qu'ils le déclarent eux-mêmes. Ils venaient inaugurer un mouvement nouveau dans la pensée philosophique, et l'un et l'autre ont compris que leur point de départ devait être la doctrine qui résumait le plus complétement le mouvement qui les avait précédés. L'empirisme conduit par Hume à ses conséquences dernières, et attaqué directement dans ces conséquences mêmes par les deux chefs de la philosophie contemporaine : telle est donc la signification générale d'un renouvellement de la science métaphysique dont les résultats sont loin de s'être encore tous produits. Quelle est la place de M. de Biran dans ce grand fait historique ?

M. de Biran procède directement du rameau de l'école sensualiste qui incline à la physiologie. C'est contre Condillac et ses disciples de France que porte, au début, tout l'effort de sa polémique. Mais bientôt la doctrine de Hume le frappe vivement. C'est la négation formelle du principe de causalité dans les écrits du sceptique Écossais qui lui donne la pleine conscience de la valeur de sa propre pensée ; et lorsqu'on considère l'importance qu'il attache à ce principe et l'attention qu'il donne aux arguments du sceptique, jusque dans leurs moindres détails, on se sent autorisé à dire qu'il est placé sur le même terrain que Reid et Kant, que ses préoccupations sont au fond les mêmes que celles de ces philosophes illustres. M. de Biran représente donc la part de la France dans la grande réaction qui a conduit la philosophie au point où elle se trouve aujourd'hui. Il représente la part de la France, avant l'époque où vinrent agir sur ce pays, l'Écosse par Royer-Collard, et l'Allemagne par M. Cousin ; il accomplit la même œuvre de lutte et de restauration que Kant et Reid, mais il l'accomplit par d'autres voies.

La doctrine de l'*Essai sur les fondements de la Psychologie* est fort différente du *phénoménisme* des Écossais. Les Écossais insistent sur la règle de méthode qui veut que la science se borne à classer les phénomènes, à les réduire à leurs lois. S'ils parlent de s'élever en dernier lieu à la considération des causes, c'est en quelque sorte une inconséquence, car toute idée réelle de cause leur échapperait s'ils suivaient à la rigueur leur méthode exclusive d'observation et d'induction (1). Aussi, en rendant à la science de l'esprit humain des services réels, ils ne pouvaient fonder une école de métaphysique proprement dite, et ils n'y prétendaient pas. M. de Biran au contraire part de la cause,

---

(1) Recueillir les phénomènes épars que cet univers nous présente et les rapporter à leurs lois générales, tel est l'objet suprême de la philosophie... Les anciens considéraient la philosophie comme la science des *causes*, et cette fausse idée les conduisit à une foule de spéculations qui dépassent tout à fait la compétence des facultés humaines. (Dugald-Stewart, *Esquisses de philosophie morale*, Introduction.)

comme de la donnée primitive et immédiate du sens intime, et il détruit toute analogie entre la constatation des faits primitifs et le classement des phénomènes.

L'œuvre de Kant est plus profonde. Si on s'arrête à la *Critique de la raison pure*, Kant étudie l'esprit humain dans l'idée abstraite, séparée de son sujet d'inhérence. Il dresse le tableau des lois propres de la pensée, en dehors de la considération de l'être qui pense et de l'activité qu'il déploie pour penser. M. de Biran part de la réalité immédiatement certaine du sujet ; il place le sentiment de la réalité avant tout élément de raison ; puis il détermine le sujet, non par la pensée, mais par la libre activité, donnée immédiate de la conscience et condition de toute idée.

Mais l'œuvre du grand philosophe allemand est loin d'être tout entière dans sa savante analyse de l'entendement. Sa mission, et il la comprenait ainsi, était de réhabiliter l'ordre moral, de l'établir comme base de toute la science du monde invisible. La doctrine de Kant est, je le pense, le plus grand fait philosophique qui se soit produit depuis Descartes, parce que Kant renverse les termes de la vieille théorie platonicienne sur les rapports de l'entendement et de la volonté ; parce que le devoir, tel qu'il le comprend, est autre chose que l'idéal stoïcien ; parce qu'il a introduit en un mot des éléments nouveaux et de la dernière importance dans le mouvement de la pensée. Mais son œuvre reste incomplète, parce que ses abstractions mutilent l'unité de la nature humaine ; il est réduit à creuser un abîme entre la raison pure et la raison pratique parce qu'il méconnaît le sentiment immédiat de l'être et de l'activité, qui a pourtant le même degré d'évidence que peuvent avoir l'idée et le devoir. Ces éléments méconnus par Kant, sont précisément ceux qui fixent d'une manière exclusive l'attention de M. de Biran. Aussi, les doctrines de ces deux métaphysiciens s'appellent et se complètent l'une l'autre. La doctrine du devoir réclame la doctrine de l'activité réelle, et la doctrine de l'activité ne réclame pas moins la doctrine du devoir. Ces vues réunies et complétées semblent porter, dans leur sein, les germes féconds d'une rénovation de la philosophie.

Quelle a été jusqu'ici la signification générale des grandes contestations de la pensée spéculative? L'école de Bacon et l'école de Descartes ont reproduit, dans les temps modernes, les systèmes opposés qui partagèrent, au moyen-âge, les réalistes et les nominaux, et, dans l'antiquité, Aristote et Platon ; c'est-à-dire que si elles ne représentent pas à elles seules toute la philosophie elles en représentent du moins les tendances les plus essentielles. Or, dans l'une comme dans l'autre de ces écoles, la volonté, la puissance efficace, la liberté, est le problème, le fait à expliquer, en partant ici de l'idée, là de la sensation qui sont les points de départ.

Il arrive, dans les deux cas, que le fait disparaît dans les explications qu'on prétend en donner. L'école de l'idée supprime la liberté qui ne peut trouver de place au sein du développement logique, et dont l'admission constituerait une contradiction étrange dans un système qui prétend expliquer toutes choses *a priori*, c'est-à-dire d'une façon nécessaire. L'école de la sensation est inévitablement conduite à identifier la volonté avec le désir, ce qui est une manière autre mais non moins absolue de nier son existence. Ainsi la liberté se trouve niée également par les philosophes engagés dans des voies très-différentes, mais qui aboutissent, quant à ce point essentiel, au même résultat. Serait-il besoin d'ajouter que là où la notion de la liberté périt, la notion du devoir a les mêmes destinées?

Il y a donc lieu à revendiquer les droits de l'ordre moral, non-seulement en opposition au sensualisme, mais en opposition aux tendances fondamentales de la philosophie tout entière. Certes, et c'est l'honneur de la pensée humaine, jamais l'image auguste du devoir n'a été voilée sans que d'énergiques protestations se soient produites en sa faveur. Mais autre chose sont les protestations du sens commun et de la conscience, autre chose sont les conceptions systématiques, et il demeure vrai que les deux écoles qui se partagent la science arrivent l'une et l'autre, malgré tous leurs efforts, à renverser les bases de toute moralité. De nos jours, le fait est plus manifeste encore qu'à l'époque de Kant. Hume avait conduit la doctrine de l'expérience à ses dernières conséquences. Il appartenait à l'école de Hégel de faire de même pour la doctrine de l'idée; et nous avons ainsi la preuve complète que ces deux directions fameuses de la pensée, qui remontent jusqu'à la Grèce, sont des voies fausses et dangereuses, puisqu'elles aboutissent également à nier les affirmations les plus immédiatement certaines de la conscience.

Que faire dans une situation semblable? Chercher la vérité dans la conciliation de ces doctrines divergentes? Mais, opposées sur tout le reste, elles conduisent également à la négation du devoir et de la liberté. Ce ne sera pas sans doute en superposant les ténèbres à l'obscurité qu'on obtiendra la lumière. Ce qu'il faut faire, c'est de profiter des graves leçons de l'histoire. Il faut entrer dans des voies nouvelles; et, dans ce but, s'aider de l'œuvre inachevée de Kant (1), complétée par les vues fécondes de M. de Biran.

M. de Biran, par un procédé dont nul n'a plus profondément que lui vu les bases psychologiques et les résultats, M. de Biran change le point de départ de la science. La liberté était la question; elle devient l'axiôme. L'homme n'est intelligent que sous la condition d'être une puissance active et libre; et contester ce fait primitif, au nom de la pensée et de la logique, c'est mettre la pensée et la logique en état de révolte contre leur source, contre la condition de leur existence. Si cette vue est juste, le fatalisme est

---

(1) La philosophie allemande a tiré la conséquence de la critique de la *Raison pure*... Il appartient à la philosophie contemporaine de féconder la meilleure moitié du kantisme, en construisant cette philosophie, dont Kant a donné le principe et le critère dans la *Critique de la raison pratique*. (Charles Secrétan, *Philosophie de la liberté*.)

vaincu; or le fatalisme, comme on vient de le voir, n'est ni un point secondaire, ni un accident dans le développement de la philosophie. C'est l'ennemi secret que la science a toujours jusqu'ici couvé dans son sein; c'est l'écueil contre lequel les écoles les plus illustres viennent échouer, le jour où elles arrivent au bout de leurs déductions.

M. de Biran professe le réalisme de l'être, de la force, de la vie. Or le monde vit, l'univers est déploiement de force et réalisation de puissance. C'est la grande vérité aperçue sans doute par plus d'un penseur, mais toujours compromise par le développement des écoles métaphysiques. C'est la vérité que le sensualisme nie, et que l'idéalisme méconnaît, l'idéalisme qui a noblement commencé, noblement poursuivi sa carrière en protestant au nom de l'esprit contre le culte de la matière; mais que nous avons vu finir misérablement sous nos yeux par l'adoration de l'homme par l'homme, et qui jamais n'a réussi qu'à force d'inconséquences à introduire la vie dans l'immobilité de l'idée, et la liberté dans le *fatum* de la logique. Cette vérité méconnue, M. de Biran la relève et l'appuie par des considérations fortes et neuves... Voilà l'œuvre qui lui assigne une place dans les rangs de ces penseurs d'élite qui font avancer l'esprit humain, l'œuvre qui suffirait, malgré les graves lacunes de ses théories, à la gloire d'un philosophe. Il n'était pas toutefois au terme de son développement. D'autres perspectives encore devaient se dévoiler à sa pensée, et il le fallait pour que cette pensée manifestât sa fécondité.

Le point de vue de l'*Essai* était explicitement, ainsi qu'on l'a vu, le point de vue de l'empirisme, et l'empirisme lorsqu'il demeure conséquent à lui-même ne saurait être jamais qu'un germe stérile, inutilement déposé dans le sol de la science. Mais après avoir solidement établi sur le terrain de l'expérience, la vérité féconde de l'activité de l'être humain, M. de Biran allait passer outre, et reconnaître que l'expérience suppose et réclame quelque chose qui la dépasse.

TROISIÈME PÉRIODE.

PHILOSOPHIE DE LA RELIGION.

1818 a 1824.

> Domine, fecisti nos ad te et inquietum est cor nostrum, donec requiescat in te.
> (Saint Augustin.)

Vers le milieu de l'année 1812, M. de Biran ayant à peu près terminé la rédaction de l'*Essai sur les fondements de la Psychologie* quittait la sous-préfecture de Bergerac pour se fixer à Paris, où devait être dès lors et jusqu'à la fin sa résidence habituelle. Il y a lieu, dès ce moment, à répartir ses travaux entre deux catégories qui n'ont pas un caractère strictement chronologique. Plusieurs de ses écrits bien que postérieurs à 1812, ne sont pourtant quant à leur contenu que le prolongement de l'*Essai* : nous n'avons pas à y revenir (1). D'autres renferment les

---

(1) Les *Nouvelles considérations sur les rapports du moral et du physique de l'homme*, par exemple, bien que datant de 1821, ont, au fond, le caractère prédominant des écrits de la deuxième période. Ce fait s'explique aisément lorsqu'on sait que les *Nouvelles considérations* ne sont qu'un remaniement du Mémoire couronné à Copenhague en 1811.

germes plus ou moins développés des vues nouvelles qui caractérisent la troisième et dernière des périodes que nous avons établies dans notre exposé. Cette période ne commence qu'en 1818, époque où la préoccupation religieuse, réelle auparavant, devient décidément dominante; j'y rattache toutefois les travaux et les faits de toute nature, antérieurs à 1818, qui renferment, soit les causes, soit les signes précurseurs du dernier mouvement de la pensée du philosophe. Le lecteur voudra bien au reste se rappeler ce qui a été dit au début de ce travail, sur la valeur nécessairement relative des divisions établies dans le développement continu d'une pensée qui marche en avant, sans transition brusque et sans pas bien décisifs.

Lorsque M. de Biran vint se fixer à Paris, le mouvement intellectuel qui caractérise l'époque de la Restauration avait déjà commencé et trouvé les plus illustres de ses représentants : Châteaubriand, madame de Staël, de Maistre, de Bonald, l'abbé Frayssinous et d'autres encore. Littéraire, politique et religieuse dans ses débuts, comme je l'ai indiqué plus haut, la réaction contre les tendances du XVIIIe siècle commençait à se manifester dans le domaine propre de la philosophie. Nombre d'esprits ne partageaient plus les inébranlables convictions de Destutt de Tracy, et se refusaient à voir dans la doctrine de la sensation transformée le dernier mot de la science. Sans parler ici de l'œuvre propre de M. de Biran, dès 1804 l'écrit de Villers avait attiré l'attention de la France sur la doctrine de Kant et les derniers développements de la philosophie allemande ; en 1808, Prévost avait traduit Dugald-Stewart ; en 1811 enfin, les cours de Laromiguière et de Royer-Collard s'étaient ouverts à la Sorbonne.

M. de Biran arrive à Paris précédé de sa réputation naissante, connu, estimé déjà des autres chefs du mouvement intellectuel de la France. Il se rapproche incontinent des hommes voués à l'étude de la philosophie. Bientôt il se réunit avec eux dans une société régulièrement constituée, où figurent, dès le commencement, MM. Royer-Collard, Ampère, Guizot, de Gérando, Thurot, Durivau, Maurice, Christian, Georges et Frédéric Cuvier, et un peu plus tard, MM. Cousin et Loyson. C'était là un milieu intellectuel bien différent de celui de Bergerac, et ce changement complet dans les circonstances du philosophe, devait avoir une action positive sur sa pensée.

Les relations de M. de Biran avec M. Cousin sont à cet égard le fait le plus important. Sans M. Cousin, Maine de Biran aurait été promptement oublié peut-être, malgré la haute estime de ses contemporains. Mais lorsqu'une parole qui avait autant d'éclat que celle de l'illustre professeur de la Sorbonne, nommait M. de Biran « un homme sans égal en « France pour le talent de l'observation intérieure, « la finesse et la profondeur du sens psychologi- « que, » et « le plus grand métaphysicien qui ait « honoré la France depuis Malebranche, » il y avait là plus qu'il n'en fallait pour fixer l'attention sur lui d'une manière durable. M. Cousin n'a pas seulement été le principal instrument de la renommée de M. de Biran, il a fait plus : il a adopté, il a répandu plusieurs de ses idées, avec toute la puissance de son talent (1). Ainsi, tandis que les grands travaux du philosophe de Bergerac restaient en portefeuille, grâce à son séjour dans la capitale, le résultat de ses méditations agissait pourtant sur la marche de la philosophie beaucoup plus énergiquement que par le passé.

D'autre part, le séjour de Paris réagissait d'une manière sensible, sur sa propre pensée. Dans ses relations avec M. Cousin, il trouvait l'avantage du contact avec un esprit plus ardent, plus étendu que le sien, avec un homme voué avec zèle à l'étude de l'histoire des systèmes métaphysiques, et que les nécessités de l'enseignement portaient à envisager les questions sous toutes leurs faces. Auparavant déjà, la société philosophique lui rendant les communications avec son ami Ampère plus faciles, et le rapprochant d'intelligences aussi élevées que celles de MM. Guizot, Royer-Collard, Georges Cuvier, était de nature à activer beaucoup le mouvement de ses idées, dont un plus long isolement eût peut-être paralysé l'essor.

La solitude de son département lui avait procuré les avantages d'une spontanéité réelle ; une fois maî-

---

(1) M. de Biran avait communiqué ses manuscrits à M. Cousin, et l'influence de cette communication et des entretiens qui l'accompagnèrent, est extrêmement marquée dans les écrits de M. Cousin, qui datent de cette époque. Voir surtout le programme des cours de 1816 à 1817, et le fragment sur le langage, qui date de la même époque.

tre de ses propres conceptions, etbien au clair avec lui-même, il se trouvait dans les conditions les plus heureuses pour recueillir les bienfaits de l'échange et de la discussion des idées, sans que l'influence d'un nouveau milieu risquât de compromettre le caractère individuel et libre de son développement.

Cette influence d'un milieu nouveau et plus actif se manifeste d'abord en ce que M. de Biran discerne clairement les grands problèmes de l'ordre intellectuel que jusqu'alors un voile semblait avoir couverts à ses yeux. Nous avons vu que dans l'*Essai*, il avait distingué le *moi* de l'âme substance, la certitude de conscience dont il faisait sa base unique, de la certitude rationnelle dont il méconnaissait les droits. Mais il n'apercevait pas les conséquences de ce point de départ purement subjectif, et par suite ne lui demeurait pas invariablement fidèle. Il parlait de la force hyper-organique et de la résistance comme de *choses en soi;* il introduisait dans ses développements la croyance aux réalités objectives, sans se rendre compte qu'il fallait pour rester conséquent à ses prémisses ou renoncer à faire usage de ce point de vue, ou lui donner une place dans ses analyses. Il arrive maintenant à une idée nette de sa situation. Il indique quelque part (1), que c'est à Kant qu'il le doit; que c'est Kant qui lui a fait comprendre que la conscience nous manifeste seulement notre existence phénoménale, et nullement la substance de notre âme. Mais il est permis de

---

(1) Édition Cousin, tome II, page 297.

dire que ce résultat fut moins le produit spécial de telle lecture que la conséquence générale du séjour de Paris, et des discussions de la société philosophique en particulier.

Quant à la valeur de ce résultat, elle est considérable. Ce que M. de Biran reconnaissait en effet, c'est que l'empirisme ne peut atteindre aucune réalité, et que l'expérience interne, si on veut l'isoler de tout principe supérieur, ne révèle après tout que de purs phénomènes, à l'exclusion de toute réalité proprement dite, de toute substance durable. En approfondissant sa propre pensée, sous l'excitation des circonstances extérieures qui venaient hâter son développement naturel, il envisageait en face la lacune principale de ses analyses. Mieux il se rendait compte de la subjectivité absolue de son point de départ, et d'autant plus il reconnaissait la nécessité de donner, dans sa théorie, une base à la croyance aux réalités objectives. L'empirisme pur, en effet, amené jusqu'au scepticisme qui est sa fin légitime et dernière, ne peut trouver de place durable dans l'esprit humain. Notre foi à la réalité est invincible, et la tâche d'une philosophie sérieuse n'est pas de nier ou de méconnaître ce fait, mais de le constater et d'en tirer les conséquences.

M. de Biran aborde résolûment cette tâche. Ses efforts dans ce sens se manifestent surtout dans un écrit qui date de 1813 environ (1), écrit malheureu-

---

(1) *Rapport des sciences naturelles avec la psychologie.* Voir le catalogue raisonné à la fin du 3ᵉ volume, XIII.

sement inachevé, mais qui, joint aux indications tirées d'ailleurs, suffit toutefois pleinement à établir la phase nouvelle dans laquelle est entrée sa spéculation philosophique.

Il reconnaît donc qu'il est dans l'esprit humain un principe de croyance, qu'il nomme aussi *raison*, *faculté de l'absolu*, révélant les réalités, et nous mettant en rapport avec l'universel et le nécessaire. Ce principe est un *élément nouveau* à joindre à l'affection et au *moi* un système à part dont il faut assigner la place. Il y a, en un mot, une faculté de croire naturellement tournée vers l'absolu, en opposition au caractère relatif de la connaissance expérimentale. Demande-t-on les titres de cette faculté? Elle se justifie par elle-même et au même titre que l'expérience. La certitude de la réalité objective s'impose à nous et nous ne sommes pas libres de la contester, plus que nous ne le sommes de révoquer en doute les phénomènes que l'observation nous manifeste. Comment s'assurer que notre connaissance répond à la réalité? « Par la nécessité absolue où nous sommes de le croire. »

Ces déclarations sont explicites. Elles constituent un pas en avant prononcé, un désaveu complet de l'empirisme de l'*Essai*, une reconnaissance formelle de l'ordre rationnel et de ses droits.

On pourrait désirer que M. de Biran eût distingué deux éléments divers qu'il semble réunir: la présence dans l'esprit humain des idées et des principes *a priori*, qui constitue la raison, et la valeur attribuée à ces idées, à ces principes, comme à la réalité objective des objets de nos représentations, qui constitue le fait de la certitude. Mais cette distinction qu'il omet, ou ne reconnaît pas d'une manière positive, est d'une importance moindre que la distinction à laquelle il arrive pleinement entre l'expérience et le jeu des facultés supérieures qui dépassent l'expérience et la rendent seules féconde et même possible.

Ce qui résulte, en premier lieu, de l'élément nouveau auquel il a fait sa part, c'est la réalité de la substance de l'âme, qui n'est pas le *moi*, mais dont le *moi* est la manifestation. Le fait de conscience ne donne à la vérité que le *moi*, mais sous le *moi* nous plaçons la substance de l'âme, nécessairement et non point d'une manière arbitraire ou en vertu d'une hypothèse. Vient ensuite la réalité de la substance corporelle qui ne se manifeste à aucun de nos sens, mais que nous sommes contraints d'admettre comme le support et le sujet d'inhérence de toutes les qualités sensibles. M. de Biran s'élève ensuite à la considération des lois nécessaires de la pensée, des notions universelles et des principes, entre lesquels le principe de causalité conserve le premier rang. Il ne renonce pas à ses vues précédentes : les notions fondamentales sont bien toujours à ses yeux des expressions du fait primitif; mais les données du fait primitif se transforment, sous l'action de la faculté de l'absolu, et revêtent un caractère d'universalité et de nécessité qu'elles ne sauraient tirer d'un fait quelconque. Le caractère nécessaire de l'ordre logique, dans son opposition à la sphère de la liberté, est aussi nettement indiqué.

L'acte n'est pas l'idée, et l'effort ne crée pas plus les notions et les lois de la pensée, que le fait d'ouvrir les yeux ne crée la lumière. « Ouvrir les yeux de « l'esprit, les diriger du côté d'où vient la lumière, « les tenir fixés sur l'objet, voilà tout ce que nous « pouvons, et en quoi consiste la liberté. »

Il y a donc deux ordres à reconnaître : l'ordre de la connaissance ou l'expérience (ces deux termes paraissent synonymes pour M. de Biran), et celui de la croyance ; et ces deux ordres ont des lois inverses. Pour connaître il faut agir : telle est la donnée fondamentale de la psychologie, de telle sorte que l'acte est vraiment primitif au point de vue de la connaissance. Mais pour agir, il faut être : telle est la donnée nécessaire de la croyance; de telle sorte que si l'acte est primitif quant à la connaissance, l'être qui agit est conçu nécessairement comme antérieur à son action, et devient le vrai primitif au point de vue de la croyance. « Ce que nous connaissons a son prin- « cipe nécessaire dans ce que nous ne connaissons « pas (d'une connaissance expérimentale), mais que « nous croyons exister. » Il y a plus ; non-seulement l'absolu de l'âme est donné dans la manifestation du *moi*, mais la personne consciente ne peut prendre possession d'elle-même, sans se concevoir comme une existence limitée, par opposition à l'existence infinie qui devient le vrai primitif pour la croyance. « L'infini, l'éternel est donné à notre âme, comme « elle est donnée à elle-même quant au fond de son « être. Avec la perception de la personne, ou le fait « primitif de la conscience, commence le déterminé,

« le fini, qui est conçu ou représenté par limitation
« dans l'infini. »

En vertu de la nécessité de la pensée qui met un absolu sous toute manifestation phénoménale, la connaissance ne peut avoir lieu sans que la croyance se manifeste immédiatement et indivisiblement. D'autre part, sans la connaissance, la faculté de croire n'entrerait jamais en exercice. Les deux éléments sont donc intimement unis dans toute connaissance réelle ; mais dans leur union ils demeurent profondément distincts, et ne sortent l'un de l'autre par aucune transformation. L'empirisme, tant interne qu'externe, sans nul principe de croyance, ne donnera jamais l'universel et le nécessaire. Mais l'universel, le nécessaire, l'absolu, objets de la faculté de croire qui ne se manifeste qu'à l'occasion de l'expérience, ne sauraient devenir en eux-mêmes et dans leur abstraction le point de départ de la science. Nous n'en possédons pas une notion telle qu'il soit possible d'en déduire les existences réelles et qu'une science *a priori* puisse remplacer l'observation des faits. Les notions universelles et nécessaires échappent à l'empirisme ; les existences réelles échappent à l'étude exclusive de ces notions et de leurs conséquences logiques.

Ainsi s'exprime M. de Biran.

Il est donc arrivé, comme nous le disions, à reconnaître formellement l'existence, la place et les droits de l'ordre rationnel dans l'ensemble des manifestations de l'esprit humain. Les dernières phases de son développement une fois connues, il ne sera plus permis de reproduire l'affirmation de M. Cousin, qu'il « a passé à côté de la raison, » et de chercher dans ce fait la cause de son mysticisme. Son mysticisme, si on veut user ici de ce terme, a des racines tout autrement profondes : on le verra sous peu.

Les spéculations philosophiques de la seconde période étaient restées dans une sphère où l'élément théologique ne trouvait aucune place. Mais l'idée de Dieu, étrangère aux expositions systématiques de l'écrivain, grandissait dans l'âme de l'homme (1). La considération des vérités absolues venait offrir au système et à la vie l'occasion de se rencontrer et de s'unir. Cette rencontre caractérise la crise qui sépare la troisième période proprement dite, du mouvement de la pensée qui en est le préliminaire.

« La cause des existences, » écrit M. de Biran en 1818, « objet propre de la raison, ne peut être con-
« çue par elle que comme nécessaire, une, absolue,
« éternelle et immuable, car c'est cela même qui
« constitue l'objet de la raison. Toutes les vérités
« nécessaires que notre esprit trouve telles, et qu'il
« ne fait pas, ont le caractère essentiel d'éternité et
« d'immutabilité ; elles étaient avant que l'esprit les
« conçût ; elles sont les mêmes alors qu'il cesse de
« les apercevoir ; elles seraient encore quand aucune
« intelligence finie, faite comme la nôtre, ne les
« comprendrait. Comment et où pourraient-elles
« donc subsister, s'il n'y avait pas un être infini,
« immuable, en qui seul elles subsistent comme

---

(1) Voir la vie de M. de Biran.

« des attributs dans leur sujet, en qui seul elles
« peuvent toujours et parfaitement être enten-
« dues (1) ? »

Voilà la place de l'idée de Dieu parfaitement marquée. Mais la notion de cet être souverain n'est pas suffisamment déterminée par les lignes qui précèdent. Le sujet d'inhérence des idées universelles, l'objet propre de la raison peut n'être en effet que la substance infinie de Spinosa. Mais le panthéisme, cet écueil toujours voisin de la spéculation métaphysique, et contre lequel, malgré le cri de la conscience humaine, les écoles les plus célèbres vont incessamment se briser, le panthéisme n'était pas à redouter pour M. de Biran.

Le besoin personnel de religion avait devancé chez lui, sa biographie en fait foi, toute recherche scientifique sur le principe de l'univers; c'est avec une âme pieuse qu'il aborde les questions théologiques. Aussi, bien que l'idée de Dieu prenne place dans sa doctrine par l'intermédiaire des notions universelles de la raison, il déclare que la conception de l'être absolu par la seule intelligence, est une conception insuffisante et pleine de périls. « Lorsque notre faible intelligence entreprend seule
« de s'élever jusqu'à Dieu et cherche à le saisir dans
« son idée propre, elle retombe sur elle-même dé-
« couragée, accablée, et comme dans cet état de ver-
« tige qui s'empare de nous à la vue du plus pro-
« fond abîme. Dieu ne peut se manifester à l'esprit

---

(1) Cette citation et les quatre suivantes sont tirées des *Fragments relatifs aux fondements de la morale et de la religion*.

« que par l'intermédiaire du cœur. C'est le senti-
« ment qui est le médiateur entre la pensée de
« l'homme et l'infini, l'absolu qu'elle a pour objet. »
Et ailleurs : « A la notion de cause infinie et absolue
« des existences, se joignent les sentiments de sym-
« pathie, de confiance et de respect qui fondent les
« rapports de famille et de société. Tout grand, tout
« infini qu'il est, Dieu conserve avec l'homme les
« relations de père, de monarque de cette grande
« cité, dont tous les hommes sont à la fois enfants
« et sujets. » Le panthéisme est si contraire aux besoins de la nature humaine, que le polythéisme lui
est préférable : « En tant qu'il multiplie les puis-
« sances invisibles, objet de crainte comme d'espé-
« rance ou d'amour, le polythéisme peut s'allier
« avec le sentiment moral ou en être séparé, mais
« il ne tend pas à le détruire; c'est la religion de
« l'imagination et de la raison dans l'enfance. Le
« panthéisme qui méconnaît ou nie la personnalité
« pour réduire tout à l'idée collective et abstraite de
« substance, exclut les unités par excellence : Dieu
« et le *moi*. C'est la nullité absolue de religion
« comme de morale ; c'est le produit monstrueux de
« la raison dans toute sa force qui, d'un faux point de
« départ, va par une route longue et laborieuse, au
« dernier terme de l'absurde. Le sentiment moral et
« religieux disparaît du cœur de l'homme; c'est la
« mort complète. Et, après avoir enlevé tout ce qui
« donne du prix à l'existence, le panthéisme fait très-
« bien de nous enlever l'existence elle-même et de
« nier que nous soyons de véritables personnes. »

C'est ainsi que les besoins du cœur et la voix de la conscience conduisent M. de Biran, dès qu'il a introduit l'élément religieux dans le cercle de ses recherches, à confesser le Dieu vivant et vrai, en face du dieu mort du panthéisme. Il faut toutefois le reconnaître, les paroles qu'on vient de lire sont l'expression des besoins de l'homme, plutôt que le résultat des pensées du métaphysicien; mais le métaphysicien aussi a, dans sa doctrine, les bases d'un théisme sérieux, et il s'en rend compte.

Dans l'*Essai*, les systèmes métaphysiques étaient répartis en deux catégories : la philosophie *a priori* et la philosophie de l'expérience. La manière dont chaque école envisage le fait primitif de la connaissance était le principe de la division. Dans la période qui nous occupe, M. de Biran établit encore deux classes de systèmes, mais en partant d'une autre base. Le principe de la division nouvelle est la considération du concept ontologique qui sert de base aux théories, et il en signale deux : le principe de la substance et celui de la cause.

La substance est l'être considéré comme le support passif de certains modes ou attributs qui lui appartiennent par sa nature même, c'est-à-dire nécessairement : c'est la conception dont Spinosa a épuisé les conséquences. En tant qu'on le considère uniquement comme substance, l'être absolu est destitué de tout principe de liberté; et il importe peu, sous ce point de vue, qu'on conçoive la substance matériellement, comme le support de qualités sensibles, ou logiquement, comme l'idée suprême qui contient en soi toutes ses conséquences. Dans un cas comme dans l'autre, il n'y a pas d'acte, de cause, de volonté dans l'univers, mais la simple manifestation d'une nature éternelle et nécessaire. Telle est la base du panthéisme, résultat commun du matérialisme et de l'idéalisme, dans leurs conséquences dernières.

L'idée de cause est, par opposition, la base commune des conceptions théistes. L'être absolu étant considéré comme cause, l'acte, la volonté, la liberté reparaissent et prennent place dans le monde. Le fondement essentiel de tout système métaphysique est donc l'idée première, la base fondamentale sur laquelle il s'appuie pour expliquer l'univers. « La « question entre la substance et la cause est celle « de la vie et de la mort. »

Or, M. de Biran est le défenseur et l'apôtre de la causalité. Il a établi que l'acte libre est la condition de la personnalité ; la personnalité la condition de la connaissance, et ses vues psychologiques ont, quant à la question suprême des existences qu'il aborde maintenant, des conséquences qui s'offrent d'elles-mêmes à la pensée. « Personne, dit-il, ne « peut nier qu'il n'entre beaucoup d'intelligence et « d'esprit dans la manière dont les parties de la na- « ture vivante ou morte sont formées ou coordon- « nées ; mais il y a des hommes qui supposent que « la personnalité, ou la connaissance de soi-même, « n'est pas une condition nécessaire de l'intelligence; « et quoiqu'ils voient de l'ordre et de l'intelligence « dans la nature, ils n'en croient pas moins que cette

« nature est complétement aveugle, et n'a rien au-
« dessus d'elle. Voilà pourquoi il est essentiel, pour
« commencer la philosophie, de remonter jusqu'à
« l'origine de la personnalité, comme condition né-
« cessaire de toute intelligence. Ceux qui n'admet-
« tent pas la personnalité de Dieu, ou qui nient que
« Dieu entende ce qu'il est, sont athées, alors même
« qu'ils attribuent la plus haute intelligence ou la
« pensée infinie à Dieu, comme au grand tout. »

Voilà le passage de la psychologie à la théologie clairement exprimé. La question est assez sérieuse pour qu'il ne soit pas hors de propos de s'y arrêter quelques instants.

Toute conception théologique a nécessairement deux éléments distincts : l'idée de l'être nécessaire qui est le principe formel de cette conception, et une détermination de l'être qui en est la matière. L'idée de l'être nécessaire, ou l'idée de l'être infini, (qui n'est qu'une des faces de la précédente puisque l'être par soi ne saurait avoir de limite) est l'essence même de la notion théologique ; elle demeure identique pour le théisme et le panthéisme également ; elle est, comme je le dis, l'essence abstraite, ou ce que j'appelle la *forme* de l'idée de Dieu. Mais l'idée de l'être infini dans son abstraction, ne renferme aucun principe de développement. Lorsque le panthéisme, sous sa forme la plus sérieuse, entreprend de fonder sur cette seule base un système des choses, il ne reconstitue le monde qu'au prix d'une inconséquence manifeste. Les concepts abstraits du nombre et de l'espace sont d'une fécondité telle que toutes les sciences mathématiques en découlent par la seule vertu de la logique. C'est là, sans doute, l'analogie qui a conduit tant de métaphysiciens à tenter l'explication de l'univers par la seule vertu d'un concept *a priori* suivi dans ses conséquences. Mais l'analogie en ce cas est trompeuse, il n'y a pas de parité entre les mathématiques et la science des réalités; et du concept abstrait de l'être infini, la logique ne saurait rien tirer légitimement que l'affirmation même de ce concept. Parménide posant l'*un* comme inexplicable et le *multiple* comme illusoire, a dit le dernier mot de cette doctrine. Pour que le monde puisse être compris comme procédant de son principe, il faut que ce principe soit déterminé de quelque manière; qu'il ne soit pas seulement l'être, l'être infini, mais l'être réalisé dans une nature donnée dont l'infini devient le caractère. C'est cette détermination de l'être divin, à laquelle la logique pourra rattacher ses déductions, que je nomme la *matière* de la conception théologique.

Cette détermination de l'être, à quelle source sera-t-elle puisée? Le matérialisme laissé de côté, elle sera nécessairement empruntée à quelque fait de conscience, puisque toute détermination réelle, par cela qu'elle est réelle, ne peut que se rattacher à une donnée de l'expérience. La matière de la notion de Dieu sera donc prise dans un des faits généraux que le sens intime nous révèle comme constituant notre existence propre et qui sont susceptibles de revêtir dans notre pensée, le caractère de l'infini. Il y a toujours, dans notre idée de Dieu, un élément anthropomorphique par lequel nous saisissons l'existence absolue comme réelle, à côté de l'élément spécialement théologique de l'infini. Cette pensée n'a rien qui doive surprendre ceux qui pensent que l'homme est fait, dans un sens quelconque, à l'image et à la ressemblance de Dieu. D'ailleurs, l'esprit humain tente de vains efforts pour sortir de cette position. S'il conçoit l'absolu comme un principe réel dont le monde puisse procéder, par un mouvement que la pensée reproduit, il faut bien que l'absolu soit déterminé par un élément d'expérience qu'il puise en lui-même. S'il aspire à dégager l'idée de Dieu de toute donnée d'expérience, il n'y trouve que l'être infini, dans son abstraction, et, encore une fois, de l'infini abstrait rien de réel ne procède pour notre pensée.

S'il en est ainsi, le premier élément de la conception de Dieu, le nécessaire ou l'infini restant identique, les variétés des systèmes théologiques dérivent du second élément, ou de la détermination de l'être par un élément emprunté à la psychologie. Voilà pourquoi la psychologie est bien, en un sens, le point de départ de la science, pourquoi la manière dont l'homme se conçoit lui-même détermine la manière dont il conçoit Dieu et l'univers.

Dans la doctrine psychologique la plus généralement reçue par les écoles spiritualistes, doctrine qui remonte au moins jusqu'à Platon, la raison est le principe fondamental de notre existence, et la volonté un agent qui produit au dehors et réalise ses -conceptions. L'homme, diraient volontiers les sectateurs de cette doctrine en modifiant une parole de M. de Bonald, l'homme est une intelligence servie par une volonté. En revêtant du caractère propre de l'idée théologique les éléments de l'homme ainsi conçus, on est conduit à définir l'être divin comme une intelligence infinie ayant la toute-puissance à sa disposition. Une fois engagée dans cette voie, la philosophie est forcément conduite au déterminisme, ou, en d'autres termes, à la négation de toute liberté.

Toutes les réserves au moyen desquelles on essaye, dans un tel système, de sauvegarder la liberté humaine, tombent d'elles-mêmes, lorsqu'il s'agit du souverain être dont la perfection est l'essence. L'intelligence divine est conçue comme primitive, sinon quant au temps du moins quant à la nature, et la volonté ou la puissance comme subséquente et se réglant d'après les lois de l'entendement éternel. Comment admettre dès lors que la puissance de l'être parfait ne soit pas invariablement dirigée par la considération du bien que l'intelligence lui présente? Et l'intelligence procédant par les lois invariables de la logique, comment ne pas reconnaître que la puissance divine dépend en dernier ressort de ces lois, c'est-à-dire qu'elle est en tout et absolument nécessitée; c'est-à-dire que le fond de toutes choses est l'*idée*, détermination primitive et fondamentale de l'être; c'est-à-dire enfin que la logique non-seulement absorbe la métaphysique, mais encore est identique à la réalité même dans sa plus haute expression? Telles sont les conséquences pressenties par le génie de Leibnitz comme l'abîme vers lequel son système l'entraînait. Cet abîme, il n'a pas réussi à l'éviter, bien qu'il fût Leibnitz, et aucun de ceux qui adoptent les bases générales de sa théorie ne sauraient l'éviter mieux que lui.

La doctrine de M. de Biran, en posant une autre base psychologique, conduit à une autre théorie de la nature divine. Le point essentiel de cette doctrine est l'affirmation que c'est la puissance active et non la pensée qui est le primitif et le fondamental dans la constitution de l'esprit humain, ou tout au moins qu'il est impossible de concevoir l'intelligence comme antérieure à la liberté, soit quant au temps, soit quant à la nature. Revêtons cette donnée du caractère théologique : nous obtiendrons la notion d'un être absolu, dont la nature fondamentale est la puissance et non l'idée, ou, pour réduire l'assertion à ses justes limites, d'un être-absolu dans lequel l'idée ne pourra jamais être dite avoir aucune priorité sur la volonté. Dès lors, le déterminisme sera coupé par sa racine, c'est-à-dire que la victoire sur le fatalisme, commencée sur le terrain psychologique, ira porter ses conséquences dernières dans la théorie de l'être divin. En effet, si la puissance en soi, c'est-à-dire la puissance libre appartient à la détermination première du principe de l'univers, Dieu demeure incompréhensible dans les profondeurs de son essence ; l'exercice de son pouvoir primordial échappe à toute détermination *a priori*, non-seulement parce que Dieu est infini, mais surtout par cela seul qu'il est puissance libre. Et qu'on veuille bien le remarquer, rien dans cette thèse ne vient renverser ce qu'il y a de beau et de solide dans les nobles doctrines de Platon et de Leibnitz. Dieu se manifeste à nous par les lois de l'intelligence, et ces mêmes lois il les a réalisées dans l'univers. Il existe un accord parfait entre l'esprit, la nature et les pensées de l'Être éternel, source première et cause absolue de l'ordre intelligible comme de l'ordre matériel. La science doit parcourir le cercle immense qui embrasse à la fois le monde, l'homme et l'intelligence suprême et les réunir dans une merveilleuse harmonie. Mais au-dessus de cette harmonie, au-dessus de la pensée et du monde, le Tout-Puissant demeure dans l'inaccessible lumière de sa suprême liberté. Le dernier acte de l'âme humaine, lorsqu'elle remonte vers le principe premier des êtres, n'est ni un fait d'intelligence, ni une extase mystique, mais un acte d'adoration, sentiment unique qui répond à une conception unique aussi, celle de la puissance suprême.

La logique se meut donc dans une sphère qui n'atteint pas l'existence absolue, et qui ne peut remonter au delà du monde créé jusqu'à l'acte même de la création qui enveloppe à la fois l'esprit et la matière. Toute prétention de déterminer *a priori* les décrets du Tout-Puissant et de leur imprimer, par là même, le cachet de la nécessité, est une prétention vaine, car le rapport de la pensée et de l'acte dans l'essence de Dieu passe notre savoir. Les fausses lueurs du fatalisme se dissipent, et la raison qui voit ses bornes s'arrête devant une barrière infranchissable. La dernière manifestation de sa force consiste à reconnaître la cause de son impuissance, et la liberté est sauvée dans le mystère de l'origine des choses.

Telles sont, je ne dis pas les affirmations explicites de M. de Biran, mais les conséquences légitimes de ses vues. L'autorité de son nom, et le fait qu'il est engagé dans une voie semblable par le résultat de la pure observation psychologique, et en dehors de toute vue systématique, inclineront peut-être quelques esprits à penser qu'il y a lieu à remettre à l'étude une question que l'on considère souvent comme jugée. La psychologie de M. de Biran se rencontre d'une manière frappante avec la théologie de Descartes. Ce grand génie, malgré la direction générale de sa pensée, n'a cessé d'affirmer et d'affirmer avec insistance que la liberté divine est absolue et surpasse toute compréhension. C'est le traiter trop légèrement, ce me semble, que de ne voir dans cette assertion si grave qu'un souvenir de l'enseignement de ses maîtres, une opinion reçue dont dont il n'aurait pas calculé la portée (1). On est souvent bien prompt à donner sur ce point gain de cause à Leibnitz contre son maître, et à célébrer comme un progrès la doctrine par laquelle Male-

---

(1) Voir l'*Histoire de la philosophie Cartésienne*, par M. Francisque Bouiller, tome I, page 88. — Cet auteur n'a pas suffisamment apprécié, dans mon opinion, l'importance de la doctrine de la liberté de Dieu dans l'économie générale de la théorie de Descartes. Je ne puis aborder ici une discussion de cette portée. Les vues d'un homme tel que M. Bouiller, surtout lorsqu'elles sont le résultat de longues études, poursuivies avec une noble persévérance, ne se réfutent pas, en passant et sous la forme d'une note.

branche a précipité la philosophie dans les voies qui conduisent à Spinosa.

Je n'ai pas, du reste, la pensée d'aborder ici au fond, et pour mon propre compte, l'examen de ces hauts problèmes : une telle étude sortirait du cadre d'une simple introduction. Il suffit d'avoir montré comment M. de Biran, dégagé définitivement des liens de l'empirisme, se trouvait en face des grandes questions de la nature et du principe des choses, et pouvait puiser dans ses doctrines psychologiques les prémisses d'un système de Dieu et de l'univers. Le mouvement naturel de sa pensée semblait le pousser à déduire de ses idées fondamentales une théorie dont les besoins de son cœur, les idées de sa raison, et ses observations fécondes sur la nature de l'homme, auraient formé les bases, en un mot, une théologie naturelle qui n'aurait certes manqué ni d'importance, ni de nouveauté (1).

Cette voie ne fut pas la sienne. Observateur bien plus que logicien, se plaisant moins à développer un principe dans ses conséquences qu'à explorer toujours plus profondément le terrain des réalités, il ne s'enferma pas dans sa doctrine acquise comme dans

---

(1) J'emploie ici, à dessein, les termes de *Théologie naturelle*, au lieu de celui de *Théodicée*, qui tend à prévaloir dans l'usage. Le terme Théodicée a un sens précis, conforme à son étymologie, et qu'il faut lui laisser. Les preuves de l'existence de Dieu, et la théorie des attributs de l'Être divin ne font pas partie de la Théodicée, mais de la Théologie naturelle dont la Théodicée est une des parties. Il n'y a nul motif valable pour se soustraire, sur ce point, à l'autorité de l'Académie française, dont le Dictionnaire porte : « *Théodicée*, Justice de Dieu.—*Théologie naturelle*, se dit « de ce que la raison nous apprend de l'existence et des attributs

les murailles d'une forteresse. A l'horizon toujours ouvert de sa pensée, il entrevit des problèmes nouveaux et déjà sur le seuil de la religion naturelle, il passa outre et finit par aborder le domaine propre de la foi des chrétiens. C'est ce pas dernier et décisif de sa pensée qui doit maintenant fixer notre attention. Abordons les considérations générales nécessaires pour le mettre en pleine lumière. Nous nous éloignerons pour quelque temps de M. de Biran, mais ce ne sera que pour revenir à lui avec des vues plus claires et plus précises sur la marche de son esprit.

Quel est le principe de la religion naturelle, scientifiquement professée et réduite en corps de système? C'est l'affirmation que la raison établit par ses ressources propres toutes les grandes doctrines nécessaires à l'homme : Dieu, le devoir, la nature, l'origine et le remède du mal, l'immortalité, la justice à venir, de telle sorte que, en dehors de la tradition et sans rien emprunter à la doctrine révélée, l'homme découvre une réponse suffisante aux problèmes qui naissent des exigences de sa nature et des mystères de sa destinée. Il est essentiel d'observer que nier le principe de la religion naturelle, ou la suffisance

---

« de Dieu. » Ce n'est que depuis quelques années, dit M. Franck, (*Dictionnaire des sciences philosophiques*, article *Théodicée*), « que le nom de Théodicée a été mis en usage dans notre enseignement public pour désigner la quatrième et dernière partie de « la philosophie, celle qui traite à la fois de l'existence et des attributs de Dieu, de ses attributs métaphysiques aussi bien que « des attributs moraux. » Quelle que soit l'autorité de l'Université de France, elle doit céder, sur ce point, à l'autorité de l'Académie française, dont la décision se trouve en ce cas confirmée par l'usage ancien, et la valeur propre des termes.

de l'esprit humain dans la sphère des questions religieuses, ce n'est point nier la valeur de la raison, et prendre place au rang des adversaires de la philosophie. On peut rendre justice aux efforts par lesquels les sages se sont élevés à la conception de l'infini, à la possession de l'idéal; on peut lire avec une âme émue les grandes pages de la philosophie antique, éprouver une sympathie vraie pour ceux qui, de nos jours, parlant comme ils savent de Dieu, de l'âme, de l'avenir à un siècle indifférent et sceptique, s'efforcent d'élever à de plus hautes pensées des hommes plongés dans la poursuite des intérêts matériels; on peut faire toutes ces choses et croire toutefois qu'en présence des aspirations les plus hautes du génie païen, et des combinaisons les plus savantes de notre théologie naturelle, il reste pour l'intelligence des questions du premier ordre qui ne sont pas résolues, pour l'âme des besoins immenses qui ne sont pas satisfaits.

De ce que l'on ne croit pas à la suffisance de la raison dans les questions religieuses, il ne résulte en aucune manière qu'on mette sur le même rang toutes les doctrines étrangères à la foi révélée, que, sacrifiant l'évidence aux exigences d'une cause ou au fanatisme d'une opinion, on efface la ligne qui sépare la lumière des ténèbres, on ne sache plus distinguer les nobles tendances du spiritualisme des aberrations de l'esprit qui ne connaît que la matière, ou la sagesse d'une philosophie qui s'inspire des besoins réels de la conscience du délire orgueilleux d'une pensée qui ne connaît plus de frein. Nous n'en sommes pas réduits, comme voudraient le faire penser une théologie extrême ou une philosophie non moins excessive dans ses prétentions, à choisir entre une soumission aveugle à une tradition qui remplacerait toute science, et une science exclusive de toute reconnaissance des droits de la tradition et de la foi religieuse. Il est permis de penser que la lumière de la raison se concilie avec une lumière plus haute, et les noms des philosophes qui acceptèrent ce point de vue ont sans doute autant de poids que le nom des hommes qui ont voulu proclamer le divorce de de la science et de la foi. Il y a chez les défenseurs du système de la religion naturelle beaucoup d'intelligence et de savoir : on serait mal placé pour le contester aujourd'hui. Mais quelle que soit leur habileté, il leur manque une vue sérieuse et profonde de deux ordres de faits essentiels : l'histoire des idées et l'état de la nature humaine.

Et d'abord l'histoire des idées. La connaissance du vrai Dieu, du Dieu source unique des existences, créateur absolu de l'univers, du Dieu qui demeure dans la plénitude de sa liberté, en dehors d'un monde qui n'existe toutefois que par l'acte continu de son pouvoir, cette connaissance n'a été dégagée de tous les nuages et positivement formulée que par la prédication chrétienne ; de nos jours encore, elle n'existe que là où directement ou indirectement le Christianisme exerce son influence. Lorsqu'on veut savoir quelle est, au juste, la position de la raison humaine à l'égard du problème théologique, la manière la plus sérieuse et la plus utile d'aborder la question

est sans doute l'étude des faits. Or, où existe le monothéisme proprement dit, en dehors de l'action directe de la doctrine révélée sur les nations chrétiennes, et de son action indirecte et positive toutefois sur les nations musulmanes? Où en sont à cet égard, de nos jours, ces grandes sociétés de l'Asie, qui ont derrière elles tout un passé de culture littéraire et philosophique? Où en étaient à cet égard, dans l'antiquité, je ne dis pas le peuple, mais les penseurs d'élite qui s'élevaient au-dessus des superstitions du vulgaire, et semblent avoir poussé à leurs dernières limites les conquêtes de l'esprit humain? Écoutons, non pas les apologistes de la religion qu'on suspecte facilement de partialité en pareille matière, mais les représentants les plus accrédités de la science, et les défenseurs de la philosophie : « On méconnaîtrait les diffé-
« rences les plus essentielles, » dit le docteur Ritter, si
« l'on croyait que la manière dont Dieu est pensé par
« les philosophes païens, est la même que celle dans
« laquelle la religion chrétienne nous apprend à le
« penser, » et il développe son assertion en montrant dans les doctrines les plus pures de l'antiquité une limitation de Dieu dans son rapport au monde, ou, en d'autres termes, un dualisme qui subsiste et lutte contre le sentiment de l'unité de l'être divin(1). « Chose
« singulière! » s'écrie M. Émile Saisset, « dans cette
« fécondité prodigieuse de systèmes philosophiques

---

(1) Considérations générales sur l'idée et le développement historique de la philosophie chrétienne, par le docteur Henri Ritter, traduit de l'allemand par Michel Nicolas, pages 29 et suivantes.

« dont l'histoire de l'antiquité nous retrace les des-
« tinées, on ne rencontre sur ce grand problème,
« (celui de la création) que deux idées vraiment ori-
« ginales et distinctes : l'idée dualiste qui suppose
« deux principes co-éternels, Dieu et la matière ; et
« l'idée panthéiste qui fait du monde une émana-
« tion, un développement de la substance divine...
« La métaphysique chrétienne rencontra ces deux
« adversaires, le dualisme et le panthéisme, et les
« combattit tous deux avec une égale vigueur. Con-
« tre le dualisme, elle établit la parfaite unité du
« premier principe; contre le panthéisme, elle
« maintient la distinction radicale de Dieu et du
« monde (1). » C'est-à-dire, en deux mots : le vrai
Dieu, dans la plénitude de sa puissance et dans son
unité, demeure voilé pour la pensée antique, il est
proclamé par le christianisme. C'est bien là le fidèle
resumé de l'histoire.

---

(1) *Manuel de philosophie à l'usage des colléges*, 1re édition, pages 469, et 470. Ces vues historiques si nettement formulées par M. Saisset, ont la plus haute importance dans la question des rapports de la religion et de la philosophie. On sait que cette question a toujours été l'une de celles auxquelles M. Saisset a consacré avec prédilection une large part de son beau talent ; et puisque je m'appuie ici de l'autorité de son nom, je croirais manquer de loyauté en taisant qu'il n'a pas toujours émis sur ce sujet des vues identiques. Il affirme en effet (*Essai sur la philosophie et la religion au* XIXe *siècle*, pages 309 à 311), que « la philosophie « grecque a découvert et mis au monde, toutes les grandes vérités « religieuses. » Mais le monothéisme et la création sont, sans contredit, des vérités religieuses de première classe. Si la philosophie grecque les a ignorées, elle n'a donc pas mis au monde toutes les grandes vérités religieuses. Il faut choisir entre deux assertions qui semblent s'exclure, et c'est à l'étude impartiale de l'histoire à déterminer le choix. puisqu'il s'agit d'un fait.

L'antiquité avait trouvé dans la raison l'unité, l'infini, l'éternel, le nécessaire, ces notions qui sont la raison même dans son essence. Je suis loin de nier qu'il n'y ait développement et progrès dans la sagesse des anciens; mais ce progrès a un terme qu'il ne dépasse pas; les penseurs de la Grèce et de Rome n'étaient pas parvenus à concevoir la création absolue, cette doctrine en dehors de laquelle le monothéisme vrai ne saurait subsister. Aussi, la science païenne dans sa plus haute expression tend à la connaissance de Dieu sans y parvenir, se perd dans le problème sans issue pour elle de la co-existence du monde et de l'être absolu, et ne possède, sur la question la plus haute que puisse poser l'esprit humain, que des lueurs mêlées de ténèbres qui ne sont pas une lumière. De là son impuissance à fonder une doctrine, non-seulement pour les masses populaires, mais pour l'élite des intelligences.

Qu'après avoir passé par Socrate et Platon, on lise avec soin le *De natura Deorum* de Cicéron, on verra quelles étaient, au moment où l'Évangile allait paraître, les notions théologiques répandues et discutées dans la classe la plus éclairée de la société grecque et romaine. On verra si, dans les conditions actuelles de la nature humaine, la connaissance du vrai Dieu se manifeste d'elle-même à la réflexion. Lorsqu'on passe de Platon à saint Augustin, comme étant avec de simples nuances les défenseurs d'une même cause spiritualiste, on franchit sans le voir un véritable abîme, celui qui sépare l'idée du Dieu des Chrétiens des conceptions antiques du principe de l'univers.

Dira-t-on que la raison progresse, et que, au temps où nous sommes, nous trouvons naturellement en nous dans leur pleine évidence des vérités voilées encore pour les sages de l'antiquité? Il faudrait expliquer alors pourquoi le progrès a été si brusque et s'est accompli d'une seule fois et tout entier; car notre théologie naturelle n'a jamais fait un pas au delà de la notion théologique des Chrétiens. Il faudrait expliquer pourquoi le progrès s'est concentré dans l'enceinte d'une seule culture religieuse, laissant hors de son action des peuples entiers qui occupent actuellement une grande partie de notre globe, et dont on oublie de tenir compte, lorsqu'on parle de la marche en avant de l'esprit humain comme d'une loi absolue, comme d'un fait qui ne demande d'autre explication que le cours même du temps. Il faudrait expliquer enfin pourquoi, dans le sein même des nations chrétiennes, le théisme est si peu solidement établi dans la raison pure que la pensée spéculative tend sans cesse à le renverser.

La philosophie moderne, dès sa naissance, a été, sur ce point essentiel, soumise à une entière illusion. Lorsque l'enseignement religieux eut fortement implanté dans les intelligences l'idée du Créateur, la pensée spéculative atteignant à la notion de l'infini, attribua à cette notion, avec le nom de Dieu, la valeur de l'idée d'une cause absolue, ce qui n'était point le cas pour l'antiquité. Descartes, marchant dans les voies ouvertes par saint Anselme, et mêlant à son insu les données de la tradition à ses propres pensées, introduisit dans sa doctrine tout le monothéisme des Chrétiens, qui ne découlait pas logiquement de ses prémisses. Il crut avoir écarté toutes les opinions qu'il avait reçues du dehors, pour ne contempler que la raison dans sa pure essence, et ce grand génie se trompa. Spinosa se chargea d'en fournir la preuve et de montrer ce que pouvait faire du Cartésianisme, un philosophe parfaitement affranchi de toute donnée traditionnelle. Cet avertissement mémorable n'a pas été entendu. Le théisme de la religion naturelle a continué dès lors à être un emprunt inconscient fait à la doctrine révélée. Sans parler de J.-J. Rousseau, à qui l'on n'a pas le droit de demander beaucoup de rigueur logique, je vois bien, par exemple, que M. Jules Simon affirme explicitement l'existence du Créateur; mais je cherche vainement dans son livre, si bien fait d'ailleurs, les preuves qu'il fournit de cette vérité (1).

Que la raison moderne, dans son isolement, n'atteigne pas le théisme pur avec plus de certitude que la raison antique, c'est ce que toute l'histoire établit. Pourquoi voyons-nous la philosophie, comme en vertu d'une loi secrète, aller de Bacon à Hobbes, de Descartes à Spinosa, de Leibnitz à Hégel; c'est-à-dire du théisme à la négation du Dieu Créateur dans la plénitude de son idée? Parce qu'il y a exagération et abus de la logique sans doute; mais pour une raison plus profonde; savoir, parce qu'il y a chez les

---

(1) *De la Religion naturelle*, Paris, 1856.

disciples un affranchissement de plus en plus complet de l'influence chrétienne, qu'acceptaient encore ou que subissaient les maîtres. En parlant d'exagération et d'abus de la logique, on n'a pas vidé la question, car la question est précisément de savoir pourquoi, livré à la logique seule, l'esprit humain s'éloigne du théisme dans la proportion même qu'il s'éloigne de l'Évangile. Ce fait certainement est digne d'être médité : la philosophie de nos jours, lorsqu'elle tire ses conséquences dernières, lorsque dédaignant les positions intermédiaires et les termes moyens, elle croit à elle-même, la philosophie étrangère au christianisme, retourne aux conceptions matérialistes ou panthéistes de l'antiquité. Comment dire, après cela, que la raison établit invinciblement l'existence du Créateur, lorsque la raison pure se déroulant dans l'histoire, tend incessamment, par un entraînement intime, à nier cette doctrine fondamentale? En cela la raison s'égare ; l'homme qui croit en Dieu reconnaît en faveur de sa foi des arguments rationnels qui lui paraissent très-supérieurs à ceux de ses adversaires; je l'accorde, et j'en suis pleinement convaincu. Mais enfin, la raison privée de toute lumière autre qu'elle-même, s'égare effectivement, et c'est là le fait à constater, et le vrai point de la discussion.

La doctrine de l'immortalité personnelle et de la justice à venir pourrait donner lieu à des considérations de même nature. Lorsqu'on sait qu'en présence de ce problème, le Platonisme hésite et s'arrête dans un doute mêlé d'espérance, Descartes s'abstient comme philosophe, Bacon renvoie la question à la foi, n'est-il pas permis de demander à quelle source inconnue à ces métaphysiciens illustres, les partisans de la religion naturelle puisent aujourd'hui la fermeté de leurs affirmations sur ce sujet important?

L'histoire de la conscience morale soulève encore le même problème et je m'y arrêterai quelques instants. La conscience a son histoire en effet. S'il est faux d'affirmer avec Locke qu'il n'existe dans l'homme aucun élément moral primitif et universel, il n'est pas moins faux d'affirmer avec J.-J. Rousseau que la conscience partout et toujours la même, rend, au travers des siècles, des oracles identiques. Partout où l'humanité se trouve, on trouve aussi l'idée du bien et la loi du devoir. Mais par quelles variations profondes ne passe pas cette idée sainte! Quelles mutilations étranges subit cette loi auguste! La conscience d'Ulysse fertile en mensonges, différait assez de celle de l'homme d'honneur, esclave de sa parole; les peuples païens se font des devoirs qui sont des crimes à nos yeux; et lorsqu'on a surmonté le prestige du style de J.-J. Rousseau, on est confondu de l'audace du paradoxe qui, dans la même page, affirme l'immutabilité de l'ordre moral et fait allusion aux sacrifices humains qui ensanglantaient les autels des idoles (1).

---

(1) Jetez les yeux sur toutes les nations du monde, parcourez toutes les histoires : parmi tant de cultes *inhumains* et bizarres, parmi cette prodigieuse diversité de mœurs et de caractères, vous

S'il est essentiel de constater que l'idée du vrai Dieu a été répandue sur la terre par la prédication de l'Évangile, il n'importe donc pas moins de se demander pourquoi ce même Évangile a manifesté au monde un idéal de sainteté qui ne se trouve pas ailleurs, un idéal que la conscience humaine avait le pouvoir de reconnaître, sans avoir eu la puissance de le produire.

La question se pose sur le terrain propre de l'histoire de la philosophie.

Entre le Portique et l'Évangile, il y a tout un monde. Le sage qui s'enferme dans le sentiment impassible de sa propre valeur, et cherche dans l'isolement une quiétude orgueilleuse, ne fait en rien pressentir le disciple du maître doux et humble de cœur, qui fit de l'universelle charité le premier précepte de la loi.

Socrate et Kant offrent plus d'un trait de ressemblance; mais, d'autre part, quelles différences profondes! Autre est cette morale élevée mais indécise, qui semble parfois ne distinguer le devoir de l'utile que pour le confondre avec le beau, autre l'affirmation précise de la loi obligatoire et absolue. Kant n'était pas chrétien sans doute au sens complet du mot; on ne peut toutefois méconnaître dans ses travaux les caractères manifestes de l'influence évangélique. Son œuvre fut immense. Mais cette

---

trouverez partout les mêmes idées de justice et d'honnêteté, partout les mêmes principes de morale, partout les mêmes notions du bien et du mal. (*Profession de foi du Vicaire Savoyard.*)

œuvre, quelle fut-elle? Descartes encore plaçait la morale à la fin de la philosophie, et soumettait ainsi ses bases à tous les ébranlements des discussions métaphysiques; Kant la place à la tête de la science. Il établit non-seulement que le devoir étant un fait primitif est placé hors de l'enceinte des discussions, mais que l'ordre moral est le fondement de tout l'édifice des croyances, la base sur laquelle peuvent s'appuyer, pour retrouver la certitude, les intelligences qui l'auraient perdue dans les querelles de l'école. Or, d'où procède cette grande pensée, dont on est loin peut-être d'avoir encore reconnu toute la valeur et déduit toutes les conséquences? Le plus beau génie de l'antiquité disait que la vertu est une science, et que les lumières de l'entendement doivent réformer la volonté. En renversant les termes de la question, en montrant dans la fidélité à l'ordre moral la base des convictions solides, Kant n'a fait que traduire dans la langue de l'école les déclarations de l'Évangile. C'est bien l'Évangile qui avait dit : *Quiconque fait le mal, hait la lumière* (1). C'est bien Jésus-Christ qui a prononcé cette parole mémorable : *Si quelqu'un veut faire la volonté de Dieu, il reconnaîtra si ma doctrine est de lui* (2).

C'est ainsi que l'idée de la sainteté, telle que nous la possédons, et les vues les plus profondes de la pensée moderne sur les rapports de l'intelligence et de la volonté sont chrétiennes dans leur origine,

---

(1) Évangile selon saint Jean, III, 20.
(2) Évangile selon saint Jean, VII, 17.

et cela si clairement, qu'il est difficile de s'y méprendre.

Lors donc que les partisans exclusifs de la religion naturelle affirment que la raison trouve en soi, non pas seulement la notion de l'infini, mais celle du Dieu Créateur telle que Platon n'avait pas réussi à l'atteindre; non pas seulement l'idée du bien et le sentiment du devoir, mais la morale parfaite telle que l'antiquité ne l'avait pas connue, ils manquent d'une vue assez claire et assez profonde de l'histoire des idées. Ils passent, sans l'aborder, à côté d'une question de premier ordre, à savoir : quelle est en réalité la part des éléments traditionnels dans ce qu'ils donnent et prennent eux-mêmes pour les produits de la raison pure ? L'histoire des pensées humaines, et le besoin même d'analyser ses propres conceptions, conduisent nécessairement le philosophe impartial à se poser directement, et dans le domaine de sa science, la question de l'origine et de la valeur de la tradition religieuse, ou, en d'autres termes, la question de la réalité de l'ordre surnaturel, manifesté dans l'histoire des opinions des hommes.

La religion naturelle est donc impuissante à rendre compte de l'histoire. La question de l'état de l'humanité ne la trouve pas moins en défaut. La prétention de la religion naturelle étant de se fonder uniquement sur l'expérience et le raisonnement appliqué aux résultats de cette expérience même, elle se refuse à aborder les idées traditionnelles de la chute et de la restauration, idées que l'esprit ne saurait atteindre ni à titre de faits, ni à titre d'inductions logiques. Dès lors, on est conduit à accepter l'état présent de l'homme pour son état normal ; à ne voir dans le péché qu'une condition nécessaire de l'existence, une marque du caractère limité des êtres qui ne sont pas l'être infini, que sais-je ? une condition du bien ; ou, tout au plus, un désordre accidentel imputable à la seule volonté de l'individu, et dont l'individu par sa seule force aussi doit pouvoir se dégager. Mais si le mal a dans le monde d'autres proportions et un autre caractère ; si la conscience se refuse à y voir en aucune façon une nécessité, ou la simple marque d'une limite ; s'il est en dehors de toute justice et de toute saine observation psychologique de rendre l'individu responsable de tout ce qui apparaît en lui comme une violation de l'ordre ; enfin si l'homme se sent à la fois dans l'obligation de se délivrer du mal et dans l'impuissance de le faire ; dès lors, la théorie qui veut que l'homme actuel soit l'homme primitif et normal se trouve insuffisante. L'âme se sent coupable et cherche le pardon, l'âme se sent faible et cherche la force, et la religion naturelle qui ne peut renvoyer l'âme qu'à elle-même, la religion naturelle qui n'a ni pardon à offrir, ni force à faire espérer, laisse de côté les faits les mieux constatés et les besoins les plus impérieux de notre nature (1). Elle laisse donc subsister une lacune qui permet, qui appelle même l'examen et la

(1) Voir, à ce sujet, dans le *Correspondant*, août et octobre 1856, les articles de M. Albert de Broglie sur la *Religion naturelle* de M. Jules Simon.

discussion des idées chrétiennes d'une chute qui a brisé la nature et d'une grâce qui la rétablit. Ces idées s'offrent à l'examen de la science comme une solution des mystères de notre état présent.

C'est ainsi que l'histoire des pensées de l'humanité et l'observation de la nature de l'homme se réunissent pour poser, à l'esprit qui pense, cette question capitale : Y a-t-il un ordre surnaturel?

La question devait se poser à M. de Biran par ces deux voies successivement, et avec des résultats divers; c'est là ce qui explique et justifie la digression qu'on vient de lire.

Ce fut par la lecture des *Recherches philosophiques* de M. de Bonald que l'auteur de l'*Essai* fut conduit à aborder le problème religieux, sous sa face historique. Son âme pieuse avait déjà soif de Dieu et penchait visiblement vers le christianisme; mais tous les aspects sous lesquels on peut faire envisager la foi n'étaient pas également propres à l'attirer et à le satisfaire. Tout engagé dans sa voie de réflexion pure et d'observation intérieure, il ne pouvait éprouver que de l'éloignement pour le point de vue tout extérieur de M. de Bonald (1). Il éprouva en effet ce sentiment, et avec assez de vivacité pour prendre la plume à diverses reprises dans le but de combattre les doctrines de l'éloquent pair de France. Il voulut, en particulier, venger la philosophie de

---

(1) Voir, dans le troisième volume de cette édition, l'Avant-propos de l'éditeur à l'*Examen critique des opinions de M. de Bonald.*

l'acte d'accusation dressé contre elle par un écrivain qui poussait la raison au scepticisme religieux, pour établir les droits exclusifs de la tradition.

Dans ce but, il aborda, pour la première fois, l'étude de l'histoire générale de la philosophie, et comme son dessein le portait à envisager cette étude sous le point de vue spécial des doctrines religieuses, il était appelé à se demander à la lumière des faits, si la connaissance de Dieu, telle qu'il la possédait, et telle qu'elle aurait pu faire la base de son système, était naturelle à la raison dans son état présent. Mais les études historiques de M. de Biran ne furent jamais bien profondes, et, dans la manière dont il répond à M. de Bonald, on reconnaît bien la trace de ses propres recherches et de la direction habituelle de son esprit, mais on y reconnaît aussi, ce me semble, l'influence exercée sur lui par l'école éclectique, alors en voie de formation. C'est peut-être en ce cas seulement, et par une exception unique, qu'une action du dehors a modifié sur un point important et d'une manière sensible, la marche personnelle de sa pensée.

M. Cousin avait donné, en 1817, le programme général de l'éclectisme. M. de Biran s'occupe des idées de M. de Bonald, en 1818 et 1819; c'est l'époque où il agit le plus sur la philosophie qui l'entoure et où cette philosophie agit aussi sur son développement. Il est donc indispensable, pour bien entendre ce qui se passe alors dans son esprit, d'examiner brièvement, mais d'une manière générale, sa position à l'égard de la doctrine qui devait bientôt obtenir dans l'Université de France une incontestable suprématie.

L'éclectisme se présente sous deux aspects divers : il est ou psychologique, ou historique et métaphysique.

L'éclectisme psychologique peut se formuler ainsi : Tout système étant le produit de l'esprit de l'homme qui en est l'instrument, et ayant de plus à son point de départ l'observation de quelque fait de la nature humaine, la psychologie doit rendre compte des éléments et de la formation de toutes les doctrines métaphysiques ; et l'histoire des doctrines métaphysiques doit à son tour éclairer la psychologie, en appelant l'attention sur les faits qui ont fait la préoccupation dominante de telle ou telle école. Il n'en résulte pas que toute doctrine ait des éléments de vérité, en tant que doctrine et système, mais il en résulte que toute doctrine repose sur des faits qu'elle a peut-être dénaturés, mais qu'elle sert toutefois à mettre en lumière. Sans l'existence du corps, par exemple, et l'action du physique sur le moral, le matérialisme ne serait pas ; ce qui ne veut pas dire qu'il y ait de la vérité dans aucune des affirmations systématiques du matérialisme. Sans le caractère de nécessité que présente l'ordre logique, le fatalisme spiritualiste n'apparaîtrait pas dans l'histoire ; ce qui ne signifie, en aucune façon, que le fatalisme ait quelque chose de vrai dans ses assertions doctrinales.

Ainsi la science complète de la nature humaine doit être en mesure de rendre compte du point de départ de chaque théorie, de montrer son origine dans un fait réel, d'expliquer comment elle s'égare en donnant à ce fait une signification fausse, de la rectifier enfin, en remettant ce fait à sa place dans l'ensemble des réalités. Celui qui aura parcouru tous les degrés de l'échelle de la science de l'homme, se sera trouvé successivement au point de dérivation de toutes les doctrines, à partir des plus inférieures, des plus incomplètes; à peu près comme un voyageur, suivant la route qui le conduit à son but, trouve successivement sur son passage le point de départ de tous les chemins qui pourraient l'égarer.

L'éclectisme, ainsi entendu, était pour M. de Biran le résultat le plus immédiat de sa propre histoire. N'avait-il pas successivement gravi tous les échelons de la science, depuis les confins du matérialisme, jusqu'à la théologie la plus spiritualiste? Qui, mieux que lui, pouvait comprendre le point d'attache de chaque système dans quelque fait d'observation, et le rapport des conceptions métaphysiques avec la psychologie? Si donc l'éclectisme se bornait à affirmer que tout système procédant de la nature humaine, l'analyse des facultés doit être la lumière de l'histoire, et l'histoire, à son tour, la lumière de l'analyse, M. de Biran serait considéré, à juste titre, comme un des défenseurs les plus importants et les plus spontanés d'une vue qui n'est pas sans doute une doctrine, et ne peut fonder une école, mais qui est toutefois importante et féconde en résultats.

Mais l'éclectisme qui a prévalu en France, dans ces dernières années, n'a pris les proportions d'une doctrine et acquis l'importance d'une école, qu'en se présentant sous sa face historique et métaphysique. A ce point de vue, son affirmation fondamentale peut s'exprimer comme suit : La raison humaine, source unique et permanente de la vérité, est douée, en raison de sa constitution même, d'un principe nécessaire de développement en vertu duquel elle produit cette vérité sous la forme de conceptions fragmentaires qui sont comme ses rayons épars, jusqu'au jour où ces rayons se concentrant dans un foyer commun, la vérité se manifeste dans sa plénitude. La base dernière de cette théorie, pour qui remonterait logiquement des conséquences à leur principe caché, se manifesterait dans cette pensée propre au panthéisme conscient, que toutes les doctrines sont également nécessaires, partant également vraies et bonnes, puisqu'elles sont toutes au même titre les moments successifs de l'entière évolution de la raison, qui se contemple d'abord sous quelques-unes de ses faces seulement, pour arriver enfin à la pleine possession d'elle-même, comme vérité absolue et principe universel des choses. L'éclectisme français, du moins dans le plus grand nombre des cas, n'est pas allé jusque-là. Retenant et altérant tout ensemble cette conception du mouvement de l'esprit humain, il est arrivé à renouveler l'idée d'une philosophie perpétuelle, produit permanent de la raison, qui, sous des formes un peu diverses, se retrouve à tous les moments de l'histoire, et à laquelle on prête d'avoir toujours connu les vérités essentielles relatives à Dieu, à l'âme et au monde. Il en résulte que, pour découvrir la solution des grands problèmes qui résultent de notre destinée, la raison peut indifféremment, ou se replier sur elle-même, ou dérouler les annales de l'histoire, ou, pour ne négliger aucune ressource, éclairer ses propres réflexions par l'histoire des systèmes, et l'histoire des systèmes par ses propres réflexions.

En un mot, l'éclectisme professe la religion naturelle, avec les formes propres à la science, et en s'appuyant des études historiques qu'il a la solide gloire d'avoir restaurées.

Les conséquences religieuses de ce point de vue sont faciles à discerner. La raison étant la source unique de toute vérité, et toutes les doctrines ne pouvant être que ses produits, il n'y a pas même lieu à se poser la question d'une révélation surnaturelle. Les religions sont une des formes particulières de l'évolution de la pensée humaine. La raison se retrouve dans leurs enseignements comme dans les systèmes des philosophes, avec cette différence qu'elle y découvre ses conceptions enveloppées des formes dont l'imagination et la sensibilité les ont revêtues. Dégager ces conceptions de leur enveloppe passagère, retrouver la raison éternelle dans les cultes divers, comme dans les diverses théories des métaphysiciens : telle est l'œuvre de la philosophie parvenue à sa maturité. C'est pourquoi le philosophe, abandonnant à l'influence des religions positives les esprits plongés encore dans le demi-jour des croyances dites révélées et avides de formes et de symboles, peut légitimement aspirer à la direction spirituelle des âmes éclairées, au sacerdoce des intelligences qu'il réussit à élever à la hauteur de ses propres pensées.

M. de Biran n'aborde pas les considérations de cet ordre d'une manière explicite et en acceptant toutes leurs conséquences. Mais les bases générales de l'éclectisme historique et religieux sont nettement exposées dans ses réponses à M. de Bonald. C'est dans ce fait que je crois reconnaître, au moins en partie, le résultat d'une influence extérieure et accidentelle. Quoi qu'il en soit à cet égard, on peut affirmer avec certitude que l'éclectisme détermina la manière dont il conçut à cette époque les rapports du christianisme et de la science.

Il fait de grands efforts pour établir que les contradictions qu'on reproche aux philosophes à l'égard des questions religieuses ne sont qu'apparentes. Il affirme que les sophistes seuls, prétendant tout soumettre au raisonnement, ont tout nié, ou tout révoqué en doute, tandis que les vrais métaphysiciens, se fondant sur les croyances fondamentales de l'âme humaine, et les prenant pour point de départ, ont toujours enseigné l'existence de Dieu, la vie à venir, la justice éternelle, en un mot les dogmes nécessaires à l'homme. Dans ce but, il raye du catalogue des philosophes tous les premiers penseurs de la Grèce. Pour lui, la science commence à Socrate, auquel il prête une certitude et une clarté de vues religieuses que la véridique histoire ne saurait accorder à ce grand homme. Après Socrate, viennent Platon, saint Augustin, Descartes, Malebranche et Leibnitz qui, avec leurs sectateurs et leurs disciples, représentent toute la philosophie, et ont tous professé d'un commun accord les vérités fondamentales.

Le procédé est trop commode, et M. de Biran se fait une histoire de la philosophie trop appropriée au but qu'il poursuit (1). Il s'anime, et trouve même des paroles éloquentes, lorsqu'il parle de cette source de lumière que tout homme porte en soi, de ce flambeau intérieur toujours allumé, dont la flamme perpétuelle est à l'abri des altérations, des vicissitudes que subit une tradition extérieure. Cette conception est, sans doute, belle et satisfaisante; elle retrace à nos yeux le tableau d'un état de choses désirable; il n'y manque qu'un seul point, mais un point qui est tout, la vérité de l'histoire. L'éclectisme marche d'un côté, tandis que les faits vont de l'autre. L'esprit humain n'est pas un germe stérile; il se développe, il avance, il a fait de solides et sérieuses conquêtes; mais jamais il n'est arrivé de lui-même au point où on le suppose, lorsqu'on veut établir sa suffisance en matière de religion.

Il y a plus. Pour M. de Biran, les grandes vérités religieuses : Dieu, la vie à venir, se confondent avec

---

(1) M. Cousin (*Philosophie populaire*, 1848) affirme que les philosophes *les plus illustres* sont d'accord sur huit doctrines fondamentales entre lesquelles figurent le libre arbitre, la personnalité de Dieu et l'espérance de la vie à venir. Il est bien difficile, au point de vue de l'histoire, d'accorder à l'éminent écrivain le droit de retrancher, ainsi qu'il le fait, du catalogue des grands philosophes, Parménide, Aristote, Plotin, Hobbes, Spinosa et Hégel. Ne suffit-il pas de rendre leurs places à ces métaphysiciens *très-illustres*, pour que l'accord sur les huit articles fondamentaux se trouve singulièrement compromis.

les éléments de la psychologie, et tombent immédiatement sous l'œil de la conscience comme les phénomènes susceptibles d'une observation directe, comme l'unité et l'activité du *moi*.

Quelle est la conséquence de cette histoire faussement interprétée, et de cette illusion psychologique, bien digne d'être notée chez un observateur aussi profond? C'est que la question de la vérité de la tradition chrétienne, de la réalité de l'ordre surnaturel n'a plus aucune importance. Les deux révélations, la naturelle et la surnaturelle, celle de la raison et celle de Jésus-Christ, ont même source, même objet, même but et même contenu. Elles donnent en commun les connaissances nécessaires à l'homme; elles sont l'une et l'autre, « l'expression des premières « vérités, ou des faits de conscience que la raison « constate, sans pouvoir les démontrer. » Entre la religion et la philosophie, il n'y a qu'une question de méthode. On arrive au même résultat, ici en acceptant l'autorité de la tradition, là en usant librement de la raison individuelle. Il n'y a donc pas lieu à opposer stérilement deux voies qui tendent au même terme, et y parviennent également.

Telles sont les explications données par M. de Biran. Rien sans doute dans ses paroles n'emporte la négation de la vérité chrétienne, et son cœur, plus avancé à cette époque que ne l'était son esprit, aurait reculé peut-être devant cette négation. Mais, sur le terrain où il était placé, il est facile de conclure. La question de l'ordre surnaturel est telle que la déclarer sans importance c'est la résoudre. Dire : que

m'importe? en présence d'une œuvre attribuée à Dieu, c'est nier cette œuvre, car personne ne pourra sérieusement admettre que Dieu fasse des œuvres qui n'importent pas, et qu'il soit intervenu, dans l'ordre de la nature, par un acte de sa toute-puissance, pour enseigner à l'homme ce que l'homme savait déjà, ou pouvait apprendre par lui-même. Kant dit, à la vérité : « Telle religion peut être *na-*
« *turelle*, bien qu'elle ait été révélée : il suffit qu'elle
« soit de telle nature que les hommes aient *pu* et *dû*
« y arriver d'eux-mêmes par le simple usage de leur
« raison, quoique moins rapidement et dans une
« moins vaste circonscription (1). » Mais, entre l'idée d'une religion révélée, et l'idée d'une religion à laquelle l'esprit humain puisse atteindre par ses propres forces, il y a une incompatibilité fondamentale qui prévaudra toujours sur l'autorité du grand penseur de Kœnigsberg. En tant du reste que l'on prétendrait faire l'application de cette vue philosophique à la religion chrétienne, on commettrait une erreur positive, erreur si répandue, qu'il ne sera pas hors de propos de la relever.

Deux choses sont à distinguer dans l'œuvre de Jésus-Christ. Il a rétabli dans leur pureté primitive la connaissance de Dieu, la morale absolue, le devoir de la soumission entière et volontaire au principe de tout bien et de tout bonheur, soumission dans laquelle la créature doit trouver sa joie et son repos.

---

(1) *La religion dans les limites de la raison*, page 274 de la traduction française.

En un mot, il a fait briller à nos regards l'idéal d'un état de félicité dont l'humanité est tombée, et vers lequel elle doit remonter : c'est là le but qu'il nous indique. Mais il a fait plus : il s'est donné pour être lui-même, par sa présence historique sur la terre et par sa présence éternelle dans le monde invisible, par le pardon dont il a été l'instrument, par la grâce dont il demeure la source permanente, le seul *chemin* (1) qui puisse conduire au but : c'est là le moyen qu'il nous propose.

De ces deux parties de l'œuvre de Jésus-Christ, la première, la restauration de l'idéal, a toujours été le vœu secret des âmes, le désir des intelligences. La philosophie, dans ses plus nobles représentants, n'est qu'un long effort pour s'élever à la possession de ce bien dont nous portons en nous-mêmes le besoin et le pressentiment, effort qui n'est pas demeuré vain, sans avoir été jamais couronné d'un plein succès. C'est en ce sens que l'âme est *naturellement chrétienne*, selon l'expression d'un père de l'Église. L'âme tend au bien et à la vérité, elle y aspire, elle les entrevoit, elle les reconnaît dès qu'ils lui sont présentés, si elle n'a pas éteint sa propre lumière (2). Mais le bien et la vérité dans leur plénitude ne

---

(1) Évangile selon saint Jean, chapitre XIV, verset 6.
(2) Voir sur ce sujet, dans son application particulière à M. de Biran, l'ouvrage de M. Nicolas : *Étude sur Maine de Biran*, 1858. Ce livre renferme quelques conclusions que je ne puis admettre. Mais il est si intéressant en lui-même, et si propre à favoriser mon œuvre relative à M. de Biran, que je ne veux pas me refuser la satisfaction de témoigner ici ma reconnaissance à son auteur.

lui sont présentés en effet, et elle ne réussit à se les approprier que dans l'économie chrétienne, dans la lumière et la force qui procèdent du Rédempteur : c'est ici la seconde partie de l'œuvre de Jésus-Christ, qui est lui-même le moyen indispensable pour atteindre le but. Or ce moyen, par sa nature même, échappe tellement à l'esprit de l'homme, qu'il n'est pas même possible de comprendre qu'on tente de le découvrir aussi longtemps qu'on ne le connaît pas. C'est là cependant ce qui constitue l'Évangile, au sens spécial de ce terme.

L'Évangile, dans son essence, n'est pas une théorie de la *nature des choses*, mais l'annonce d'un *acte* de la puissance suprême, d'une intervention directe de Dieu dans l'enchaînement des lois et des causes qui constituent la marche des événements. Cet acte est ou n'est pas. S'il est, l'Évangile est la vérité; s'il n'est pas, l'Évangile est une superstition. On a le droit de le nier; on n'a pas le droit de dire qu'on retrouve son contenu dans un système qui exclut l'ordre surnaturel; car l'ordre surnaturel n'est pas un signe extérieur, une lettre de créance attachée au dogme chrétien et qui puisse en être séparée; c'est la substance même de ce dogme.

Les luttes du siècle dernier, dans lesquelles les croyants étaient réduits à défendre les bases les plus élémentaires du spiritualisme, ont jeté dans l'ombre cette vérité capitale. Mais, au sein du mouvement historique des temps actuels, il n'est plus permis d'oublier qu'entre les Chrétiens et ceux qui ne partagent pas leur foi, la question est une question de fait (1), avant d'être une question de doctrine. Toute l'économie évangélique en effet repose sur *le miracle*, sur le Dieu manifesté au monde. C'est le point de départ de toute la doctrine, et en dehors de la foi au Dieu manifesté en Jésus-Christ on peut conserver des idées, des théories qui procèdent du christianisme, mais le christianisme lui-même a disparu (2).

Dès qu'on entend ainsi la question, on ne peut plus demander si l'humanité aurait pu s'élever à l'Évangile par le simple usage de sa raison ; on ne peut même plus le supposer avec Kant, car aucun procédé rationnel ne saurait atteindre les actes de la suprême liberté dirigée par la suprême miséricorde. Il n'est plus possible non plus de tomber dans l'erreur de M. de Biran, qui, après avoir établi avec une grande supériorité d'analyse et avec toute la force de la vérité, qu'il y a dans l'homme des facul-

---

(1) La question fondamentale sur laquelle doit rouler la discussion religieuse, est la question du fait de la révélation et du surnaturel. (*Ernest Renan.*)

(2) Il ne faut jamais perdre de vue ce point important lorsqu'on s'occupe des rapports du christianisme et de la philosophie. Les philosophes de la France contemporaine me paraissent manquer souvent à cette règle essentielle ; et il faut convenir que la faute en est en grande partie à certains théologiens qui méconnaissent et dénaturent l'objet propre de leur étude.

M. Saisset affirme (*Essais sur la Philosophie et la Religion au* XIXe *siècle*, pages 301 et 304), que « ce que le XVIIIe siècle a appelé « religion naturelle, est le propre fond du christianisme ; — que « Rousseau ne détruisait pas le christianisme, mais le transformait « en philosophie. » Conserver le christianisme en niant la manifestation surnaturelle de Dieu en Jésus-Christ, est une opération tout aussi impossible que la transformation des espèces naturelles rêvée par le chancelier Bacon. Dans le monde moral aussi il y a des espèces fixes.

tés qui le rendent capable d'entendre la révélation, d'en saisir le sens, en conclut immédiatement que l'homme pouvait donc découvrir par lui-même la vérité révélée. La conclusion est manifestement abusive. De ce qu'une vérité peut être *comprise*, il ne suit, en aucune façon, qu'elle puisse être *découverte*; et, encore une fois, dans le cas dont il s'agit, les actes de la puissance éternelle peuvent être crus et compris, mais la raison ne saurait ni les déduire ni les inventer, en vertu de leur nature même d'actes d'une puissance libre. Il est temps de revenir à mon récit.

M. de Biran, arrivé au point de son développement où il était en mesure de construire une théologie, est conduit à se poser la question du rapport historique de la religion et de la science. Il l'aborde à l'occasion de M. de Bonald, et sous l'influence de l'école éclectique naissante. Les vues de M. de Bonald le repoussent; l'éclectisme altère sa vue de l'histoire; et cette double action a pour résultat apparent de le jeter d'une manière décisive du côté de la religion naturelle. Ce résultat toutefois n'est qu'apparent. Il ne devait jamais se rapprocher de M. de Bonald, mais il devait s'approcher toujours plus de la foi des chrétiens.

Son esprit avait été fortement fixé sur la révélation, et, malgré le premier résultat de ses pensées à cet égard, c'était là un fait capital. Le christianisme, une fois considéré de près, devait agir sur lui par sa propre vertu; et il semble ne s'être si bien affermi pour un temps dans le point de vue du rationalisme que pour donner plus d'éclat et plus de valeur au témoignage qu'il devait rendre bientôt de l'insuffisance de ce point de vue. En fait, il abandonne la direction dans laquelle l'avait engagé sa polémique avec l'auteur des *Recherches philosophiques;* on le voit passer outre et traverser l'éclectisme et la religion naturelle pour arriver à l'Évangile. La seconde des questions indiquées plus haut, la question du mal et de l'état de la nature humaine devait avoir une large part dans ce résultat.

Cette question se posa d'abord à lui sous la forme d'une expérience personnelle. Dès le début de sa carrière, son tempérament mobile lui avait fait éprouver vivement le besoin d'un point d'appui, d'une base fixe de l'existence, condition essentielle du bonheur. Les commotions politiques, en ébranlant profondément son âme, avaient développé en lui cet instinct : l'inconstance de toutes les choses d'ici-bas, écrite en caractères si visibles dans les événements déroulés devant ses yeux, avait tourné ses regards vers les choses immuables. Il avait compris qu'au sein d'une vie où tout s'écoule comme un torrent, l'âme humaine a besoin de s'appuyer sur quelque chose de stable, sur quelque chose d'éternel. En même temps, l'idéal moral naturel à son âme élevée et sensible s'était développé par la lecture de la Bible, du livre de l'*Imitation*, des grands écrivains du XVIIe siècle.

Par cette double voie, il était arrivé à comprendre que l'homme, pour être dans l'ordre, pour accomplir sa destination, doit trouver le repos dans son union avec Dieu, et le bonheur dans l'accomplissement de la loi éternelle du devoir. Cette vue de la destination humaine n'était pas pour lui un simple point de doctrine, une thèse d'école ou un élément de système; c'était le sentiment profond et sérieux d'une vérité faite pour régler et dominer sa vie entière. Aussi, se demandait-il, et avec une sollicitude toujours plus grande, dans quelle position lui, ses semblables, l'homme, en un mot, se trouvaient en présence de cet idéal obligatoire?

Lorsqu'il fut bien dégagé des liens de la doctrine de Condillac, lorsqu'il eut établi que l'homme est un être actif, et que la volonté est son essence, il pensa quelquefois qu'il est réservé à l'effort de la volonté de nous donner la paix, de triompher de tous les penchants inférieurs d'une nature animale et sensible, et de nous mettre dans le repos et le bonheur en nous plaçant dans l'ordre. C'est la doctrine des stoïciens anciens et modernes, et c'était bien là la conséquence assez naturelle des théories de l'*Essai*. Mais une double expérience empêcha M. de Biran de s'arrêter à ce point de vue.

La volonté est impuissante par ses seules forces à suivre toujours les prescriptions de la raison, à triompher de la nature animale; elle ne peut donner le repos, parce que ses triomphes momentanés sont mêlés de revers et toujours obtenus au prix d'une lutte pleine d'angoisse. La vie enfin est semée de souffrances, et, pour être en paix dans la douleur, il ne suffit pas de s'y résigner, il faut l'aimer, et c'est ce que la volonté et la raison seules ne peuvent pas. C'était là la première expérience. Voici la seconde :

Dans les cas mêmes où la volonté dompte les penchants d'une nature inférieure, elle n'atteint qu'une sagesse moyenne, relative, mondaine, qu'une distance infinie sépare encore de la pleine union avec Dieu, de cet idéal que l'âme humaine porte en soi. L'homme a des besoins plus profonds que ceux auxquels peut répondre une vie bien réglée selon les lois d'une sagesse ordinaire. Lorsque la volonté a fait son œuvre en mettant tout en ordre, mais dans un ordre relatif aux choses visibles et passagères seulement, il reste au fond de l'âme des aspirations qui ne sont pas satisfaites, et une place dont le vide se fait douloureusement sentir. L'activité n'est donc pas le fait le plus profond de l'existence; le fait le plus profond de l'existence est le sentiment d'une aspiration ou d'une dépendance, non plus des objets sensibles, mais de la source du bonheur et du bien. « Il n'y a pas seulement deux principes opposés « dans l'homme, il y en a trois, car il y a trois vies « et trois ordres de facultés. Quand tout serait d'ac- « cord et en harmonie entre les facultés sensitives « et actives qui constituent l'homme, il y aurait en- « core une nature supérieure, une troisième vie qui « ne serait pas satisfaite, et ferait sentir qu'il y a un « autre bonheur, une autre sagesse, une autre per- « fection au delà du plus grand bonheur humain, « de la plus haute sagesse ou perfection intellec- « tuelle et morale dont l'être humain soit suscepti- « ble. » Au-dessus de la vie de la volonté qui se possède, est la vie de l'âme qui s'abandonne à Dieu.

C'est ici, dans le développement de M. de Biran, une nouvelle rencontre avec Dieu. Il l'avait trouvé au sommet de l'intelligence, dans ces idées universelles et nécessaires qui révèlent à la pensée l'être absolu, il le rencontre de nouveau dans les dernières profondeurs de l'âme, à cette place secrète et vide que lui seul peut remplir. L'être infini se montre partout à l'œil éclairé qui sait le reconnaître, et l'étude de l'âme et de ses mystères invite, plus encore que la contemplation des merveilles de la nature, à répéter avec le Psalmiste : *Où irai-je pour me dérober à votre esprit? Et où m'enfuirai-je de devant votre face* (1)?

Cette vie supérieure, cette vie en Dieu, l'homme ne peut y atteindre par son effort. Il y a donc en lui des aspirations impossibles à satisfaire, tant qu'il ne sort pas de lui-même, un bien que sa nature lui montre et lui refuse à la fois, un idéal qui brille aux yeux de son intelligence et de son cœur, et qui se dérobe à sa volonté, en un mot, un désordre. L'état de l'homme est un état de désordre et de mal, un état qui réclame impérieusement, non la doctrine des justes et des forts, mais une doctrine qui réponde aux besoins des infirmes et des souffrants.

Parvenu à ce point, M. de Biran aborde l'idée chrétienne de la chute qui explique le mal, et la promesse évangélique de la grâce qui en offre la délivrance. Il affirme la grâce, l'action de l'esprit de

---

(1) *Ps.* CXXXVIII (CXXXIX, du texte hébreu), verset, 7.

Dieu sur l'âme humaine, non-seulement à titre d'espérance, mais comme une vérité de fait, résultat d'une expérience personnelle. De même que la considération des idées universelles de la raison l'avait conduit à Dieu, entendement éternel, siége de ces idées, de même la considération de l'idéal et du besoin de secours le conduit à Jésus-Christ, l'être qui a pleinement manifesté l'idéal, qui a fait la promesse de la grâce et qui tient ce qu'il a promis.

La marche de sa pensée, à ce moment essentiel, est loin d'être toujours ferme; il avance, il recule, il hésite, mais il marche après tout, et, pour être un peu confuse et tumultueuse, la crise n'en est pas moins positive et son résultat manifeste.

Voilà M. de Biran dans l'enceinte, ou pour le moins sur le seuil de la religion révélée. Il y arrive par une voie toute subjective, individuelle, un peu étrange, mais il y arrive; il admet la réalité de l'ordre surnaturel. Que va-t-il faire? va-t-il renoncer à la philosophie? va-t-il établir dans sa pensée un mur de séparation entre sa science et sa foi? Ni l'une ni l'autre de ces voies ne fut la sienne.

La science et la religion répondent à deux besoins divers et tous deux légitimes, de telle sorte que là où la religion apparaît, la science ne cesse pas d'avoir sa raison d'être. L'âme la plus croyante peut éprouver le désir de réduire ses idées en un corps de système, d'en saisir le lien, l'enchaînement, les conséquences, d'en éprouver les bases, de philosopher en un mot. L'histoire de l'Église chrétienne le prouve bien clairement : les nécessités de la polémique contre les païens et les hérétiques contribuèrent à introduire dans l'Église la culture dialectique et métaphysique ; mais cette culture s'y introduisit surtout de plein droit, comme résultant d'une des tendances essentielles de notre nature. En tout sens et dans toutes les circonstances, comme au jour où Aristote écrivait la première ligne de sa métaphysique, « les hommes ont un désir naturel de « science. »

Sans doute, la foi suffit au repos de l'âme ; mais, pour être retirée de l'incertitude et de l'angoisse, l'intelligence n'en poursuit pas moins son œuvre. Les solutions métaphysiques sont contenues dans les dogmes religieux ; mais elles y existent à l'état latent. L'esprit peut s'efforcer de les dégager, de les reconnaître sous la forme propre à la science, d'en déduire tout ce qu'elles contiennent, d'en saisir la mutuelle harmonie, de mettre au jour leurs rapports secrets avec les résultats de l'observation psychologique et le mouvement général de la pensée humaine. Ce travail, et il est immense, est un travail légitime, dont la religion proprement dite fournit seulement la base et la matière. De même qu'après quelque grande découverte de fait, que toute la logique n'aurait pu remplacer, la science de la nature reprend son cours enrichie et fortifiée ; de même après la grande découverte des réalités de la foi, la philosophie reprend son cours enrichie et fortifiée aussi, et marche à la conquête de nouvelles destinées. Si l'on veut accepter une formule mathématique : la révélation est à la philosophie chrétienne, ce que l'observation des phénomènes est à la science de l'univers visible.

Prétendre que l'acceptation du dogme doive éteindre tout esprit de recherche, c'est donc méconnaître tout ensemble et la nature de la religion et celle de l'esprit humain. Il n'y avait rien dans les antécédents de M. de Biran qui pût engager sa pensée dans cette voie. Sa psychologie se trouvait en accord, plus qu'il ne le savait lui-même, avec la vérité chrétienne; il avait à la compléter, non à la renier. Ses vues profondes sur le rôle et les droits de la volonté étaient même nécessaires à une pleine conception du dogme de la chute, et de celui de la restauration. En arrivant au christianisme, il n'éprouva donc pas le besoin de jeter loin de lui le résultat de ses méditations précédentes.

Il put moins encore faire dans sa pensée une part à la religion et une part distincte à la philosophie. Au moment de l'histoire de l'esprit humain où nous sommes parvenus, ce procédé peut se comprendre dans l'école, lorsque la science est abstraite, et se meut en dehors de la sphère réelle de la vie. L'histoire nous le montre apparaissant à diverses époques comme une précaution de la prudence. Mais les nécessités et les exigences de la vie intérieure dominaient tout le développement de M. de Biran. Sa philosophie était sérieuse comme sa religion, sa religion sérieuse comme sa philosophie. Elles devaient dès lors se joindre et s'unir, car elles n'étaient dans le fond qu'une même chose : l'effort de son âme vers la vérité et le bonheur. Il résolut donc d'entreprendre la science de l'homme avec toutes les res=

sources dont il disposait, de concentrer dans un même foyer de lumière la psychologie et l'Évangile. C'était un pas décisif. En faisant sa part à la volonté libre, dans l'analyse de la pensée, il avait rompu jadis avec la société d'Auteuil, où le retenaient pourtant et un premier succès et les liens de cordiales amitiés. En introduisant la vérité révélée dans la science, il allait se séparer maintenant d'une école naissante qui l'entourait de son estime. Il n'hésita pourtant pas, et marcha en toute droiture et simplicité dans la route ouverte devant lui.

Ce dernier mouvement de la pensée de M. de Biran ne saurait être un progrès aux yeux de tous. Les savants qui ne voient dans la foi religieuse que les lisières de la pensée dans son enfance, seront nécessairement conduits à déplorer un affaiblissement et une chute là où les chrétiens saluent avec joie les indices d'un pas décisif vers la vérité. Mais, au sein même de la diversité de ces appréciations, tous, ce me semble, doivent s'unir dans une même estime, dans un commun respect, pour cette intelligence qui se tourne toujours, sans que rien l'arrête, du côté d'où lui semble venir la lumière, et pratique au plus haut point cette recherche désintéressée du vrai qui est le fond de toute philosophie, si la philosophie est quelque chose de sérieux.

M. de Biran ne se rendit compte que peu à peu de l'étendue et de l'importance des modifications introduites dans ses vues antérieures. Il crut assez longtemps qu'il lui suffirait de retoucher et de compléter l'*Essai sur les fondements de la Psychologie*,

Ce travail même lui prouva qu'il fallait faire plus, et refondre son œuvre dans un moule nouveau. De là le plan des *Nouveaux Essais d'Anthropologie*, entrepris en 1823, et interrompus par la mort de l'auteur, bien avant d'être achevés.

La substitution du terme d'*Anthropologie* à celui de *Psychologie* indiquait, dès le début, qu'il s'agissait d'une étude complète de l'homme, et que le *moi* serait considéré non-seulement en lui-même, mais dans ses rapports avec le corps vivant et avec Dieu. Le contenu de l'*Essai* devait se retrouver tout entier dans le nouvel écrit, avec quelques modifications (1); mais une pensée nouvelle et fondamentale venait modifier le classement des faits divers de la nature humaine. Tandis que la ligne de démarcation entre le système affectif et les faits de l'ordre conscient restait intacte, les trois systèmes supérieurs, le sensitif, le perceptif et le réflexif, étaient réunis en une même division comme représentant, avec des nuances seulement, la combinaison de la force personnelle et des penchants organiques. Enfin, dans l'*Essai* le triomphe de la volonté sur les penchants inférieurs était indiqué comme le point le plus élevé du développement de l'homme; dans les *Nouveaux Essais* la fin légitime de la nature humaine était son union avec Dieu par l'efficace de la grâce et l'entière subordination de la créature à la puissance créatrice. Aux quatre divisions de l'*Essai*, s'en substituaient donc trois nouvelles.

---

(1) Voir l'Avant-propos de l'éditeur en tête des *Nouveaux Essais d'Anthropologie*.

La vie animale, ou celle de l'organisme.

La vie humaine, ou celle de l'intelligence et de la volonté.

La vie de l'esprit, ou celle de l'union avec Dieu.

Cette division n'est pas nouvelle. Le P. Gratry, après avoir rappelé qu'on la rencontre très-expressément dans saint Augustin et saint Bonaventure (1), la développe lui-même, avec toutes les ressources de son âme pieuse et de sa riche imagination, dans un livre en tête duquel il a inscrit, avec une si chaude sympathie, le nom de M. de Biran (2). On retrouve également cette division, au moins pour le fond, dans la page immortelle où Pascal, au-dessus des grandeurs mondaines et des grandeurs de l'intelligence, exalte les grandeurs surnaturelles de la charité (3). Elle appartient en un mot à la tradition chrétienne, dans le sein de laquelle elle se développe naturellement (4).

Mais si M. de Biran n'a pas découvert le premier ce que tant d'autres connaissaient avant lui ; si, en

---

(1) Mens nostra tres habet aspectus principales : unus est ad corporalia exteriora, secundum quem vocatur animalitas seu sensualitas ; alius intrà se et in se, secundum quem dicitur spiritus ; tertius est suprà se, secundum quem dicitur mens. (*Itinerarium mentis in Deum,* caput 1.)

(2) *Connaissance de l'âme,* Paris, 1857.

(3) *De Jésus-Christ* (édition Faugère, tome II, page 331).

(4) M. le professeur Conti va jusqu'à se demander si la théorie des trois vies, ne serait pas le fond philosophique de la Divine Comédie : *E il Divino Poema dell'Alighieri non rappresenta forse il medesimo cammino dell' anima dall' inferno della vita animale alla vita dello spirito che combatte e si purga, ed alla vittoria dello spirito in Dio ?* (Maine de Biran, *Sua vita e suoi pensieri, estratto dello* Spettatore, *anno* IV, *Firenze* 1858.)

abordant la vérité religieuse, il y a retrouvé les vues sur la nature de l'homme qui découlent de cette vérité, l'étude de la lente élaboration de ses doctrines permet d'affirmer, je le crois, que l'idée des trois vies sous sa forme expresse a été le produit spontané de sa pensée. Il ne l'a pas reçue de seconde main; il l'a puisée à la source, et a reproduit saint Augustin et saint Bonaventure, sans le savoir, de même que Descartes a donné pour sien, sans qu'il soit permis de l'accuser de plagiat, un argument déposé depuis des siècles dans les pages de saint Anselme. Il importe beaucoup moins du reste de discuter ici une question de propriété intellectuelle, que de se rendre compte de la nature de la troisième vie telle que M. de Biran la comprenait.

Le *fatum* des penchants nés de la machine organisée caractérise la vie animale. La vie humaine résulte de l'apparition de l'intelligence et de la volonté; l'effort préside à tous ses phénomènes et en constitue l'essence. Ce qui préside à tous les phénomènes de la vie de l'esprit, c'est l'union de l'âme avec Dieu, source de la paix et du bonheur; ce qui en constitue l'essence, c'est l'amour. L'amour divin est l'abandon de soi à l'être par lequel et pour lequel nous sommes faits, à l'être dans lequel réside la plénitude de toute perfection. C'est l'acte suprême de l'âme qui renonce à l'orgueil de sa possession propre, et, entrant dans l'harmonie universelle dont l'égoïsme la séparait, se donne à Dieu comme au principe de son existence, et trouve en Dieu un

ordre nouveau d'affections. « Il faut que Dieu soit
« mis à la place que le *moi* n'a pas eu honte d'usur-
« per. Après Dieu, tous les objets de nos affections
« raisonnables doivent être aimés, non pour nous
« mais pour eux-mêmes et comme ouvrages de
« Dieu. »

L'amour est donc un renoncement; mais un renoncement merveilleusement profitable; l'âme qui
aime Dieu se donne, mais elle abandonne tout pour
tout retrouver au centuple, car l'union avec la source
de tout bien nous met en possession de la plénitude
de la joie, dont les recherches de l'égoïsme ne pour-
suivent jamais que la trompeuse apparence. « Dès
« que nous sommes disposés invariablement à sacri-
« fier notre volonté propre, en faisant abnégation
« complète de nous-mêmes, dès lors notre âme est
« en repos et l'amour est le bien de la vie. »

Tel est le but de l'homme; et ce but nous est assigné par notre nature même. Quand l'âme s'élève à
la vie supérieure, elle n'arrive pas à quelque chose
d'extérieur, d'étranger à sa constitution primitive;
elle y trouve l'épanouissement d'un principe qui,
semblable au feu couvant sous la cendre, était voilé
sans être détruit. « Le germe de la vie de l'esprit
« existe toujours au fond de l'âme, où il a été déposé
« par l'auteur de la nature. » Nous avons besoin de
Dieu; il est au fond de notre être une partie divine
qui ne saurait se satisfaire dans l'instabilité des choses présentes, et tend toujours par nature à se rejoindre à son premier principe. Mais l'homme extérieur avec ses convoitises, les distractions de la vie,

l'esclavage des sens, voilent la lumière intérieure, et font taire la voix secrète qui nous rappelle à notre destination.

Cet état n'est pas primitif puisqu'il est un désordre, et que tout ce qui est primitif remonte à Dieu dont nul désordre ne saurait procéder. La chute de l'espèce humaine nous a ainsi enlacés dans les liens d'une vie inférieure, de telle sorte que l'idéal s'éteint en nous, et que lorsqu'il brille à nos regards comme une lueur fugitive, la force nous fait défaut, et nous désespérons de l'atteindre. Mais cet idéal obscurci, Jésus-Christ l'a montré au monde dans toute la splendeur de son premier éclat; mais cette force qui nous manque, Jésus-Christ la promet et l'accorde à ceux qui ont foi en sa promesse. La vie de l'esprit, déposée à l'origine dans l'âme humaine et détruite par le péché, resplendit de nouveau dans l'économie de la grâce qui est une économie de restauration.

L'union de l'âme avec Dieu s'opère au moyen d'une faculté, ou plutôt d'une réceptivité supérieure, qui est le fait le plus élevé de l'existence. Le développement de la force personnelle qui constitue la vie humaine s'accomplit donc entre deux états passifs, l'un dont elle doit sortir par son effort : la sensibilité animale ; l'autre où elle doit parvenir : la vie en Dieu. « L'homme est intermédiaire entre Dieu et
« la nature. Il tient à Dieu par son esprit, et à la
« nature par ses sens. Il peut s'identifier avec celle-ci
« et y absorber son *moi*, sa personnalité, sa liberté.
« en s'abandonnant à tous les appétits, à toutes
« les impulsions de la chair. Il peut aussi, jusqu'à

« un certain point, s'identifier avec Dieu, en absor-
« bant son *moi* par l'exercice d'une faculté supé-
« rieure. Il résulte de là, que le dernier degré d'a-
« baissement, comme le plus haut point d'élévation,
« peuvent également se lier à deux états de l'âme,
« où elle perd également sa personnalité; mais dans
« l'un, c'est pour se perdre en Dieu; dans l'autre,
« c'est pour s'anéantir dans la créature. »

Telles sont les vues générales de M. de Biran sur la vie de l'esprit. Si l'on s'arrêtait aux dernières paroles que je viens de citer, on serait conduit à penser que ce philosophe, après avoir si hautement proclamé, contre l'école de Condillac, les droits de la personnalité humaine, a sacrifié cette personnalité aux extases du quiétisme. Mais on n'a pas le droit de prendre au pied de la lettre les termes d'ébauches renfermant le premier jet de la pensée d'un écrivain. La plus simple équité demande qu'on les interprète, en les rapprochant des autres déclarations qui peuvent en éclairer le sens. Or, M. de Biran ne renie point sa doctrine antérieure. Pour que l'homme renonce à lui-même et s'abandonne à l'influence de l'esprit de Dieu, il faut d'abord que l'homme soit, et il n'est que par l'activité libre. « Pour faire abnéga-
« tion du *moi*, il faut d'abord qu'il y ait un *moi*. »
Puis la volonté, l'effort, la liberté ne sont ni des illusions, ni des puissances trompeuses. Tout au contraire, la seconde vie a pour mission de préparer la troisième. Agir, méditer, prier, sont des actes de l'âme; et ces actes sont le chemin pour aller à Dieu. Il faut que l'effort lève les obstacles qui retiennent

l'âme captive dans les sens, et laisse se manifester son affinité naturelle avec le créateur. Il ne faut pas attendre Dieu passivement, il faut le chercher, il faut marcher à sa rencontre. Les Stoïciens se trompent sans doute lorsqu'ils croient pouvoir atteindre par leur propre force la sagesse et le bonheur ; ils demeurent dans les illusions de l'orgueil. Mais le quiétisme aussi a ses illusions ; il se trompe lorsqu'il méconnaît la force propre que le créateur a donnée à sa créature, lorsqu'il ne tend à rien moins qu'à nier la réalité de l'âme et du *moi*. « L'acte de soumission « du *moi* à la voix intérieure, ou à l'opération de l'es- « prit supérieur est un acte libre. Le *moi* ne s'anéan- « tit pas pour cela ; et, quand il s'absorbe dans l'en- « thousiasme, il n'y a plus rien de libre, plus rien de « moral. »

Ces déclarations réduisent, à leur juste valeur, les expressions échappées à M. de Biran, dans une rédaction qu'il n'a jamais revue, et ne permettent pas de le confondre avec les partisans de l'extase mystique. Il lui a manqué le temps de s'expliquer à loisir, et même de s'entendre toujours bien avec lui-même. Des notes jetées en passant, des indications rapides déposées sur des feuilles volantes, prouvent que son œuvre, revue et terminée, n'eût pas laissé de place à certaines difficultés qui, dans l'état actuel des choses, peuvent s'offrir à l'esprit du lecteur.

On peut se demander, par exemple, comment il entend précisément le rapport de la vie de la volonté et de la vie supérieure de l'amour. A prendre le plus grand nombre de ses déclarations, il semble qu'il considère ces deux vies comme successives dans le temps. La seconde vie prépare la troisième ; l'âme triomphe des penchants inférieurs, puis, ce triomphe accompli, elle s'abandonne à l'action de l'esprit de Dieu, et, de la période de la lutte, elle passe à la période de la joie et du repos. D'un autre côté, dans sa polémique contre les Stoïciens, M. de Biran insiste sur ce que l'homme est impuissant à atteindre la troisième vie par ses seuls efforts. Il y a ici un manque d'unité dans la pensée. Si la grâce est nécessaire à l'homme pour qu'il puisse triompher des penchants, les éléments de la vie supérieure coexistent avec ceux de la période de lutte; l'union de l'âme avec Dieu et ses efforts pour dompter la nature animale sont des faits contemporains et non pas seulement successifs. Le philosophe voit la difficulté, et en indique la solution. « La question, » dit-il, dans une note isolée, « est de savoir si la troisième vie ne peut pas « coexister avec la seconde, comme la seconde avec « la première. C'est ce que je crois possible, en tant « qu'on fait servir dans la pratique les facultés de « la seconde vie à préparer la troisième. »

Cette pensée, enrichie de ses conséquences, suffisait à dissiper les nuages qui enveloppent, en quelques endroits, la pensée de M. de Biran touchant les rapports des deux vies supérieures et la nature propre de la vie de l'esprit. En effet, reconnaître la simultanéité dans le temps de l'effort humain et de la grâce divine, ce n'est pas seulement faire la part de l'action divine dans la lutte de l'âme contre les penchants, c'est, du même coup, tarir dans leur source les erreurs du quiétisme. L'analogie dont use M. de Biran le met bien sur cette voie. Il compare la coexistence de la troisième vie avec la seconde, à celle de la seconde avec la première. Or, il résultait de ses analyses que le déploiement le plus énergique de la force personnelle ne détruit pas la vie animale ; que l'état normal n'est pas celui où cette vie inférieure serait supprimée, mais celui où elle serait domptée, et mise sous le joug de la volonté dont elle deviendrait l'instrument. De même, l'état normal dans un degré supérieur ne doit pas être celui où la force personnelle serait anéantie, mais celui où cette force, renonçant à se donner elle-même des lois, se soumettrait entièrement à la volonté divine. Ainsi, de même que la vie animale réduite au rang d'instrument subsiste dans la vie humaine la plus développée, de même, la vie humaine, devenue par l'amour, l'organe libre et l'instrument volontaire de la puissance suprême, doit subsister dans le degré le plus élevé de l'union de l'âme avec Dieu.

Ces pensées sont en germe dans l'œuvre de M. de Biran; elles n'y sont pas développées et indiquées d'une manière assez précise. Dans l'état incomplet où se trouvait sa théorie, il a trop cédé parfois à l'influence exclusive des clartés nouvelles qui lui étaient apparues. Ébloui de l'éclat de cette lumière, le temps lui a manqué pour que son regard intérieur, remis de cette première impression, pût s'orienter complétement dans le monde qui venait de s'ouvrir devant lui. Il incline donc quelquefois à confondre la disposition de la créature à tout rapporter à elle-même, ce *moi haïssable* dont parle Pascal, avec la personnalité ou le *moi* métaphysique. Il ne voit pas, ou ne dit pas assez clairement, que, dans l'union la plus intime de l'âme avec Dieu, la volonté loin d'être détruite trouve, au contraire, la plénitude de la liberté. L'amour n'étant que la disposition de la volonté qui se donne librement, là où il n'y aurait plus de volonté, il n'y aurait plus d'amour. La conception d'un état d'extase au sens propre de ce terme, loin de nous représenter un degré supérieur de développement rabaisse, au contraire, les créatures libres et raisonnables au rang des choses inanimées qui accomplissent, mais sans le savoir, les décrets de la sagesse éternelle.

L'antique Orient a légué à nos philosophies et à nos religions ces vues incessamment renouvelées par le panthéisme; mais la vérité chrétienne a d'autres conséquences. Dans ce domaine, les idées morales de l'obéissance et de la révolte remplacent les conceptions métaphysiques de l'être et du néant. L'humilité n'est pas le sentiment de n'être rien, mais d'être une puissance libre et réelle, révoltée contre sa loi. La restauration n'a pas pour but l'état d'une âme qui perd conscience de soi, mais l'état d'une âme qui, dans la plénitude de la vie, ne veut plus que l'accomplissement des plans de l'amour infini. La grâce n'est pas une extase qui abîme la personnalité, mais une force qui relève la volonté défaillante, la grandit, la libère, la fait triomphante; de sorte que, dans un concours mystérieux, plus Dieu opère et plus l'homme est fort en lui-même; car l'œuvre de Dieu est précisément de rétablir dans la créature les forces primitives altérées par la chute. La prière de l'âme chrétienne n'est pas d'être détruite, mais d'être fortifiée.

Une vue plus distincte de ces vérités, souvent méconnues par les philosophes chrétiens eux-mêmes, aurait épargné à M. de Biran bien des incertitudes, et ne lui aurait pas permis d'établir, comme il lui arrive de le faire momentanément, entre la grâce et la liberté, une opposition qui l'embarrasse.

Il est un autre point sur lequel ses expositions ne jettent pas une pleine lumière; je veux parler de l'influence de la troisième vie sur l'ordre de la connaissance. L'homme est un, et toutes ses puissances, enchaînées dans une étroite harmonie, s'abaissent et s'élèvent en même temps. Si la domination de la vie animale obscurcit l'intelligence en troublant les sources de la pensée, il est naturel d'admettre que l'union de l'âme avec Dieu doit éclairer l'esprit, et le mettre en rapport avec la vérité comme avec le bonheur. D'un autre côté, cette thèse mise en présence des faits se trouve toute hérissée de difficultés, et soulève des objections sérieuses. Elle réclame donc un examen approfondi; et, dans la voie où était engagé M. de Biran, il était impossible que la question ne se posât pas. Il a vu le problème, en effet, et se disposait à en poursuivre l'étude. Après avoir approuvé ce mot de Pascal : « On n'entre « dans la vérité que par la charité, » il ajoute :

« Ce sont les œuvres qui font naître l'amour, et « l'amour produit les croyances. » Dans les derniers temps de sa vie, il trace les lignes suivantes : « La troisième vie, qui a l'amour pour principe, « n'admet-elle pas aussi un ordre supérieur de « connaissances intuitives? N'y a-t-il pas, dans cet « ordre élevé, une faculté qui correspond à la con-« ception, une autre à la mémoire. . . . . Il faut y « penser avant de décider. » Il y pensa peut-être ; la mort ne lui laissa pas le temps de nous faire connaître sa décision.

On doit regretter sans doute que M. de Biran n'ait pu exposer avec l'ampleur convenable, compléter, rectifier sur quelques points, sa doctrine de la troisième vie. Ce regret ne doit pas toutefois dépasser certaines bornes. Ses déclarations sont assez nombreuses et assez explicites pour que nous soyons en pleine possession de sa pensée, au sujet du problème capital que soulève l'étude de la nature humaine. Ce problème, dont la solution emporte celle des plus hautes questions de la métaphysique, est celui de notre destination. La théorie de la destination de l'homme suppose nécessairement une vue précise des éléments de sa nature, et une doctrine relative à ses rapports avec l'univers, en sorte qu'un système entier est toujours implicitement contenu dans l'affirmation qui porte sur ce point unique. Or, à cet égard, les affirmations de M. de Biran sont en pleine lumière.

Le désir permanent de répondre à cette question: Quel est le but légitime de notre existence? a toujours été le mobile conscient ou secret de ses travaux, et forme l'unité de son développement. Sensualiste, il voit la fin de l'homme dans l'équilibre des fonctions vitales et la jouissance calme de la vie. Philosophe de la volonté, il la voit dans le triomphe de la force libre se possédant elle-même. Chrétien enfin, il la voit dans la soumission parfaite de l'âme à Dieu. Serait-il nécessaire de faire ressortir l'importance de cette pensée dernière, soit en elle-même, soit en vue des discussions philosophiques et religieuses de notre temps? Sans nous arrêter au matérialisme, que nous voyons pourtant relever son drapeau déchiré, qu'est-ce qui divise les esprits qui croient à la raison, à la liberté, au devoir? Quelle est la question qui, au sein d'une dissémination apparente, réunit toutefois en deux camps, ou groupe en deux familles, toutes les intelligences? Celle-ci assurément : L'homme est-il fait pour ne relever que de soi, ou pour dépendre d'une puissance supérieure? Sa fin légitime est-elle en lui, ou hors de lui? La question s'étend à tout, à l'ordre intellectuel comme à l'ordre moral. Ce problème fondamental, ici clairement aperçu, là voilé aux yeux mêmes de ceux qui l'agitent, remplit les débats des philosophes et des théologiens. Sa solution est indissolublement liée à celle du problème général des existences : c'est ce qu'un peu de réflexion suffit à faire entendre. L'indépendance absolue ne saurait appartenir qu'à l'être qui porte en soi la loi et le terme de son développement, parce qu'il porte en soi le principe même de son être. Si la fin légitime de l'homme est l'affranchissement absolu et la souveraine possession de soi, il faut que l'homme ait la vie par lui-même, qu'il soit la manifestation, la conscience de Dieu, ainsi que l'entendent les panthéistes. Mais si l'homme est, non la manifestation mais la créature de Dieu, ainsi que le croient les chrétiens; si Dieu, source unique de l'être, principe immanent de l'homme et du monde, existe pourtant en dehors du monde et de l'homme, dans la plénitude de son être et de sa liberté, il est évident que dans son existence absolue et sa personnalité infinie, il demeure la loi suprême, la seule fin légitime, le souverain de l'homme. Dès lors, le dernier terme de notre progrès n'est pas l'affranchissement, mais l'obéissance, l'obéissance à un principe qui est en nous, puisque nous ne subsistons que par lui, mais qui est hors de nous, comme l'Être infini, dont l'univers n'épuise, ni n'absorbe la puissance éternelle. Si nous sommes appelés à nous affranchir des liens d'une nature inférieure, si nous sommes appelés à devenir libres, c'est que c'est là le moyen unique, la condition même de l'obéissance. L'être inerte peut agir en conformité de lois dont il n'a pas conscience : obéir est le privilége de la liberté.

M. de Biran devait arriver à ces conséquences, dès que l'idée du vrai Dieu prenait place dans sa doctrine; il y arrive en effet. La philosophie de l'*Essai* lui ouvrait l'accès à une autre voie. Il lui était facile, en partant de ses prémisses, de se faire l'apôtre de l'indépendance absolue, le philosophe de la pure liberté; ni les appuis, ni les encouragements ne lui auraient manqué. Mais il marcha jusqu'au bout dans la vérité, telle qu'elle se manifestait à lui. Il fit à Dieu sa place tout entière. Voilà la grandeur de sa pensée; voici maintenant son insuffisance.

Le Dieu que cherche M. de Biran est le Dieu des chrétiens; il le sait; ce n'est pas sans avoir mûrement pesé le pour et le contre qu'il a préféré Jésus-Christ à Zénon. Mais sa conception du christianisme présente deux lacunes essentielles.

La premières se rattache directement à une omission, signalée déjà, dans son analyse de la nature humaine : il n'avait jamais envisagé en face, et dans leur caractère spécifique, les faits de l'ordre moral. Cette omission étrange se retrouve et porte ses conséquences, lorsqu'il aborde les questions religieuses.

S'il est un fait certain pour une intelligence impartiale, mise en présence des documents primitifs de la religion chrétienne, c'est que le terrain de l'Évangile est le terrain moral proprement dit. A quoi se rapportent les trois grandes vérités évangéliques : la chute, le pardon, la sanctification? A la volonté. La volonté créée pour obéir à Dieu, toujours présent dans la loi de la conscience, — la volonté en révolte contre son auteur et obscurcissant l'entendement des ténèbres qui montent du cœur, — la volonté ramenée par la miséricorde à l'obéissance dans la lumière et l'amour; n'est-ce pas le résumé et comme la substance de la prédication chrétienne? Jésus-Christ nous est présenté avant tout comme l'auteur de la grâce et du pardon; son nom par excellence est le Sauveur; et la lumière avec laquelle il s'identifie, resplendit plus encore de l'éclat de la sainteté que des clartés de l'intelligence, si toutefois il nous est possible de soumettre à notre faible analyse l'unité de la perfection. Enfin, tandis que dans la plus noble école de l'antiquité, la réforme de l'entendement devait amener la réforme de la conduite, et la science conduire à la vertu, n'est-ce pas, dans l'économie chrétienne, le redressement de la volonté qui doit ramener dans l'esprit la lumière, et dans l'âme le bonheur? Ces vérités sont assez manifestes, soit dans le texte des écrits apostoliques, soit dans la tradition religieuse qui en découle.

M. de Biran, comme guidé par un secret instinct, méconnaît quelques-uns des traits les plus caractéristiques de la religion chrétienne; la nature spécialement éthique de l'Évangile disparaît dans ses expositions. Il en aurait été autrement si la conscience morale avait obtenu dans ses études la place qui lui appartient. S'il eût bien reconnu que la volonté porte sa loi en elle-même, que le dernier fait moral est un sentiment de dépendance et de responsabilité, il eût reconnu aussi que le mal, dans son essence, est la volonté déviée de sa direction normale; le retour au bien, la volonté ramenée à sa loi : son christianisme eût été plus complet, plus nerveux, si j'ose le dire; et les tendances quiétistes, auxquelles il ne résiste toujours pas assez nettement, auraient été définitivement domptées.

Ce n'est pas, du reste, qu'il nie ou conteste aucune des assertions énoncées plus haut. Il n'a pas choisi dans le christianisme. Jamais il ne l'a envisagé dans son ensemble; c'est tout au plus s'il a posé en passant, et sans s'y arrêter, la question de sa réalité objective, et c'est ici la seconde lacune annoncée, et dont la première n'est au fond qu'une face particulière.

Il semble difficile d'entreprendre l'œuvre d'une philosophie chrétienne, d'introduire dans sa doctrine Jésus-Christ et la grâce surnaturelle, sans s'être posé directement la question de la nature du christianisme en soi, et sans l'avoir résolue. On ne saurait sans doute demander à un philosophe d'entrer dans les détails de la théologie proprement dite, et de parcourir tout le champ si vaste et si épineux de cette science, avant d'aborder son objet propre. Mais les bases métaphysiques du christianisme, ou, en d'autres termes, les éléments de la vérité chrétienne qui sont de nature à agir directement sur la philosophie, sont assez simples après tout, et ne sont pas plus difficiles à reconnaître dans les documents primitifs et dans la tradition générale, que les bases du Platonisme, par exemple. Tout a été contesté et peut l'être encore dans les controverses des théologiens; mais, au-dessus de toutes ces discussions, à la hauteur où se posent les problèmes philosophiques, il y a un courant visible, d'autant plus visible peut-être qu'on le regarde à distance, qui est historiquement, c'est-à-dire véritablement, le christianisme dans son essence permanente. Or, il est difficile, je le répète, d'entreprendre l'œuvre d'une philosophie chrétienne sans s'être demandé auparavant, et d'une manière très-explicite, si le christianisme, ainsi envisagé dans ses doctrines fondamentales, est une réunion de vérités, une collection de symboles, ou un amas de superstitions.

Cette situation étrange est pourtant, en quelque degré, celle de M. de Biran. A mesure qu'il avance, on voit bien se multiplier sous sa plume les emprunts qu'il fait au dogme révélé, et les déclarations de l'insuffisance de la raison livrée à ses seules ressources. Mais, enfermé dans ses vues particulières, ne saisissant guère de la religion que ce qui se rapporte directement à l'état de son âme, il ne se place jamais au centre même de la vérité chrétienne pour en contempler les parties diverses et l'harmonie qui les rassemble. Il est semblable à un homme qui, entré dans une cathédrale par une porte dérobée, resterait à l'écart, sous les bas-côtés de la nef, sans avoir jamais pénétré au cœur de l'édifice pour en contempler la structure générale et les proportions. L'auteur des *Nouveaux Essais d'Anthropologie* ne possédait donc pas une vue ferme et complète de l'ensemble du christianisme. Mais, qu'on ne s'y trompe pas, c'est là ce qui fait en partie le caractère propre et la valeur exceptionnelle de son œuvre.

Lorsque du sein de la chrétienté, des croyants, éprouvant le besoin de savoir, vont à la recherche de la science, et entreprennent de systématiser leur foi, ils risquent fort de rencontrer dans beaucoup d'esprits un sentiment de défiance. On ne croit pas sans peine à leur impartialité, à leur loyauté parfaite, on soupçonne des intérêts autres que ceux de la vérité dans les mobiles qui les dirigent. Telle est la discipline des écoles modernes ; tels sont les préjugés répandus dans le monde scientifique ; telles sont les fautes des représentants de l'Église dans les luttes de la pensée, qu'on n'admet pas volontiers qu'un chrétien qui continue à l'être puisse devenir un philosophe. Mais ici, c'est un philosophe qui devient chrétien, et le caracractère incomplet de sa religion n'étant que la trace de la voie purement personnelle et libre qui l'a conduit à la foi, est précisément ce qui éloigne les soupçons et inspire une confiance si précieuse en pareille matière.

Il y a plus. Les hommes qui partent de la théologie pour venir à la métaphysique (je parle de ceux qui y viennent sérieusement, non en apparence et par une simple manœuvre de parti), ces hommes risquent fort de s'enivrer du sentiment de la liberté de la pensée, d'être éblouis et comme aveuglés par le milieu nouveau pour eux de la raison pure et de la dialectique. Plus les données chrétiennes leur sont familières, plus ils risquent de les croire naturelles, de considérer comme primitifs et inhérents à l'esprit humain des faits intellectuels et moraux qui ne se sont produits que sous l'influence de l'Évangile (1).

---

(1) « La grande influence du christianisme sur la civilisation nouvelle serait moins révoquée en doute, si elle n'avait pas pénétré si avant dans tout notre être ; et l'on ne pourrait absolument pas en douter si déjà elle s'en était rendue complétement maîtresse. Car, cette influence est méconnue par deux raisons princi-

Et c'est là sans doute une des raisons pour lesquelles les écoles de théologie ont servi la cause du rationalisme, autant, plus peut-être que les écoles de pure philosophie.

Les intelligences qui arrivent de la philosophie à la religion sont dans une condition différente. Elles savent mieux ce que peut et ce que ne peut pas la raison livrée à ses seules ressources. Le milieu dialectique qu'elles ont parcouru dans tous les sens, a perdu pour elles ses illusions et ses prestiges; elles ont compris, trop bien pour pouvoir l'oublier, ce qui leur manquait dans la pure philosophie, puisque le sentiment même de ce déficit a contribué pour sa part à les amener à l'Évangile. Pour la vue nette et ferme de l'importance des dogmes chrétiens, de la nature et de la place de l'ordre surnaturel, l'intelligence qui rencontre la foi est dans des conditions plus sûres que la foi qui cherche l'intelligence (1). Ce serait donc un grand bienfait, et la cause d'un grand progrès dans le mouvement de la pensée contemporaine, que l'apparition de quelques âmes d'élite arrivant à l'Évangile par la voie de la philosophie, et rendant au sujet de ce qui leur manquait et de ce qu'elles ont trouvé, un témoignage auquel nul

---

pales : d'un côté, parce que dans nos mœurs et dans nos institutions, on trouve encore beaucoup de choses qui contredisent le christianisme; d'un autre côté, *parce que nous portons en nous beaucoup de choses qui ne sont dues qu'au christianisme, et qui, devenues en nous une seconde nature, ne nous semblent point être l'effet du christianisme, mais celui de la nature humaine universelle.* (Ritter, *Histoire de la philosophie.*)

(1) *Fides quærens intellectum.* (Saint Anselme.)

esprit sérieux ne pourrait refuser de se rendre attentif.

Tel fut M. de Biran. Il avait sans doute des progrès à faire pour être à même d'accomplir l'œuvre d'une philosophie chrétienne ; mais cette œuvre il l'a conçue et il l'a entreprise. Arrivé à la religion, il ne laissa pas subsister un mur de séparation entre sa personne et son œuvre, entre sa vie et sa science. C'est bien là le trait essentiel de la dernière période de ses travaux et ce qui doit recommander hautement sa mémoire à l'attention et au respect des hommes de pensée qui croient à la vérité de la religion, et des hommes religieux qui croient à la légitimité de la pensée.

Nous donc, qui croyons que l'Évangile est la vérité, et la raison une lumière qui ne doit pas être mise sous le boisseau, nous marchons dans les mêmes voies où a marché M. de Biran, et plus ces voies sont désertées aujourd'hui par la foule des intelligences, plus nous sommes heureux de pouvoir invoquer l'autorité de son nom en faveur de convictions qui nous sont chères.

Nous pensons que la séparation absolue établie entre la philosophie et la religion, entre la raison et la foi, est une séparation factice, momentanée, née de circonstances passagères et destinée à disparaître dans les âmes éclairées et sérieuses. Il faut à l'homme une seule vérité : s'il ne croit pas à l'Évangile, une philosophie qui le remplace ; s'il y croit, une philosophie chrétienne (1).

---

(1) Il existe, sans doute, dans la science des départements en-

Or, nous croyons à une philosophie chrétienne. Nous ne courbons pas la tête sous l'opinion qui déclare contradictoires l'idée de la science et l'idée de la foi positive; nous ne pouvons reconnaître comme légitime la position des esprits qui prennent parti d'avance, et *a priori*, contre l'ordre surnaturel, au nom de droits prétendus de la raison. On trouve, à la vérité, la base d'une négation *a priori* du surnaturel dans l'affirmation que le principe du monde est la source d'un développement nécessaire. Mais le panthéisme, qu'on en convienne, n'est pas une vérité évidente; c'est une doctrine fort discutable avec laquelle personne n'a le droit d'identifier la philosophie dans son ensemble. Ce point compris, et dès qu'on admet, même à titre de simple possibilité, la liberté de Dieu et son intervention dans

---

tiers qui restent en dehors de l'influence des convictions religieuses, et forment comme un territoire neutre où les hommes de toute croyance peuvent se rencontrer et philosopher ensemble, dans des conditions naturelles et normales. Ce qui constitue ce terrain neutre, c'est, avant tout, la logique pure, puis l'observation psychologique directe et les points de la science générale de la nature qui ne touchent pas aux problèmes des causes premières et des premières origines. Mais, aussitôt qu'on aborde le domaine moral et les questions relatives au principe de l'univers et à la destinée de l'humanité, la recherche spéculative tombe nécessairement sous l'influence des croyances de celui qui s'y livre. Le croyant est inévitablement conduit à faire entrer dans la science les objets de sa foi, puisque les objets de sa foi sont pour lui des réalités.

Ce n'est pas à dire qu'un chrétien convaincu ne puisse discuter, même sur les questions morales et religieuses, avec l'homme qui ne partage pas sa foi. Il peut toujours, par un acte de sa volonté, s'imposer la loi de n'employer que les procédés acceptés par son interlocuteur, et s'enfermer dans le domaine de la nue raison. Mais dans ce cas, la situation est factice et ne peut être que momentanée et de circonstance.

l'histoire, la question du surnaturel est ouverte, et les droits de la raison qu'on prétendrait opposer à son examen, ne sont plus, en ce cas, que la puissance du préjugé. Ce préjugé, sans doute, est imputable en partie à certains défenseurs mal inspirés des vérités chrétiennes. Si l'ordre surnaturel était sans lien avec la nature, si la science de l'univers et de l'homme pouvait fermer son cercle sans rencontrer le christianisme, s'il n'y avait aucune voie ouverte pour passer de l'étude des faits à l'étude des questions religieuses, on ne saurait faire rentrer la religion dans le champ des investigations régulières de l'esprit humain. Mais la voie est ouverte, et pour ne pas y entrer il faut être résolu à ne pas le faire. Des considérations indiquées déjà en fournissent la preuve ; ces considérations ont une telle importance qu'il vaut la peine de les reproduire et d'y insister.

On a compris, de notre temps, l'importance de l'histoire de la philosophie pour la philosophie elle-même : c'est un progrès réel, un progrès notable de la pensée moderne. Or, on l'a vu, il est impossible d'aborder sérieusement, soit l'histoire des idées métaphysiques, soit l'histoire de la conscience humaine, sans se poser la question du surnaturel.

Le christianisme est pour les croyants une intervention de la libre puissance de Dieu dans la marche de la nature ; pour tout le monde, il est un fait historique dont il faut rendre raison. Passer à côté sous prétexte qu'on ne s'occupe que de philosophie, c'est méconnaître le lien indissoluble qui unit les divers éléments dont se compose l'esprit humain. Et c'est vainement qu'on dirait : « La religion « s'appuie sur l'autorité et la philosophie sur la « raison, elles n'ont donc rien à démêler ensem- « ble (1). » Le philosophe ne peut faire l'histoire de sa propre science, bien plus, il ne peut faire l'analyse de sa propre pensée, sans rencontrer l'action visible de la tradition chrétienne. Cette tradition découle d'un fait historique sur lequel il faut prendre parti; et qui seul après tout, selon la signification qu'on lui accorde, fonde ou détruit l'autorité religieuse, et de plus, en détermine la nature. Il faudrait voir la question telle qu'elle est, et ne pas consentir à l'accepter telle qu'elle a été posée par l'auteur de l'*Essai sur l'indifférence*. Sans doute, si pour aborder la religion il fallait faire une abdication préalable de la raison, de même qu'il fallait être géomètre pour entrer à l'école de Platon, l'abîme subsisterait entre la foi et les recherches de la pensée. Mais M. de Lamennais qui fut, si je ne me trompe, désavoué par son Église même, ne saurait être considéré comme l'interprète exclusif du christianisme. Il peut être parfois commode, il est toujours injuste de lui faire cette position.

Prenons les choses ainsi qu'elles s'offrent à un esprit libre de toute préoccupation autre que celle de la vérité. L'Évangile est le plus grand fait de notre histoire. Qui pourrait le nier? La science doit en rendre raison, sous peine de rester étrangement mu-

---

(1) Jules Simon.

tilée. Ce fait est donné, dès son origine, pour être surnaturel ; l'est-il? ne l'est-il pas? Voilà le problème. La solution rationaliste est-elle si lumineuse que ne pas l'admettre soit, par cela seul, renoncer à la science? Il serait difficile de prendre tout à fait au sérieux une critique qui proclamerait la négation du surnaturel, quand cette critique avouerait que cette négation est son point de départ, son axiôme, son parti pris (1). Critique, science moderne, ce sont là, pour certains esprits, des idoles devant lesquelles ils se prosternent sans les regarder en face. Si la foi a ses superstitions, l'incrédulité fait largement preuve qu'elle a les siennes aussi. Il faut savoir d'où sortit cette lumière de l'Évangile qui, de l'aveu de tous, a coupé l'histoire en deux, changé la face du monde et fondé notre civilisation dans tous les sens. Lorsque, pour répondre à cette question, on voit le rationalisme conclure par analogie des siècles crépusculaires aux temps de la clarté historique; supposer je ne sais quelle spontanéité primitive aux hommes de l'époque où les sujets de Tibère lisaient les œuvres de Cicéron ; se livrer enfin aux plus énormes hypothèses; il est permis de penser que la solution chrétienne en vaut une autre, qu'il y a autant de raison, autant de philosophie à admettre l'intervention de Dieu dans l'Évangile qu'à la nier, à croire au surnaturel qu'à l'impossible, et qu'à tout prendre on est peu en droit d'exclure du domaine de la science les hommes qui

---

(1) Voir les *Études d'histoire religieuse*, de M. Renan.

n'auraient d'autre tort que de rapporter à un acte particulier de la puissance infinie, un fait dont les causes naturelles ne sauraient rendre raison à leurs yeux. En un mot, il y a dans l'histoire une voie ouverte à la science pour arriver à l'étude de la religion révélée (1).

Il y en a d'autres.

Voici le point essentiel, le vif de la controverse. La philosophie, depuis Pythagore jusqu'à Leibnitz, a pris le modèle de sa méthode dans les mathématiques. Elle se donne donc à l'ordinaire, et on l'accepte, pour une science qui s'appuie sur l'évidence intellectuelle seule et se construit par déduction pure. S'il en était ainsi, il n'y aurait nul passage possible de la philosophie à la religion, car la religion n'est pas évidente pour l'intelligence. Le plus qu'on pût admettre, en ce cas, serait une philosophie et une

---

(1) « Le philosophe devient chrétien sans abdiquer lorsqu'au « lieu de tergiverser, il a regardé le christianisme en face, comme « un fait historique dont la philosophie de l'histoire est tenue de « rendre compte, et qu'il s'est convaincu qu'une intervention di-« recte de Dieu dans l'histoire est la seule raison suffisante de ce « phénomène. » (Charles Secrétan, *Recherches de la méthode qui conduit à la vérité*, etc. 1857.)

Je dois beaucoup à M. Charles Secrétan, et je me sentirais coupable d'une sorte d'ingratitude, si son nom ne se trouvait au bas de ces pages, dont le contenu est bien propre à me rappeler, soit les utiles entretiens dans lesquels il m'a fait jouir de ses lumières et de son amitié, soit l'instruction que j'ai puisée dans ses écrits, et très-particulièrement dans la *Philosophie de la liberté*, 1849. Il y a, dans cet ouvrage, des difficultés qui m'arrêtent, des hardiesses qui m'étonnent, des tendances auxquelles je résiste ; mais peu d'écrits ont plus de saveur morale, plus d'élévation, et une puissance plus grande pour exciter la pensée et lui ouvrir des horizons nouveaux.

religion parallèles en quelque degré, mais toujours séparées par l'abîme infranchissable de la méthode philosophique en elle-même. Ainsi l'entendait Descartes, et il ne faut pas perdre de vue que sa conception de la science excluait au même titre que la religion, l'histoire tout entière, et tous les résultats de la science expérimentale de la nature. Depuis Descartes, deux siècles ont passé ; des écoles célèbres sont nées et ont fini : nous avons pour déterminer l'idée de la philosophie une base nouvelle et très-large. Or, je le demande à la lumière qui procède des faits : Qu'est-ce qu'un système métaphysique? Un système métaphysique est un essai d'explication rationnelle des données de l'expérience. — Quelles sont les conditions qui rendent un tel système sérieux et digne d'examen ? Ces conditions sont au nombre de deux : La première est que ce système s'appuie sur des faits réels, observés dans la nature humaine; la seconde, qu'il fournisse une solution satisfaisante aux grands problèmes que l'intelligence se pose. Mais, entre l'observation des faits et la solution des problèmes, se place nécessairement une hypothèse, qui est le principe des déductions.

Lorsqu'on est à bout d'observation et d'analyse, et qu'on veut construire une doctrine, il faut nécessairement adopter un principe, qui, sous sa forme première, ne peut être qu'une hypothèse, et dont le déploiement logique prouvera la fécondité. Quant à la logique pure, elle est incapable de produire autre chose qu'elle-même, et jamais on n'amènera l'esprit humain à prendre sérieusement ses propres lois pour la réalité des choses. Les panthéistes rationalistes se font d'ailleurs la plus étrange des illusions, lorsqu'ils se figurent établir une science pure de toute donnée extra-rationnelle. Tout leur édifice en effet repose sur une hypothèse qui, pour la hardiesse, ne le cède à aucune autre, savoir que la raison se pose elle-même comme étant l'absolu. Après Kant, il ne devrait plus être permis de se méprendre sur la nature d'un tel point de départ, et d'attribuer l'évidence à une affirmation de cette espèce.

En vertu des explications qui précèdent, la question de savoir si le christianisme peut servir de base à une philosophie, revient à celle-ci : La foi chrétienne s'appuie-t-elle sur des faits observables dans la nature humaine, et fournit-elle des lumières satisfaisantes pour la solution des problèmes que se pose l'esprit humain ? Si elle remplit ces deux conditions, elle se recommande à tout esprit impartial, à titre d'hypothèse sérieuse et digne d'examen. Or elle remplit ces deux conditions plus et mieux qu'aucune autre des théories que renferment les annales de la pensée humaine.

Le premier de ces points de vue surtout fut celui de M. de Biran. Il constate par l'observation des états intérieurs qui viennent offrir à la vérité révélée des appuis positifs. La défaillance de l'âme abandonnée à ses propres ressources, l'action de la grâce divine pour la relever, l'efficacité de la prière, la joie et la paix dont nous avons l'impérieux besoin, et que nous rencontrons dans l'Évangile, ce sont là pour lui des vérités d'expérience, des vérités psychologiques et non de foi seulement. Il considère comme une pauvre philosophie, celle qui néglige de prendre ces vérités en considération, parce que l'esprit engagé dans cette voie dépasse les limites ordinairement posées entre la science et la religion.

Mais admettons que ce ne soient là que des illusions; admettons que cette base psychologique de la vérité chrétienne soit trouvée chancelante. Entrons dans les doutes qui arrêtent parfois M. de Biran, dans sa carrière : les états intérieurs attribués à la foi comme à leur cause, peuvent n'être en réalité que le simple résultat du jeu des organes et de l'équilibre des fonctions de la vie. D'autres faits restent, des faits qui défient les explications de cet ordre.

L'homme est destiné à trouver le bonheur dans l'ordre, à accomplir la loi de la conscience, à entrer librement dans les plans de l'amour universel; il est destiné à traverser la vie, dans la joie et la paix, comme un voyageur appelé à de plus hautes destinées. Mais l'homme est déchu; impuissant pour le bien sans cesser de l'aimer; entraîné vers le mal sans cesser d'entendre, dans les profondeurs de son âme, une voix secrète de reproche et de protestation; son cœur s'attache aux choses passagères de la vie, et toutefois sans y rencontrer le bonheur.... Tel est l'enseignement chrétien. Or, il ne suffit pas de dire que le péché originel est un mystère, que la raison n'a rien à faire dans les questions de cet ordre, et de passer outre. La doctrine de la chute présente sans doute, en elle-même, de graves difficultés ; mais l'état de l'homme, sous le double rapport du bien et du bonheur, est certes une matière d'observation ; et ce qu'il importe de se demander, c'est si cet état, tel que l'expérience le manifeste, ne soulève pas des problèmes dont le mystère de la chute offre seul une explication plausible. L'âme humaine est-elle dans des conditions normales, ou bien est-elle le théâtre permanent des luttes décrites par l'apôtre saint Paul, chantées par le poëte Racine? Les sombres éclairs que jette la pensée de Pascal, quand il exalte et rabaisse tour à tour notre nature, sont-ils des contradictions, ainsi qu'on se plaît à le dire? ou bien la contradiction est-elle dans les choses mêmes, dans cette âme avide du bien et enchaînée au mal ; dans cette poursuite du bonheur qui aboutit à la misère, dans cette soif de vie à laquelle répond la mort? Ce qui est contradictoire aux faits, à l'expérience de chacun, aux combats, aux souffrances, aux déchirements de l'humanité, n'est-ce pas la doctrine qui prend pour bon notre état actuel, substitue à l'idée du mal celle d'un moindre bien, d'une simple imperfection, la conception abstraite d'une imitation de l'être ; et, en présence des lugubres problèmes du péché et de la souffrance, hasarde des solutions qui blessent la conscience, sans avoir au moins l'excuse de satisfaire la raison?

Allons plus avant : Il y a une transmission héréditaire du mal : voilà le christianisme. Et que dit une psychologie vraie? Si l'homme porte en soi des principes innés de raison ; s'il est faux que son entendement soit une *table rase;* est-il moins faux qu'il naisse table rase sous le point de vue moral, et se trouve dans un parfait équilibre entre le bien et le mal? N'y a-t-il pas des penchants de naissance qui deviennent le vice, quand la responsabilité apparaît? Lorsque la conscience s'éveille, ces penchants sont-ils devenus, oui ou non, des habitudes impérieuses comme le besoin, fortes comme la nature? Chacun est-il responsable de tout le mal qui est en lui? Peut-on, sans outrager la justice, dire à une créature humaine : de tout ce que tu reconnais en toi de contraire à la loi parfaite de la morale, il n'est rien qui ne soit l'œuvre de ta volonté? N'y a-t-il pas entre l'individu et ses ancêtres, entre une génération et une autre génération, entre l'homme et l'humanité, une solidarité mystérieuse sans doute dans sa nature et son origine, mais dont la réalité est claire comme le soleil, pour qui n'a pas appris que dès qu'on aborde un domaine qui touche aux dogmes religieux, il faut ou sourire, ou s'incliner et porter ailleurs ses regards?

Loin de moi la pensée d'affirmer que les vérités chrétiennes peuvent directement se lire dans les faits et ressortir d'une simple observation. Mais ces vérités sont dans un rapport immédiat avec des éléments d'observation qui les confirment, qui peuvent conduire à les faire accepter; et si le caractère d'une saine philosophie est d'appuyer fortement ses bases sur l'étude attentive de l'âme humaine, ce n'est pas une philosophie chrétienne qui faillira à cette condition. La solidité de ses principes apparaîtra d'autant mieux, qu'on creusera plus profondément dans les secrets de notre nature.

La philosophie chrétienne faillira-t-elle davantage à la seconde condition d'une science digne de ce nom, qui est de fournir des solutions aux grands problèmes que se pose l'esprit humain? Certainement la lumière évangélique n'a pas apparu dans le monde sous la forme spéciale de cette clarté intellectuelle que cherche la métaphysique. Tout dans les paroles de Jésus-Christ et dans la prédication de ses apôtres tend à la pratique, au relèvement, à la consolation, au salut des âmes; rien n'est dirigé du côté des recherches et des curiosités de l'esprit. Telle est la religion dans son essence, et en tant que religion, elle ne doit ni ne peut abandonner ce terrain. Mais il n'est pas une parole de piété qui ne suppose une doctrine, pas une vérité pratique qui ne soit dans une connexion intime avec une vue théorique; et les éléments les plus simples de la religion, les vérités qui entrent sans effort dans l'âme de l'enfant, de l'homme du peuple, de la pauvre femme, contiennent toutefois tous les germes d'une conception systématique de l'univers, renferment des réponses aux plus hautes questions que puisse se poser la pensée spéculative.

Le théisme proprement dit, le théisme clairement formulé et pur de tout alliage, appartient spécialement au christianisme, nous l'avons dit, et, en le disant, nous avons pu nous appuyer du témoignage non suspect d'un des chefs de la philosophie française contemporaine. Ce qu'on sait moins peut-être c'est que, d'une manière plus générale, la vérité chrétienne est riche de solutions qui lui sont propres pour les grandes questions que les penseurs débattent depuis l'origine de la science. Il existe un certain nombre de difficultés qui, sous le nom de dualités ou d'antinomies, sont véritablement en philosophie les questions maîtresses dont tout le reste dépend. Concilier l'infinité de Dieu avec la réalité du monde, sans recourir à des solutions équivoques qui nient au fond un des deux termes du problème ; — interpréter l'opposition du bonheur et du devoir, dont les besoins les plus impérieux de l'âme tout entière réclament la parfaite union ; — expliquer le mal et la souffrance, sans atténuer la réalité des faits et sans léser les droits imprescriptibles de la conscience ; — dire pourquoi la raison a besoin d'arriver sur tous les sujets à une pleine lumière, tandis qu'elle va se heurter de toutes parts à des mystères impénétrables : ce sont là quelques-unes au moins des exigences principales d'une philosophie sérieuse et digne de ce nom. Or, pour tous ces problèmes, le christianisme, interprété par une science fidèle, fournit des solutions spéciales et seules satisfaisantes. —

Ces solutions se trouvent, sans doute, plus ou moins énoncées dans les travaux accomplis depuis l'ère chrétienne ; mais elles s'y trouvent éparses, mêlées souvent aux restes des conceptions de la philosophie antique qui les obscurcissent ou les dénaturent. La science chrétienne est appelée, de nos jours, à les dégager purement et avec netteté de l'enseignement religieux dont elles émanent, à les relier entre elles, à les suivre dans leurs conséquences, par les procédés propres de la raison. C'est ainsi qu'on pourra prouver par le fait que, sous le joug, ou, pour mieux dire, dans la lumière de la foi, la raison voit s'étendre son domaine, devient plus forte et plus libre, ne recule devant aucun problème, ne s'arrête que lorsqu'elle a reconnu qu'elle doit s'arrêter ; et, après avoir prouvé sa force en ne tentant pas follement de percer des ténèbres dont elle a reconnu la cause et le caractère de nécessité, la montre encore en trouvant la solution de problèmes que le rationalisme évite ou dénature. C'est en fondant une science vraiment chrétienne dans ses bases, et vraiment scientifique dans ses procédés, qu'on pourra confirmer les croyants dans leur foi, et rendre respectable à tous les esprits sans préventions une doctrine qui, d'une part, ira se fonder solidement sur la psychologie, et de l'autre, porter la lumière dans les plus hautes sommités de la métaphysique.

Une telle science confirmera les croyants dans leur foi ; car nous pensons que le dernier effort de la philosophie est d'affermir les vérités élémentaires qui font la vie des âmes chrétiennes. Nous pensons que l'intelligence la plus humble et l'esprit le plus élevé peuvent se rencontrer en présence de l'Évangile, dans la même foi, dans la même espérance. Nous n'en sommes pas réduits à creuser un abîme entre le commun des esprits et la classe hautaine des penseurs. Nous croyons que la vérité est reçue pour être donnée, et que ceux qui s'élèvent sur l'échelle de l'intelligence, ont la mission et le devoir d'attirer les autres à eux (1). Une foi incompatible avec la science est, sans doute, erronée ; mais une science qui détruit le besoin de répandre la vérité, qui déclare impossible la communion universelle des âmes dans l'intelligence et l'amour ; une science qui, en échange du sentiment de l'humanité qu'elle leur enlève, promet à ses disciples les tristes joies de l'orgueil et du dédain, une telle science, de quel nom faudra-t-il la nommer ?

Ce serait déjà un grand titre d'honneur pour une philosophie chrétienne, que de prémunir la pensée contre des aberrations qui semblent nous faire rétrograder jusqu'aux jours des contemplatifs de l'Inde antique.

Et qu'on ne dise pas : Que voulez-vous ? Voulez-vous revenir au moyen-âge ? Voulez-vous renoncer à la liberté de la pensée et aux conquêtes de l'esprit moderne ? Ce que nous voulons, c'est de relever la pensée abattue en lui indiquant des voies de lumière, loin desquelles elle s'égare dans le découragement ; ce que nous voulons, c'est de préparer l'avenir de la science en la faisant vivre du principe qui seul fait vivre, seul peut faire durer ce qu'il y a de salutaire dans la civilisation moderne.

La philosophie est-elle isolée, a-t-elle d'autres destins que le mouvement général des esprits ? Est-ce revenir au moyen-âge, que de réclamer toujours

---

(1) Le savant s'est senti le frère de celui qui ignore ; il a compris que le premier acte de la piété envers le ciel, était d'éclairer et de féconder les intelligences. (Jules Simon.)

plus, pour l'état social, la justice égale pour tous, la charité universelle, la liberté de conscience, la pureté des mœurs? et qu'est-ce que tout cela, sinon l'enseignement de l'Évangile, accepté, à des degrés divers, par la conscience des peuples? Le moyen-âge a beaucoup fait sans doute : de la putréfaction romaine et de la barbarie des nations conquérantes, il a tiré la société moderne. Mais l'œuvre est-elle achevée? A-t-on épuisé le christianisme? L'a-t-on dépassé? A-t-on trouvé des principes nouveaux, des principes meilleurs? Et qui donc oserait soutenir sérieusement que poursuivre l'œuvre de la civilisation chrétienne, c'est revenir en arrière?

La philosophie est dans les mêmes conditions. Le moyen-âge a beaucoup fait aussi dans ce domaine : il a organisé le monothéisme; il a développé le sens moral; il a discipliné et fortifié l'esprit humain; il a permis et préparé l'avénement des grandes théories de la nature. A-t-il tout fait? A-t-il épuisé la science chrétienne? Cette science, l'a-t-on dépassée? A-t-on trouvé, dans l'ordre métaphysique, des principes nouveaux et meilleurs? Qui oserait le dire? Qui oserait dire que la philosophie s'est assimilé toute la substance de l'Évangile, quand les penseurs les plus illustres n'ont pas réussi à asseoir sur des bases solides les doctrines pour lesquelles ils ont combattu; quand Descartes ne prévient pas Spinosa; quand Leibnitz échoue à sauver la liberté; quand Kant voit son œuvre méconnue et faussée avant de mourir; quand le panthéisme, le matérialisme, le doute renaissent de toutes parts, et que les intelligences les plus hardies et les plus éprises de l'amour des nouveautés, n'aboutissent qu'à renouveler la forme de conceptions anciennes, souvent repoussées déjà par la conscience humaine? Oh! que nous sommes loin d'avoir solidement implanté dans le sol de la science ces vérités évangéliques que le cœur réclame, que la conscience accepte, qui éclairent l'esprit, étendent son horizon, et tout ensemble le préservent des abîmes! Que nous sommes loin de voir régner une philosophie digne de ce nom, qui nous laisse le Dieu vivant et vrai, créateur du monde et de l'humanité, l'ordre moral dans toute sa pureté sainte, un soulagement à nos souffrances, un pardon à nos fautes, la prière vraie et les fermes espérances de l'avenir!

Non, certes, il ne faut pas revenir au moyen-âge. Il faut proscrire l'intervention du pouvoir social dans les matières de pensée et de croyance. Il faut s'unir dans une ligue sainte en faveur de la liberté intérieure, de la liberté des âmes; appuyer toutes les voix qui soutiennent cette cause de justice; dire aux gouvernements que, s'ils doivent protéger l'ordre social et affermir ses bases, ils n'ont pas mission pour décider de la vérité et de l'erreur; rappeler aux chrétiens que l'Évangile n'est pas né dans le pouvoir mais dans la persécution; qu'il a conquis le monde par la patience, non par le glaive; et que ses armes dans ce grand combat ne furent que l'obéissance et le martyre. Voilà ce qu'oublia le moyen-âge; voilà ce que doivent proclamer aujourd'hui de concert, et tous ceux qui croient au christianisme, et tous ceux qui, sans y croire, acceptent pourtant quelques-uns des principes toujours prêts à sortir de son sein.

Puis, il faut renoncer encore, je ne dis pas, l'avis serait superflu, à canoniser Aristote, et à prendre chacune de ses sentences pour un oracle, mais à accepter trop facilement les résultats des travaux des Pères de l'Église et des docteurs de la scolastique, comme identiques à la révélation. Il faut se demander, au contraire, et rechercher avec soin, s'ils n'ont point trop subi l'influence de la science antique ; si la pureté des solutions chrétiennes dans l'ordre de la métaphysique ne s'est point altérée parfois dans leurs expositions, par une alliance trop intime avec les savantes doctrines d'Aristote ou les nobles théories de Platon.

Il y a là tout un travail historique, aussi important en soi qu'il est conforme au génie de notre siècle. La scolastique avait son œuvre à faire ; elle l'a accomplie. Inintelligents dans notre orgueil, ne répudions pas son héritage, mais ne retournons pas en arrière. Demandons au passé les gages de l'avenir. Dans les conditions nouvelles qui nous sont faites, à la lumière et dans la liberté, reprenons et poursuivons l'œuvre excellente de la science chrétienne. Remontons aux sources de cette science, à la prédication apostolique consignée dans les documents écrits qui la conservent, transmise et confirmée au travers des siècles par la foi des âmes croyantes, cette tradition perpétuelle qui toujours a subsisté à côté des discussions de l'école. Que la pensée qui a transformé le monde verse toujours plus ses eaux pures et fécondes dans le domaine propre de la philosophie. Dans cette œuvre, aidons-nous avec respect mais avec liberté du travail des siècles et des efforts des docteurs de l'Église ; aidons-nous des recherches de toutes les intelligences, de toutes les âmes sincères qui, comme M. de Biran, sont venues à la foi sans déserter la science.... et, munis de ces ressources, marchons en avant.

C'est une étrange illusion que de croire le christianisme épuisé, et la transformation qu'il a apportée dans l'esprit humain, parvenue à son terme. C'est le méconnaître, que le croire asservi à une forme passagère, et de le supposer détruit parce qu'il fut contenu, pour un temps, dans les cadres aujourd'hui brisés de la scolastique. Sans doute, le christianisme est immuable de sa nature ; on ne saurait ni refaire, ni modifier l'œuvre divine. Mais autre chose est la vérité religieuse, autre chose les systèmes qui s'efforcent d'en exprimer scientifiquement le contenu. Le soleil ne s'est-il pas levé toujours le même, sur les ruines successives des systèmes des astronomes ? La nature ne poursuit-elle pas son cours, au milieu des théories des naturalistes qui s'élèvent et s'écroulent tour à tour ? L'Évangile éternel survit de même aux conceptions de la science qui cherchent à l'exprimer ; et tandis que les systèmes se succèdent, passent et se renouvellent, il demeure comme une source permanente de lumière ; les siècles passeront sans l'éteindre.

Toute forme extérieure peut se détruire ; humaine, elle appartient au domaine de la mortalité ; la vérité ne meurt pas parce qu'elle a la vie en elle-même. Vérité ancienne et toujours nouvelle, source où l'on puise depuis dix-huit siècles sans que son flot diminue, l'Évangile suffira aux besoins de la pensée, aussi longtemps que la pensée poursuivra son cours; loin d'arrêter l'essor de l'esprit humain, il lui réserve de nouveaux progrès et de nouveaux triomphes.

Il n'est pas temps en vérité de s'arrêter avec découragement sur la route, de douter de l'avenir et de regarder en arrière. Nous avons mieux à faire que de nous borner à recueillir, comme dans un miroir, les rayons pâlissants de la sagesse des siècles écoulés. Le jour où les Chrétiens, renonçant à leurs luttes intestines, travailleraient de concert à compléter l'œuvre commencée de la science vraie, et l'offriraient à un monde qui, après tout, a besoin de doctrine et de vérité; le jour où la philosophie éclairée par tant d'expériences et avertie par tant de chutes, embrasserait sérieusement l'Évangile, et rassemblerait tous les jets de lumière qui jaillissent de ses ténèbres, ce jour-là serait grand et lumineux dans l'histoire de la pensée.

Ernest NAVILLE.

ESSAI

SUR LES

FONDEMENTS DE LA PSYCHOLOGIE

ET SUR SES RAPPORTS

AVEC L'ÉTUDE DE LA NATURE.

> Si phænomena principia sunt cognoscendi cætera, sensionem cognoscendi ipsa principia principium esse, scientiamque omnem ab eâ derivari dicendum est.
>
> Hobbes. (*Physica sive naturæ phænomena.*)

AVANT-PROPOS DE L'ÉDITEUR.

M. de Biran avait exposé ses vues sur la science de l'homme dans trois Mémoires successivement couronnés par l'Institut de France, l'Académie de Berlin et la Société royale des Sciences de Copenhague. Il entreprit de coordonner et de compléter les travaux qui lui avaient mérité le suffrage de ces savantes compagnies dans un travail d'ensemble qu'il désirait laisser, pour employer ses propres expressions, comme un monument de son passage sur la terre. Telle fut l'origine de l'*Essai sur les fondements de la Psychologie*.

Cet écrit capital ne porte pas de date, et les documents autobiographiques qui fixent de la manière la plus précise les époques où furent composés les écrits subséquents de M. de Biran font défaut pour ce cas-ci ; mais les faits qui vont être indiqués paraissent établir avec une entière certitude que l'*Essai* a été rédigé dans le courant de l'année 1812.

Le 4 septembre 1812, Ampère écrivant à M. de Biran, lui indique quelques lectures à faire « avant de mettre la dernière main à son ouvrage ; » et, dans une lettre un peu postérieure, il parle du même ouvrage comme étant le résumé des Mémoires couronnés et comme devant être sous peu livré à l'impression. Le 5 décembre de cette même année 1812, M. de Biran écrit à M. Maurice, préfet de la Dordogne, et lui dit au sujet d'un livre qu'il prépare : « Je crois devoir encore en différer l'impression pour divers motifs qu'il m'est impossible de vous détailler. »

Ces indications ne peuvent être relatives qu'à l'écrit qui nous occupe, et ne laissent guère de doute sur le fait que, à la fin de 1812, l'*Essai sur les fondements de la Psychologie* était presque entièrement rédigé. Il n'était pas encore sous presse, toutefois, à la fin de 1813, et, à cette époque, les événements politiques vinrent détourner l'auteur de ses travaux de cabinet.

En 1815, retiré à la campagne pendant la période des Cent-Jours, M. de Biran s'occupa de lectures relatives au système de Kant, et prit connaissance des écrits de l'abbé de Lignac. Il fit, selon son habitude, de nombreuses notes pendant ses lectures, et forma le projet de remanier la rédaction de l'*Essai* pour faire entrer dans son cadre le résultat de ses nouvelles méditations. A la fin de mai 1815, il écrit sur un agenda, en parlant de son manuscrit de 1812 : « Les anciennes divisions pourront servir en partie et j'en « ferai de nouvelles, » et le même agenda porte sous la date du 22 juin : « J'ai commencé à écrire quelque chose de « suite, en cherchant à lier tous les matériaux psychologi- « ques que j'ai recueillis depuis deux mois avec les an- « ciens. »

Il existe un manuscrit inachevé qui répond exactement à ces dernières indications. C'est le commencement d'un ouvrage divisé en deux parties, ayant pour titre, la première : *De l'origine de la connaissance*, et la deuxième : *Analyse des sensations et des idées*. Les doctrines de Kant et de l'abbé de Lignac sont l'objet de fréquentes mentions : c'est bien la matière de l'*Essai*, augmentée de quelques détails et refondue dans un moule nouveau. Cet écrit ne fut pas achevé, et le fait que quelques-unes de ses feuilles ont été transportées dans l'ancien manuscrit et reliées au texte de 1812 prouve que M. de Biran s'était décidé à revenir à ce premier texte.

La seconde Restauration vint enlever le questeur de la Chambre des députés à sa solitude et couper de nouveau le fil de ses méditations, qu'il ne réussit dès lors à renouer que par une lutte continuelle contre les exigences de sa position politique. En résultat, l'*Essai sur les fondements de la Psychologie* resta en portefeuille pendant dix ans, rouvert de temps à autre, livré en partie aux soins d'un copiste, corrigé quelquefois, et plus souvent couvert dans les marges de notes qui n'étaient pas reliées au texte. M. de Biran détacha quelques fragments de son manuscrit pour des lectures à une société philosophique; il en fit passer une partie, pour le fond des idées, dans l'*Examen des leçons de M. Laromiguière*, publié en 1817; enfin, en 1822, il forma de nouveau le projet ferme de donner son grand travail au public. On lit en effet, dans son *Journal intime*, sous la date du 24 octobre 1822, les réflexions suivantes qui sont relatives à ses travaux des jours précédents : « Je revenais avec attrait sur mes anciennes idées; « je relisais mes manuscrits avec intérêt, et en pensant sé-« rieusement à en former un ouvrage que je pourrais « bientôt publier. » Les manuscrits dont il est ici question sont bien certainement ceux de l'*Essai*, car on trouve dans une marge dudit *Essai* une note, datée par une exception unique, et la date est celle du 10 octobre 1822.

En revenant à son manuscrit de 1812, il ne s'agissait pas seulement pour l'auteur d'en revoir quelques détails, ou d'y introduire quelques changements pour l'ordre et la forme de la rédaction. Dix années de réflexion avaient modifié ses vues sur des points essentiels, et il fallait introduire dans le travail ancien le résultat des pensées nouvelles. M. de Biran paraît avoir reconnu que ce remaniement lui coûterait plus de peine qu'une construction nouvelle. Ce qui est certain, c'est qu'en 1823 il se décida à laisser définitivement de côté ses manuscrits antérieurs, et commença, sur un plan nouveau, la rédaction d'un travail destiné à remplacer le précédent, les *Nouveaux Essais d'Anthropologie*.

La rédaction de l'*Essai*, malgré les travaux prolongés auxquels cet écrit avait donné lieu, paraît n'avoir jamais été terminée. Le commencement de l'ouvrage a été souvent remanié, il ne reste du milieu qu'un écrit de premier jet, la fin demeura à l'état de notes ou même de simple projet. Le chapitre essentiel, du *raisonnement*, existe sous la forme d'un recueil de matériaux plutôt que sous celle d'une rédaction définitive, et les sujets importants des *sentiments*, dans l'ordre le plus élevé du développement humain, et de *la liberté morale*, ont, dans le plan général du livre, une place qui demeure vide dans la rédaction. Enfin il n'existe que des ébauches très-imparfaites d'un résumé général de l'ouvrage qui devait en reproduire sommairement tout le contenu, sous la forme d'un tableau synoptique.

La rédaction de l'*Essai* était donc incomplète lorsque M. de Biran renonça à ce travail pour en entreprendre un autre. De plus, la partie de cette rédaction, que l'auteur avait terminée, ne nous est pas parvenue dans toute son intégrité. Lorsque les manuscrits de M. de Biran sont arrivés à Genève, quelques parties de l'*Essai* seulement se trouvaient réunies dans leur ordre naturel. Un grand nombre de feuilles se trouvaient comme perdues dans des masses de papiers en désordre, et ont dû en sortir peu à peu par un travail persévérant. A la suite de ce travail, l'écrit s'est retrouvé dans sa série continue, à l'exception d'un petit nombre de feuilles dont l'absence forme deux lacunes, de peu d'importance d'ailleurs, l'une à l'article des idées *d'unité* et *d'identité*, l'autre à l'article des idées *de liberté* et *de nécessité*. Mais si la série de la rédaction a reparu ainsi presque en totalité, le texte résultant des derniers remaniements n'a pas été partout retrouvé. En quelques endroits, des séries de feuilles copiées par une main étrangère, puis corrigées de la main de l'auteur, offraient des lacunes qu'il a fallu combler en recourant aux parties correspondantes de la minute, heureusement conservée.

Toutefois, après ces explications, il est permis de dire que nous possédons l'*Essai sur les fondements de la Psychologie,* tel que M. de Biran l'avait rédigé, et on peut ajouter que, bien qu'inachevé, cet écrit suffit pleinement pour donner une connaissance complète des théories de ce philosophe, dans le milieu de sa carrière.

Les *Nouveaux Essais d'Anthropologie* n'ayant été qu'ébauchés, et ébauchés dans quelques-unes de leurs parties seulement, l'*Essai* demeure la production la plus étendue de M. de Biran, et, quant à la pure Psychologie, son ouvrage capital. Dans son ensemble il est inédit. Il faut seulement noter qu'une partie de l'Introduction générale a été publiée sous la forme et le titre de fragments dans la *Bibliothèque universelle de Genève* (mars 1845 à mars 1846). Cette publication date d'une époque où l'*Essai* n'avait pu être encore reconstitué dans toute son étendue, et les fragments ayant été publiés en partie d'après une minute incomplète, et non d'après la copie corrigée qui entre dans le corps de l'*Essai,* leur texte comparé au texte même de l'ouvrage offre un certain nombre de variantes.

Pour compléter ces indications bibliographiques, disons encore que l'*Essai* avait été mis sous presse à la fin de 1847, et que dix feuilles étaient composées au moment où l'entreprise fut arrêtée par la Révolution de février 1848.

Il reste, pour terminer, à faire connaître les règles que j'ai adoptées, après divers tâtonnements, pour me diriger dans ma tâche d'éditeur.

Le premier parti à prendre était relatif aux surcharges

que le manuscrit offre en grand nombre. Ces surcharges sont quelquefois reliées au texte par des signes de renvoi, ou, en l'absence de tels signes, leur nature même prouve qu'elles devaient s'ajouter à la rédaction primitive ou remplacer des lignes que l'auteur a négligé d'effacer. Mais dans des cas très-nombreux aussi, il y a lieu à se demander si l'on est en présence d'une correction du texte ou si l'on a affaire à une simple note, n'ayant jamais dû, dans l'intention de l'auteur, se relier à la rédaction. M. de Biran avait en effet l'habitude d'user des marges de ses manuscrits pour y fixer une pensée qui lui traversait l'esprit, comme il usait dans le même but de ses agendas de poche, du dos des lettres de ses correspondants, en un mot, de tous les papiers qui lui tombaient sous la main.

Je crois être arrivé à distinguer avec assez de certitude les surcharges vraiment relatives au texte, de celles qui ont un caractère différent. Mais, ce travail accompli, une autre question se présentait, question plus difficile à résoudre que la précédente.

L'*Essai* a été retouché pendant dix années consécutives, et, pendant cette période, les vues de l'auteur ont subi des modifications considérables. Un petit nombre de surcharges, manifestement reliées au texte primitif, à titre d'additions ou de corrections, portent la trace des changements survenus dans les vues de M. de Biran. Là était la difficulté. Conserver ces surcharges en laissant à l'ouvrage la date de sa rédaction, c'était attribuer à M. de Biran, sous cette date de 1812, certaines opinions auxquelles il est notoire qu'il n'est parvenu que plusieurs années après. Il aurait donc fallu, pour éviter toute méprise, joindre des notes au texte. Ces notes, qui auraient été importantes si les corrections de l'*Essai* demeuraient la seule trace des nouvelles pensées de l'auteur, auraient perdu leur intérêt et fait double emploi par le fait que diverses productions subséquentes, et en particulier les fragments des *Nouveaux Essais d'Anthropologie* sont à cet égard la source importante à consulter. Les surcharges dont il s'agit ne sont en réalité que des notes dont les *Nouveaux Essais* offrent le développement.

Après réflexion, il m'a donc semblé que le mieux était, en laissant subsister, quelle que soit leur date, les corrections relatives à la forme de l'exposition seulement, de supprimer les remaniements qui manifestent, quant à l'idée qu'ils expriment, des vues que M. de Biran n'avait pas en 1812. Le texte que je présente au public est donc le texte qui, pour l'étude du développement successif des pensées de M. de Biran, répond à la date de l'*Essai;* c'est, sauf des corrections relatives au style, et non à la doctrine, le texte pur de 1812.

Il est presque superflu de dire que l'absence d'une dernière révision de l'auteur se fait sentir dans l'*Essai sur les fondements de la Psychologie*. Les portions du texte, ajoutées après la première rédaction, n'ont pas toujours été rattachées à ce qui les précède ou à ce qui les suit, avec tout le soin désirable. On pourra remarquer, par exemple, quelques défectuosités, provenant de cette source dans l'article consacré au système de Descartes, qui est un des points les plus surchargés de tout le manuscrit.

Le chapitre du raisonnement était représenté par plusieurs séries de feuilles formant sur divers points des rédactions parallèles entre lesquelles M. de Biran se réservait de choisir, ou qu'il se proposait de refondre en un même tout. En adoptant une de ces séries pour le texte de l'ouvrage, il s'est donc trouvé des feuilles très-nombreuses laissées de côté. J'ai tiré de ces feuilles deux fragments, qui figurent à la fin de l'ouvrage sous le titre d'*Appendices*.

Ces fragments, trop importants pour être condamnés à l'oubli, ne pouvaient être incorporés dans le texte, sans des des remaniements que l'auteur seul aurait eu le droit d'opérer.

Le tableau synoptique qui devait résumer le livre, n'est représenté que par des ébauches qu'il est impossible de publier; il est remplacé par un résumé, ouvrage de l'éditeur.

Deux mots encore touchant les soins donnés au texte dans ses détails.

L'*Essai* renferme un assez grand nombre de citations. Souvent ces citations sont faites de mémoire, et sans une entière exactitude; souvent quelques mots seulement indiquent une phrase ou un paragraphe qui devait être transcrit ultérieurement. J'ai vérifié, complété et rectifié au besoin les citations, et pour plus d'homogénéité, j'ai mis en français tous les passages de Descartes, que M. de Biran indique tantôt en français et tantôt en latin, sans que la différence des langues influe en aucune manière sur les considérations qu'il présente.

Il a fallu ajouter quelques titres; il convenait d'en modifier quelques autres, ainsi que l'auteur aurait été conduit à le faire en revoyant son œuvre pour l'impression. Dans tout le reste, je me suis prescrit, comme un devoir, la fidélité la plus scrupuleuse, en ne prenant vis-à-vis de la rédaction de M. de Biran, aucune liberté dépassant les limites de celle qu'accorde un écrivain à un simple correcteur d'épreuves.

La table des matières que voici, et les notes qui l'accompagnent fourniront du reste au lecteur qui le désirera la facilité de se rendre compte, dans le plus grand détail, de l'état des manuscrits et de la nature de mon travail.

Introduction générale.

1° Résumé des Mémoires couronnés par l'Institut de France, l'Académie de Berlin et l'Académie de Copenhague (1).

2. Détermination du fait primitif du sens intime (2).

3. Projet de conciliation entre les divers systèmes des philosophes sur la génération des idées (3).

4. Coup d'œil sur les divisions de la psychologie et sur la méthode qui y est appropriée (4).

5. Des moyens que nous avons pour vérifier ou reconnaître nos facultés. — Causes des disputes sur l'obscurité et la clarté des idées psychologiques (5).

6. Des méthodes pratiques appropriées au développement ou au perfectionnement des facultés (6).

PLAN DE L'OUVRAGE.

---

(1) Titre ajouté par l'éditeur. — Il n'existe dans les manuscrits que la minute de l'auteur. Ce résumé a été publié dans la *Bibliothèque universelle*, mars 1845.

(2) Titre ajouté par l'éditeur. — Pour cet article de l'Introduction et pour les quatre suivants il existe dans les manuscrits la minute, une copie corrigée par l'auteur, plus quelques variantes.

(3) La *Bibliothèque universelle*, février 1846, renferme une variante relative à la fin de cet article.

(4) Variante relative à cet article dans la *Bibliothèque universelle*, avril 1845.

(5) Cet article a été publié dans la *Bibliothèque universelle*, juin et juillet 1845.

(6) Cet article a été publié avec quelques variantes et quelques transpositions dans la *Bibliothèque universelle*, mars 1846.

Première partie.

ANALYSE DES FAITS PRIMITIFS DU SENS INTIME (7).

Introduction.

SECTION 1re. Considérations sur les divers systèmes de philosophie relativement à l'analyse des faits primitifs.

CHAP. I. Rapports de la philosophie *a priori* avec l'analyse des faits primitifs (8).

1° Système de Descartes.

2° Système de Leibnitz (9).

3° De divers systèmes plus récents et en particulier de celui de Kant (10).

CHAP. II. Rapports de la philosophie de l'expérience avec l'analyse des faits primitifs.

1° Bacon (11).

2° Locke (12).

3° Condillac (13).

Conclusion de la première section.

SECTION II. Exposition des bases d'une analyse des faits du sens intime.

CHAP. I. De l'effort considéré comme le fait primitif du sens intime ; de ses caractères et de ses signes dans le physique et le moral de l'homme.

---

(7) Il existe dans les manuscrits, pour la première partie, la minute et les fragments de deux copies successives, chargées l'une et l'autre dans les marges de corrections et de variantes.

(8) Titre ajouté par l'éditeur.

(9) Le manuscrit porte : *Analyse du fait de conscience dans le système de Leibnitz.*

(10) Titre ajouté par l'éditeur.

(11) Titre ajouté par l'éditeur.

(12) Le manuscrit porte : *Successeurs de Bacon.* — Locke.

(13) Le manuscrit porte : *Condillac.* — *Rapport de sa doctrine avec l'analyse des faits primitifs.*

CHAP. II. Recherches sur l'origine de l'effort et de la personnalité.

CHAP. III. Origine de la connaissance que nous avons de notre propre corps.

CHAP. IV. Du rapport de l'aperception interne et du fait primitif avec les idées originaires de substance, de force, etc.

1° Idées de substance et de force (14).

2° De la cause ou de l'application particulière et originelle du principe de causalité.

3° Des idées d'unité et d'identité.

4° Des idées de liberté et de nécessité. Conclusion du chapitre. Caractères particuliers des idées qui y ont été analysées.

Deuxième partie (15).

ESSAI D'UNE NOUVELLE ANALYSE DES FACULTÉS DE L'HOMME.

Introduction (16).

---

(14) Il résulte des indications du manuscrit que M. de Biran avait formé le projet de remanier la portion de cet article relative à l'idée de substance, et de parler de cette idée, plus longuement et à part, à la fin du chapitre IV. Ou ce projet n'a pas reçu d'exécution, ou ce travail a été perdu.

(15) L'intention primitive de l'auteur était de diviser son ouvrage en cinq sections formant une partie unique. La section 3e était déjà rédigée et copiée au moins en partie, et avait pour titre : *Des différents modes d'union de l'effort ou du moi avec les sens externes. — Projet d'une nouvelle analyse des sensations, des idées et des facultés humaines.* — Arrivé à ce point de son travail, M. de Biran changea son cadre, adopta la division en deux parties, et procéda à une nouvelle rédaction. Quelques feuilles seulement de la section 3e furent intercalées dans l'ouvrage nouveau. Le reste de cette section fut laissé de côté.

(16) Il existe dans les manuscrits, pour cette Introduction, la minute de l'auteur et une copie annotée et corrigée par lui.

SECTION I. Système affectif ou sensitif simple (17).

CHAP. I. Des affections générales.

CHAP. II. Des affections particulières.

1° Impressions immédiates affectives du tact passif.

2° Affections de l'odorat et du goût.

3° Affections visuelles.

4° Affections auditives.

CHAP. III. Des phénomènes consécutifs aux affections et aux intuitions immédiates.

SECTION II. Système sensitif, composé par l'union du *moi* avec les affections, les intuitions et leurs traces, sans concours exprès d'activité (18).

CHAP. I. Union du *moi* avec les affections par attribution aux organes.

CHAP. II. Union du *moi* avec les intuitions par attribution à un espace.

CHAP. III. Union du *moi* avec les traces des affections et des intuitions.

1° De l'identité et de la réminiscence personnelle.

2° Réminiscence modale ou souvenir.

---

(17) Il n'existe dans les manuscrits pour la première section qu'une ancienne minute. Il est manifeste qu'elle avait été copiée, et il est au moins extrêmement probable que cette section avait été entièrement refondue dans un travail nouveau, dont malheureusement il ne reste pas d'autres traces que la note suivante jetée en passant sur un autre manuscrit, et indiquant les divisions que l'auteur avait établies :

CHAPITRE I. — Caractères et signes des affections.

§ 1. Affections générales sympathiques.

§ 2. Affections particulières ou spéciales. — Tact passif. — Odeurs. — Saveurs.

§ 3. Intuitions simples immédiates du tact, de la vue et de l'ouïe.

§ 4. Associations par simultanéité ou agrégations.

Autant qu'on peut le conjecturer, la modification la plus importante que présentait cette rédaction nouvelle, comparée à l'ancienne, qui subsiste seule, était la reconnaissance *d'intuitions du tact passif*, point de doctrine de quelque importance, dans la pensée de M. de Biran, et dont le texte conservé ne parle pas.

(18) Il existe dans les manuscrits, pour la section deuxième, la minute et une copie corrigée par l'auteur.

3° Réminiscence et souvenir objectifs.

4° Premiers jugements d'analogie. Commencement de généralisation.

CHAP. IV. De l'association de l'idée de cause avec les premières sensations affectives et représentatives.

1° De la croyance et de ses rapports avec les affections et les passions.

2° Des différentes espèces d'émotions et du désir en particulier.

SECTION III. Système perceptif actif ou système de l'attention (19).

CHAP. I. De l'attention, de ses caractères généraux et des conditions premières de son exercice.

CHAP. II. Rapport des différentes espèces de perception avec l'attention.

1° Comment l'attention s'applique aux odeurs et aux saveurs.

2° Des caractères de l'attention dans les simples perceptions auditives.

3° De la vision relevée par l'attention.

4° Des perceptions du toucher actif. Comment l'attention concourt à développer les premiers rapports d'extériorité.

CHAP. III. Continuation du précédent. — Des diverses attributions extérieures auxquelles le toucher donne une base.

1° Attributions organiques.

2 Jugement ou attribution substantielle. — Qualités premières.

---

(19) Il n'existe dans les manuscrits pour la section troisième que la minute et quelques variantes. Quelques pages de copie qui s'y trouvent intercalées sont probablement des débris de la section troisième de l'ancienne rédaction (voir ci-dessus note 15). Il est vraisemblable que le travail du copiste s'était arrêté à la fin de la deuxième section, de la rédaction nouvelle.

3° Attributions modales. — Affections composées avec le rapport d'extériorité.

4° Attributions objectives. — Intuitions composées avec le rapport d'extériorité.

CHAP. IV. Des phénomènes consécutifs à l'exercice de l'attention ou de l'activité perceptive.

1° Facultés ou phénomènes consécutifs à l'exercice actif des sens externes, et particulièrement de la vision active et du toucher réunis. — Réminiscence. Souvenir.

2° Comparaison. Classification et idées générales.

3° De la faculté de combiner et de concevoir et de ses rapports avec les sentiments qui accompagnent ou suivent son exercice.

    A. Des notions morales (20).

    B. Du beau.

    C. Des sentiments.

Conclusion de la troisième section.

SECTION IV. Système réflexif (21).

CHAP. I. Origine de la réflexion. Comment cette faculté peut se fonder sur l'exercice du sens de l'ouïe et de la voix.

CHAP. II. Institution des signes.

CHAP. III. De la mémoire intellectuelle.

CHAP. IV. Du raisonnement (22).

---

(20) Titre ajouté par l'éditeur.

(21) Il n'existe dans les manuscrits pour cette section, comme pour la précédente, que la minute de l'auteur.

(22) Pour les trois premiers chapitres de la section IV, ainsi que pour toute la partie précédente de l'ouvrage, j'ai pu rétablir la série non interrompue des feuilles du manuscrit. Mais pour le chapitre du raisonnement, je me suis trouvé en présence d'une masse considérable de feuilles dans le désordre le plus grand et appartenant visiblement à des rédactions diverses, rédactions dont aucune ne paraît avoir été complète. Une note de la main de l'auteur indique que ce chapitre devait être divisé comme il suit :

1° Définition et objet du raisonnement ;

2° De l'intuition et de son objet ; — Des jugements intuitifs et de leur différence avec les jugements ou rapports de ressemblance ;

1° Définition du raisonnement.
2° De l'intuition intellectuelle (23).
3° De la déduction en général.
4° Des déductions abstraites.
   A. Déductions mathématiques.
   B. Déductions psychologiques.
5° Des déductions explicatives.
   A. Déductions explicatives certaines.
   B. Hypothèses explicatives probables.

3° Des axiomes mathématiques et métaphysiques;
4° De la déduction abstraite, ou de la liaison des jugements intuitifs et de ses différences avec la liaison des rapports de ressemblance ou les classifications;
5° Déduction explicative des effets et de leurs causes physiques;
6° Des procédés intellectuels qui entrent dans le raisonnement et les deux espèces de déductions.

   M. de Biran avait-il disposé les feuilles de sa rédaction de manière à les faire entrer dans le cadre de ces six articles? J'en doute fort. En tout cas cet ordre aurait été si bien détruit qu'il a été impossible de le rétablir intégralement. J'ai dû, pour former le texte du chapitre du raisonnement, rapprocher laborieusement les feuilles et quelquefois même de simples fragments en suivant l'ordre des idées, prendre quelques titres dans les marges, en ajouter d'autres, et choisir entre un grand nombre de variantes. Cette partie de l'ouvrage est donc celle qui demeure la plus défectueuse. Je crois que cette défectuosité doit être attribuée beaucoup moins à un désordre du manuscrit survenu après la mort de l'auteur, qu'au fait que M. de Biran n'avait jamais coordonné les matériaux de la fin de son livre. Ces matériaux du reste sont manifestement incomplets, ainsi qu'il a été expliqué dans l'avertissement.

   (23) Au mot *intuition*, qui figure seul dans le manuscrit, j'ai dû ajouter l'adjectif *intellectuelle*, pour éviter toute confusion avec l'intuition immédiate passive du système affectif.

INTRODUCTION GÉNÉRALE.

INTRODUCTION GÉNÉRALE.

I

Resumé des Mémoires couronnés par l'Institut de France, l'Académie de Berlin et l'Académie de Copenhague.

M. Cuvier, dans son rapport sur les sciences physiques (1), montre la possibilité de classer les phénomènes vitaux d'une manière satisfaisante en les soumettant à une analyse exacte des *forces propres* à chaque élément organique ou à chaque système d'organes. C'est de cette analyse si bien commencée par Haller, et plus avancée par Bichat, que dépend, selon M. Cuvier, le sort de la physiologie.

J'ai tâché de soumettre la psychologie à une analyse semblable des forces propres à chacun de nos sens externes ou internes, par lesquels le *moi* sent et est affecté d'une manière passive, ou agit et perçoit en tant qu'il meut. Je crois avoir déduit de là une distinction essentielle entre ce qui est propre au *sujet* ou ce qui vient de lui, et ce qui lui est étranger ou ce qui vient de l'*objet* dans le phénomène de la représentation. Le célèbre auteur de la philosophie

---

(1) Rapport sur les progrès des sciences naturelles depuis 1789 jusqu'en 1808.

critique a fait de cette distinction fondamentale la base de son système; mais comme il ne l'a formulée que d'une manière vague, il a fait naître bien des contestations, qui ont eu pour unique résultat d'obscurcir et d'embrouiller davantage les discussions auxquelles donne lieu cette métaphysique transcendantale dont il avait cru fixer pour toujours la nature, l'objet et les limites.

Dans mon Mémoire en réponse à la question suivante mise au concours par la troisième classe de l'Institut de France : *Décomposer la faculté de penser, et faire voir les facultés élémentaires qu'il faut y reconnaître*, mémoire auquel le prix fut décerné en l'an XIII (1805), je partis, dans l'analyse de décomposition des facultés intellectuelles, de cette distinction fondamentale entre les facultés actives et les passives, ou entre ce que l'être sensible et intelligent met en quelque sorte du sien dans les phénomènes psychologiques et ce qui lui vient du dehors. Je suivis cette distinction dans ces diverses classes de phénomènes, à partir de la sensation la plus simple en apparence, et en m'avançant jusqu'aux produits intellectuels les plus composés. Prenant ainsi pour base le point de vue de Bacon, qui, dans son bel ouvrage, l'*Instauratio magna*, dit expressément que les facultés de l'âme donnent lieu à deux genres de recherches : à celles qui sont relatives à la *sensibilité* ou à ce qui affecte simplement l'âme, et à celles qui sont relatives aux *mouvements* ou *actes* que la volonté détermine, je m'attachai à reconnaître la part contributive de chacune de ces deux puissances, dans tous les modes ou produits de notre nature mixte en-tant que sensible et intelligente. Je soumis chacun de nos sens, tant externes qu'internes, à une véritable analyse de décomposition, qui avait pour objet de séparer ou décomposer réellement les sensations spécifiques et les idées qui s'y rapportent en éléments de deux sortes, provenant : les uns de l'exercice de la volonté motrice, et par conséquent propre au sujet qui agit et pense ; les autres, d'une simple capacité réceptive des impressions qui viennent du dehors, et étant ainsi, comme on l'a dit, fondés dans les objets. Cette marche analytique me conduisit à établir que la sensibilité passive était absolument inféconde sous le rapport de l'origine de la connaissance ; qu'un être qui y serait réduit, non-seulement ne saurait acquérir aucune idée d'objets extérieurs à lui, mais encore n'aurait aucune conscience de son être propre sensitif, qu'il ne serait point une personne individuelle et qu'il ne pourrait jamais dire *moi;* d'où il résulte que les connaissances quelles qu'elles puissent être, même celle du *moi,* ne peuvent commencer qu'à l'exercice d'une activité hypersensible et hyperorganique, c'est-à-dire, au premier acte de vouloir, à l'effort ou au mouvement, non pas senti, mais voulu et opéré par une force qui est en dehors de la sensation et lui est supérieure.

Ces principes n'étaient guère qu'un développement plus approfondi des premières idées consignées dans mon *Traité de l'habitude,* ouvrage couronné en l'an X (1802), par la même classe de l'Institut. J'y avais déjà constaté la différence essentielle qui sépare les facultés actives des passives, en partant de l'observation qu'entre nos facultés diverses les unes se perfectionnent, tandis que les autres s'altèrent ou se dégradent par la répétition de leur exercice. J'avais reconnu dans les premières l'action d'une volonté toujours présente, qui dirige elle-même les mouvements des organes et concourt à former leurs habitudes en se mettant au-dessus d'elles; quant aux secondes, j'avais montré comment l'absence de la volonté, ou des premiers instruments sur lesquels cette puissance se déploie, laisse la sensibilité livrée aux causes d'affaiblissement ou d'altération qui s'attachent aux excitations continues ou fréquemment répétées. Partant de cette division première des facultés, je m'attachai dans mon *Mémoire sur l'habitude* à en caractériser les espèces, en les rapportant aux fonctions spécifiques des divers sens où elles me paraissaient prendre leur origine. Mais, conduit par la nature même de mon sujet à considérer les facultés de la sensibilité et de la mobilité sous des rapports physiologiques, je glissai trop légèrement sur ce qu'il y avait vraiment d'hyperorganique dans les effets mêmes de l'habitude, qui sont bien loin d'appartenir tous aux organes, et qui surtout sont loin de comprendre et d'expliquer les faits primitifs de l'intelligence humaine. J'étais encore dans l'âge où l'imagination, prédominant sur la réflexion, veut tout attirer à elle. Prévenu en faveur des doctrines qui mettent l'entendement humain en images, je croyais pouvoir étudier la pensée dans les mouvements du cerveau, et marcher sur les traces de Bonnet, de Hartley et d'autres physiologistes physiciens. Mais ayant eu dès lors sujet de reconnaître tout le vide de ces explications physiques, quand il s'agit des faits du sens intime, j'abordai la question de l'Institut relative à l'analyse des facultés intellectuelles, dans des dispositions d'esprit et avec des données toutes différentes de celles qui m'avaient dirigé dans la composition de mon Mémoire sur l'habitude. J'étudiai alors les phénomènes en dedans au lieu de les prendre en dehors; je ne pris plus pour guides, dans ce second travail, l'expérience extérieure ou physique et l'imagination, mais l'expérience intérieure ou la réflexion. Je fus pourtant encore naturellement ramené par cette voie à la distinction que j'avais établie entre les facultés actives et les passives; mais je donnai à cette distinction une base plus sûre et plus approfondie, en la rattachant aux faits simples et primitifs du sens intime, dégagés de toute hypothèse physiologique et de toute explication arbitraire.

Les suffrages qui me furent accordés de nouveau par la troisième classe de l'Institut, et, avant tout, le témoignage de ma conscience, qui m'assurait que j'avais cherché la vérité de bonne foi, sans être prévenu pour aucun système, devaient m'inspirer quelque confiance. Je me disposai donc à publier mon Mémoire sur l'analyse des facultés intellectuelles, considérant cette publication comme un devoir envers mes juges, envers le public et envers moi-même. Je devais, en effet, à ceux qui avaient lu mon écrit sur l'habitude, je devais surtout à la vérité qui m'est chère par-dessus toute chose, d'employer tous mes efforts pour rectifier, par l'exposition de nouvelles idées plus approfondies, et par une théorie plus saine, des opinions qui, du nouveau point de vue où j'étais placé, me paraissaient manquer d'exactitude à certains égards, et propres à donner à la science de l'esprit humain une direction fausse et dangereuse. J'entrepris dans cette intention l'impression de mon second Mémoire ; mais un événement extraordinaire, sur lequel je dois garder le silence, vint interrompre ce travail, et pendant les huit ans qui suivirent, il me fut, par l'effet de diverses circonstances, impossible de le reprendre.

Dans cet intervalle, et en l'an 1806, l'Académie de Berlin proposa pour sujet du prix de philosophie, qu'elle devait décerner en 1807, la question contenue dans le programme suivant, programme que je lus dans le *Moniteur* : « L'Académie de Berlin a
« remarqué que, dans la recherche de l'origine
« et de la réalité des connaissances humaines,
« on négligeait les faits primitifs du sens intime, sur
« lesquels repose la science des principes, et qui peu-
« vent seuls servir de base au travail de la raison ;
« ou que du moins on ne les avait pas observés, dis-
« tingués, approfondis avec soin, et qu'autant on se
« montrait difficile sur les objets de l'expérience,
« autant on était facile à admettre la certitude de
« certaines formes de nos connaissances. En consé-
« quence, l'Académie a cru que plus de précision
« dans l'examen et l'énoncé des faits primitifs
« contribuerait aux progrès de la science : la classe
« de philosophie spéculative propose donc à la dis-

« cussion de l'Europe savante la question suivante :

« *Y a-t-il des aperceptions internes immédiates ?*

« *En quoi l'aperception interne diffère-t-elle de*
« *l'intuition ?*

« *Quelle différence y a-t-il entre l'intuition, la sen-*
« *sation et le sentiment ?*

« *Quels sont les rapports de ces actes ou états de*
« *l'âme avec les notions et les idées ?* »

Quoique, vu les circonstances où je me trouvais alors, je ne pusse entreprendre de traiter un tel sujet, je sentis cependant fermenter dans ma tête des idées qui s'y étaient assoupies. Le simple énoncé de la question de Berlin me rappela celle de l'Institut sur la décomposition de la pensée, et je crus reconnaître le même problème sous des expressions différentes. Je pensai donc n'avoir guère qu'à changer la forme de mon précédent Mémoire pour répondre aux vues de la Société savante étrangère. Après avoir consacré à ce travail un petit nombre de jours, je l'adressai à l'Académie de Berlin sans y joindre, suivant l'usage, le billet cacheté portant une épigraphe et le nom de l'auteur (1). Je n'aspirais point au prix, vu que je ne pensais pas le mériter ; mon but principal était de soumettre mes opinions philosophiques à une seconde épreuve. Il me parut que si j'obtenais d'une Académie étrangère, où le plus sage éclectisme dominait sur tout esprit de secte, une marque d'ap-

---

(1) M. de Biran est induit en erreur par ses souvenirs. Sa correspondance avec M. Lombard, secrétaire de l'Académie de Berlin, prouve que le billet cacheté d'usage avait été joint au Mémoire mais s'était perdu.

(*Note de l'Éditeur.*)

probation, quelque légère qu'elle fût, j'y pourrais voir une garantie de la vérité de mes principes, et me flatter plus raisonnablement d'avoir trouvé l'élément qui doit rapprocher les divers systèmes de la philosophie ; car opposés dans les points que l'homme ignore et doit toujours ignorer, ces systèmes doivent s'accorder dans ce que nous savons ou pouvons savoir.

Le succès dépassa de beaucoup mes espérances. L'Académie de Berlin confirma, par son honorable suffrage, le jugement de la troisième classe de l'Institut. J'eus, en effet, la satisfaction de lire dans le *Moniteur* du 21 novembre 1807, que, tout en accordant le prix au travail de M. Suabedissen, l'Académie avait particulièrement distingué un Mémoire sans nom d'auteur, mais qui lui venait du midi de la France, et qu'elle engageait le philosophe dont il était l'ouvrage à le publier, à moins qu'il ne préférât profiter de l'offre qu'elle lui faisait de le publier elle-même à ses propres frais. J'écrivis sur-le-champ à M. le président de l'Académie royale, et je reçus de lui une réponse flatteuse accompagnée d'une médaille. Je ne pus néanmoins, malgré l'invitation obligeante qui m'en était faite, me décider à publier mon Mémoire tel quel. Cet ouvrage me semblait devoir être fondamental, et je ne voulais pas qu'il parût avant d'avoir reçu le degré de perfection que je pouvais y ajouter. Mais, absorbé comme je l'étais par les fonctions impérieuses d'une place administrative, je dus renvoyer à des jours plus tranquilles les soins que ce travail exigeait.

Pendant ce temps, que je m'étais fait un devoir de consacrer complétement à des occupations étrangères à la philosophie, une nouvelle question, proposée par l'Académie de Copenhague, vint encore me séduire et me relancer dans une carrière dont toutes les circonstances de ma vie tendaient à m'éloigner, mais vers laquelle me ramenaient sans cesse mes inclinations et les habitudes de mon esprit. Cette question avait pour objet de déterminer les rapports qui existent entre l'étude de l'esprit humain, ou les phénomènes du sens intime, et ceux de la nature extérieure. En voici le texte, tel qu'il est contenu dans le *Moniteur* du 14 mai 1810 :

« Il y a des personnes qui nient encore l'utilité
« des doctrines et des expériences physiques pour
« expliquer les phénomènes de l'esprit et du sens
« interne; d'autres, au contraire, rejettent avec dédain
« les observations et raisons psychologiques dans les
« recherches qui ont le corps pour objet, ou en res-
« treignent l'application à certaines maladies. Il se-
« rait utile de discuter ces deux sentiments, de mon-
« trer et d'établir plus clairement jusqu'à quel point
« la psychologie et la physique peuvent être liées
« entre elles, et de démontrer par des preuves histo-
« riques ce que chacune de ces deux sciences a fait
« jusqu'ici pour l'avancement de l'autre. »

Le fond de la réponse à faire à cette question m'était fourni par mes Mémoires précédents. En effet, en traitant *ex-professo* de l'analyse des facultés de l'esprit humain, je m'étais attaché d'abord à distinguer deux acceptions très-différentes que l'on peut donner à ce terme *facultés*. On l'entend 1° dans un sens physique et en même temps abstrait, par exemple : lorsqu'on généralise sous ce titre un phénomène, une propriété matérielle, une fonction organique ou vitale ; et c'est ainsi qu'on a parlé dans l'école de facultés attractives et répulsives, et que les physiologistes parlent encore de facultés sensitives et motrices ; 2° dans un sens physiologique ou réfléchi, où chacun des actes de la puissance qui pense et veut s'individualise dans la conscience du *moi*.

Lorsqu'on est parti de la première acception ou de l'acception physique du terme *faculté*, on a pu croire que l'on pourrait décomposer la faculté de penser, comme on décompose une fonction organique, la digestion, par exemple, dans les instruments qui y concourent, et les produits matériels qui en résultent. C'est ainsi, en effet, que les auteurs des explications physiques ou physiologiques des sens et des idées se sont fait souvent l'illusion vraiment inconcevable qu'ils avaient analysé la pensée et dévoilé ses opérations les plus secrètes, ses modes les plus intimes, quand ils avaient décomposé hypothétiquement les fonctions du cerveau, et imaginé le jeu, les mouvements des fibres ou fibrilles qui sont censées représenter les idées et fournir un siége matériel aux facultés de l'esprit ; comme s'il y avait quelque analogie entre des mouvements qu'on se représente objectivement hors de soi, et des actes intellectuels qu'on ne conçoit que par la réflexion ou le sens intime, et jamais sous aucune espèce d'image.

Lorsqu'on prend le mot *faculté* dans la seconde

acception qui est toute réflexive, il ne peut y avoir lieu à décomposer d'aucune manière la faculté de penser, mais seulement à faire l'énumération des modes intimes compris sous le terme *pensée*.

Cette distinction essentielle que j'avais établie dans mon second Mémoire, et reproduite avec plus de détails dans le troisième, me fournissait toutes les données nécessaires pour répondre à la question de l'Académie de Copenhague. En effet, après avoir opposé dans leurs moyens et dans leur but les deux méthodes d'analyse, dont l'une prend ses éléments dans l'imagination ou la représentation des phénomènes extérieurs, et l'autre exclusivement dans la réflexion, il m'était facile d'établir les vérités suivantes, qui naissent naturellement les unes des autres, ou ne font que présenter sous des jours différents la même vérité.

Tout recours aux lois physiques et physiologiques, en vue d'expliquer par elles les faits du sens intime, ne peut que dénaturer l'objet de la psychologie et compliquer cette science d'éléments tout à fait hétérogènes.

Tout ce qui est conçu dans une sorte d'expérience purement intérieure ne peut en aucune manière être traduit en phénomènes donnés dans l'expérience extérieure.

On ne peut expliquer ni les phénomènes de la nature par ceux du *moi*, ni le *moi* par la nature. Ainsi que l'on a tracé exactement les limites qui séparent les lois de la dynamique des corps vivants de celles de la mécanique ordinaire, on ne peut s'empêcher de reconnaître une ligne de démarcation encore plus positive entre les phénomènes de la nature organisée vivante et ceux de la nature intelligente et pensante.

Il existe entre les conceptions que l'on peut se former de ces deux sortes de phénomènes un abime que tous les efforts de l'esprit humain ne sauraient combler.

Ce n'est jamais que par un abus de langage qu'on peut chercher à les traduire les uns dans les autres, comme l'avaient fait en dernier lieu les physiologistes en parlant d'une *sensibilité organique*.

En transportant ainsi dans la physiologie des termes psychologiques, et en les employant arbitrairement à expliquer certaines propriétés vitales inhérentes aux corps organisés, on en change absolument le sens, et l'on confond l'idée d'une propriété générale représentée objectivement dans l'organe auquel elle se rapporte, avec l'idée simple d'une faculté qui ne peut que se réfléchir en s'individualisant dans la conscience du *moi*, qui en est le véritable et l'unique sujet d'attribution.

En conséquence, les hypothèses explicatives et les méthodes de division ou de classification fondées sur une telle base n'ont aucune valeur.

Enfin, comme il n'est aucune assimilation possible entre les phénomènes du monde extérieur et ceux du *moi*, toute tentative pour expliquer les uns par les autres, nécessairement erronée dans son principe, ne peut qu'égarer l'esprit sur la nature de ses facultés, en cachant, sous des images vaines et trompeuses, ses formes réelles les plus intimes.

Je fus de la sorte conduit à apprécier à leur juste valeur les divers systèmes des philosophes qui, depuis les atomistes Démocrite et Épicure, jusqu'à Hartley et Charles Bonnet, ont employé une méthode d'analogie pour expliquer ou représenter symboliquement les phénomènes de la perception et de la pensée par un jeu d'atômes, de matière subtile, par des mouvements de fibres, etc. Après avoir ainsi reconnu, dans les différences qui existent entre les facultés mêmes sur l'exercice desquelles se fondent l'étude de la nature et celle de l'esprit humain, les limites qui doivent être tracées entre ces deux sciences, je m'attachais à observer les points de contact que ces mêmes sciences peuvent présenter lorsque, embrassant l'homme dans son ensemble, on veut envisager à la fois en lui l'être sensible et l'être intelligent. Je faisais voir, par une multitude d'expériences curieuses, l'influence de certains états organiques sur le développement de nos facultés intellectuelles, et celle, soit de certaines idées de l'esprit, soit de sentiments purement moraux, sur les fonctions de l'organisme. J'ajoutais, dans ce but, quelques faits nouveaux à ceux qui se trouvent consignés dans les grands et beaux ouvrages de nos modernes physiologistes, notamment dans celui sur les *Rapports du physique et du moral*, et dans les *Recherches physiologiques sur la vie et la mort*, ouvrages très-instructifs lorsqu'ils se bornent à la partie historique ou expérimentale de la correspondance ou du parallélisme des deux ordres de faits, mais tout à fait hypothétiques et même erronés, lorsqu'ils prétendent les identifier sous les mêmes signes, ou les expliquer l'un par l'autre. Je finissais par conclure, en empruntant les termes du programme de l'Académie, qu'autant on est mal fondé en théorie à vouloir expliquer par des doctrines ou des expériences physiques les phénomènes de l'esprit ou du sens interne, autant on l'est peu en pratique à rejeter avec dédain les considérations psychologiques dans les recherches qui ont le corps pour objet.

L'Académie royale des sciences de Copenhague accorda le prix à ce Mémoire dans la séance du 1er juillet 1811, et je reçus encore, quant à ce nouveau travail, l'invitation pressante de le publier.

Je n'avais cette fois aucun motif d'ajournement. J'étais maître de mon temps, et je pouvais dire comme le berger de Virgile avec toute l'expression d'un cœur reconnaissant : *Deus nobis hæc otia fecit ;* mais j'avais des dettes plus anciennes à acquitter. Le Mémoire présenté à l'Institut de France sur la *Décomposition de la pensée*, et celui que j'avais envoyé à l'Académie de Berlin ne devaient pas être imprimés séparément, puisqu'ils contenaient le même fond d'idées, et que, sauf plus de profondeur et de développement dans ce dernier, ils ne différaient que par la forme. Il fallait donc les refondre dans une troisième composition plus régulière, plus soignée, plus digne d'être offerte à ce public distingué et très-peu nombreux, qui attache quelque intérêt à un genre de recherches si ardues, si éloignées de tout ce qui peut exciter l'imagination et captiver l'attention du commun des hommes. Le Mémoire de Copenhague partant des mêmes principes que les deux précédents et se composant du même fond d'idées, il devait entrer dans mon plan de l'y réunir pour faire des trois écrits un seul ouvrage. C'est ce travail d'ensemble que je me propose de publier sous le titre d'*Essai sur les fondements de la psychologie, et sur ses rapports avec l'étude de la nature*, titre sous lequel se trouvent effectivement compris les sujets des questions qui m'ont valu l'honorable suffrage de trois Sociétés savantes.

II

Détermination du fait primitif de sens intime.

Comme l'ouvrage que j'entreprends se fonde tout entier sur les termes du programme de l'Académie de Berlin, je m'attacherai d'abord à en préciser le véritable sens et à indiquer l'objet, le but et les moyens des recherches proposées. Peut-être cette discussion servira-t-elle à établir d'avance les vrais fondements de la psychologie, à montrer en quoi diffèrent les principaux systèmes métaphysiques connus, à trouver un moyen propice pour les concilier; enfin à établir l'utilité pratique d'une science aujourd'hui trop décriée. Tel est le but que je me propose dans cette introduction.

Avant de chercher à constater et à distinguer les véritables faits primitifs du sens intime qui doivent servir de fondements à la science des principes, il est nécessaire de s'entendre d'abord sur la valeur qu'il faut donner à ces expressions : *Faits de sens intime, science des principes;* il faut savoir ce qui est *fait* pour nous, et ce qui ne l'est pas.

Tout ce qui existe pour nous, tout ce que nous pouvons percevoir au dehors, sentir en nous-mêmes, concevoir dans nos idées, ne nous est donné qu'à titre de fait.

Il n'y a de fait pour nous qu'autant que nous avons le sentiment de notre existence individuelle et celui de quelque chose, objet ou modification, qui concourt avec cette existence et est distinct ou séparé d'elle. Sans ce sentiment d'existence individuelle que nous appelons en psychologie *conscience* (*conscius suî, compos suî*), il n'y a point de fait qu'on puisse dire connu, point de connaissance d'aucune espèce; car un fait n'est rien s'il n'est pas connu, c'est-à-dire s'il n'y a pas un sujet individuel et permanent qui connaisse.

La sensation, telle que Condillac et Bonnet l'ont considérée également, chacun de son côté, quand ils ont voulu se placer à l'origine de la connaissance, la sensation simple, dis-je, n'est pas un *fait*. Tant que la statue est *identifiée* avec sa modification actuelle, avec une odeur de rose, par exemple, comme il n'y a point d'existence individuelle, point de *moi*, et que le sujet qui connaît, ou qui a par hypothèse la faculté de connaître, ne se distingue point de la chose ou de l'objet qui est connu, on ne peut voir dans ce premier point de départ que la faculté et non point le fait de la connaissance. Pour le spectateur, ou celui qui fait l'hypothèse, la présence de la rose en dehors, et cette modification d'odeur dans l'être sentant, qui est ou qu'il imagine, sont bien des faits réels ou supposés; mais il ne s'agit pas ici de ce qui est affirmé de la statue par celui qui juge dans un point de vue extérieur; il s'agit uniquement de ce qu'elle est pour elle-même. Or, tant qu'elle est odeur de rose et rien de plus, elle n'existe pas pour elle-même; il n'y a point de fondement intérieur au verbe ou à la copule *je suis ;* car s'il y avait pour la statue un fondement réel, intérieur, à l'expression de ce fait : *Je suis odeur de rose*, elle ne serait pas plus identifiée avec cette modification que l'individu qui dit de lui-même : Je suis souffrant, triste, bien ou mal, ne s'identifie avec telles modifications accidentelles qu'il s'attribue comme faits circonstanciels de son existence, associés, mais non identiques avec elle.

Il est bien essentiel de noter dès à présent cette distinction entre ce qu'un être sentant est en lui-même et ce qu'il est pour l'intelligence qui le met à sa place au lieu de se mettre à la sienne. Dans l'hypothèse dont nous venons de parler, et en se plaçant dans le point de vue extérieur de ceux qui construisent la statue, la première impression sensible, avec laquelle s'identifie ou se confond l'âme de cette statue, qui était table rase avant de la recevoir, est bien la conception la plus simple d'où l'on puisse partir; mais ce n'est pas le fait primitif, car pour nous-mêmes, ou dans le point de vue intérieur, il n'y a point de sujet qui connaisse et qui se distingue de la chose connue. Or, c'est sur cette distinction elle-même que repose le fait de conscience que nous sommes fondés à considérer comme primitif, s'il est vraiment tel qu'aucun autre ne puisse être conçu avant lui ou sans lui, et que tous le supposent comme leur condition commune et nécessaire.

Notre expérience naturelle la plus intime nous apprend en effet que pour être capable d'apercevoir le fait le plus simple, d'atteindre ou d'exercer cet acte que nous appelons *connaître*, dans le degré le plus bas qu'on puisse imaginer, la première condition requise est d'être dans cet état où l'on est *soi*, ou *en soi* (*conscius*, ou *compos sui*), opposé à cet autre état que la langue vulgaire elle-même distingue très-bien par cette formule : *être hors de soi*. Il est impossible de renier cette distinction que tous les hommes font, sans avoir besoin pour cela d'une métaphysique profonde, ni de grands efforts de réflexion. Dans les états de manie, de délire, d'ivresse, de somnambulisme, comme dans les passions véhémentes et subites, l'individu, hors de toute connaissance parce qu'il est en effet hors de lui-même, se trouve excepté de la classe des êtres intelligents et moraux : aussi les lois humaines ne l'atteignent plus. Mais, sans recourir à ces aberrations extrêmes, il est d'expérience que plus nous sommes vivement affectés, moins nous percevons et connaissons, c'est-à-dire, moins nos impressions propres et les objets ou les causes qui les excitent sont des *faits* pour nous. D'où nous pouvons induire avec fondement qu'il n'y a point de connaissance d'aucune espèce pour un être purement sensitif, tel que sont probablement plusieurs animaux, tel que le fœtus dans le sein de sa mère, ou aussitôt après la naissance, etc. Nous disons que ces êtres sentent ou sont affectés, et nous sommes autorisés à l'induire par analogie des mouvements coordonnés qu'ils exécutent à la suite des impressions excitées dans certains organes; mais ces sensations ne sont des faits que pour nous qui les jugeons du dehors, et non pour les êtres dont il s'agit. C'est ainsi que tout ce que nous pouvons affirmer, croire ou supposer relativement aux modes de notre existence dans un état tel que le délire, le sommeil (où la conscience a été suspendue, quoique la sensibilité physique fût en exercice), n'est point réellement affirmé de nous-mêmes comme fait de notre existence, et sort absolument des bornes de la connaissance intérieure.

Nous sommes donc fondés à dire que le fait primitif pour nous, n'est point la sensation toute seule, mais l'*idée* de la sensation, qui n'a lieu qu'autant que l'impression sensible concourt avec l'individualité personnelle du *moi* (1).

---

(1) « Je me connais moi-même, » dit Arnaud (*Traité des vraies et des fausses idées*, chap. II), « en connaissant toutes les autres
« choses. C'est par là principalement (je dirais uniquement) qu'on
« doit distinguer les êtres intelligents de ceux qui ne le sont pas,
« en ce que les premiers *sunt conscia sui et suæ operationis*,
« et les autres non, c'est-à-dire que les uns connaissent qu'ils
« sont et qu'ils agissent, et que les autres ne le connaissent pas. »

« L'homme, » dit Pascal, « n'est qu'un roseau le plus faible de
« la nature, mais c'est un roseau pensant. Il ne faut pas que l'uni-
« vers entier s'arme pour l'écraser ; une vapeur, une goutte d'eau
« suffit pour le tuer ; mais quand l'univers l'écraserait, l'homme
« serait encore plus noble que ce qui le tue, parce qu'il sait qu'il
« meurt ; et l'avantage que l'univers a sur lui, l'univers n'en sait
« rien. Ainsi, toute notre dignité consiste dans la pensée. C'est de
« là qu'il faut nous relever, non de l'espace et de la durée. »
(*Pensées de Pascal. — Connaissance générale de l'homme.*)

Nous pouvons comprendre maintenant ce qu'est un fait primitif ou une première connaissance ; mais nous ne voyons pas comment il peut y avoir à distinguer les faits du sens intime de ceux qu'on appelle généralement, dans le langage psychologique, sensations ou représentations. La manière même dont nous venons de caractériser le fait de conscience semble d'abord exclure une telle distinction. En effet, la connaissance ne reposant point sur l'absolu, ne peut être basée que sur quelque fait. Or, tout fait emporte nécessairement avec lui une relation entre deux termes ou deux éléments qui sont donnés ainsi en connexion, sans qu'aucun d'eux puisse être conçu en lui-même séparément de l'autre. Ainsi le *moi* ne peut se connaître que dans un rapport immédiat à quelque impression qui le modifie, et réciproquement l'objet ou le mode quelconque ne peuvent être conçus que sous le rapport au sujet qui perçoit ou sent. De là vient le titre fort expressif de *dualité primitive*, qu'un philosophe très-estimable a employé pour caractériser le fait de conscience, entendant signifier par là l'indissolubilité réelle qu'il faut admet-

---

« L'homme est si grand, que sa grandeur paraît même en ce qu'il se connaît misérable. Un arbre ne se connaît pas misérable. » (*Ibid.*)

Ce n'est donc pas la sensation, c'est la pensée ou le *conscium*, le *compos sui*, qui constitue l'homme grand, parce qu'il connaît qu'il existe. Le soleil existe, il est grand, il est beau objectivement, mais il n'est pas grand et noble à la manière de l'homme qui connaît et le soleil et lui-même. L'existence d'un être qui ne s'aperçoit pas ou ne sait pas qu'il existe, est un fait aux yeux de l'être intelligent qui la perçoit ou la juge du dehors ; mais elle ne l'est pas pour l'être ou la chose qui est l'objet de cette intelligence étrangère.

tre entre les deux éléments dont il se compose, éléments qu'aucun effort de l'esprit humain ne peut concevoir séparés. Il semble donc bien qu'il y aurait contradiction dans les idées comme dans les termes à admettre un fait primitif de sens intime, tel que le *moi* où le sujet *un* de toute sensation s'y connût d'une manière absolue en lui-même, indépendamment de toute modification sensible actuelle, ou de tout objet qui puisse la causer. De plus, une analyse approfondie des différentes espèces de sensations nous apprend que si l'être sentant était réduit à des impressions purement intérieures, s'il ne localisait pas les sensations, en les rapportant à une cause ou un objet tangible, dont l'existence fût non-seulement distinguée mais entièrement séparée de la sienne, cet être n'aurait pas même la première idée de sensation, telle que l'entend Locke. Il n'y aurait point encore de *fait* pour lui, point de connaissance proprement dite, intérieure ni extérieure : d'où il suit que le véritable fait primitif dans l'ordre de la connaissance serait tout aussi bien, ou peut-être mieux nommé, un fait de sens externe que de sens intime, qu'il n'y aurait point de fondement réel à ce dernier titre, ou bien qu'il n'y en a point dans la théorie qui fait tout dériver de la sensation. Pour nous décider entre l'une ou l'autre alternative, essayons d'abord de comparer le point de vue de l'analyse des sensations avec celui qui admet des faits de sens intime.

J'observe, en premier lieu, que les philosophes qui ont été le plus loin dans cette analyse, ne s'expliquent pas très-nettement sur ces premières sensations, qu'ils considèrent comme intérieures, avant d'avoir déterminé la condition première qui les transporte pour ainsi dire aux objets du monde extérieur. D'une part, ils disent expressément qu'avant ce transport, ou ce jugement d'extériorité, le *moi* s'identifie avec ses premières sensations affectives, ou qu'il n'existe qu'en elles et pour elles, et l'on voit, d'après ce qui a été dit, que c'est pour lui-même comme s'il n'existait pas. En s'arrêtant à ce premier point de départ, sans admettre aucune condition nouvelle, il ne semblerait pas y avoir même la possibilité d'un fait aperçu ou d'une connaissance quelconque. D'autre part, ils affirment que toute la connaissance humaine est renfermée dans la sensation comme dans sa source.

Passons sur cette contradiction, qui est peut-être plus dans les termes que dans les idées, et admettons que le *moi* se trouve uni à ces sensations, mais qu'au lieu d'être identifié avec toutes, il se distingue de chacune, de manière qu'il y ait autant de faits intérieurs que de sensations spécifiques ou individuelles ainsi distinctes. Voyons si celles-ci pourraient avoir les caractères de faits primitifs du sens intime, dans l'acception du programme que nous discutons.

Et, d'abord, les sensations auxquelles les analyses dont nous parlons se sont arrêtées, comme à l'origine de la connaissance, à la source unique d'où leurs auteurs ont cru pouvoir dériver non-seulement plusieurs espèces d'idées, mais, de plus, le système complet de nos facultés intellectuelles; ces sensations, dis-je, telles qu'odeurs, saveurs, sons, couleurs, etc., sont considérées comme purement affectives dans leur principe, c'est-à-dire comme se bornant à modifier l'âme de la statue, sans être encore localisées ou rapportées, soit à quelque siége organique, soit à quelque objet étranger. Or, sans nous arrêter ici à la remarque déjà faite avant nous, savoir que chaque sensation individuelle ou spécifique, ainsi simplifiée et considérée isolément de toutes les autres qui lui sont collatérales, et dont elle ne peut être réellement séparée, n'est qu'un élément hypothétique, pris dans l'ordre abstrait et dénué de tout caractère de fait, j'observerai seulement, et même en maintenant ce caractère, que dans l'état où on considère ces sensations, elles ne peuvent guère différer de ces affections vagues, agréables ou douloureuses que nous éprouvons au dedans de notre corps, et qui, lorsqu'elles ont un certain degré de vivacité, tendent à absorber toute faculté de percevoir. Ce n'est pas là sûrement ce qu'on peut entendre par faits primitifs du sens intime qui servent d'origine à la science. Je dis de plus qu'il y a opposition entre les caractères des sensations affectives et ceux qui doivent convenir au fait primitif dont il s'agit.

Ce fait, qui est l'origine de la science, devrait avoir un caractère de permanence, et cependant ces affections varient sans cesse, soit avec les diverses causes externes qui les font naître, soit avec les dispositions des organes qui en sont le siége. Quelquefois elles disparaissent de la conscience par leur faiblesse; d'autres fois elles l'absorbent par leur vivacité. Or, comment ces impressions, qui excluent si souvent la connaissance et ne s'y associent pour ainsi dire qu'accidentellement, pourraient-elles en être l'origine? En second lieu, le même fait primitif devrait avoir un caractère de relation comme étant le fait générateur de la connaissance, ou étant lui-même une connaissance. Puisqu'il s'agit d'un fait de sens intime, cette relation ne doit point s'étendre hors des limites de la conscience, ni admettre aucun élément étranger. Or, nos sensations, réduites à cet état de simplicité où les analystes les ont considérées, n'ont plus de caractère de relation, et alors elles ne sont pas des faits ; ou elles acquièrent ce caractère en se composant avec le jugement d'extériorité, et alors elles ne sont plus des faits primitifs du sens intime, puisqu'elles admettent un élément étranger.

Comment le même rapport peut-il être déterminé, tant que l'un de ses éléments reste dans cette indétermination absolue où on laisse flotter l'espèce de notion vague attachée à ce qu'on appelle *objet?* De quel objet entend-on parler, en effet, quand il s'agit de cette union indissoluble et constante des deux termes du même rapport fondamental? Est-ce l'objet d'un sens externe, celui de l'odorat, celui du goût, celui de l'ouïe, celui de la vue, du tact? Tous diffèrent entre eux et aucun d'eux ne se ressemble. Tous varient et fuient comme l'ombre, *levibus ventis;* chacun d'eux, en s'associant au *moi,* constitue bien un fait particulier, mais aucun ne jouit exclusivement aux autres de ces caractères de primauté, de constance et d'indissolubilité d'avec le sujet, qui doivent convenir à l'élément nécessaire de la dualité originelle ou du fait primitif du sens intime.

Quel est donc l'élément précis auquel conviennent ces caractères, ou qui soit tel que le sujet lui-même soit déterminé, dans l'existence réelle, par son rapport avec lui, comme il ne l'est lui-même que dans son rapport avec le sujet? Telles sont les limites où je crois pouvoir renfermer toutes les recherches relatives au fait primitif ou au principe générateur de la connaissance.

Quant à la seconde condition, savoir la fixité égale ou la détermination constante et réciproque des deux éléments du fait primitif ou des deux termes du rapport fondamental, elle ne saurait être satisfaite dans aucun point de vue général sous lequel on considère une sensation quelconque, soit comme affective, soit comme représentative. En effet, tous ceux qui attribuent à cette sensation le caractère d'un fait ou d'une dualité primitive, y distinguent un sujet simple, identique, permanent, et un objet ou un mode qu'ils disent être variable et multiple. C'est ainsi qu'ils caractérisent ces éléments séparés l'un de l'autre et abstraits du rapport fondamental qui seul peut les déterminer; ils se mettent par là en contradiction avec le principe d'indissolubilité qu'ils semblaient d'abord reconnaître.

Mais quand on dit que le sujet est un, simple, identique, il s'agit de savoir si l'on parle d'une existence réelle, actuelle, ou d'une pure abstraction de notre esprit sans réalité. Dans ce dernier cas, nous n'avons rien à dire quant à présent. Que s'il s'agit d'une existence réelle, nous pourrons affirmer, sans crainte d'erreur, qu'aucune existence, y compris celle du *moi*, ne peut être donnée qu'à titre de fait et sous l'une ou l'autre de ces deux relations, savoir : celle d'un mode variable ou permanent à une substance, une, identique ; ou celle d'un effet transitoire et qui commence à une cause durable qui le fait commencer ou le détermine. Mais lequel des deux est primitif? Je montrerai ailleurs qu'on ne peut refuser le titre de primauté à l'une ni à l'autre de ces deux notions. Mais encore quelle est celle qui dérive le plus immédiatement de cette source? En d'autres termes, le *moi* est-il donné à lui-même, dans le fait primitif, comme substance modifiée, ou comme cause ou force productive de certains effets? Je ne sais si cette question a jamais été examinée ou même posée en philosophie. Mais ce qu'il y a de certain, c'est qu'on a fait comme si elle était résolue d'avance, et que c'est le rapport d'inhérence de certains modes à une substance sentante ou pensante, qui sert en général de point de départ aux philosophes. Condillac lui-même n'a pas à ce sujet d'autres principes que Descartes.

La substance absolue de l'âme étant posée avec certains attributs ou facultés (ne fût-ce que celle de sentir) qui lui sont inhérentes, que cette substance reçoive les idées de Dieu au moment de sa création, ou qu'elles lui viennent par sensation du monde extérieur, toujours est-il qu'elle est passive dans sa réceptivité : l'entendement humain ne sera plus considéré, depuis son principe jusqu'au dernier période de son développement, que sous le même rapport de passivité originelle; car d'où viendrait un principe d'activité qui n'entre point dans sa nature ou sa constitution primitive? Nous trouvons bien actuellement dans notre esprit l'idée de la substance; mais il n'est point difficile de prouver que cette notion relative est une déduction assez éloignée des faits primitifs. Nous trouvons bien aussi profondément empreinte en nous la notion de cause ou de force; mais avant la notion est le sentiment immédiat de la force, et ce sentiment n'est autre que celui de notre existence même dont celui de l'activité est inséparable. Car nous ne pouvons nous connaître comme personnes individuelles, sans nous sentir causes relatives à certains effets ou mouvements produits dans le corps organique. La cause, ou force actuellement appliquée à mouvoir le corps, est une force agissante que nous appelons *volonté*. Le *moi* s'identifie complétement avec cette force agissante. Mais l'existence de la force n'est un fait pour le *moi* qu'autant qu'elle s'exerce, et elle ne s'exerce qu'autant qu'elle peut s'appliquer à un terme résistant ou inerte. La force n'est donc déterminée ou actualisée que dans le rapport à son terme d'application, de même que celui-ci n'est déterminé comme résistant ou inerte que dans le rapport à la force actuelle qui le meut, ou tend à lui imprimer le mouvement. Le fait de cette tendance est ce que nous appelons *effort* ou action voulue ou volition, et je dis que cet effort est le véritable fait primitif du sens intime. Seul, il réunit tous les caractères et remplit toutes les conditions analysées précédemment.

Il a le caractère d'un *fait*, puisque la puissance ou la force qui effectue ou tend à effectuer les mouvements du corps, se distingue nécessairement du terme inerte qui résiste, même en obéissant, et ne peut pas plus se confondre avec lui, en tant qu'elle agit, que s'en séparer absolument pour se concevoir ou se saisir elle-même, hors de tout exercice. Ce fait est bien *primitif*, puisque nous ne pouvons en admettre aucun autre avant lui dans l'ordre de la connaissance, et que nos sens externes eux-mêmes, pour devenir les instruments de nos premières connaissances, des premières idées de sensation, doivent être mis en jeu par la même force individuelle qui crée l'effort. Cet effort primitif est de plus un fait *de sens intime;* car il se constate lui-même intérieurement, sans sortir du terme de son application immédiate et sans admettre aucun élément étranger à l'inertie même de nos organes. Il est le plus simple de tous les rapports, puisque toutes nos perceptions ou représentations extérieures s'y réfèrent comme à leur condition primitive essentielle, pendant qu'il n'en suppose aucune avant lui et qu'il entre dans toutes comme élément formel ; puisque enfin le jugement d'extériorité que plusieurs philosophes ont considéré comme le véritable rapport simple et fondamental, repose sur lui comme sur sa base propre et n'en est lui-même qu'une extension. Enfin il est le seul rapport fixe, invariable, toujours identique à lui-même, puisque, n'admettant aucun élément variable étranger, il est le résultat constant de l'action d'une seule et même force déployée sur un seul et même terme.

Le fait primitif du sens intime étant ainsi déterminé, nous trouvons enfin la véritable acception des termes du programme qui a donné lieu à cette dissertation. On nous dit en effet, avec autant de justesse que de profondeur, que la science des principes doit reposer sur les faits primitifs du sens intime. Dans le point de vue sous lequel nous venons de le considérer, ce fait sert nécessairement de base au principe de causalité, puisque toute idée abstraite de cause, ou la catégorie même de causalité ne peut avoir son origine et sa base naturelle que dans la conscience de notre propre force ou de l'effort qui est nous-mêmes. Or, le principe de causalité, ainsi que l'a remarqué avant nous un philosophe très-judicieux, est *le père de la métaphysique;* c'est le pivot sur lequel s'appuie toute la science des principes. En plaçant ainsi ce principe ou le fait primitif dont il dérive immédiatement à la source même de toute science, et le substituant à la notion de substance absolue qui a ou qui avait servi jusqu'à présent aux philosophes, nous devons donc avoir une autre philosophie, une autre analyse des sensations et des idées, un autre système de génération des facultés.

Il fallait d'abord donner un idée générale de l'objet de cet ouvrage, et je ne le pouvais sans discuter les termes du programme qui lui sert de fondement. Cette discussion m'a entraîné au delà des bornes où j'aurais voulu me renfermer, et me fait sentir à présent tout l'inconvénient qu'il y a à déterminer l'objet d'une science quelconque avant d'avoir fait cette science. En présentant ici comme un principe ce qui doit être le résultat des nombreuses analyses dont se compose cet ouvrage, je n'ai pas pu espérer que les lecteurs philosophes même les plus exercés, pussent bien se placer dans un point de vue que je ne puis actuellement éclairer davantage. En attendant les développements nécessaires, il me suffit qu'on connaisse dès à présent mon point de départ, mon but et la direction que je suivrai pour l'atteindre. Mais sans prétendre avoir décidé ce qui doit être encore en question, je m'appuierai dès à présent sur les énoncés précédents pour achever de remplir l'objet que je me suis proposé dans mon introduction.

III

Projet de conciliation entre les divers systèmes des philosophes sur la génération des idées.

Les essais vains et téméraires faits par divers métaphysiciens, soit pour expliquer l'union mystérieuse du sujet et de l'objet de toute représentation, soit pour ramener les deux éléments de la dualité primitive à l'unité absolue de principe spirituel ou matériel, ont dû tenir en garde les meilleurs esprits ou les prévenir contre toute tentative de ce genre, et leur faire sentir le danger des explications d'un fait vraiment inexplicable, par cela seul qu'il est primitif et fondamental. Aussi nous commandent-ils de partir de la conscience du *moi* sans chercher à la ramener à l'unité, ni même à déterminer les rapports des deux éléments entre eux, et la part de chacun à tout le système de nos représentations.

Cette recommandation est bien sage. Peut-être l'est-elle trop? Peut-être les philosophes qui nous l'adressent s'exagèrent-ils l'impuissance de tous nos moyens de connaître les faits primitifs, comme certains métaphysiciens trop hardis s'étaient exagéré la puissance de ces moyens pour atteindre jusqu'à l'absolu, afin d'en déduire les faits ou les existences mêmes par une sorte de création?

Lorsqu'on nous propose de partir de la conscience du *moi* comme d'une dualité primitive, sait-on bien quelle est cette dualité primitive? En a-t-on bien constaté les éléments, les a-t-on ramenés à leur plus simple expression? A-t-on déterminé enfin quelle est, de la part de l'objet, la condition essentielle de la permanence ou de l'identité du rapport? Si cela eût été fait, nous n'aurions pas eu besoin d'entrer dans les considérations qui précèdent, et l'on voit bien que les analyses dont nous avons présenté un aperçu, ne tendent ni à expliquer le fait, ni à le ramener à l'unité parfaite, mais bien à déterminer l'espèce du rapport qui unit entre eux ses éléments, afin d'apprécier par la suite la part de chacun d'eux à nos représentations. La possibilité, la nécessité même de cette double détermination se trouveraient justifiées, s'il en ressortait : d'abord un moyen propre à concilier les divers systèmes de philosophie sur la nature ou l'origine des principes de nos connaissances ; en second lieu, une preuve tirée de la nature même du fait primitif de conscience que toute explication de ce fait est impossible *a priori*, et que tout rappel des deux éléments à l'unité est absurde et implique contradiction.

Je suis intimement convaincu qu'une analyse plus exacte et plus approfondie des faits primitifs de sens intime doit amener ces deux sortes d'avantages. Si cette conviction ne me trompe pas, mon essai sera pleinement justifié. Je m'occuperai ici de l'exposition du moyen conciliateur et des principes sur lesquels il peut se fonder. Quant à la preuve dont je viens de parler, comme propre à mettre fin à toutes les vaines recherches et aux discussions interminables de la métaphysique, elle trouvera sa place dans le corps de cet ouvrage.

« La philosophie, » a dit un sage que je me plais à citer, « doit nécessairement partir d'un fait et non
« pas de notions arbitraires. Quelque simples et évi-
« dentes que paraissent les notions, on peut toujours
« demander d'où elles viennent, comment elles ont
« été formées; on peut révoquer en doute leur réa-
« lité : elles ne portent pas en elles-mêmes leur titre
« de créance, et l'on est toujours tenté d'essayer de
« les définir. La notion primitive devrait du moins,
« pour mériter d'être admise, s'annoncer comme un
« fait primitif. Ce fait primitif ne doit en supposer
« aucun qui soit antérieur à lui ; révélé à tous les es-
« prits attentifs et réfléchis par le sens interne, insé-
« parable de ce sens s'il ne le constitue pas, il existe
« parce qu'il existe (1). » Tel est le caractère du fait

---

(1) Ancillon, *Mélanges de littérature et de philosophie*, t. II, page 80.

précédemment exposé, auquel j'ai cru pouvoir rattacher les principes de la connaissance.

En remontant à l'origine de l'idée ou de la notion actuelle, exprimée dans notre langage sous le titre de cause ou causalité, on la trouve identifiée dans sa source avec le fait du sens intime ou avec celui de notre existence individuelle. Cette notion s'annonce donc comme un fait vraiment primitif, révélé à tous les esprits par le sens interne. Elle reçoit éminemment le caractère de principe et celui de fait.

En partant de la même source, nous trouverons que toutes ces notions reconnues par les métaphysiciens comme premières et directrices, telles que l'unité, l'identité, la substance, ne sont qu'autant d'expressions des faits primitifs du sens intime, ou des déductions immédiates du même fait reproduit sous différents titres abstraits. D'où il suit que toute la science des principes viendra se résoudre dans celle de ces faits, et que la principale fonction de la psychologie sera de les constater dans leur source, d'en déduire toutes les notions qui y prennent leur origine. Or, je dis que si la nature et les caractères du véritable fait primitif étaient constatés d'une manière claire et certaine, il n'y aurait plus lieu à aucune opposition ou divergence des systèmes de philosophie.

Les divergences de ces systèmes consistent en effet en ce que les uns veulent que les notions dont nous venons de parler, et qu'ils considèrent comme primitives, résident dans l'âme *a priori*, et soient indépendantes de l'expérience ou avant elle, pendant que les autres veulent qu'elles soient déduites par généralisation ou abstraction des faits donnés par l'expérience extérieure, c'est-à-dire des sensations mêmes. Mais pourquoi les métaphysiciens soutiennent-ils que les notions premières et directrices de cause, substance, unité, identité, etc., résident dans l'âme *a priori ?* C'est que, méconnaissant le caractère et la nature des faits primitifs avec lesquels de telles notions s'identifient dans leur source réelle, et les prenant dans ce degré de généralisation où les élève l'emploi répété des signes du langage, ils ne peuvent reconnaître leur premier caractère de faits. Et pourquoi, d'un autre côté, les doctrines qui se fondent sur l'expérience prétendent-elles pouvoir déduire de la sensation toutes ces notions ou principes? N'est-ce pas de même parce qu'elles les confondent avec les idées générales, qu'elles méconnaissent leur caractère individuel ou celui des faits du sens intime d'où elles sont déduites immédiatement? Qu'y aurait-il donc à faire pour opérer un rapprochement entre ces systèmes opposés? Rien autre chose que constater la nature des faits primitifs du sens intime.

En effet, 1° d'une part, s'il est vrai que la cause, l'un, le même, se trouvent identifiés à leur source avec le fait primitif du sens intime, il ne s'agit que de constater la nature de ce fait pour reconnaître l'origine des principes dont il s'agit et voir que ce ne sont pas des notions *a priori.* Les catégories de causalité, d'unité, d'identité, ne sont plus des principes, puisqu'on peut toujours demander d'où viennent ces notions, comment elles sont formées, quels sont leurs titres de créance. Dira-t-on qu'elles sont innées dans ce sens, où, comme dit Leibnitz, le sujet pensant est inné à lui-même? Nous répondrons que ce sujet même n'est pas inné, mais qu'il est constitué tel dans un fait ou rapport primitif. Ce fait doit avoir un commencement, comme toute série doit avoir un premier terme. Or, si la personnalité a une origine, si le *moi* n'est pas inné à lui-même, qu'est-ce qui peut l'être? De ce que toutes ces notions qui sont des dépendances ou des dérivations immédiates du fait primitif se trouvent placées avec lui à l'entrée de toute la science, il s'en suit bien qu'elles sont contemporaines à la première connaissance, qu'elles sont les premiers éléments de combinaison, et dans ce sens les véritables principes de toutes nos idées, mais non pas qu'elles les précèdent; que l'expérience extérieure est réglée par elles et les suppose, mais non qu'elles soient indépendantes de l'expérience intérieure. Enfin, de ce que certains principes sont universels, constants, nécessaires, en tant que nous ne pouvons exister sans les connaître à titre d'êtres pensants, pas plus que nous ne pouvons les connaître sans exister, on peut bien conclure qu'ils diffèrent par leur nature de toute sensation variable, accidentelle, contingente; mais de ce qu'ils diffèrent de la sensation, et non de certains faits primitifs dont les caractères sont eux-mêmes opposés à la sensation, on conclurait très-bien aussi, par cette seule analogie, que ces principes sont identiques à ces faits primitifs, et par suite qu'ils ne peuvent être *a priori*. C'est ainsi que les métaphysiciens purs pourraient être amenés à admettre, sous le titre de faits du sens intime et d'expérience intérieure, ce qu'ils sont fondés à rejeter en principe à titre de sensations et d'expérience extérieure.

2° D'autre part, les philosophes qui soutiennent une doctrine toute fondée sur cette dernière expérience, excluent avec raison les principes innés ou *a priori*, et, en prenant les notions qu'on leur présente sous ce titre comme des idées générales de la formation desquelles la théorie des signes leur donne tout le secret, ils sont fondés à reléguer ces catégories à la fin de la science, loin de les prendre pour base. Mais, sans rien changer à cette partie vraiment lumineuse de leur doctrine, ne pourrait-on pas les amener à reconnaître que les notions de l'espèce dont il s'agit ne sont pas des idées générales ou des abstractions comme les autres ? Peut-être seraient-ils moins prévenus contre une source de connaissance qui offre les principes de la connaissance humaine identifiés avec le fait primitif du sens intime, lorsqu'ils verraient surtout qu'elle se concilie avec leur maxime fondamentale : *Nihil est in intellectu, quod non priùs fuerit in sensu*, pourvu qu'on attribue à ce mot *sensus* une acception telle, qu'il embrasse les modes de notre activité et ceux de la sensibilité passive, acception qu'il doit avoir pour que la maxime soit à l'abri de toute attaque et complétement vraie, sans admettre même la restriction de Leibnitz, lorsqu'il excepte l'entendement lui-même de ce qui est dans le sens.

Tel est ce point de vue conciliateur où voulut d'abord se placer Locke, quand il reconnut deux sources de toutes nos idées : l'une dans les sensations, l'autre dans la réflexion, qu'il définit lui-même comme un sens tout intérieur. Mais dans sa théorie la réflexion n'avait point de base; aussi c'était par ce côté faible que cette théorie pouvait être et a été en effet le plus fortement attaquée. Locke sépare d'abord trop, sans motif suffisant, ces deux sources d'idées, et il n'est pas difficile de reconnaître que ce qu'il appelle *idée simple de sensation* renferme essentiellement une partie réflexive, qui seule peut constituer l'idée dans la sensation même. Ensuite, il paraît souvent confondre les deux sources, en faisant concourir les sens et la réflexion à des notions qu'il reconnaît lui-même comme simples, et qui ne peuvent l'être que par la réflexion seule. Enfin, sa doctrine ne trace aucune ligne de démarcation positive entre les éléments qui proviennent de l'une ou de l'autre origine. En partant des idées simples de la réflexion, il ne part en effet que de ces notions dont on peut encore demander *d'où elles viennent;* il ne les annonce point comme des faits *primitifs*, ou, s'il les annonce ainsi, il ne justifie pas assez leurs titres de créance. Assurément le philosophe anglais était dans la bonne voie, et ce qui prouve bien que sa théorie se trouve en partie dans ce point de vue conciliateur vers lequel nous tendons, c'est que les doctrines les plus opposées s'en trouvent rapprochées en plusieurs points (1). Mais ce sage philosophe,

---

(1) Voyez les *Nouveaux Essais sur l'Entendement* de Leibnitz et l'*Essai sur l'origine des connaissances* de Condillac.

pressé de venir aux résultats et de marcher en avant dans le chemin qu'il s'était ouvert, ne put revenir sur ses pas pour constater le véritable point de départ; et en faisant beaucoup pour la science des idées, il a laissé presque tout à faire dans la science des principes.

Il serait si heureux et si avantageux à tous les progrès de l'esprit humain de voir réaliser cet accord entre les systèmes dont nous venons de parler, que je ne puis me défendre d'étayer le projet du traité d'alliance, dont j'ai voulu établir les bases dans ce qui précède, de quelques autres moyens de rapprochement tirés de l'état actuel de la science et des dispositions générales de ceux qui la cultivent.

Les attaques répétées du scepticisme et de l'idéalisme contre la réalité de nos connaissances ont appelé toute l'attention des penseurs sur la nature ou le caractère de ce rapport fondamental de toute connaissance, qui se trouve établi dès son origine, non pas seulement comme on l'avait dit autrefois, entre les sensations et les objets qui les causent, mais plus profondément entre le sujet pensant *moi*, un, identique, permanent, et nos représentations, ou sensations et modifications, qui varient, se succèdent, se composent sans cesse en lui ou hors de lui. Le premier problème de la philosophie, celui qui tend à pénétrer jusqu'aux éléments ou aux racines de notre idée de l'existence, soit personnelle, soit étrangère, a été pris dans tous les sens et soumis aux analyses les plus profondes. Qu'est-il résulté de tant d'analyses faites en même temps par les différentes écoles de philosophie? Dira-t-on que nous ne sommes pas plus avancés qu'auparavant sur ces questions fondamentales? On ferait voir seulement par là qu'on ignore ce dont il s'agit et qu'on ne se soucie guère de le savoir. Dès qu'on se donnera la peine de le chercher, on pourra voir que si ces questions premières n'ont pas été jusqu'ici complétement résolues, du moins elles se trouveront réduites, comme le dit le sage et très-profond historien de la philosophie, à leur plus simple expression. On connaît en effet aujourd'hui, bien mieux que jamais, les limites entre lesquelles se trouve renfermée toute la réalité de notre connaissance et le point qu'on ne peut dépasser sans se perdre dans le vague, sans ôter tout point d'appui à la pensée. Dès que les véritables objets de recherches ou de discussions ultérieures se trouvent plus nettement circonscrits, on a par là même beaucoup gagné et l'on n'est peut-être pas bien éloigné de s'entendre.

Le temps de ces grandes et interminables discussions métaphysiques est passé; et c'est là un des services les plus importants qu'a pu rendre une philosophie raisonnable, circonscrite dans l'étude de nos facultés ou de nos moyens réels de connaître les choses et nous-mêmes. Si quelque chose pouvait contribuer à ramener ces anciennes luttes oiseuses si vides de résultats, ce serait précisément l'indifférence qu'on témoigne si généralement aujourd'hui pour toute psychologie, indifférence qui tendrait enfin à effacer les traces des bonnes études, et à laisser encore divaguer les esprits dans toutes les fausses routes où l'esprit humain a été déjà et depuis tant de siècles si souvent entraîné. Là, généralement on ne dispute que sur ce qu'on ne sait pas. Lorsqu'on dispute toujours sans jamais s'entendre, c'est peut-être une preuve infaillible qu'on ne peut pas savoir et qu'il est inutile de chercher.

Si plusieurs questions métaphysiques, agitées dans les derniers siècles, n'ont pas été encore terminées de nos jours, c'est parce qu'elles étaient interminables par leur nature, c'est-à-dire entièrement disproportionnées avec la capacité de notre esprit et avec toutes nos facultés ou nos moyens de connaître, ou parce que leur objet n'ayant jamais été bien et nettement circonscrit, on ne savait pas bien ce qu'on demandait, ce qu'on cherchait : c'est un moyen sûr de ne pas trouver. Dans le premier cas, il faudrait chercher à montrer en quoi consiste l'insolubilité du problème, dire pourquoi et comment il est insoluble; autrement rien n'empêchera que des esprits curieux, ardents et irrités par la difficulté même du sujet, n'y reviennent sans cesse. Dans le dernier cas, celui de l'indétermination de l'objet des recherches ou de la fausse application qu'on y fait de certaines facultés qui ne sont pas en rapport avec lui, il est évident qu'une étude plus approfondie, ou une connaissance plus vaste de ces facultés, pourra seule prévenir les écarts précédents, éloigner désormais les vaines tentatives et couper jusqu'aux racines les discussions interminables.

Dans les temps qui précédèrent Bacon, les physiciens s'étaient-ils assez bien éclairci à eux-mêmes l'objet de leurs recherches? S'étaient-ils jamais rendu compte des moyens appropriés à ce genre d'études, et n'était-ce pas surtout par ce défaut évident d'appropriation des facultés de l'esprit au véritable objet d'une connaissance extérieure, qu'on transportait sans cesse la métaphysique dans la physique, et que, confondant les limites de ces sciences, on mettait par là même un obstacle insurmontable aux progrès de l'une et de l'autre? Que fit Bacon lorsqu'il voulut entreprendre la célèbre restauration? Il détermina l'objet précis des sciences naturelles, les moyens que nous avons de le connaître, les facultés qui s'y rapportent et l'emploi de ces facultés, c'est-à-dire leur application à l'art important d'observer et de faire des expériences. Ce qu'un seul homme de génie fit si heureusement pour les sciences physiques, les travaux séparés de plusieurs sages, partant de points de vue différents, il est vrai, mais se dirigeant vers le même but, ont commencé à le faire et ont avancé l'œuvre plus qu'on ne le croit pour les sciences psychologiques et morales. En déterminant mieux l'objet et les limites de la science, en faisant une revue plus exacte des moyens de connaître qui lui sont appropriés, en écartant les recherches inutiles, en s'abstenant du mélange d'éléments hétérogènes, de toute hypothèse explicative empruntée des sciences étrangères, ils ont assigné une direction plus fixe aux recherches psychologiques et montré le but vers lequel doivent converger les méthodes, et où doivent se réunir à la fin les points de vue des diverses doctrines.

On ne saurait disconvenir que cette convergence, cet accord heureux vers lequel nous tendons, se trouvent aujourd'hui plus faciles qu'ils ne l'étaient à l'époque où parut l'ouvrage de Locke sur l'entendement. Et c'est là une garantie certaine des progrès qui peuvent bien être rapportés en partie à l'influence de ce sage philosophe, mais qu'il serait injuste de lui attribuer exclusivement. Les préjugés tels, par exemple, que certaines espèces impressionnelles qui s'introduisent du dehors dans l'esprit et y gravent les images des objets, d'où l'opinion de Locke sur ce qu'il appelle les *idées simples de la sensation* qu'il croit nous venir toutes faites du monde extérieur, etc.; ces préjugés, dis-je, ancien reste du système des atomistes, Démocrite et Épicure, présentés par Lucrèce sous les couleurs séduisantes de la poésie, et rajeunis par notre Gassendi, se trouvent enfin bannis aujourd'hui de toutes les écoles de philosophie. Qui oserait reproduire sérieusement aujourd'hui la question que fait Newton dans son optique, savoir si le *sensorium* n'est pas le lieu où la substance sentante est présente et où les espèces sensibles des choses sont portées à travers les nerfs et le cerveau, afin qu'elles soient perçues par l'esprit présent en ce lieu? Une détermination plus exacte du véritable objet de la psychologie a dû éloigner pour toujours ces vaines hypothèses, qui confondaient absolument les limites des deux sciences, et ouvraient un champ vague et indéfini aux recherches les plus vaines, aux discussions oiseuses et indéterminées. On sait aujourd'hui à quoi s'en tenir sur ces analogies et ces assimilations illusoires entre des phénomènes séparés par un abîme. Non-seulement on est d'accord pour écarter toute identité fausse entre l'impression matérielle et la perception qui la suit ou l'accompagne, mais encore on s'accorde assez à ne voir entre elles qu'un simple rapport de signe et de chose signifiée, au lieu de celui d'une cause efficiente à son effet nécessaire. C'est ainsi que toutes les explications mécaniques se trouvant mises à l'écart, il ne reste plus que le fait même de l'union des éléments dont nous avons parlé ou le fait même du sens intime : ce fait ne peut manquer d'être unanimement reconnu comme le véritable principe générateur de la science, dès qu'on le circonscrira dans sa source en le distinguant de tout ce qui n'est pas lui, dès que toutes les causes antérieures de divergence ou d'aberration ne mettront plus d'obstacle à cette étude.

Les métaphysiciens qui tiennent encore aux principes *a priori* par les motifs précédemment exposés, sont assez généralement disposés à reconnaître que toute connaissance, toute idée positive, effective s'appuie sur cette base, et alors même qu'ils admettent certaines formes ou virtualités innées, comme les conditions nécessaires de la connaissance, ils avouent que de telles formes n'ont aucune réalité, aucune valeur intelligible hors de l'expérience qui peut seule leur donner un sujet déterminé et les appliquer à une matière quelconque fournie par les sens. C'est restreindre beaucoup le champ des données *a priori*, ou plutôt montrer qu'on peut s'en passer entièrement en fondant ses données sur l'expérience intérieure qui pose le *moi* ou *sujet* (pour me servir d'une expression nouvelle) avec le fait primitif du sens intime.

Comme il n'y a plus lieu, même dans le point de vue actuel, à rechercher ce que sont en eux-mêmes et hors de tous les faits, ces principes, ces formes, ces virtualités qui ne sont plus des idées innées, on s'attache uniquement à savoir quelle est dans une représentation quelconque, la part expressément fournie par le sujet, quelle est celle fournie par l'objet. Or, ce partage, impossible à faire sans doute quand on ôte à toute expérience intérieure ou extérieure le droit de décider, deviendrait plus facile si, partant du fait du sens intime, on limitait le sujet lui-même au *vouloir*, qui le constitue, et la part qu'il fournit, aux modes mêmes de ce vouloir ou aux produits immédiats de cette activité motrice qu'une analyse plus exacte peut reconnaître, jusque dans la perception la plus simple et réputée la plus passive. Déjà des métaphysiciens, partant de systèmes entièrement opposés, se sont rencontrés dans le point de vue de ce fait primitif du vouloir et de l'effort, qui circonscrit avec une précision nouvelle et indépendamment de toute hypothèse, la part du sujet dans toute perception ou idée, et par suite laisse pour ainsi dire à nu celle de l'objet.

C'est de ce point fondamental, déjà accordé entre des philosophes trop éloignés d'ailleurs sous tous les rapports, pour pouvoir communiquer et s'entendre, que nous partirons comme de celui qui doit servir en même temps de base à la science des principes et de centre de ralliement aux doctrines les plus opposées.

En attendant l'exposition complète des moyens qui nous paraissent propres à atteindre ce double but, il ne sera pas inutile de jeter un coup d'œil sur les bases différentes d'une division systématique des phénomènes psychologiques et sur la méthode qui peut être appropriée à l'étude de cet objet.

IV

Coup d'œil sur les divisions de la Psychologie et sur la méthode qui y est appropriée.

Lorsque le célèbre restaurateur des sciences naturelles, Bacon, embrassa dans un système général toutes les connaissances humaines, et dessina l'arbre de leur généalogie, il y fit entrer la psychologie sous trois divisions : 1° science de l'âme ou de sa substance; 2° science de ses facultés; 3° science de l'emploi et de l'objet de ces mêmes facultés.

On peut contester l'exactitude de cette division; on est généralement convaincu aujourd'hui qu'il n'y a rien à savoir *a priori* sur ce qu'est en elle-même une substance telle que celle de l'âme, et que loin de devoir poser d'abord en métaphysique cette question comme première et fondamentale, il n'y a pas même lieu à une question raisonnable sur ce sujet. Il est même important de remarquer ici qu'on doit uniquement cette conviction à une étude plus approfondie des deux derniers titres de la même division, et à une connaissance plus exacte de nos facultés ou de nos moyens de connaître et des objets qui sont appropriés à ces facultés diverses. En effet, c'est en nous donnant la juste mesure de ces moyens et en nous faisant connaître la nature et la portée de ces facultés que la psychologie parvient à en corriger les aberrations et à en prévenir les écarts; et peut-être trouverait-on dans les objections mêmes si souvent et si largement répétées contre toute psychologie, la meilleure preuve de son utilité ou de son indispensable nécessité.

Mais, en s'arrêtant ainsi aux derniers titres de la division de Bacon, on peut demander s'il y a vraiment une science particulière de nos facultés, distincte de leur emploi ou de leur application à quelque objet déterminé dans l'expérience extérieure. Cette question se réduit à savoir s'il y a des faits particuliers de sens intime, distincts des phénomènes représentés aux sens extérieurs, et elle rentre ainsi pleinement dans l'objet de notre discussion antérieure. Or, je dis qu'il y a une science de ces faits intérieurs, identique avec celle de leur objet, s'il est vrai, comme l'affirme Locke, et comme chacun peut le vérifier sans sortir de lui-même, que nous ayons les idées simples de certaines facultés de perception et de volonté qui sont en nous, tout aussi claires et aussi évidentes que celles des sens externes. Mais il s'agit de savoir si la méthode générale de Bacon, appliquée par Locke et ses disciples à la science de nos facultés, est expressément appropriée à cette dernière. Pour être parfaitement conséquent à sa propre doctrine, Bacon avait dû commencer par observer les effets ou les produits de nos diverses facultés pour en former des classes, et les subordonner à certaines

causes ou facultés générales qui n'étaient encore que
des titres de classification. Ce fut ainsi qu'il établit
sa grande division des facultés de l'entendement, en
raison, mémoire et imagination, division arbitraire,
fondée sur l'ordre encyclopédique et seulement en
vue de cet ordre, pendant qu'elle aurait dû lui servir de base, si la science des facultés eût été vraiment
distincte, dans l'esprit de l'auteur, de celle de leur
objet, ou avant elle.

Locke semble méconnaître aussi cette distinction
et cet ordre de subordination lorsqu'il veut énumérer
les diverses facultés de l'esprit humain ou en assigner
les caractères, puisqu'il les réduit presque toujours
aux titres généraux de la classification des idées elles-
mêmes. C'est ainsi qu'il distingue une faculté d'abstraire et une autre de composer; uniquement parce
que, s'attachant à la distinction des différentes espèces d'idées, il en a connu d'abstraites et de composées. Mais alors pourquoi ne pas admettre autant de
ces titres nominaux qu'on a distingué dans le langage
d'espèces de perceptions ou de classes d'idées différentes? Pourquoi et comment en limiter le nombre?
N'est-ce pas ainsi que les scolastiques reconnaissaient
autant de facultés ou de causes naturelles qu'ils pouvaient distinguer de propriétés ou de qualités abstraites, en les substantifiant dans les termes d'un
langage de convention? Mais que deviennent alors
les idées simples de la réflexion, et qu'y a-t-il de
commun entre les produits d'une généralisation actuelle et les faits positifs et individuels du sens intime? Sans doute la doctrine de Locke paraît bien loin

de celle de la sensation transformée qui lui a succédé, et cependant on ne peut s'empêcher de reconnaître que, si elle lui était opposée dans un de ses principes, elle renfermait déjà dans son sein cet ennemi dangereux qui devait la détruire.

Si Locke eût déduit de la réflexion seule tout ce qui pouvait être tiré de cette source, s'il eût donné une base fixe et certaine à la science des facultés, en la distinguant dans les faits du sens intime nettement circonscrits, Condillac ne l'aurait pas accusé d'admettre cette faculté comme innée, et le disciple n'aurait pu s'autoriser du peu d'usage que le maître avait fait de cette source d'idées, pour la rejeter absolument de son système de la génération des facultés. Condillac commence en effet à se séparer de Locke, bien qu'il imite jusqu'à un certain point sa manière de déduire les facultés des idées mêmes qui en sont les produits, lorsqu'il confond la force active qui transforme avec les matériaux transformés; car dès lors les facultés se trouvent enfermées avec les idées mêmes dans la sensation passive, seul fait primitif, extérieur ou du moins subordonné à des causes ou occasions extérieures et accidentelles. Condillac est très-conséquent à son point de départ; il déduit très-bien de son principe tout ce qui y est, mais il ne peut en déduire ce qui n'y est pas; aussi les opérations actives de l'esprit humain n'entrent en aucune manière dans son système de la génération des facultés. Les titres nominaux *attention*, *réflexion*, *comparaison* s'y trouvent, mais les actes mêmes que nous caractérisons ainsi, en nous appuyant sur le témoignage du sens intime, en sont tout à fait exclus. Aussi les doctrines *a priori* qui considèrent comme des virtualités, des formes innées à l'âme, par suite comme n'ayant aucune origine assignable dans l'expérience, ces opérations actives et ce système entier des idées réflexives dont Condillac ne parle pas réellement, quoiqu'il en emploie le signe ; ces doctrines, dis-je, subsistent avec ou malgré celle de la sensation transformée qui ne les atteint même pas ; elles peuvent toujours se croire basées sur la vérité absolue, sans contester à celle-ci son système de vérités conditionnelles.

Le point de vue qui pourra remonter jusqu'au véritable fait primitif du sens intime, se placera entre ces deux doctrines, qui sont plus éloignées l'une de l'autre par la différence de leur objet, qu'opposées par la contrariété de leurs principes. En constatant sous leurs véritables titres les facultés actives de l'esprit humain, il assignera aux idées ou notions réflexives que nous pouvons nous en faire, une origine dans le fait même de l'existence et de la personnalité du *moi*. En remontant jusqu'au principe de l'activité qui constitue cette existence, il trouvera dans l'expérience intérieure une base commune où viendront se rejoindre les doctrines qui considéraient ces facultés comme des virtualités ou des formes inhérentes à l'âme, et celles qui prétendaient dériver ces facultés mêmes du premier exercice d'un sens tout externe. Ainsi la psychologie dont nous avions réduit l'objet propre, selon les vues précédentes, à la science des principes, peut être appelée encore science des facultés humaines, de leur origine et de leur génération, et c'est à l'une ou à l'autre de ces sciences, identiques dans leur source, que peuvent être ramenés tous les titres réels de la métaphysique.

Veut-on que cette science ne soit autre que celle qui considère les êtres sous leurs relations les plus générales, c'est-à-dire qui sont communes à tous et inséparables de toutes les idées que nous nous formons des choses et de nous-mêmes, comme l'être, la substance, la cause ou la force, le nombre, l'espace, le temps, etc.? On pourra voir que ces relations n'ont ce caractère métaphysique de généralité, de nécessité, que parce qu'elles sont inséparables de l'existence même du sujet pensant, ou de la perception interne qu'il a de lui-même dans toutes ses opérations et dans ses modes divers. On les trouve donc identifiées à la source avec les faits primitifs du sens intime : constater ces faits, c'est reconnaître le caractère de ces idées et *vice versâ*. C'est sous ce point de vue principalement que la métaphysique, considérée comme la science des principes, se réfère de la manière la plus immédiate à l'objet que nous lui avons assigné.

Considérant d'autre part que toutes les connaissances humaines ne peuvent reposer que sur des faits, veut-on que la métaphysique ne soit que la science des faits généraux, constants et primitifs, et, passant de la science à l'application, que l'esprit métaphysique consiste dans l'art de constater ces faits, de les lier entre eux et à un premier qui serve à les expliquer? On voit encore bien évidemment que c'est là l'objet exprès que nous avons été conduit à attribuer à la science, en déterminant ce qu'il fallait entendre par les faits primitifs du sens intime.

S'arrête-t-on au point de vue qui sépare en deux parties distinctes tout le domaine de la science, savoir : 1° celle qui, étant du ressort de l'observation et de l'expérience, forme le champ propre des sciences physiques ou naturelles, etc.; 2° celle qui s'attache uniquement à ces notions ou idées premières et directrices que le sujet pensant tire de son propre fonds? C'est encore justement la distinction que nous avons eue en vue, en justifiant le titre des faits primitifs du sens intime et en montrant que toutes les notions ou idées appelées premières et directrices, comme étant les conditions de toutes les autres, sont déduites de ces faits, ou en constituent la science.

Sortant de ces généralités de théorie et cherchant à ramener la science à des objets plus clairs, plus palpables, pour ainsi dire, plus susceptibles d'une application immédiate, on pourra encore réduire la métaphysique au dernier titre de la division de Bacon, c'est-à-dire à la science de l'emploi et de l'objet de nos facultés actives : l'entendement et la volonté; alors la métaphysique, se renfermant dans les bornes de la logique et de la morale, ne s'offrira plus que comme un instrument ou une méthode générale applicable à nos idées ou à nos actions pour diriger les unes vers ce qui est vrai, les autres vers ce qui est bon. Ce sera donc plutôt une science d'application ou un art qu'une théorie universelle ou une science de principes. Mais cet art ou cette application a toujours ses principes régulateurs, sa méthode appropriée. Il y a mieux : c'est que la connaissance théorique dont il s'agit, quoique se justifiant elle-même par les faits du sens intime, se vérifie encore bien mieux par ses applications, et qu'ainsi, comme la pratique suppose la théorie, celle-ci, à son tour, a besoin de la pratique pour se confirmer à elle-même et prouver son utilité.

En considérant la psychologie comme la science des faits intérieurs, il ne paraît pas que cette science puisse se fonder sur une méthode différente de celle qui a été employée, depuis Bacon, dans toutes les sciences naturelles, et qui se justifie d'elle-même par des succès si nombreux et si éclatants. Observer ou étudier les phénomènes individuels, les classer, en poser les lois, en chercher les causes, tel est l'ordre régulier des procédés de l'esprit dans toutes les sciences de faits. Les disciples de Bacon, qui ont dirigé leurs recherches vers cette classe importante de faits qu'offrent à l'observateur réfléchi les diverses facultés de l'esprit humain en action, fournissent le modèle, le précepte et l'exemple de cette méthode, lorsqu'ils s'attachent d'abord exclusivement à recueillir les phénomènes, à noter également les analogies qui les rassemblent ou les différences qui les séparent, à les distribuer dans un certain nombre de classes, et à s'élever ainsi jusqu'à ces lois générales qui dirigent l'esprit humain dans ses diverses opérations, en s'abstenant de toute hypothèse sur les causes ou le *comment* des phénomènes. Les plus réservés vont même jusqu'à écarter de leurs recherches l'origine de la connaissance et la génération des facultés humaines, comme étant hors des limites de l'expérience intérieure dans lesquelles la doctrine dont il s'agit veut strictement se renfermer. C'est bien là la méthode qui a imprimé une direction si heureuse à toutes les sciences physiques.

En soumettant à un examen approfondi les productions d'ailleurs très-estimables et très-instructives des philosophes qui ont été les plus fidèles à cette méthode (à partir de l'*Essai sur l'Entendement* de Locke, jusqu'aux ouvrages les plus modernes de ses disciples), on trouvera des aperçus très-judicieux sur plusieurs facultés de l'esprit humain, sur la manière dont elles s'exercent ou s'appliquent à la formation des idées, mais point de système complet de ces facultés (1), point de liaison, c'est-à-dire d'enchainement entre elles, où l'on puisse voir comment elles sont subordonnées les unes aux autres, ou à quelque fait primitif que l'expérience intérieure soit capable de constater. Au contraire, on ne les caractérise jamais que d'après certains résultats fortuits de leur exercice; alors on les identifie avec les faits mêmes généralisés.

Ne faudrait-il pas que la psychologie remontât jusqu'aux premiers rudiments de notre constitution intellectuelle, qu'elle en séparât tous les produits de nos habitudes, de nos impressions fortuites et accidentelles, pour distinguer ce qui est vraiment primi-

---

(1) Je ne parle pas ici du système de Condillac, qui est purement artificiel.

tif de ce qui est acquis, ce qui est inséparable de la première fécondation du germe intellectuel de ce qui détermine son développement ultérieur? Or, la méthode qui prend pour point de départ un fait déjà composé, et qui s'ôte les moyens de toute décomposition ultérieure, peut-elle être appropriée à la recherche de ces éléments et à une science de principes? En suivant même cette méthode, si bien adaptée à la science des phénomènes qui sont extérieurs à nous, il y a un art d'observer les faits qui se présentent d'eux-mêmes à nos sens, et un autre art pour découvrir ceux qui se cachent, pour *tourmenter la nature*, comme dit Bacon lui-même, et la forcer à nous dévoiler son secret. Mais si l'art de l'*observation* intérieure a été heureusement cultivé par les psychologistes, disciples de Locke, le second, bien plus difficile, celui de l'*expérience* intérieure, a-t-il été vraiment pratiqué? Et s'il l'eût été, si, par ce moyen, on fût remonté jusqu'aux véritables éléments primitifs, différerait-on autant encore sur la nature et les éléments des principes, n'aurait-on pas trouvé le moyen de terminer ces discussions sur l'origine de certaines notions, que les uns placent à l'entrée de la science, pendant que d'autres les relèguent à la fin? Ne se serait-on peut-être pas assuré, enfin, que si, dans l'ordre que prescrit la méthode dans les sciences physiques, la recherche des causes ne peut qu'être le couronnement de la science, l'idée de cause ou le fondement de l'application première du principe de causalité est la base de la psychologie même expérimentale?

Si la manière de recueillir les faits primitifs et individuels n'est pas exactement déterminée, et si l'expérience intérieure est à peine connue, la classification de ces faits et la détermination de leurs lois générales ne saurait être bien régulière. Elles auront plutôt ce caractère arbitraire et conventionnel qu'on trouve jusqu'à présent dans nos classifications logiques. Comment, en effet, ces classifications seraient-elles naturelles, et par suite invariablement fixées, tant qu'elles se fondent sur ce que l'esprit suppose, d'après les conventions mêmes du langage préétabli, plutôt que sur ce que le sens intime constate par son témoignage?

N'est-ce pas parce qu'on a classé avant d'avoir observé ou constaté les différences des faits, qu'on a réduit à une seule classe, la sensation, toutes les fonctions tant actives que passives de nos divers sens, quoique chacune de ces fonctions, spécifique ou individuelle, dépende peut-être de conditions ou de principes tout à fait distincts ou même opposés, et que telle faculté de l'entendement qui est dite avoir son origine dans la sensation en général, se réduise à un fait particulier de sens intime, qui ne peut être compris sous ce terme que par un abus de mots?

N'est-ce pas de même en passant trop rapidement d'une observation incomplète à ce degré de généralisation des phénomènes appelé *loi,* qu'on range sous l'expression d'une loi unique (telle que l'association des idées, l'abstraction) des phénomènes qui, étant de natures diverses, ne peuvent être compris sous une seule loi, pas plus que dans une seule et même classe? En effet, lorsqu'on parle d'une loi générale de l'association des idées, n'assimile-t-on pas presque toujours des phénomènes intérieurs d'espèces tout à fait différentes, comme les associations organiques, ou celles qui se forment dans l'organe même entre des impressions immédiates simultanées, et les vraies associations actives que la volonté même détermine par un choix de moyens appropriés à tel but intellectuel ou moral? Il en est de même pour l'abstraction. Comment, en effet, la même loi s'appliquerait-elle aux idées générales qui résultent de la comparaison entre les sensations ou les images, et à ces notions abstraites intellectuelles, qui sont tout à fait étrangères à ces sensations et images, et ne dépendent nullement des comparaisons établies entre elles ni des rapports de ressemblance?

Mais j'avais intention de montrer comment la même méthode qui convient aux sciences naturelles, peut ne pas être appropriée à une science de principes, et je m'aperçois que je n'ai guère fait que relever les écarts ou les abus commis par les psychologistes dans l'emploi d'une méthode d'expérience qui prescrit avant tout d'observer soigneusement les caractères propres à chaque ordre de faits, avant de les classer, d'en poser les lois et d'en chercher les causes. Et vraiment, si la psychologie avait satisfait d'abord complétement au premier précepte, c'est-à-dire, si les faits primitifs et individuels étaient circonscrits et caractérisés en eux-mêmes, énumérés et notés par des signes précis et bien déterminés, la science des principes se trouverait constituée par cette seule énumération. Il n'y aurait plus lieu ni à aucune classification des faits analogues, ni à la détermination des lois générales ou des causes ; car la cause elle-même se trouverait déterminée par le fait primitif, avec qui on montrerait qu'elle est identique.

Telle est, par la nature des choses, la différence essentielle qui existe entre la science première dont il s'agit et toutes nos sciences dérivées. Dans la première il n'y a plus rien à demander quand on connaît tous les éléments parmi lesquels la cause se trouve nécessairement comprise, même en première ligne ; mais dans les secondes, où l'on suppose les principes, où il faut agir, pratiquer et non réfléchir, on part des composés ou des données premières de l'expérience, comme du simple sensible. On combine ces éléments secondaires, on observe leurs analogies, on les classe, on saisit entre eux des rapports de plus en plus généraux, jusqu'à ce qu'on arrive à la cause qui, dans les procédés méthodiques du physicien, est bien la dernière, puisque c'est le terme du rapport le plus abstrait, le plus général, qui comprend tous les effets particuliers donnés par l'observation directe.

Il importe ici d'observer ces deux sortes de procédés inverses de l'esprit, lorsqu'il part de la représentation d'un objet ou d'un fait extérieur donné aux sens, pour s'élever progressivement aux classes, aux lois et aux causes générales des phénomènes; et lorsqu'il part d'un fait donné par l'observation intérieure, pour en dériver ou y ramener tous ceux du même ordre. Ici, toutes les idées ou les faits se simplifient ou s'individualisent jusqu'à la conscience du *moi*, identique avec celle de cause ou force agissante. Là, tout se généralise et se complique jusqu'à ce qu'on arrive à l'idée la plus générale, qui est encore celle que les physiciens appellent cause. Mais il est bien évident que le mot *cause* a ici deux valeurs très-différentes et même opposées. Suivant l'acception psychologique, ou celle de la science des principes, c'est la donnée primitive et simple qu'il s'agit de bien constater; dans l'acception physique, c'est l'inconnue à chercher. Or, la méthode qui peut nous élever jusqu'à l'inconnu extérieur à nous, par le progrès des généralisations successives, pourrait-elle servir à constater ce qui est en nous par un ordre inverse d'idées de plus en plus individuelles?

On conçoit, dès à présent, comment l'interprétation de ce précepte, tiré à la lettre de la doctrine de Bacon : « dans la recherche des phénomènes on doit « d'abord faire abstraction des causes ou forces pro-« ductives, » étant toute relative à l'emploi que les physiciens font du titre de cause, est absolument opposée à la science des principes ou à son véritable objet. Et, en effet, dans la recherche des phénomènes intérieurs, je dis que non-seulement nous ne devons pas, mais même nous ne pouvons pas faire abstraction de la cause, puisqu'elle est identique au fait primitif de notre existence; et si, par une sorte d'abus des lois d'une méditation abstraite, ou par une prévention pour certains systèmes exclusifs, on perd ce fait de vue, en oubliant le vrai titre primordial du principe de causalité, si l'on dénature le principe générateur, on ôte toute base réelle à la science, on lui donne une base fausse, telle que celle de la sensation passive.

Ces réflexions sur les méthodes psychologiques achèvent de nous confirmer toute l'importance de l'étude des faits primitifs; elles nous éclairent sur le véritable point de divergence des systèmes, et préparent l'emploi du moyen propre à les concilier. Comme avant les découvertes de Lavoisier sur la décomposition de l'air et sur le véritable principe générateur des acides, il n'y avait point de méthode chimique fixe et déterminée, et l'on aurait pu disputer éternellement et sans jamais s'entendre pour savoir si les acides étaient simples ou composés, si l'acidité était innée à certaines substances, ou si elle ne leur était pas accidentelle, si le principe de la combustion résidait dans les corps qui brûlent ou leur venait du dehors; de même il n'y aura peut-être point de méthode fixe en psychologie, point de système complet sur l'origine des idées et la génération des facultés, jusqu'à ce qu'imitant jusqu'à un certain point les chimistes pneumatiques, les métaphysiciens aient pu reconnaître ou constater d'une manière positive le premier élément, le fait ou le principe générateur de la science, l'étudier en lui-même et dans ses diverses combinaisons, ordonner par rapport à lui tous les faits de même espèce, analyser ainsi et former de nouveau les composés binaires ou ternaires, les classer suivant une méthode fixe et régulière, enfin *élémenter* la science.

Je conçois bien les difficultés d'un semblable travail et tous les genres d'obstacles qui s'opposent à son exécution, et, sans espérer de les vaincre, je m'applaudirais d'avoir pu seulement montrer comment ce grand ouvrage, qui fixerait le sort de la science et donnerait une base solide au travail de la réflexion ou de la raison, ne devrait s'appuyer que sur une étude plus approfondie et une analyse plus exacte des faits primitifs du sens intime; d'avoir ainsi rendu plus recommandable encore la culture habituelle de ce sens à laquelle s'attachent tous nos progrès ultérieurs dans la connaissance de l'homme, tous les moyens pratiques les plus propres à développer et perfectionner ses facultés intellectuelles et morales, à le rendre en même temps plus éclairé, plus sage, meilleur et plus heureux.

C'est sous ce rapport pratique que je serai engagé à considérer les études psychologiques, à la fin de cette introduction, pour en faire mieux ressortir toute l'importance et l'utilité.

V

Des moyens que nous avons pour vérifier ou reconnaître nos facultés. Cause des disputes sur l'obscurité et la clarté des idées psychologiques.

Telle est la nature de l'esprit humain, telles sont les limites de sa science propre, que c'est un champ où il n'y a jamais lieu à faire des découvertes toutes nouvelles, mais seulement à éclaircir, vérifier, distinguer dans leur source, certains faits de sens intime, faits simples, liés à notre existence, aussi anciens qu'elle, aussi évidents, mais qui s'y trouvent enveloppés avec diverses impressions hétérogènes qui les rendent vagues et obscurs.

Lorsque nous parvenons à apercevoir ou à constater nettement en nous-mêmes quelque fait de cette espèce, il peut sembler, comme le disait le premier des sages au sujet de toutes les vérités évidentes par elles-mêmes, qu'au lieu d'apprendre des choses que nous ignorions complétement, nous ne fassions que nous ressouvenir de ce que nous savions déjà. Si, dans le cas dont il s'agit ici, nous ne pouvons pas dire comme Socrate, qu'apprendre c'est se ressouvenir, du moins est-il certain que découvrir ce qui était en nous, pour ainsi dire à notre insu, c'est apercevoir un fait présent, comme distinct de plusieurs autres d'espèce différente avec lesquels il se trouvait naturellement confondu ; d'où il suit que toute découverte psychologique que l'on présenterait comme établissant des vérités jusqu'alors absolument inconnues, comme dévoilant, par exemple, quelque faculté mystérieuse appropriée à l'absolu, à l'infini, à tout ce qui se trouve placé hors de la limite des faits que l'expérience intérieure ou la réflexion peut vérifier ou constater, est purement hypothétique et même fausse, si elle se trouve en opposition avec quelqu'un des faits positifs du sens intime.

Nos facultés, a-t-on dit, se définissent elles-mêmes par leur exercice et non autrement. Cela est vrai dans une certaine acception. Nous ne pouvons, par exemple, définir les facultés de toucher, de voir, de sentir ou odorer, d'entendre, de manière à en donner l'idée à l'être qui serait privé de quelqu'une d'elles ; et, au contraire, en le mettant à portée de toucher, de voir, de sentir, d'entendre, il acquiert des idées si claires de ces facultés que toute définition devient inutile. Cependant, comme la personne qui jouit de ces diverses facultés les exerce simultanément, elle sera inévitablement portée à attribuer à un sens des modes ou qualités qui appartiennent à un autre : c'est ainsi que, par suite des habitudes d'association du toucher et de la vue, on croit généralement saisir par ce dernier sens, les trois dimensions de l'étendue. Celui qui se trompe de la sorte apprend donc une chose nouvelle, lorsqu'il découvre que la vue n'est que le sens des couleurs ou, peut-être aussi, comme je le crois malgré Condillac, de l'étendue non solide et à deux dimensions, vérités qu'il parvient à se démontrer, soit par des observations et des raisonnements tels que ceux de Thomas Reid, soit à l'aide de certaines expériences, en isolant jusqu'à un certain point chacun des deux sens. Les facultés connues sous les titres plus ou moins vagues et arbitraires de *mémoire*, *imagination*, *jugement*, etc., peuvent encore moins se définir ou se constater par elles-mêmes dans leur exercice actuel ; car elles se trouvent mêlées et confondues entre elles dès leur origine, de telle manière qu'il est encore plus difficile de reconnaître et de dire exactement la part que prend chacune d'elles à l'exercice de toutes les autres ou à leurs communs résultats, qu'il ne l'est de faire la part exacte de la vue et du toucher dans l'image composée qui résulte de leur concours. Il y a plus, l'existence de quelques-unes de ces facultés, même les plus influentes sur tout le système de nos idées, qui est reconnue évidente par les uns, est formellement contredite par les autres. Nous apercevons ici le principe de toutes les divergences en psychologie.

Supposons que le sens du toucher fût tout intérieur, au lieu de se localiser dans un siége ou organe externe particulier comme il arrive quand il s'applique aux objets qui résistent; comment celui qui l'aurait constaté par une observation tout intérieure ou une analyse exacte de ses propres modifications, pourrait-il s'y prendre pour manifester à d'autres l'existence de ce sens et son influence sur la formation première des idées sensibles de la vue? Comment pourrait-il persuader à tous les hommes qui croient voir les formes du solide, que ce qu'ils perçoivent n'est point l'objet propre et réel de l'organe de la vue, mais celui d'un sens plus intime qui associe son témoignage et ses formes propres à un autre sens qui s'exerce au dehors? Il n'y a là pour nous, dirait-on, que des sensations ou des images visibles; toutes nos connaissances et nos idées viennent de ces sensations, d'une manière médiate ou immédiate, et tout ce qui ne sera pas déduit de cette source est pure chimère ou abstraction réalisée. Si vous voulez que nous croyions à votre toucher intérieur, faites que nous le voyions, ou montrez-nous un miroir qui le réfléchisse à nos yeux. Notre observateur ne pourrait alors qu'en appeler à l'exercice propre du sens dont il s'agit, et mettre ses interlocuteurs dans le cas de le constater, ou leur faire voir qu'il y a un système, une classe entière d'idées qui, ne dérivant en aucune manière des images de la vue, peuvent se rapporter à ce sens intime. De même, s'il y a réellement en nous une faculté de réflexion qui, ainsi que le dit Locke, puisse être considérée comme un sens particulier, cette faculté sera à celle d'imaginer ou de se représenter les choses du dehors ce que, dans l'hypothèse précédente, le toucher intérieur était au sens de la vue.

L'histoire de la psychologie nous prouve, par une multitude d'exemples, que la faculté de l'imagination, toujours prédominante, même chez les philosophes, les porte sans cesse à exclure du champ propre de la connaissance, tout ce qui ne rentre pas directement dans son point de vue et ne peut se plier à ses lois. Hobbes et Gassendi refusent d'admettre le principe de la conscience et nient sa réalité. Pour eux, le mot *idées* n'a d'autre valeur que celle du mot *images*. « O bon esprit ! » dit Gassendi, en interpellant cet esprit qui cherche à se connaître et à se renfermer dans ses propres limites, « pouvez-vous nous
« montrer qu'il y ait en nous plusieurs facultés, et
« non pas une seule par laquelle nous connaissions
« généralement toutes choses? » Et plus bas il dit :
« Considérant pourquoi et comment il se peut faire
« que l'œil ne se voie pas lui-même, ni que l'enten-
« dement ne se conçoive point, il m'est venu en la
« pensée que rien n'agit sur soi-même. » Il trouve dans une image réfléchie par un miroir l'exemple

unique de la connaissance que l'œil peut acquérir de lui-même, et il finit par dire expressément, comme nous disions tout à l'heure : « Donnez-moi donc un « miroir (qui puisse ainsi renvoyer l'image de l'es- « prit), et je vous assure que, venant à réfléchir et « renvoyer contre vous votre propre espèce, vous « pourrez alors vous voir et connaître vous-même, « non pas à la vérité par une connaissance directe, « mais du moins par une connaissance réfléchie ; « autrement, je ne vois pas que vous puissiez avoir « aucune notion ou idée de vous-même (1). » Ces passages sont très-remarquables ; ils offrent comme le résumé des théories qui ont été souvent reproduites dès lors. Helvétius n'a-t-il pas cherché, en effet, à réduire expressément toutes les facultés de l'esprit humain à la sensation et à l'imagination qui n'est encore, selon lui, que la sensation continuée, et Condillac n'a-t-il pas systématisé cette doctrine ?

Ces philosophes nient bien aussi, comme Gassendi, que l'esprit puisse se connaître en agissant sur lui-même, et la réflexion, prise dans le sens propre de ce mot, se trouve ramenée au jeu de l'imagination, ou de l'attention, qui rejaillit d'une partie de l'objet sur l'autre, comme la lumière rebondit des différents points de la glace qui la réfléchit à nos yeux. Cependant, s'il n'y a en nous que des sensations, et des images qui en dérivent, l'esprit humain se trouvera constitué en rapport de dépendance exclusive et nécessaire des objets exté-

---

(1) *Objections de Gassendi contre les Méditations de Descartes.*

rieurs. Il ne pourra avoir que des représentations de ces objets, dont il sera comme le miroir qui reçoit et réfléchit ces images hors de lui, et, dans ce cas, il n'y a aucun moyen de connaissance intérieure, aucun retour sur soi, aucune réaction possible sur ses propres opérations, pour les concevoir et s'en faire des idées simples, individuelles, hors de leur application aux choses du dehors. En ce cas, pourquoi parle-t-on de psychologie et même d'idéologie, et quelle peut être l'occasion ou la matière d'une analyse des facultés humaines pour en connaître l'origine, la génération, ou la subordination et les progrès ?

« Soit que nous nous élevions dans les cieux, dit-
« on, soit que nous descendions dans les abîmes,
« nous ne sortons point de nous-mêmes, et ce n'est
« jamais que notre propre pensée que nous aperce-
« vons (1). » Il n'y a donc aucune différence entre l'observation des choses qui nous sont étrangères et celle de nous-mêmes, de ce qui nous est propre, ou de ce qui constitue notre existence. La science de la nature extérieure et celle de nos idées se pénètrent, en quelque sorte, ou se réduisent à la même ; c'est l'unité absolue, matérielle ou spirituelle, n'importe ; mais c'est toujours l'unité, l'identité pure de l'être qui sent ou pense, avec l'objet senti et pensé. Ici le défaut d'appropriation de telles facultés de l'entendement aux objets qu'on veut leur soumettre se

---

(1) Condillac, *Essai sur l'origine des connaissances humaines*, au commencement.

manifeste par divers abus d'autant plus graves qu'ils mettent le plus grand obstacle aux progrès ou à la formation même d'une science des principes, et qu'ils éloignent jusqu'à la possibilité de s'entendre et de parler une langue commune quand il s'agit des facultés de l'esprit humain, ou des faits primitifs du sens intime.

Comme rien n'est plus différent, quoi qu'on en dise, que la manière de se représenter par l'imagination ce qui est hors de nous, et celle de concevoir par l'aperception interne ou la réflexion ce qui est en nous-mêmes, les deux sortes de signes calqués sur ces deux sortes de conceptions opposées constitueront deux langues absolument séparées, et qui, malgré certaines analogies de formes extérieures, ou en quelque sorte matérielles, ne pourront cependant être traduites l'une dans l'autre. De même que les termes appropriés uniquement aux perceptions de la vue, par exemple, ne peuvent s'appliquer que d'une manière tout à fait illusoire aux perceptions du toucher et de l'ouïe, et qu'il faut absolument consulter le sens auquel les idées particulières se rapportent pour saisir la véritable signification des mots dont il s'agit; ainsi les signes employés pour exprimer les idées de réflexion ou les phénomènes du sens intérieur, ne sauraient être compris en aucune manière tant qu'on n'y emploie que l'imagination seule, et leur valeur propre se trouve absolument altérée ou dénaturée dès qu'on veut les transférer aux phénomènes extérieurs. Voilà pourquoi les gens du monde qui ont le plus d'esprit, le plus d'instruction et de curiosité, quant à ce qui concerne les objets relatifs à ce théâtre où ils jouent un rôle, sont les plus mauvais juges de tout ce qui se rapporte à la philosophie. Il en est de même des physiciens ou naturalistes, dont l'attention et toutes les facultés sont toujours tournées au dehors, vers tout ce qui n'est pas eux. En général, le succès d'un ouvrage de métaphysique, dans le monde, est en raison inverse de sa bonté, de son appropriation au sujet spécial dont il traite; j'en pourrais donner des exemples récents.

Ce que je viens de rapporter de Hobbes et de Gassendi prouve d'une manière bien remarquable l'aberration de langage et de point de vue dont il s'agit. Nous avons d'autres preuves très-frappantes de la même aberration, dans les tentatives si vaines faites pour expliquer physiquement les opérations de l'esprit ou les phénomènes du sens intime, en réduisant, pour ainsi dire, en images de mouvements ou de jeu des fibres organiques un système d'idées, qui, étant absolument hétérogène à cette sorte de conceptions, n'y eût jamais été assimilé, sans doute, si l'on avait su distinguer les facultés de l'esprit humain et approprier chacune à son objet spécial. Mais, comme on ne peut imaginer, ou percevoir au dehors, ce qui demande à être réfléchi, on ne peut raisonner ni construire par des formules ce qui demande à être observé ou aperçu immédiatement par un sens interne; et c'est sous ce rapport seul que le principe de Descartes pouvait être attaqué. Tout dépend donc de bien connaître d'abord les facultés que nous possédons, et de les approprier exactement aux objets de leur ressort. Jusqu'à ce qu'on ait atteint ce but, il ne faut parler ni de science des principes, ni de solution certaine du problème fondamental de l'origine et de la génération de nos diverses idées ou connaissances. Mais quel est le double *criterium* de l'existence de certaines facultés en nous, et de leur appropriation réelle aux objets ou phénomènes qui sont spécialement de leur ressort ?

Les sens externes se trouvent presque naturellement circonscrits, en s'appliquant les uns aux autres ou à leurs objets, en se mettant ainsi dans une sorte de relief hors d'eux ou de l'être qui sent ou perçoit. Sans cette sorte de réflexion spéculaire par laquelle chaque sens externe peut devenir lui-même un objet de perception, nous exercerions ces sortes d'instruments de la connaissance extérieure sans savoir qu'ils existent comme objets, c'est-à-dire sans les connaître extérieurement, quoiqu'ils puissent être connus, comme nous le verrons, d'une autre manière tout intérieure, et en vertu de l'action que la volonté exerce sur eux pour les mouvoir et les diriger.

On a dit bien souvent que l'œil qui voit tout ne se voit point lui-même, excepté dans le miroir; le toucher, qui se représente à la vue, se reconnaît de plus par les limites qui le séparent des objets auxquels il s'applique, etc.; mais il n'y a point de connaissance objective de ces sens, indépendante de leur exercice ou de leur emploi au dehors. Quant aux facultés que l'homme exerce sur ses idées et dans le silence des sens externes, elles n'ont aucune espèce de miroir propre qui les réfléchisse extérieurement; comme l'œil, elles s'appliquent à tous les objets de leur ressort, sans se voir ou se connaître elles-mêmes. Ainsi l'imagination qui crée ou reproduit une idée sensible ne s'imagine point elle-même; la mémoire ne peut s'apercevoir elle-même dans le présent; le raisonnement, juge de tous les rapports les plus éloignés, ne se juge pas ou ne se raisonne pas lui-même. Comment donc chacune de ces facultés ne pouvant ni se représenter, ni s'appliquer à elle-même, comme objet de connaissance, peut-elle être connue, et par quel moyen avons-nous pu acquérir les idées qui correspondent à ces termes : *imaginer*, *se souvenir*, *juger*, *raisonner*, *vouloir* ; idées que Locke a regardées comme aussi claires qu'aucune de celles qui nous viennent directement par les sens externes? Il faut, ou nier absolument la réalité, la vérité de ces idées simples; (mais comment le pouvoir sans tomber dans le scepticisme le plus absolu?) ou reconnaître en nous, sous un titre quelconque, une faculté, un sens supérieur à tous les autres, qui se met comme en dehors de tous pour les constater, les juger, les contrôler. L'exercice de ce sens est à ce qui se passe en nous-mêmes ce que la vue extérieure est aux objets; mais, différente de celle-ci, la vue intérieure porte avec elle son flambeau et s'éclaire elle-même de la lumière qu'elle communique. En effet, la même faculté de réflexion, le même sens intime par lequel nous pouvons obtenir les idées simples de chacun de nos actes intellectuels, seul entre tous les sens se constate ou se définit réellement par son exercice, puisque c'est à cet exercice spécial que s'attache l'idée ou le sentiment du *moi* qui se joint à tout dans le fait de conscience, mais qui se distingue de tout, et ne se confond ni avec aucun des modes successifs qu'il éprouve, ni même avec aucun des actes qu'il détermine.

Tout ce que chaque individu dans l'état de veille et de *compos suî* peut vérifier en lui-même ou se certifier à lui-même, en consultant le témoignage du sens intime, y est bien réellement comme fait intérieur, actuel et positif; tout ce qui, se trouvant hors des limites de ce sens intérieur, peut être attribué au sujet pensant, n'est point affirmé du *moi*, ou ne peut lui être attribué à titre de fait actuel, mais seulement à titre de notion ou d'hypothèse nécessaire.

Concluons que le *criterium* demandé ne peut se trouver hors du sens intime, ou que la faculté qui se constate immédiatement elle-même dans son exercice peut seule être employée à reconnaître toutes les autres et à tracer leurs limites.

Cette faculté n'est autre que le pouvoir de commencer et d'exécuter librement une action ou une série d'actions. Or, un tel pouvoir se vérifie immédiatement par cela même qu'il s'exerce, et il ne s'exerce qu'autant qu'il est ou peut être actuellement vérifié par la conscience. Le fait primitif porte donc avec lui son *criterium* sans l'emprunter d'ailleurs. Quant à la sensation et aux facultés passives qui s'y rapportent, elles ne se constatent point immédiatement, mais par leur contraste avec ce qui est actif, comme les contours de l'ombre se distinguent dans l'espace éclairé (1).

Les philosophes qui ont méconnu ce *criterium* et

---

(1) Ces réflexions indiquent naturellement la réponse à faire à cette pensée sceptique que Pascal met dans la bouche des Pyrrhoniens : « La moitié de la vie se passant en sommeil par notre propre « aveu, où, quoi qu'il nous en paraisse, nous n'avons aucune idée « du vrai, tous nos sentiments étant alors des illusions, qui sait si « cette autre moitié de la vie où nous pensons veiller n'est pas un « sommeil un peu différent du premier, dont nous nous éveillons « quand nous pensons dormir, comme on rêve souvent qu'on rêve « en entassant songes sur songes ? » (*Contrariétés étonnantes qui se trouvent dans la nature de l'homme à l'égard de la vérité, du bonheur et de plusieurs autres choses.*)

La réponse à ce doute pyrrhonien se trouve dans notre manière de considérer toutes les facultés humaines par rapport à la réflexion, qui seule plane en quelque sorte sur toutes, et traduit en idées proprement dites les résultats de leur exercice. Supposez tous les sens externes et l'imagination en plein exercice, et l'aperception interne ou la réflexion complètement suspendue, et vous aurez un état de rêve, une suite de véritables songes : aussi y a-t-il peu de différence entre cet état et la vie habituelle des hommes irréfléchis. Il suit de là que le doute des Pyrrhoniens disparaît entièrement devant le seul témoignage du sens intime, qui ne peut nous laisser un instant en suspens sur la question : si nous jouissons ou non du *conscium* ou du *compos sui;* car le doute lui-même suppose ce retour de réflexion, cette possession du *moi* qui constitue la veille, et la distingue de l'état opposé où, tout exercice de la réflexion étant suspendu, il n'y a pas de *conscium* ou de *compos sui*.

Les physiologistes reconnaissent un sommeil plus ou moins complet, dont ils assignent les degrés d'après le nombre et l'espèce des sens qui s'endorment les uns après les autres ; mais il me semble que l'état de sommeil est mal caractérisé de cette manière. Il faut remonter jusqu'au principe vraiment actif, à celui qui fait le *moi*. Sans lui, les organes qu'il n'anime ou ne dirige pas, dans l'état habituel, peuvent être éveillés quoiqu'il y ait un véritable sommeil ; avec lui, la veille est parfaite quoiqu'il y ait certains organes engourdis, comme il arrive souvent dans les états maladifs, nerveux, etc.

voulu appuyer leurs doctrines sur quelque base étrangère aux faits primitifs du sens intime, n'ont pu employer que certaines facultés qui ne portent point en elles-mêmes leurs moyens de vérification ; ils n'ont pu ainsi arriver qu'à des hypothèses ou à des systèmes de vérités conditionnelles, et l'on classerait très-bien leurs doctrines suivant l'espèce des facultés qui ont servi à les établir. Les unes, par exemple, se fondent sur les sensations, l'imagination et les classifications du langage ; d'autres, sur le raisonnement et l'abstraction ; d'autres y joignent la réflexion. Toutes s'éloignent plus ou moins des faits du sens intime ou les supposent sans constater leur nature ; toutes veulent concentrer dans le champ de telle faculté dominante, un système complet d'idées, de notions ou de faits qui ne sont point en rapport avec elle, et c'est là sans doute le principe des écarts si communs en métaphysique.

Pour reconnaître combien cette source d'illusions doit être intarissable, et justifier la solidité de la base que nous voulons donner à la science des facultés, feignons plusieurs individus réduits chacun à un sens (1), ou, ce qui revient au même, ayant chacun calqué le double système de leurs idées et de leurs signes sur une espèce différente de perceptions : les uns sur celles de la vue, les autres sur celles du toucher ou de l'ouïe. On comprend bien que tant qu'il ne

---

(1) On peut voir dans la lettre de Diderot, sur les sourds-muets, le parti que tire d'une hypothèse semblable cet enfant perdu de la philosophie, qui allie quelquefois la profondeur et la justesse des vues à un ton habituellement léger, piquant et original.

s'agirait entre eux que des idées sensibles, ou des idées générales complexes déduites des premières et fondées sur leurs analogies, il ne pourrait y avoir entre ces individus aucun moyen de communiquer, et, quand même ils se serviraient des mêmes signes, des mêmes formules de langage, il n'y aurait entre eux aucune idée vraiment commune, et ils disputeraient éternellement. Mais si ces individus étaient des êtres pensants, on peut admettre que, sans avoir les mêmes sens externes, ils seraient doués de facultés semblables, de souvenir, de jugement et de volonté; qu'ils auraient une réflexion ou une sorte de sens intérieur, capable de constater l'exercice de chacune de ces facultés ou de les concevoir sous autant d'idées simples; et dès lors il y aurait possibilité de s'entendre et d'avoir un système de signes communs, tant qu'il ne s'agirait que d'exprimer ces idées de réflexion ou les faits du sens intime. Il en serait de même pour les idées de cause, d'unité, d'identité, de nombre, qui en sont déduites immédiatement; mais les disputes interminables et toute la confusion des langues ne pourraient manquer de renaître, aussitôt que l'un ou l'autre des individus supposés voudrait prendre pour type de quelque faculté de l'esprit, une espèce particulière de sensations transformées; comme si l'être borné au sens de l'odorat disait que la mémoire n'est qu'une modification d'odeur affaiblie; et celui qui a des yeux, que c'est l'image d'une couleur persistante ou reproduite par l'ébranlement communiqué à l'organe, etc.

En effet, si la réflexion constate en nous certains

actes d'attention, de comparaison, de souvenir, de jugement, toujours semblables quelles que soient les espèces d'impressions sensibles auxquelles ils puissent s'appliquer, il est évident que l'aveugle, par exemple, pourra concevoir la mémoire ou le jugement de celui qui voit, en tant que ces actes intellectuels sont en dehors des impressions visuelles ; il les concevra comme tactiles. Mais il ne le pourrait en aucune manière, si ces mêmes actes, pris au dedans de la sensation même, n'en étaient, comme dit Condillac, que des transformations; exemple très-propre à justifier le point de vue de Locke sur la différence des idées simples tant sensibles que réfléchies, et à nous faire concevoir quelle est la faculté, le sens, ou l'instrument vraiment approprié à la connaissance de nous-mêmes, ou de ces pouvoirs intellectuels qui se trouvent indépendants par leur nature de tel ou tel système de sensations.

Quoique nos psychologistes soient doués des mêmes sens externes, quoiqu'ils aient un sens intime commun, et une réflexion dont ils font plus ou moins d'usage, ils peuvent avoir entre eux les mêmes motifs d'opposition, comme de rapprochement et de communauté de point de vue. Supposons divers psychologistes dont l'un, par exemple, calque son système des facultés intellectuelles sur un certain ordre de sensations ou d'images empruntées de la vue et du toucher, sens qui prédominent dans l'organisation humaine, pendant qu'un autre aura pris les types des mêmes facultés nominales dans le sens intime, et le troisième dans certaines notions ou certains principes déduits du raisonnement et qu'il considère comme *a priori :* ils pourront bien employer des signes communs ou des formes logiques semblables, mais certainement ils ne parleront point la même langue. Ils ne s'entendront pas davantage ou seront tout aussi inintelligibles les uns pour les autres que les individus dont il s'agissait tout à l'heure, quand chacun d'eux voulait parler aux autres d'une espèce de sensation dont son interlocuteur n'avait pas les organes ; car, si l'on ne fait aucun usage de tel sens ou de telles facultés qu'on a, c'est à peu près comme si on ne l'avait pas. C'est ainsi que Hobbes et Gassendi, combattant l'auteur des *Méditations* dans sa langue, parlaient réellement sous les mêmes signes de choses tout à fait différentes et n'avaient pas une idée commune avec lui. Quel moyen de rapprochement pouvait-il y avoir entre ces métaphysiciens, tant que Descartes prenait les mots : *pensée*, *idée*, dans un sens purement intellectuel et réfléchi, tandis que ses adversaires persistaient à rattacher aux mêmes signes une acception physique ou purement objective?

Les exemples que nous venons de rapporter, en nous expliquant la première cause des oppositions qui règnent entre les différentes doctrines psychologiques, nous font aussi concevoir les véritables motifs de ces reproches continuels d'obscurité, de vague et d'illusions, que plusieurs d'entre elles s'adressent réciproquement, et que les hommes les plus étrangers à ces débats adressent à tout ce qu'ils appellent métaphysique.

On ne s'entend guère, en général, sur ce qui constitue l'espèce de clarté propre aux différentes sortes d'idées, qui peuvent être, ou conçues par l'entendement, ou représentées par l'imagination. Qu'y avait-il de plus clair pour Locke, et même avant lui pour Descartes, que ces faits du sens intime, ou ces idées simples que la réflexion attache aux facultés de notre esprit et aux notions premières de cause, de substance, d'unité, d'identité, de nombre, en tant qu'elles sont considérées dans leur source ou dans le sentiment même de notre *moi?* Cependant des successeurs de Locke ont trouvé que les idées de cette espèce, loin d'être aussi claires qu'aucune de celles qui peuvent nous venir par les sens externes, ainsi que le pensait l'auteur de l'*Essai sur l'Entendement*, n'existent pas même comme idées simples, et que leur source n'a aucune réalité. Ils sont partis de là pour tout ramener aux sensations reçues du dehors, et y rattacher, d'une manière exclusive, cette évidence immédiate que Descartes avait refusée au témoignage des sens extérieurs, et dont, le premier, il a montré le fondement dans la conscience ou le sens intime.

D'après cet exemple d'une opposition si marquée sur un point de fait, on peut, de prime abord, se croire autorisé à penser qu'il n'y a pas de vérités évidentes en métaphysique, ou que du moins les caractères et les signes auxquels on pourrait les reconnaître, sont tout à fait incertains et variables. Mais, si on remonte aux causes de ces incertitudes, on trouvera, je pense, que tout vient de ce qu'on ne distingue pas les différentes sources d'évidence, et de ce qu'on veut appliquer à certaines idées intellectuelles ou réflexives, cette espèce de clarté dont on a pris le type dans l'imagination ou dans les sens. L'aveugle qui cherche à se faire une idée de l'écarlate, en comparant cette couleur au son de la trompette, dont il a une idée claire, n'est guère plus ridicule peut-être, que l'homme qui ne croit pouvoir se faire l'idée claire de tels actes intellectuels, qu'autant qu'il les compare à quelque image sensible, à des mouvements, des jeux de fibres organiques, des vibrations, etc. Tout ce qui est en nous, et même une multitude de choses qui sont hors de nous, ne peuvent être ni vues, ni imaginées ; faudra-t-il, pour cela, renoncer à en avoir des idées claires ? Tout au contraire ; en transportant à des faits du sens intime, ou à des idées de réflexion, certains signes qui s'adressent uniquement à l'imagination, on ne fait réellement qu'obscurcir, altérer et dénaturer entièrement ces idées qu'on trouverait évidentes par elles-mêmes, si l'on pouvait ou si l'on voulait les ramener à leur véritable source. On conviendra, en effet, je crois, quand on y pensera plus profondément, que les doctrines de psychologie où l'on cherche à exprimer les opérations de l'esprit et ses modes intérieurs par des termes figurés ou métaphoriques, à les traduire, pour ainsi dire, dans la langue des sensations et des images, sont tout à fait obscures et insignifiantes, précisément par le côté où elles paraissent parfaitement claires et significatives au commun des hommes, qui ne croient entendre que ce qu'ils imaginent. En effet, l'obscurité, ou même la fausseté des idées, ne consiste pas seulement, comme on l'a dit, dans l'incompatibilité des éléments que l'esprit veut réunir sous une même notion ou un même signe, mais encore et surtout dans le défaut d'appropriation de ces éléments, ou de quelqu'un d'entre eux, à la faculté particulière à laquelle on veut les soumettre.

Toutes les fois qu'une idée ou notion exprimée par tel signe nouveau ou connu est présentée à notre esprit, la première chose à observer, c'est de savoir non pas à quelle classe ou catégorie elle se rapporte, mais bien à quelle faculté de l'esprit elle s'adresse. Or si, parce que certaines idées ne frappent pas l'imagination ou la sensibilité, facultés avec lesquelles elles ne peuvent avoir aucune espèce de rapport, on n'hésite pas à les mettre au rang des pures abstractions; si, ne comptant pour rien le témoignage du sens intime, on prend le type exclusif de toute clarté ou évidence dans les images extérieures; enfin si on promène ses regards au dehors pour y chercher l'objet sensible auquel de telles idées peuvent venir se rallier, en rejetant comme obscur ou chimérique tout ce qui n'émane point de cette source, dès lors on ne s'entend plus sur ce qui constitue la clarté et la vérité des idées, et on les restreint dans les limites étroites d'un sens unique, comme le font ces individus bornés à la vue, au toucher ou à l'odorat, dont nous parlions auparavant. Les idées ou concepts relatifs à chaque faculté de l'esprit humain ne peuvent s'adresser, en effet, qu'à une faculté de même nature que celle qui les produit. Lorsqu'il s'agit des faits du sens intime, c'est ce sens même (ou la réflexion) qui est le seul capable de les concevoir; toute autre faculté, telle que l'imagination ou même la raison seule, serait un juge mauvais et incompétent.

C'est ici surtout que les seuls jugements vrais et équitables sont ceux des *pairs*. Il faut qu'une idée de nature quelconque fasse vibrer dans un autre esprit la corde sensible qui y correspond harmoniquement; autrement le signe porte faux et à vide. Si on voulait appliquer la raison ou la réflexion à des choses qui demandent à être imaginées ou senties, tous les brillants produits de l'imagination s'évanouiraient comme l'ombre, et disparaîtraient dans un creuset qui n'est pas fait pour eux. Le géomètre qui, après avoir assisté à la représentation d'un de nos chefs-d'œuvre dramatiques, demande : Qu'est-ce que cela prouve? et celui qui, en lisant l'Énéide, s'attache à y voir l'itinéraire des vaisseaux troyens, manquent tout à fait des facultés appropriées à ces sublimes productions. Il en est absolument de même pour les hommes dominés par l'imagination et les sens, quand ils veulent mesurer à leur échelle des ouvrages de pur raisonnement ou de réflexion intime; et la question si souvent répétée : *Qu'est-ce que cela signifie ou représente?* c'est-à-dire quelle image, quelle sensation cela réveille-t-il? à quoi cela sert-il? vaut bien le : *Qu'est-ce que cela prouve?* du bon géomètre.

Peut-être qu'on s'abstiendrait toujours de pareilles questions, et qu'on se montrerait plus réservé dans ses jugements sur la prétendue obscurité ou l'inutilité de tels systèmes de connaissances ou d'idées relatives à un monde intérieur, si l'on savait appliquer à ce monde le sens qui peut seul en percevoir l'existence réelle et en assigner les limites. On ne prétendrait pas alors, sans doute, soumettre à la critique d'une faculté ce qui est uniquement du ressort d'une autre : une foule de discussions oiseuses, de luttes d'opinions, de guerres philosophiques, seraient terminées par là même, et la paix régnerait dans le monde des idées.

A entendre les plaintes générales qui s'élèvent sur l'obscurité des premières notions de psychologie, ne dirait-on pas que ce sont les idées claires et distinctes que les hommes cherchent et aiment par-dessus tout? Quelle est donc cette espèce de clarté à laquelle on aspire? En trouverons-nous le type dans ces produits de l'imagination si célèbres dans le monde, dont le succès dépend surtout d'images souvent incohérentes, entassées et groupées de manière à produire une sorte d'illusion théâtrale, comme ces décorations d'opéra dont tout le faux brillant disparaît quand on vient à les regarder de près, ou comme ces mélodies dont le charme dépend du vague même des sentiments et des images qui s'y rattachent? Non ; ce n'est jamais ce qui est clair et déterminé, qui satisfait les penchants d'une nature sensible, dont le premier besoin est d'être remuée. Si la science des principes, ramenée à son véritable objet et basée sur les faits du sens intime, jouissait de toute l'évidence propre à cette source d'idées, il est vrai que peut-être elle rattacherait plus fortement à elle un petit nombre de sages, mais elle se trouverait abandonnée de plusieurs hommes qui y tiennent par les obscurités mêmes qu'elle leur offre, et par des espérances vagues et chimériques qu'alimente l'ignorance des véritables principes sur lesquels elle repose.

S'il y a une évidence mathématique que personne ne conteste, quoiqu'elle soit entièrement différente de l'espèce de clarté propre aux idées sensibles, ou même qu'elle lui soit opposée dans ses fondements, pourquoi n'y aurait-il pas aussi une évidence psychologique également opposée à la clarté des représentations du dehors? Peut-être n'y a-t-il pas entre ces deux espèces d'évidences, l'éloignement que supposent ceux qui parlent de la métaphysique sans connaître son véritable objet, réduit à ce qui le constitue élément pur de la dualité primitive? Pourquoi n'y aurait-il pas une évidence toute pareille dans les principes et les déductions qui forment la métaphysique d'une part et les mathématiques de l'autre? Ces questions tiennent, comme on le voit, au fondement même de la science des principes; et peut-être trouveront-elles dans la suite de cet ouvrage quelque éclaircissement. Pour le moment, bornons-nous à faire sur ce sujet quelques remarques, en l'envisageant sous le rapport pratique.

Le géomètre, en remontant par l'abstraction au principe, ou à l'élément premier de la connaissance objective, ne saisit encore cet élément, tout abstrait qu'il est, que sous une forme sensible. Il le représente, le manifeste hors de lui par des signes permanents dont il dispose, et qui, se confondant avec la chose signifiée, impriment à l'objet le sceau d'une sorte de création intellectuelle. Ces signes peuvent être ramenés à des points palpables ou visibles, qui se trouvent coordonnés dans l'espace : ils semblent donc avoir en eux-mêmes cette sorte de clarté propre à tout ce qui peut se représenter, ou s'imaginer, en se mettant dans une sorte de relief hors de nous.

Le métaphysicien, s'appuyant sur la réflexion, faculté qu'il ne faut pas confondre avec l'abstraction, remonte jusqu'au sujet qui s'abstrait lui-même plutôt qu'il n'est abstrait de toute représentation externe, et qui s'aperçoit sous ces attributs d'unité, de simplicité, de permanence, qui conviennent aussi à l'objet dans le point de vue mathématique. Mais le propre de ce concept réfléchi, c'est de n'avoir aucun signe direct de manifestation : l'évidence du principe est immédiate, tout intérieure, sans que rien d'extérieur puisse la manifester. Il y a plus, c'est qu'elle se dénature en cherchant à se donner au dehors un point d'appui qu'elle ne peut y trouver. Les signes dont nous nous servons en métaphysique peuvent réveiller et exciter le sentiment immédiat de cette évidence, propre à chaque esprit qui est, comme on dit, *compos suî*; mais ces signes toujours arbitraires, conventionnels, n'ont aucun rapport avec le sujet signifié : ils produisent l'évidence intérieure, mais ne la créent pas; elle est avant eux, et ils n'existeraient point sans elle. Malgré cette grande ligne de démarcation qui séparera toujours l'évidence mathématique de l'évidence métaphysique, il est facile de voir qu'elles sont plus rapprochées l'une de l'autre par le fait primitif où elles ont leur source commune, que chacune d'elles ne l'est de l'espèce de clarté que demande l'imagination.

Les points visibles ou palpables, les lignes, les plans, les figures ne sont que les *schema* d'idées purement intellectuelles ; ce n'est point aux sens que s'adressent la ligne, les points mathématiques et leurs divers modes de coordination. Il y a plus, c'est que ces divers attributs, et les diverses propriétés qui se déduisent de la nature de l'étendue intelligible, se trouvent souvent en opposition manifeste avec toutes les idées les plus claires de l'imagination et des sens. Elles ne sont point en effet visibles ni palpables, ces lignes, dites *asymptotes*, qui s'approchent toujours l'une de l'autre sans se toucher, si ce n'est dans l'infini de l'espace ; et, pour prendre des exemples dans les faits mêmes de la nature, tels que l'entendement et non pas l'imagination les conçoit, ce n'est point le soleil visible qui est immobile pendant que la terre marche, c'est celui qui est plusieurs millions de fois plus gros, etc.

L'espèce de clarté ou d'évidence propre aux idées mathématiques a donc bien plus de rapport avec la véritable évidence métaphysique qu'avec la prétendue clarté des idées sensibles. En effet, ce qui est clair pour l'imagination est ce qui est le plus *composé*, ou ce qui offre une sorte de prise à plusieurs sens à la fois ; ce qui est clair pour le raisonnement et la réflexion, c'est le *simple* parfait, qui n'est pas toujours l'abstrait ou le général (dans l'acception ordinaire qu'on donne à ce mot), mais l'élément réel de la connaissance objective ou subjective, dépouillé de toutes les modifications accidentelles qui lui servent comme d'enveloppe et le masquent aux yeux de l'esprit. C'est l'un ou l'autre élément synthétique, déduit du fait primitif, qui servira de principe de composition aux deux ordres de notions ou d'idées; et tel est aussi le véritable fondement des rapports d'analogie qui existent d'abord entre les deux sciences et peuvent les faire participer jusqu'à un certain point à une évidence commune.

Néanmoins on voit bien, en quelque sorte *a priori*, d'après ce que nous venons de dire, pourquoi la métaphysique ne sera jamais une science populaire comme les mathématiques; pourquoi elle n'aura de langue parfaitement claire, univoque, dont les signes expriment absolument les mêmes idées pour tous les esprits, que sous la condition dont nous parlions plus haut et qu'il est si difficile de réaliser; pourquoi enfin il y aura peut-être toujours de ces vérités intérieures parfaitement évidentes dans le sens intime de celui qui les conçoit, mais qui, faute de signes de manifestation, sont comme incommunicables par leur nature. Il en est ici comme de ces astres reculés dans les profondeurs de l'espace qui ne nous ont pas envoyé leur lumière depuis la création, et qui ne peuvent se rendre visibles que dans l'infini des temps.

J'ajoute que, comme il y a une science mathématique pure et une autre mixte : la première qui jouit d'un degré de certitude ou d'évidence relative à la simplicité parfaite de son objet, ou à ce caractère intellectuel qui le met hors de la portée de l'imagination et des sens; la seconde, qui admet divers éléments hétérogènes et perd en certitude ce qu'elle gagne en une sorte de clarté relative aux phénomènes sensibles auxquels elle s'applique; il y a de même une psychologie pure, savoir la science de l'esprit ou du *moi*, de ce qui lui est propre et inhérent, et une psychologie mixte, savoir la science de l'homme, soit moral, soit physique. La première, celle dont nous avons parlé expressément sous le titre de science des facultés, considérées elles-mêmes comme faits primitifs qui emportent avec eux toute l'activité inhérente au *moi*, la psychologie pure, dis-je, est la seule qui puisse jouir de toute l'évidence du sens intime. La seconde, qui admet le mélange et la complication d'éléments hétérogènes, ne considère les faits de l'intelligence que dans leur point de contact avec ceux de la sensibilité, ceux de la sensation dans leur rapport aux objets et aux organes, les actes de la volonté dans les affections sensibles qui les déterminent, les passions dans leur influence sur les phénomènes physiologiques, et réciproquement. Cette psychologie mixte qui offre le plus d'attrait à la curiosité, le plus d'aliment à l'imagination, n'en est pas moins la plus incertaine, la plus obscure, la plus sujette à ces écarts et à ces illusions qui prennent naissance dans les éléments mêmes, divers et hétérogènes, dont elle se complique.

Nous voyons de quel côté sont les obstacles qui empêchent la psychologie de devenir une science exacte et d'avoir une langue claire et précise. S'il ne s'agissait, en effet, que d'éléments homogènes, tels que les faits primitifs, et de leurs combinaisons régulières, uniformes, en un mot, de la science des principes, ces éléments une fois constatés dans leur source, la science serait faite avec la langue, comme nous l'avons déjà indiqué. Mais comment noter, par un certain nombre de signes précis et analogues, une infinité d'impressions obscures ou de modes sensibles, variables à chaque instant, confus, tumultueux, désordonnés par leur nature, et qui non-seulement échappent en eux-mêmes à l'observation la plus concentrée, mais encore qui empêchent et troublent sans cesse cette observation, et viennent éteindre la lumière jusque dans son propre foyer? Et pourtant, comme c'est ce mélange d'éléments hétérogènes qui constitue notre nature mixte, il faudrait avoir analysé ces éléments, les avoir distingués les uns des autres en les rapportant chacun à sa source, pour qu'il y eût une science complète de l'homme. Cette science est composée de deux ordres de faits absolument différents, et elle est divisée en deux parties, dont l'une, inconnue et incommensurable, communique à l'autre son obscurité et son indétermination, comme dans le calcul, les quantités sourdes ou imaginaires qui se combinent avec les réelles, rendent l'équation insoluble dans certains cas. Mais ici la connaissance des obstacles à la science fait partie de la science même.

Ce sont les facultés actives qui constituent seules l'être intelligent et moral : elles seules qui sont à la fois les objets d'une science première et les moyens de toutes les autres. C'est par elles que cet être juge et constate en lui certaines modifications ou facultés passives qu'il peut réprimer comme obstacles, s'il ne les fait pas servir comme instruments ; par elles qu'il se met toujours au-dessus des facultés passives, resserre de plus en plus le cercle de leur influence, parvient à en dépouiller ses jugements et ses actes intellectuels, et à se rapprocher ainsi, par des actes libres, de cette source pure de vérité, de paix et de bonheur, que les passions ne peuvent plus obscurcir ni troubler.

Comme ce n'est qu'en nous élevant au-dessus de nos facultés passives que nous pouvons les connaître, ce n'est qu'en exerçant nos facultés actives que nous parviendrons à les connaître aussi, à les développer, à en régler l'exercice, à maintenir entre elles ce juste équilibre sans lequel il n'y a ni sagesse, ni bonheur, ni véritable science. C'est sous ce dernier rapport pratique que nous examinerons maintenant la science des facultés de l'esprit humain.

VI

Des méthodes pratiques appropriées au développement ou au perfectionnement des facultés.

L'oracle de la sagesse résuma dans ce précepte : *nosce te ipsum*, tous les moyens de perfectionnement appropriés à la nature humaine. Il ouvrit par là un vaste champ d'exercice à nos facultés méditatives et actives, tant pour pénétrer le sens profond du précepte, que pour le réduire à une pratique toujours difficile, tout nous attirant au dehors, nous sollicitant à agir avant de penser, à connaître les autres choses, et nous cachant ainsi à nous-mêmes.

La connaissance dont il s'agit n'est pas celle de nos organes, ni des impressions étrangères ou des *plaies* (1) auxquelles ils sont soumis. Tout cela n'est pas le *moi*, qui réside tout entier dans le sens intime ou dans la conscience de cette libre activité qui le constitue. Mais cette même connaissance intérieure, ainsi interprétée et délimitée, ne doit pas être seulement spéculative pour atteindre son but et remplir son véritable objet. Nous pouvons voir par tout ce qui a été déjà dit qu'elle est en même temps et essentiellement active ou pratique. En effet, comme le sujet pensant ne peut s'apercevoir ou exister pour lui-même que dans l'exercice de l'activité qui le constitue, il est évident qu'à partir du fait primitif de la conscience, il ne peut exercer aucune de ses facultés propres sans la connaître, pas plus qu'il ne peut la connaître sans l'exercer. Ainsi la psychologie, *spéculative* sous le rapport de la connaissance intérieure de nos diverses facultés, est en même temps *pratique* sous le rapport du développement de ces facultés et aussi de leur direction, soit intellectuelle, soit morale.

Quelques métaphysiciens (2) également amis de la science et de la sagesse ont déjà remarqué l'alliance étroite qui existe entre la psychologie et la mo-

---

(1) Plagæ per sensus inflexæ externâ quasi vi. *Lucrèce.*
(2) Les philosophes écossais, et bien particulièrement l'estimable Dugald-Stewart, dans sa *Philosophie de l'esprit humain*; parmi nous, M. de Gérando.

rale (1). Mais peut-être ne sont-ils pas encore remontés assez haut dans les fondements de la science des principes, où ces deux maîtresses branches de la philosophie viennent non-seulement s'unir, mais s'identifier complétement dans un seul fait primitif de notre existence. S'il est vrai, en effet, comme nous espérons le prouver dans la suite, que notre personnalité individuelle ou l'aperception interne du *moi* repose tout entière sur l'exercice primordial de cette force suprasensible, ou puissance d'agir et de mouvoir, que nous appelons *volonté,* il s'ensuit que cette grande division admise dans toutes les écoles, entre l'*entendement* et la *volonté* est purement artificielle, qu'elle n'a aucun fondement réel dans notre nature ; enfin, que l'intelligence et la moralité humaine reposent sur un seul et même principe. D'où il résultera comme conséquence pratique que les moyens vraiment appropriés à la culture de l'une doivent l'être encore au développement de l'autre, et

---

(1) « Quiconque ne vit que dans le monde extérieur pour cher-
« cher, observer, juger, employer, classer, ordonner les objets
« sensibles, sans connaître la vie intellectuelle, ne sera jamais
« qu'un homme ordinaire, quels que soient les miracles d'intelli-
« gence et de volonté qu'il opère sur le théâtre de la société. Il
« croira tout comprendre, tout expliquer, et il ne comprendra
« rien ; il vivra sans se douter du sérieux de la vie ; il exercera
« l'activité de son esprit sans savoir qu'il a une *âme*. C'est une
« belle expression que celle-ci : *Il a de l'âme, beaucoup d'âme ;*
« car ce n'est pas du sein des combinaisons de l'esprit, ni même
« de ce qu'on appelle vulgairement la sensibilité, que sort et
« s'élève ce qu'il y a de grand dans la nature de l'homme, mais
« c'est des profondeurs du *moi* qui se replie sur lui-même, c'est-
« à-dire de l'âme. C'est l'âme qui est le foyer de la religion, de la
« poésie et de la grande et belle activité morale. » (Ancillon, *Mélanges de littérature et de philosophie,* tome II, pages 183 et 184.)

qu'on ne peut étendre et perfectionner les facultés actives de l'esprit humain sans développer en même temps tous les germes de sa moralité, et réciproquement, qu'on ne peut féconder ces germes sans exercer ou travailler toutes les facultés actives. Cette conséquence pratique nous fournirait au besoin une sorte de *criterium* pour juger des diverses méthodes d'éducation et du rapport intime qui les unit à la science de nos facultés, exemple éminemment propre, entre beaucoup d'autres, à justifier au besoin l'utilité de cette science, perfectionnée et ramenée à son objet propre.

Rien n'est plus commun ni plus funeste que cette erreur qui fait qu'on attache une importance exclusive au nombre des connaissances et des idées qui peuvent s'introduire dans l'esprit d'une manière quelconque. Pour bien juger des esprits, ou pour leur appliquer, suivant une expression assez heureuse de Bonnet, le véritable *psychomètre*, il faut avoir moins égard à ce qu'ils savent qu'à la manière dont ils le savent, ou au développement que cette science acquise a procuré à leurs facultés les plus nobles, aux bonnes habitudes, à l'étendue et à la force qu'ils ont gagnées en l'acquérant. Mais, loin de là, on les apprécie uniquement par certains résultats extérieurs, par le nombre d'idées qu'ils manifestent au dehors par des signes sensibles, sans tenir aucun compte de la manière dont ces idées ont pu être acquises, de l'influence que cette acquisition peut avoir sur le perfectionnement même des facultés qui sont les instruments de la connaissance, ou plutôt sur celui de l'homme intellectuel et moral tout entier. Voilà ce qui, dans la première éducation, fait attacher tant de prix à une culture exclusive de la mémoire ou de l'imagination. On peut bien ainsi enfler l'esprit d'une vaine science (*scientia inflat*), mais sans développer en aucune manière ses facultés actives, ou plutôt en arrêtant pour toujours ce développement, et altérant la constitution intellectuelle et morale de l'homme jusque dans son principe.

L'attention, le jugement, la réflexion sont les facultés mères de l'esprit humain. C'est sur elles que se fondent tous les titres de notre prééminence ; ce sera donc sur ces facultés, dont une sage psychologie aura d'avance déterminé la nature, assigné le caractère et circonscrit les limites que devront se diriger les premiers soins d'une éducation bien entendue (1), ou d'un régime et comme d'une sorte de gymnastique appropriés à leur développement.

Pour être sage et heureux, l'homme n'a pas besoin de tout le brillant de l'imagination et de tous les signes d'emprunt d'une science *livresque*, comme disait Montaigne. Ce dont il ne peut se passer, c'est de la raison, qu'il faut bien distinguer du raisonnement. Quelle que soit sa portée naturelle, et dans quelque position que le sort l'ait placé, il importe qu'il sache se commander à lui-même, maîtriser son

---

(1) La manière dont Condillac et son école considèrent ces facultés en exclut toute idée d'activité libre. En les soumettant à l'influence quelconque des objets externes ou aux dispositions propres de la sensibilité, on les soustrait à un mode de culture ou de développement moral qui tendrait, comme il convient, à affranchir ces facultés de la dépendance des objets sensibles.

attention, suspendre son jugement, sentir et apprécier ses véritables rapports dans la société dont il fait partie, mettre les choses à leur juste valeur, n'être ni l'esclave des préjugés, ni le jouet des passions. C'est en cela que consiste son *métier d'homme*, et il faut d'abord savoir bien faire ce métier principal avant de s'occuper des avantages accessoires. Si ensuite cet accessoire devait nuire au principal, il faudrait l'écarter aulieu d'en faire l'objet de nos soins et de notre étude.

On a souvent parlé d'un art de maintenir une sorte d'équilibre entre nos diverses facultés ; mais en quoi consiste cet équilibre? Serait-ce à mener de front la culture de nos facultés diverses, de manière que toutes se trouvassent également exercées, et qu'aucune d'elles ne prédominât sur les autres? Quand même un tel plan serait praticable, il est fort douteux qu'il influât heureusement sur notre perfectionnement moral, et par suite sur notre bonheur. L'équilibre dont il s'agit, pour atteindre le but du double perfectionnement que nous avons en vue, ne doit point s'établir entre chacune de nos facultés considérées individuellement, mais il suffit et il est nécessaire qu'il soit établi entre les deux ordres de facultés actives et passives. En effet, ces dernières étant spontanées dans leur exercice et variables comme les dispositions de la sensibilité ou du tempérament organique de chaque individu, leur culture est souvent inutile ou même dangereuse, puisque toujours elles ont besoin d'être réprimées plutôt qu'excitées; et sans doute ce serait faire beaucoup pour la raison que d'empêcher ou de retarder l'essor trop précoce de l'imagination, des passions et de tout ce qui prend sa source dans la sensibilité. D'un autre côté, tel est le lien ou l'espèce de solidarité qui règne entre toutes nos facultés actives, qu'on ne saurait guère exercer ou cultiver l'une d'elles sans que toutes les autres participent à son développement. Ici donc l'équilibre s'établit de lui-même. Mais il faut des soins bien dirigés, une surveillance bien soutenue pour apprendre à contrebalancer les facultés des deux ordres les unes par les autres, savoir : une sensibilité mobile par la force de l'attention ; une imagination fougueuse par la sévérité de la raison ; une mémoire prompte et trop facile par la profondeur de la réflexion, etc. Dans cette balance, tout le poids doit être ajouté du côté des facultés actives. Ce ne sont pas celles-ci qui tendent naturellement à l'emporter, et la faiblesse de leurs antagonistes fait souvent toute leur force.

Dans les classes élevées de la société, où l'imagination et les passions trouvent tant de mobiles d'exercice et de développement, on n'a jamais assez de raison, d'attention, de réflexion, d'empire sur soi-même, pour faire le contrepoids, comme on n'a jamais assez de richesses, eu égard à la multitude des besoins factices. Avec une intelligence et un moral moins développés, mais aussi moins d'imagination et de passions, les dernières classes se trouvent plus rapprochées de l'équilibre dont nous parlons ; et au moral comme au physique, leurs besoins, peu nombreux, sont plus en rapport avec leur fortune.

L'espèce d'équilibre que j'indique ici, ou plutôt

la prédominance des facultés actives de l'esprit humain, a été le but principal d'une méthode célèbre en Allemagne, et qui a donné lieu à une controverse très-animée dont les pièces volumineuses ne sont pas venues jusqu'à nous. Le philosophe qui a inventé cette méthode, M. Pestalozzi, animé des vues les plus nobles et les plus philanthropiques, s'occupa d'abord uniquement du sort de la classe pauvre et industrieuse; il voulut, en l'instruisant, la rendre meilleure et plus éclairée dans son état. Je n'expliquerai point ici les moyens d'exécution qu'emploie cette méthode pour atteindre son but. Mais quant aux principes sur lesquels elle est fondée, ils se trouvent absolument conformes à ceux que peut prescrire la philosophie de l'esprit humain. Quelques-unes des attaques faites contre la méthode de Pestalozzi me paraissent plutôt propres à justifier sa rectitude, eu égard au but qu'elle s'est proposé. On reproche, en effet, à cet homme célèbre de ne pas donner assez d'exercice à l'imagination, à la sensibilité, et à ces facultés spontanées qu'il a cru devoir assujettir et subordonner essentiellement aux facultés d'attention et de jugement, au développement desquelles sa méthode est particulièrement consacrée. Mais c'est à ceux qui connaissent cette méthode dans toutes ses parties, à dire si elle laisse absolument sans culture la sensibilité morale et l'imagination même, en tant qu'elle est subordonnée à la raison. Quoi qu'il en soit, il ne s'agit point ici de justifier les moyens qu'elle emploie, mais de montrer par cet exemple que l'utilité de toute méthode d'éducation ne doit se fonder que sur une étude approfondie des facultés de l'esprit humain, pour reconnaître celles dont dépend le perfectionnement intellectuel, et qu'il importe de cultiver ou de développer les premières.

Je pourrais encore m'étayer ici, sous le même rapport, de l'autorité d'un philosophe dont les ouvrages ont eu le plus grand nombre de lecteurs et le moins de juges équitables ou entièrement impartiaux. J.-J. Rousseau, souvent emporté au delà des bornes du vrai par cette imagination toujours si belle, si élevée, mais quelquefois si fougueuse, qui fut la source de ses talents, de ses infortunes et de ses erreurs, me paraît avoir eu des vues aussi justes que profondes sur divers points de psychologie qu'il a touchés dans son immortel ouvrage sur l'éducation. Cet ouvrage lui-même pourrait être considéré comme une sorte de psychologie pratique, dans tout ce qui concerne l'ordre successif du développement de nos facultés intellectuelles et morales. Voyez l'importance qu'il attache à mûrir peu à peu ces facultés avant de leur donner l'essor. Comme il soigne de bonne heure la culture du jugement et de l'attention! Comme il subordonne l'exercice même des sens externes à l'activité de l'esprit! Quelles sages précautions il emploie pour éloigner le développement trop précoce de l'imagination! Comme il sait tout préparer avant la naissance spontanée des passions, pour qu'elles apprennent à obéir et ne puissent jamais commander! Comme il préserve sagement la mémoire des habitudes mécaniques et des mots vides d'idées ! Comme il veut que son exercice soit dirigé par la réflexion et jamais ne la précède ! Comme il éloigne toute science qui enfle et amollit l'esprit au lieu de le nourrir et de le fortifier ! Que j'aime à voir la psychologie, ou le vrai système de la génération de nos facultés, mise pour ainsi dire en action, non dans une statue, mais dans l'enfant qui s'élève, par des progrès réguliers, des premières idées sensibles aux notions intellectuelles !

On peut tirer de ces exemples, comme des observations qui les ont amenés, deux conséquences assez importantes. La première, c'est que, pour juger de la vérité ou du fondement des doctrines psychologiques sur l'origine et la génération des facultés intellectuelles, le moyen le plus sûr est de les envisager dans leurs rapports aux méthodes d'éducation, qui ne doivent en être que des applications ; et c'est ici surtout que la pratique confirme ou détruit la théorie. Si tout, dans l'homme comme dans l'animal, se réduit à *sentir* ; si la sensation et le besoin physique sont le principe unique du développement de la volonté, de tout ce que nous sommes, alors il n'y a plus de méthode d'éducation proprement dite, plus de régime à observer pour la culture et le développement de nos facultés de différents ordres, plus de soins à prendre pour maintenir l'équilibre entre elles, ou pour opposer de bonne heure et sans cesse ce qu'il y a de volontaire et de libre dans l'homme, à ce qui tient à la pure spontanéité de l'instinct ou des passions. Ces soins seraient superflus, vains, puisqu'ils supposent dans la pratique une distinction, dont la théorie dément la réalité. Pour être conséquent à cette théorie psychologique, il n'y aurait qu'à multiplier les causes de sensation autour de l'être dont on voudrait développer les facultés intellectuelles et morales, faire naître en lui continuellement de nouveaux besoins, de nouvelles passions, le mener par le seul attrait du plaisir, lui épargner toute espèce d'effort. On pourrait dire, en suivant ce système, qu'on exerce l'attention, en tant que cette faculté n'est autre chose que la sensation même quand elle devient exclusive ; car rien n'est exclusif, en effet, comme les passions vives ; qu'on développe la mémoire en tant qu'elle consiste dans une sorte d'ébranlement organique proportionné à la force des impressions, etc. Que devient alors un ordre de facultés qui consistent précisément à agir contre l'impulsion des sens et des besoins ? Où est dans ce système la place d'une attention active, supérieure aux sensations, qui les dirige ? Où est celle d'une réflexion qui les juge et s'en sépare (1) ?

Si, lorsque Condillac fut appelé à diriger l'éducation du prince de Parme, il eût été conséquent à son propre système sur la génération de nos facultés, le prince aurait bien pu n'être à la fin que comme la statue animée et sentante. Le célèbre instituteur fit

---

(1) On connaît tous les soins que prennent depuis plusieurs années les auteurs de certaines méthodes prétendues appropriées à l'instruction de la première enfance, pour écarter toutes les épines et exciter ce qu'ils appellent l'attention par des images, des figures, des cartes coloriées, des jeux, etc. Tout cela est très-conséquent à la doctrine de la sensation transformée ; reste à savoir si ces moyens ne seront pas plus propres à paralyser qu'à développer les facultés vraiment actives de l'intelligence.

mieux sans doute, et son cours d'études en est la preuve ; car, bien loin de traiter son élève comme si la sensation enveloppait toutes les facultés, il veut d'abord qu'il réfléchisse sur lui-même avec la profondeur d'un métaphysicien. Il est vrai qu'il allie avec cette culture précoce de la réflexion, celle bien plus intempestive encore de la sensibilité et de l'imagination, car il fait lire les tragédies de Racine à un enfant de sept à huit ans, trop heureux à son âge de n'y rien comprendre.

Le système de Condillac, sur l'origine et la génération de nos facultés, n'ayant point été calqué pour ainsi dire sur la nature de l'homme, ni sur les faits du sens intime, mais ayant été déduit d'une simple hypothèse, il eût été presque impossible qu'il s'accordât avec une méthode appropriée au développement ou à la direction pratique des vraies facultés de l'esprit humain. Cet exemple qui confirme ma première conséquence, prouve encore que si toute doctrine psychologique, dont l'application morale est nulle ou dangereuse, doit être par là même rejetée comme fausse ; toute méthode d'éducation, qui ne s'appuie pas à son tour sur une connaissance exacte des principes constitutifs de notre nature et de l'ordre réel de la subordination de nos facultés, ne peut être que vicieuse ou incomplète. En un mot, la pratique ne s'éclaire que par la théorie, comme la théorie se justifie et se confirme par la pratique (1).

---

(1) On peut appliquer ici aux idées morales pratiques ce que le profond et judicieux Euler dit des vérités mathématiques, les unes et les autres devant se concilier avec les principes métaphysiques

Ma seconde conséquence est celle que nous avons annoncée déjà, savoir : qu'on ne peut s'attacher à la culture des facultés actives de l'esprit humain sans développer le germe de sa moralité, et réciproquement, qu'on ne peut s'appliquer au développement de l'homme moral, sans cultiver par là même les facultés qui constituent son intelligence.

Il n'est pas difficile de prouver que l'attention et la réflexion sont des facultés vraiment morales. On ne peut, en effet, apprendre à se rendre maître de son attention en la fixant sur les objets, en cherchant à pénétrer le fond des choses, à en voir nettement toutes les faces, sans acquérir par là même cet empire sur soi, qui est la source de toutes les grandes qualités de l'âme et de toutes les vertus qui font l'ornement de notre espèce. Au contraire, les habitudes d'inattention et de légèreté contribuent à engendrer

---

qui autrement seraient suspects d'erreur. « On sera en droit, dit-il,
« de rejeter en métaphysique tous les raisonnements et les idées qui
« amènent à des conclusions contraires à ces vérités (mathémati-
« ques), quelque fondement que paraissent avoir d'ailleurs ces idées;
« on sera autorisé à n'admettre que des principes tels qu'ils puissent
« se concilier avec les vérités dont il s'agit. C'est toujours une grande
« avance quand on connaît déjà d'ailleurs quelques conclusions
« auxquelles les premiers principes de la métaphysique doivent
« aboutir. Et ce sera sur ces conclusions qu'il faudra régler et dé-
« terminer ces principes. »
Euler part de là pour établir la réalité absolue de l'*espace* et de la *durée*. Ne pourrait-on pas aussi se servir du même *criterium* pour la réalité absolue de certains principes de notre nature intellectuelle qui sont tout à fait différents de la sensation, des besoins et des appétits d'une nature animale ? Car, comment pourrait-on s'expliquer ainsi la loi du devoir, celle de la conscience, l'autonomie de la volonté, etc.?.— Et comment les principes métaphysiques qui seraient en contradiction avec ces lois et supposeraient leur non-existence pourraient-ils être vrais?

une multitude de vices. C'est à elles qu'il faut rapporter même, en grande partie, la dureté apparente du cœur, les passions personnelles et anti-sociales. Si, plus maîtres de notre attention, nous savions l'arrêter sur les maux d'autrui, combien nous frémirions à la seule idée d'en être les causes ! comme nous sentirions mieux le besoin de les soulager ou de les prévenir ! Ainsi pourrait se développer une sensibilité vraiment morale, savoir celle qui naît de l'exercice même de nos facultés actives et de nos jugements, au lieu de les former ou d'en être le principe.

L'habitude de suspendre son jugement et de ne se rendre qu'à l'évidence ou aux motifs raisonnés de croyance, habitude sans laquelle il n'y a point de véritables progrès intellectuels, n'est-elle pas aussi le fondement des qualités morales les plus essentielles : de la prudence dans la conduite de la vie, de la rectitude et de l'équité dans nos jugements sur les actions des hommes ? N'est-elle pas un exercice de cette liberté sans laquelle l'homme, incapable de science et de vertu, n'est pas même une personne ?

Quelle influence le grand principe des associations n'exerce-t-il pas sur les opérations de l'esprit et sur les sentiments de l'âme ! N'est-ce pas par des moyens semblables qu'on peut diriger constamment les unes vers ce qui est vrai, les autres vers ce qui est beau, bon ou utile ? Les associations formées dans l'enfance, dit un psychologiste ami de la science et de la sagesse, ont les effets les plus durables et les plus importants sur nos idées, comme sur nos sentiments et nos affections les plus habituelles. Les suites funestes des fausses associations prouvent seules le parti qu'on aurait pu tirer de cet instrument pour perfectionner toutes nos facultés. Puisqu'on peut parvenir en effet à intéresser le cœur et l'imagination en faveur de l'erreur, il est au moins également possible de les intéresser en faveur de la vérité; puisqu'il est possible d'étouffer les sentiments généreux et sympathiques auxquels la nature dispose, en en associant l'idée à celle du crime ou de l'impiété, pourquoi ne pourrait-on pas nourrir et fortifier ces mêmes sentiments, en établissant l'association ou l'alliance naturelle entre notre devoir et notre bonheur? Mais, pour s'emparer utilement de ce grand principe des associations, et pour l'appliquer au perfectionnement intellectuel et moral de l'individu, il faut l'avoir bien approfondi dans sa source et avoir appris à distinguer et calculer ses effets psychologiques.

Que dirons-nous de la réflexion, de cette faculté éminemment active, sur laquelle se fondent les premiers et peut-être les seuls titres de notre prééminence, de cette faculté qui, s'unissant à toutes les créations de l'esprit et à tous les mouvements du cœur, peut seule nous initier à la fois à la connaissance de l'un et aux secrets les plus intimes de l'autre? Sans doute, l'homme peut connaître une multitude d'objets et s'ignorer lui-même. Mais dès qu'il cherche à pénétrer jusque dans le fond de son être, il ne saurait entièrement isoler deux sortes d'éléments qui le constituent, ni, comme on l'a dit, se sauver de son cœur dans son esprit. Le même retour qui sert à éclairer celui-ci sur ses actes, lève aussi en partie le voile dont l'autre cherche toujours à s'envelopper. Aussi l'habitude de l'observation intérieure ne diffère-t-elle pas de l'habitude de la bonnne foi et du désintéressement, dans les questions de tout ordre que l'esprit aborde, non pour faire parade de sa sagacité ou de sa force, mais pour connaître ce qui est vrai. Et comme l'exercice de la réflexion, ou la culture habituelle du sens intime, impose à l'homme l'obligation d'être vrai, d'être juste, c'est-à-dire bien ordonné dans tous ses rapports avec lui-même et avec ce qui l'entoure, réciproquement l'habitude des vertus, le contentement, la paix d'une conscience élevée et pure, tout ce qui peut enfin rendre l'homme ami de lui-même (1), le porte à la réflexion et lui fait un besoin d'entretenir une communication intime et habituelle avec ses idées, ses sentiments et ses souvenirs, et de s'instruire à la grande école de la conscience qui ne trompe point.

Combien cet exercice de la réflexion, en nous faisant distinguer de nos idées ces modes intimes si spontanés et si variables de notre sensibilité affective, n'est-il pas propre à nous garantir d'une multitude d'illusions dangereuses dans la pratique ordinaire de la vie? C'est seulement par ce moyen que nous pouvons nous préserver de certains écarts de jugement, qui proviennent du défaut de distinction entre nos facultés diverses, et qui exercent à plusieurs égards sur notre conduite une influence funeste. Donnousen quelques exemples.

---

(1) Ut te tibi reddat amicum.

Le principe de ces illusions, qui consiste à soumettre tel système d'idées réflexives ou de faits intérieurs à la faculté représentative, qui est dominante dans presque tous les hommes, se reproduit dans les actes les plus habituels de la vie, et les effets en sont très-fâcheux. C'est toujours hors de nous que nous allons chercher les causes de certaines modifications qui altèrent souvent notre humeur, nos idées et nos jugements. Si nous sommes tristes ou chagrins, nous nous en prenons aux choses ou aux êtres qui nous environnent ; nous les accusons de défauts qui ne sont qu'en nous, et que nous découvririons, si nous étions plus habitués à faire un retour sur ces impressions immédiates, ces modifications intimes du tempérament et du caractère, causes les plus constantes de l'attrait ou du dégoût qui s'attache aux divers instants de notre existence si fugitive, si variable. Souvent nous repoussons ainsi, par une sorte d'instinct sensitif, des objets dignes de nous captiver et de nous plaire; et, d'autre part, nous attachons un sentiment de complaisance aveugle à des objets qui n'ont aucun droit réel à nous attirer, et à d'autres que nous fuirons avec plus de raison l'instant d'après. Combien ne serions-nous pas plus constants, plus modérés, plus justes, plus tolérants, plus patients, si nous pouvions nous rendre plus attentifs à ces modifications intimes, à ces variations spontanées de notre sensibilité intérieure, à ces saillies de tempérament qu'il faut avoir étudiées en soi-même pour apprendre à les rapporter à leur véritable source ; si nous savions en dépouiller les jugements que nous portons sur les êtres et les choses, les renfermer ainsi dans leurs limites, et ne pas souffrir qu'elles deviennent des principes d'actions instinctives opposées aux lois qui doivent diriger les facultés intellectuelles et morales !

Le même principe qui *objective* ou transporte au dehors les causes de certaines modifications inhérentes à notre sensibilité intérieure, spontanée dans son exercice, occasionne aussi toutes les illusions que nous nous faisons sur la possibilité des projets ou des entreprises qui tendent à un but extérieur quelconque. Notre imagination nous représente toujours, suivant qu'elle est montée, les facilités ou les obstacles que nous pourrons trouver dans la nature même des objets que nous poursuivons ; elle ne nous représente presque jamais ceux qui viennent de notre fonds, ou qui tiennent, soit à la faiblesse de notre volonté, dont il faudrait remonter l'énergie, soit à tel vice de caractère qu'il faudrait réprimer, soit à telle faculté intellectuelle qu'il s'agirait de développer. Le manque de succès qui résulte du défaut de réflexion, de connaissance de ce que nous sommes, nous l'attribuons à telles circonstances étrangères, aux chances du sort ou d'une fortune aveugle, sans savoir nous instruire à l'école de l'expérience. Combien on éviterait de fautes et de malheurs, si, avant de s'engager dans la vie active, on avait pris l'habitude de connaître ses facultés, de consulter ses forces et de compter avec son caractère ! Combien le même principe ne nous fait-il pas porter de jugements faux et contradictoires sur les hommes, ne nous rend-il pas injustes dans l'appréciation de leurs facultés ou des véritables motifs de leurs actions! C'est encore le même principe d'illusions, le même défaut de connaissance de nos facultés et des véritables sources des actions humaines, qui fait que nous confondons si souvent les mobiles de la vie active avec les idées qui se rapportent à la spéculation, que nous comptons trop imprudemment sur la force de nos convictions, quand nous sommes hors de la présence des objets. Nous ne calculons pas les mouvements des passions, l'impulsion du caractère et du tempérament; de là, une présomption qui nous perd. Appliquant aussi cette fausse échelle aux autres hommes, nous accordons trop de confiance à leur raison spéculative, en négligeant de faire la part des passions et du caractère.

Ainsi cette même culture du sens intime, qui seule peut nous éclairer sur les principes de toute connaissance, est encore le moyen premier et comme la garantie la plus sûre de la perfection morale : et c'est là que nous trouvons surtout la science et la sagesse, la vérité et la vertu identifiées dans une commune source.

De là résulte une conséquence finale à laquelle nous tendons : c'est que, quand même il ne pourrait point y avoir de doctrine psychologique certaine et généralement démontrée, point de science positive et bien systématisée des facultés humaines, point de signes clairs, précis, univoques, par lesquels pût se manifester l'évidence qui s'attache pour chacun de nous aux faits du sens intime, la culture de ce sens ou de cette réflexion, dont on a cherché si vainement à nier ou à dissimuler l'existence, n'en serait pas moins un besoin de notre nature morale. Elle n'en serait pas moins utile et indispensable, même comme exercice propre à développer toutes nos facultés actives, à les diriger ou les approprier à leurs objets; elle n'en serait pas moins la condition de tout perfectionnement. Quand la psychologie, renfermée dans les limites du *moi* ou de la conscience, ne chercherait pas à se produire au dehors sous le titre pompeux de science *ex professo*, elle aurait donc encore un genre d'utilité aussi étendue et bien incontestable. On ne la connaîtrait pas elle-même, elle n'aurait pas de nom propre dans nos langues, mais on n'en sentirait que mieux son influence, comme celle d'une divinité cachée qui gouverne ou dirige tout sans se montrer.

Quoi qu'il en soit de l'état actuel de la science et des espérances que peut faire naître pour ses progrès ultérieurs un accord possible entre les divers systèmes, accord qui ferait converger vers le même but tant de vues profondes, tant de données précieuses sur la philosophie de l'esprit humain, et fournirait enfin un fond commun d'idées et de signes bien arrêtés, il ne faut pas se dissimuler que l'avantage serait encore du côté de cette psychologie intérieure dont les résultats, souvent incommunicables et renfermés dans les limites de la conscience de chacun de nous, souffrent toujours quelque déchet et perdent plus ou moins en cherchant à se manifester au dehors. Celui qui s'adonnerait dans le silence à cette étude intérieure si précieuse, si nécessaire et pourtant si dédaignée, aurait sans doute retiré bien peu de fruit de ses études principales s'il se laissait dominer par quelque idée de gloire ou d'une vaine célébrité ; si, parcourant une carrière obscure, éloignée de tous les regards, il prétendait attacher à son nom cette sorte d'éclat qui s'attache aux conquêtes faites dans le monde extérieur. Il ignorerait bien complétement le caractère de ces facultés, dominantes dans notre nature mixte, auxquelles il faut s'adresser pour obtenir tous les suffrages, pour faire vibrer et mettre à son unisson toutes les cordes sensibles. Il irait directement contre les résultats premiers de cette science des facultés diverses dont il apprend à assigner les limites, les fonctions et la véritable place, ou les rapports avec le monde extérieur. Il faut opter entre ce monde et le monde intérieur. Celui qui vit en lui-même doit renoncer à tous les avantages de la vie extérieure, dont le premier, sans doute, est la gloire ; celui qui a fait l'étude la plus profonde des facultés de son esprit doit renoncer peut-être par là même, à occuper une grande place dans l'esprit des autres.

Qu'il me soit permis, à cette occasion, et en finissant, d'emprunter la pensée d'un philosophe qui réunit à la profondeur des vues psychologiques, l'élévation des sentiments et le talent de l'expression (1).

---

(1) M. Ancillon fils. Voyez ses très-remarquables *Mélanges de littérature et de philosophie*, tome II, page 185. Je dois beaucoup à la lecture de cet ouvrage excellent, qui devrait faire un nom illustre à son auteur, si la gloire s'attachait à ce genre de productions.

« Celui qui saisit fortement le monde extérieur, qui
« est susceptible de recevoir des impressions profon-
« des des objets sensibles, de réagir sur eux avec
« énergie, de les représenter sous des couleurs bril-
« lantes, animées, celui-là peut prétendre à la gloire
« dans le monde que l'imagination gouverne. Quant
« à celui qui se refuse aux objets extérieurs, autant
« qu'il est en lui ; qui, par un acte de sa liberté,
« s'engage dans les galeries souterraines de l'âme,
« se replie sur lui-même, s'attache plus au mouve-
« ment de la pensée qu'au mouvement de la vie ac-
« tive ; le monde sera souvent perdu pour lui, comme
« lui-même sera perdu pour le monde. Calme et
« absorbé dans les profondeurs de l'existence et du
« *moi*, le sentiment de sa liberté, sur lequel il fonde
« toute sa dignité, lui tiendra lieu de la gloire dont
« il n'a pas besoin. » S'il quitte la vie intérieure
pour communiquer au dehors, les signes qu'il em-
ploiera pour exprimer ses idées ne seront point en-
tendus ; ils ne remueront pas même les imaginations.
Ce n'est point à cette faculté qu'ils s'adressent, mais
au sens intime ou à la réflexion concentrée, qui peut
seule les entendre, leur faire *écho*, les rappeler et les
réfléchir fidèlement vers la même source d'où ils sont
émanés.

C'est pour le petit nombre d'hommes qui s'adon-
nent parmi nous à la culture de ce sens intérieur,
que j'ai dressé, comme j'ai su, ce faible monument
destiné à marquer mon passage dans un pays désert,
inculte, que les voyageurs sont si peu curieux de vi-
siter. Il redira à ceux qui viendront après moi

quelles pensées occupaient à telle époque un ami de la science de l'homme ; ce qu'il méditait, ce qu'il aurait voulu faire pour ses progrès.

FIN DE L'INTRODUCTION GÉNÉRALE.

PLAN DE L'OUVRAGE.

Je me suis proposé, d'après les termes du programme de l'Académie de Berlin, de rechercher quels sont les faits primitifs du sens intime, ou plutôt quel est le fait de cet ordre auquel doivent se rapporter tous les faits du même ordre, toutes ces facultés premières et directrices qui sont les principes de la science, et qui constituent l'esprit humain tel qu'il est originairement et indépendamment de toutes les acquisitions éventuelles de l'expérience extérieure.

Avant de m'engager dans cette recherche, et pour mieux fixer la direction qui m'est propre, je commence à me rendre compte des principaux points de vue entre lesquels se partagent les doctrines de philosophie, relativement à l'origine de nos idées et à la génération de nos facultés. En comparant les doctrines *a priori* avec celles qui se fondent uniquement sur l'expérience extérieure, je me suis demandé s'il n'y avait pas un troisième point de vue moyen, propre à concilier les deux extrêmes ou à réunir ce qu'ils ont de vrai.

En admettant que le principe de la connaissance

réside tout entier dans le sujet ou le *moi*, et ne se réfère point originairement au monde extérieur ou aux impressions sensibles qui en viennent, s'ensuit-il nécessairement que ce principe soit *a priori* ou inné? D'un autre côté, de ce qu'il n'y a point de science possible avant ou sans l'expérience, s'ensuit-il nécessairement que la première connaissance aille se rattacher à une sensation, ou à une représentation de quelque objet du dehors? N'y a-t-il pas une expérience tout intérieure qui, pour n'être pas séparée de l'extérieure, n'en est pas moins distincte, et devient la source propre d'un certain système d'idées simples et de connaissances vraiment premières et fondamentales, qui ne peuvent en aucune manière nous venir du dehors?

Tel est l'objet de la première section.

La seconde a pour objet de reconnaître et de déterminer par une analyse réfléchie la nature et le caractère du premier élément de la science, savoir l'origine du *moi* ou de la personnalité. Le sentiment du *moi* n'est point *adventice* à l'homme; c'est le produit immédiat d'une force qui lui est propre et inhérente (*vis insita*), dont le caractère essentiel est de se déterminer par elle-même, et, en tant qu'elle se détermine ainsi, de s'apercevoir immédiatement, et dans sa libre détermination et dans ses produits, dans la cause et dans l'effet, qui, indivisiblement liés l'un à l'autre, constituent le rapport fondamental ou le fait primitif de conscience. De là, la notion de causalité et par suite de substance, et tout un système de notions qui dérivent clairement du sentiment du *moi*, qui ne sont pas plus que lui des produits de l'expérience extérieure, ou des impressions reçues du dehors, et qui aussi ne peuvent pas plus que le *moi* être dites innées à l'âme humaine, si ce n'est à titre de possibilité ou de produits virtuels d'une force qui était dans l'absolu avant de se manifester ou de s'effectuer par des actes.

Cette première partie de l'ouvrage contient les principes d'une théorie psychologique nouvelle, dont la deuxième partie sera l'application et la preuve.

J'essaie, en effet, l'élément nouveau dont je me suis appliqué d'abord à constater l'existence et la nature isolée, en le considérant dans ses associations diverses avec les différentes espèces de sensations et d'idées, qui peuvent être l'objet de l'analyse psychologique. Je cherche en quoi consiste la composition réelle de ces sensations ou idées sensibles, réputées simples dans le point de vue de Locke, en faisant en quelque sorte subir à ces premiers matériaux de la connaissance humaine, une épreuve comparable à celle que fit subir Lavoisier à divers éléments des corps considérés comme chimiquement simples, et dont il sut démontrer la composition, en prouvant qu'ils étaient le résultat de la combinaison d'un seul et même principe actif avec des bases diverses.

Je voudrais pouvoir d'avance assigner nettement le caractère et le but de l'espèce d'analyse appliquée dans cet ouvrage aux phénomènes psychologiques qui, à partir du premier et plus simple de tous, le *moi*, vont toujours en se composant ou se combinant les uns avec les autres.

Chercher à distinguer nettement les caractères et les produits de deux forces vivantes, qui entrent dans la composition de l'homme tel qu'il est, et qui, entièrement unies dans le mode actuel de notre existence, n'en sont pas moins essentiellement deux, et ne pourront jamais être ramenées à une seule sans fausser les vrais principes de la science de l'homme, sans donner un démenti formel à sa nature; étudier, dans l'organisation même de l'homme et dans le jeu des instruments sensitifs et moteurs, la diversité essentielle des forces mouvantes qui se manifestent dans la conscience; appliquer ainsi à la connaissance d'un ordre de phénomènes mixtes une méthode d'analyse mixte aussi, physiologique et réflexive, sans jamais confondre les caractères et les limites de deux modes de connaissances aussi différentes entre elles que le sujet et l'objet; enfin, dans l'analyse de nos facultés mixtes, définir la nature et assigner la portée de chacune d'elles dans son exercice même, et son application aux véritables objets de son ressort; circonscrire, par exemple, le domaine de l'imagination dans ce qui peut être représenté ou figuré; celui de la raison, dans la connaissance de tous les principes abstraits et de leur application légitime aux faits de tout ordre; celui de la réflexion, dans les faits du sens intime et, par suite, dans le système entier des idées ou notions qui peuvent s'y rallier; ne jamais dépasser les limites propres de chaque faculté, en voulant appliquer l'une aux objets relatifs à l'autre; se garder, par exemple, de vouloir approprier le raisonnement aux faits primitifs du sens intime (1), l'imagination aux idées simples de la réflexion, et la réflexion ou le sens intime aux représentations externes : telle est à peu près la méthode qu'il me paraîtrait convenable d'approprier à la science des principes, et dont j'aurais voulu pouvoir donner à la fois l'exemple et le précepte dans l'essai que j'entreprends.

Mais je connais toute la faiblesse de mes moyens; je sens combien ils sont disproportionnés au but même de cet essai. Je quitte le port; je vais m'enfoncer dans une mer souterraine, mais sans espérer de toucher ses rivages si éloignés, et de pouvoir m'écrier : *Italiam! Italiam!*

---

(1) C'est là la confusion où est tombé un auteur célèbre de nos jours, qui a essayé de fonder une nouvelle école de scepticisme. Le cercle sophistique où il roule dans son livre, objet de tant de justes critiques qui me semblent loin de toucher au fond de la question, consiste dans cette supposition; qui est bien aussi le fondement de toute doctrine sceptique, savoir, que nous ne devons admettre comme absolument vrai ou certain que ce qui peut être démontré par le raisonnement. Or, comme les premiers principes qui servent de base à toute démonstration, tels que l'existence, l'activité, la causalité du *moi*, et tous les faits de sens intime ainsi que leurs dérivés les plus immédiats, ne peuvent pas eux-mêmes être démontrés, il s'ensuit bien que tout l'édifice de la connaissance porte en l'air et doit crouler à la première attaque.

PREMIÈRE PARTIE.

ANALYSE

DES FAITS PRIMITIFS DU SENS INTIME.

PREMIÈRE PARTIE.

ANALYSE DES FAITS PRIMITIFS DU SENS INTIME.

INTRODUCTION.

Tous les êtres qui composent ce que nous appelons le monde matériel ou sensible, obéissent à des lois constantes, invariables et nécessaires, qui sont les résultats de leurs rapports les plus généraux. Ainsi, l'impulsion et l'attraction combinées déterminent la marche fixe et régulière de chaque planète; les agents physiques ou chimiques se manifestent à nous par certains effets que le calcul de l'expérience parvient à réduire en lois. Les machines organisées, malgré la spontaneité et l'espèce d'indépendance qui les soustraient à toutes les lois générales et à l'application de nos calculs déterminés, n'en partagent pas moins l'aveuglement et la nécessité des autres forces de l'univers, avec lesquelles elles doivent se coordonner.

Comme nous attribuons l'existence absolue aux objets matériels qui se représentent à nos sens et résistent à notre effort, quoique la chose qui est dite exister ainsi ne sache pas qu'elle existe, de même nous concevons qu'un être purement sensitif puisse vivre et sentir sans connaître sa vie.

Vivit et est vitæ nescius ipse suæ.

Cette existence, cette vie, cette sensation sont des faits pour une intelligence capable de les juger du dehors, mais non pour la combinaison organisée à laquelle nous les attribuons.

Comme être physique, l'homme appartient à la nature matérielle; il en partage tout l'aveuglement et en subit toute la nécessité. Comme être vivant, et même comme animal, il ne fait que sentir; il n'aperçoit ou ne connaît pas même son existence. Dirigé, poussé, entraîné, comme les animaux, par les impressions internes ou externes, par toutes les déterminations d'un instinct aveugle, il est acteur subordonné et non point spectateur de l'univers; il ne se dirige point par sa propre force. Dénué du pouvoir de commencer une série de mouvements ou d'actes volontaires, il réagit et n'agit point. Mais, comme être doué d'une puissance libre de mouvement et d'action, l'homme jouit de la vie de relation et de conscience; soustrait à la nécessité du *fatum*, il étend sur la nature l'empire qu'il a d'abord sur les instruments de sa volonté. Non-seulement il vit de la vie commune à tous les êtres qui sentent comme lui, mais il sait qu'il vit, et pendant que la sensation enveloppe réellement toute l'existence animale, lui seul a l'idée de sa sensation et distingue son individualité, son *moi*, l'aperçoit ou en a conscience. Non-seulement il a des rapports essentiels avec cette nature dont il fait partie, mais encore il aperçoit ces rapports ; il s'en rend compte : bien plus, il les modifie, les étend sans cesse, ou s'en crée de nouveaux, par l'exercice de cette force agissante et pensante qui constitue sa nature, son existence et sa personnalité tout entière.

L'homme ne perçoit ou ne connaît rien, à proprement parler, qu'en tant qu'il a conscience de son individualité personnelle, ou que sa propre existence est un fait pour lui-même, enfin qu'il est *moi*. Le sentiment du *moi* est donc le fait primitif de la connaissance ; et, comme nous prouvons ultérieurement qu'il ne dépend essentiellement d'aucune impression reçue par les sens externes, qu'il n'est essentiellement attaché à aucune modification variable, accidentelle, quoiqu'il s'associe avec toutes, mais qu'il est exclusivement inhérent à l'exercice d'un sens interne particulier, nous disons que c'est un fait primitif de sens intime.

Il ne s'agit point ici de prouver ce fait, qui sert lui-même de fondement à toutes les preuves, à toutes les vérités de fait (1), mais de le constater dans sa source propre, en employant le sens qui y est spécialement et exclusivement approprié, et le séparant de tous les éléments hétérogènes qui l'altèrent par leur mélange. Il s'agit enfin de trouver l'expression la plus simple et la plus vraie de ce fait primitif, et d'y ramener par

---

(1) « Si les expériences internes immédiates n'étaient pas certai-
« nes (dit très-bien Leibnitz dans ses *Nouveaux Essais*), il ne
« saurait y avoir de vérités de fait dont on pût être assuré. Il n'en
« est pas de même pour les perceptions externes médiates, qui sont
« sujettes aux illusions des sens ou de l'imagination. »

l'analyse tous les phénomènes de la psychologie, tous les modes les plus intimes de la pensée, tous les principes de la connaissance humaine.

Dans les sciences dérivées ou secondaires que l'homme fait, soit en observant ce qui est hors de lui, soit en combinant ses propres idées, en composant des notions avec les matériaux abstraits de ses représentations sensibles, ce sont ordinairement les principes qui sont les plus simples et les plus faciles à saisir, soit que l'on parte d'axiomes ou de définitions convenues, soit qu'on parte de faits ou de phénomènes élémentaires donnés à l'imagination ou aux sens. Mais le véritable principe sur lequel repose la science de l'esprit humain est sujet à des difficultés particulières. Ce n'est point une abstraction, car le sentiment de notre être est, au contraire, celui d'une individualité très-précise. Ce n'est point un phénomène ni un objet qui se représente ; car le *moi* se distingue très-nettement de tout objet représenté ou senti au dehors ; c'est un fait intérieur *sui generis*, très-évident sans doute pour tout être réfléchi, mais qui demande à être aperçu à l'aide de son sens propre et spécial. Si, faute d'appliquer le sens approprié, on manque le vrai point de vue, ou si l'on se fait illusion sur la nature du vrai principe, il n'y a plus, au lieu d'une science réelle, que des hypothèses et des systèmes artistement établis et liés par l'expression, sans l'être par les faits, semblables à ces édifices sans fondement, beaux et réguliers quand on les voit à distance, mais qu'on ne saurait habiter avec la moindre sécurité.

La difficulté qu'il y a à bien saisir le principe de la connaissance dans sa primauté et sa réalité de fait, si bien prouvée par l'histoire des opinions et des divers systèmes des philosophes, l'est de plus par les tentatives infructueuses qu'on a faites jusqu'ici pour analyser ce principe ou l'exposer d'une manière précise, nette, et à l'abri de toute attaque, enfin pour *élémenter* la science de l'esprit humain.

Ceux qui s'attachent d'abord et uniquement à une expérience extérieure, comme ceux qui chicanent sur la réalité de cet objet, se montrent également faciles à admettre certains principes ou certaines formes de nos connaissances, qu'il faudrait peut-être éclaircir, vérifier ou constater dans leur source même, avant de les appliquer comme données, ou de les employer comme hypothèses. Cette remarque aussi judicieuse que profonde (1) a donné lieu aux recherches fondamentales dont nous nous occupons. Il sera utile de la confirmer par un examen rapide des doctrines de philosophie, considérées sous le rapport des principes sur lesquels elles s'appuient, ou des faits qui leur servent de point de départ.

---

(1) Voyez le programme de l'Académie de Berlin.

SECTION PREMIÈRE.

CONSIDÉRATIONS SUR LES DIVERS SYSTÈMES DE PHILOSOPHIE ENVISAGÉS RELATIVEMENT A L'ANALYSE DES FAITS PRIMITIFS.

Il est, je crois, assez généralement reconnu (et personne ne peut le nier) que toute perception complète ou actuelle, comprend, avec le sentiment du *moi*, simple, un, et constamment identique à lui-même, la représentation ou l'intuition de quelque chose, soit objet, soit impression sensible, variable et multiple, différente de ce *moi*.

De quelque manière qu'on puisse expliquer l'union intime ou l'association des éléments de perception, toujours faut-il reconnaître que ces éléments sont *deux*. C'est là un fait, une donnée actuelle, un point de départ d'où l'analyse pourra partir pour décomposer encore, ou pour s'assurer qu'il n'y a plus lieu à aucune décomposition ultérieure. Mais la dualité constatée, reconnue d'une manière aussi générale, est-elle bien le fait primitif? et ce fait est-il vraiment indécomposable? C'est ce que nous affirment des philosophes dont l'autorité est du plus grand poids, et qui ont même attribué toutes les illusions et les écarts des systèmes abstraits aux vaines tentatives faites pour expliquer et analyser la dualité qu'ils admettent comme primitive et par là même inexplicable. Néanmoins, ce point de vue qui s'applique à notre expérience réfléchie actuelle, peut-il s'appliquer également à l'origine de nos facultés et de notre existence aperçue? Le sentiment du *moi* a-t-il été uni d'une manière aussi intime, aussi indivisible aux impressions affectives? L'est-il même toujours également à toutes les affections que nous pouvons éprouver dans notre manière actuelle de sentir et de percevoir? N'y a-t-il pas des degrés de variation en plus ou en moins, et, de cette expérience même, ne pouvons-nous pas induire avec fondement que le sentiment du *moi* ou d'individualité personnelle n'a pas nécessairement commencé avec les impressions de la sensibilité, ou ne leur est pas essentiellement inhérent? Ne pouvons-nous pas conclure par suite que l'espèce de dualité, qui constitue notre perception complète actuelle, n'est pas réellement primitive, mais que ses éléments ont pu être réellement séparés dans l'origine et peuvent être conçus ainsi l'un hors de l'autre, non pas seulement dans un point de vue purement abstrait, mais dans certains modes réels et positifs de notre existence?

En attendant que nous puissions fournir des exemples propres à confirmer la séparation, admettons dès à présent comme hypothèse, l'un des éléments de la perception complète sous un titre quelconque, qui exprime sa simplicité, tel que l'effet d'une impression sensible séparée de tout sentiment du *moi* ou d'individualité personnelle. On pourra demander si le second élément, proprement nommé *subjectif*, peut aussi exister à part, ou plutôt si le *moi*, dès qu'il commence à exister pour lui-même, n'est pas essentiellement et indivisiblement uni à quelque mode particulier qui lui serve pour ainsi dire de support; enfin, s'il peut y avoir de *moi* pur, sans affection, intuition ou impression sensitive, comme il peut y avoir impression sensible sans *moi*. Dans le cas de l'affirmation, il y a lieu de demander encore quelle peut être la nature ou le caractère de ce sentiment du *moi*, indépendamment de toute modification accidentelle? Est-il simple et absolu, ou bien est-il composé et relatif? se fonde-t-il sur quelque condition qu'il soit possible d'assigner dans l'expérience, ou est-il vraiment inconditionnel? S'il est relatif, quel est le véritable conséquent de ce rapport fondamental qui détermine l'individualité personnelle? S'il a quelque condition expérimentale, quelle est précisément cette condition? Comment pourrons-nous la reconnaître sans sortir de l'expérience intérieure? Telles sont les questions premières qu'il s'agit de discuter, et dont la solution ne peut ressortir que d'une analyse plus exacte et plus approfondie des phénomènes du sens intime. C'est pour n'avoir pas fait cette analyse exacte et complète, ou pour n'avoir pas su s'arrêter à certaines limites, déterminées par la nature des choses ou par la nature même de notre esprit, que les divers auteurs de métaphysique me paraissent avoir laissé encore tant de doutes et d'inexactitude sur l'origine et la réalité de nos connaissances, ainsi que nous allons chercher à le faire voir dans les exemples suivants.

CHAPITRE PREMIER.

RAPPORTS DE LA PHILOSOPHIE A PRIORI AVEC L'ANALYSE DES FAITS PRIMITIFS.

I

Système de Descartes.

Je pense, donc je suis. Plusieurs philosophes ont remarqué avec beaucoup de raison que la forme logique sous laquelle se présente ce principe, ne peut lui donner une valeur autre que celle du fait de conscience, exprimé par le seul mot *j'existe*, ou encore par le simple signe de l'individualité *je* ou *moi*. En effet, l'être pensant, ou l'individu constitué tel par le sens intime de sa personnalité individuelle, peut seul donner un sens au mot *je*, et ce mot emporte avec lui tout le fait complet d'existence. Avoir conscience de soi, c'est exister pour soi ; mais être une chose ou une substance *en soi*, n'est pas exister *pour soi-même* ou se sentir exister, puisque tout nous porte à prendre la notion d'être, de substance, dans un sens général et universel ou objectif, opposé au sens propre et très-précis que le sens intime seul nous fait attacher au mot *j'existe*. Donc le verbe substantif, dans la prémisse : *je suis* ou *j'existe pour moi-même*, qui est la traduction ou l'analyse exacte de l'idée exprimée par le verbe *je pense*, et *l'être* dans la conclusion, ont une valeur non-seulement différente, mais opposée, autant que peuvent l'être un individu et l'universel, le relatif et l'absolu, la personne et la chose, le sujet et l'objet.

La proposition simple *je pense*, identique à celle-ci : *j'existe pour moi-même*, énonce le fait primitif, la liaison phénoménale entre le *moi* et la pensée ou l'aperception, de telle sorte que le sujet ne commence et ne continue à exister pour lui-même, qu'autant qu'il commence et continue à apercevoir ou à sentir son existence, c'est-à-dire à penser. C'est le fait du sens intime donné immédiatement, et la forme du raisonnement qu'on emploie pour l'exprimer, n'est pas seulement inutile, elle est de plus illusoire, en énonçant comme déduction un fait primitif antérieur à tout, dont tout se déduit, qui ne se conclut de rien. Mais prétend-on établir une autre espèce de liaison entre la pensée ou l'existence aperçue du *moi* et l'existence réelle et absolue de l'âme ou de la *chose pensante* (1)? Je dis qu'alors il ne s'agit plus du fait, mais d'une notion. Or, cette notion est-elle liée au fait d'une manière si immédiate qu'il suffise d'énoncer l'un pour avoir l'autre, et que l'esprit voie sans intermédiaire la conséquence renfermée dans le principe? C'est ce que Descartes affirme par sa formule, mais ce qui est en question.

Je pense, ou je suis : si l'on présente l'enthy-

---

(1) Voyez la seconde Méditation de Descartes.

même sous cette forme : *je pense* (ou j'existe pour moi-même), *donc je suis une chose, une substance pensante* ; je dis qu'alors l'identité réelle n'a plus lieu, ou que du moins elle n'a plus cette sorte d'immédiation qui caractérise le principe évident par lui-même. Rétablissons l'intermédiaire et faisons un raisonnement en forme :

Je pense, j'existe pour moi-même,

Or, tout ce qui pense, ou qui sait qu'il existe, existe absolument comme substance ou chose pensante hors de la pensée ;

Donc j'existe substantiellement.

Ce sujet *je*, dans la conclusion : *j'existe*, n'est certainement pas identique à ce qui est exprimé par le même signe dans la majeure : *je pense*. Ici, c'est un sujet phénoménal, là c'est un sujet réel. Toutes les déductions ultérieures de ce principe : *je suis une chose pensante*, n'auront donc qu'une valeur logique ou conditionnelle comme lui.

Suivons : « Cette proposition : je suis, j'existe, « est nécessairement vraie, dit Descartes, toutes les « fois que je la prononce... Mais combien de temps? « Autant de temps que je pense (1). » Voilà bien le fait de conscience qui exclut l'absolu. C'est bien là l'expression du fait, et rien de plus. Mais on altère la vérité du fait dès qu'on transforme, par une identité logique, le *moi actuel* dans *l'être* ou l'âme *chose*, prise pour la chose pensante. Car, d'après cette définition, toute l'essence de l'âme consiste dans la pensée. Donc elle ne peut avoir commencé

---

(1) Seconde Méditation.

ni continuer à exister, sans avoir commencé et sans continuer à penser, c'est-à-dire que l'âme pense toujours sans interruption, depuis le moment de sa création jusqu'à celui de son anéantissement (en supposant que l'anéantissement d'une substance soit possible). Cette conclusion est opposée au principe, ou au fait primitif du sens intime, qui nous dit : J'existe en tant que je pense, ou autant de temps que je pense. Or, je ne pense pas toujours (dans le sommeil complet, dans les cas de défaillance), ou je n'ai pas toujours le sentiment que j'existe ; donc l'individu qui s'appelle *moi* n'est pas une chose pensante dont l'essence soit uniquement et exclusivement la pensée.

De là ce raisonnement fondé sur l'expérience intérieure : *Je ne pense pas toujours, donc je n'existe pas comme une chose pensante ou à laquelle la pensée soit essentielle.*

On voit ici les suites dangereuses de la confusion établie par Descartes entre la vérité absolue et la vérité conditionnelle, entre l'évidence de sentiment et celle de raison. La première accompagne nécessairement l'énoncé du fait primitif : *je pense, j'existe ;* la seconde est associée à la proposition logique : *je suis une chose pensante.* Mais la première vérité est aperçue immédiatement, elle ne doit donc pas être prouvée ; la seconde est déduite, donc elle n'est pas un principe.

Dans le point de vue de la réflexion, et si je ne sors pas du fait de conscience, je ne saurais voir aucun fondement à cette proposition : *je suis une chose pensante;* car il faudrait que la pensée fût sentie ou aperçue comme le mode fondamental ou l'attribut immanent de la substance, de manière qu'il y eût dans la conscience une véritable dualité ou un rapport à deux termes distincts, dont l'un serait la substance et l'autre le mode ou l'attribut. Certainement le fait de conscience ne nous manifeste rien de pareil. Lorsque je dis **moi**, et que je me rends témoignage de ma propre existence, je suis pour moi-même non point une chose ou un objet dont j'affirme l'existence en lui donnant la pensée pour attribut, mais un sujet qui se reconnaît et s'affirme à lui-même son existence, en tant qu'il s'aperçoit intérieurement ou qu'il pense. Cette aperception ou cette pensée intérieure constituant toute l'existence du sujet, ne peut être l'attribut d'un autre sujet plus reculé, puisque hors du *moi* il n'y a rien pour la conscience; elle peut encore moins être l'attribut d'un objet, puisqu'il n'y a point encore d'objet. La formule : *je suis une chose pensante,* implique donc contradiction avec le fait primitif, et il faut sortir de ce fait, ou employer une autre faculté, pour lui donner le sens d'une proposition logique, universelle, nécessaire. Il ne faudrait pas cependant conclure que le fait de conscience est borné à un seul terme, le sujet absolu. Nous ferons voir, au contraire, qu'il est une véritable dualité, ou un rapport à deux termes de nature homogène. Rien n'est dans la conscience qu'à titre de rapport; et pour qu'un rapport soit dans la conscience, il faut que ses deux termes y soient également, sinon comme substance et attribut, du moins comme cause et effet.

Je remarque que Descartes, en franchissant brusquement tout l'intervalle qui sépare le fait de l'existence personnelle ou du sentiment du *moi*, et la notion absolue d'une chose pensante, ouvre la porte à tous les doutes sur la nature objective de cette chose (1) qui n'est pas le *moi*. L'imagination va s'exercer pour lui trouver une place, lui donner une forme, pour savoir si elle est un fluide éthéré, un air, un feu subtil. Hobbes et Gassendi, le croirait-on? demandent qu'on leur montre cette chose, qu'on la leur fasse concevoir ou imaginer. Se fondant sur toutes les analogies de l'imagination et du langage, ils objecteront contre la réalité de la substance spirituelle, qu'une chose quelconque, conçue par représentation ou comme objet, ne peut s'entendre que sous une raison de matière (2) ; et vraiment, de ce que j'existe *moi* dans l'acte de la pensée, comment pourrais-je prouver que je suis hors de cet acte une chose pensante et rien de plus ? Comment sais-je et puis-je affirmer que mon essence se borne là, sans aller plus loin, qu'elle n'embrasse pas, outre la pen-

---

(1) Locke, voulant établir une classification générale des sciences, range à la fin de son *Essai*, sous le titre spécial de *sciences physiques*, tout ce qui se rapporte à la connaissance des choses comme elles sont hors de nous, que ces choses soient matérielles ou immatérielles, *corps* ou *esprit*. D'où il suit, ainsi que je l'entends, que le sujet métaphysique proprement dit ne peut être conçu comme une chose, et toute la difficulté qu'il y a à saisir la valeur du sujet *moi* par l'acte de la réflexion, consiste précisément en ce qu'il faut exclure toute idée de chose ou d'objet, ce qui contrarie toutes les habitudes de l'imagination.

(2) Voyez les *Objections* 3es et 5es *contre les Méditations de Descartes*.

sée et les fonctions de ce que j'appelle *esprit*, la vie et les fonctions du corps? Qui ne voit que tout dépend ici, non de la nature de la substance que nous n'avons aucun moyen de connaître objectivement, mais d'une définition ou d'une hypothèse prise toute en dehors du sens intime?

Le physicien qui n'entendrait, comme Hobbes, la substance que sous une raison de matière, liée nécessairement à la forme sensible de l'espace ou de l'étendue, affirmera que cette chose occupe un lieu, un centre organique, ou qu'elle est diffuse et répandue dans tout le corps, dont elle est le principe vivifiant, n'étant supérieure à ce corps grossier qu'en ce qu'elle est plus subtile. Ainsi il dira ou imaginera que c'est ce centre, cette matière subtile, éthérée qui pense en lui. Il *imaginera*, dis-je, ou supposera, mais il ne *saura* pas, et il trouvera toujours là la matière d'un doute légitime. Mais, quoi? celui qui doute ou s'enquiert ainsi de ce que peut être la chose qui pense en lui, ne sait-il pas bien, et avec une évidence supérieure à tout, qu'il existe, lui, individu? Exister ainsi, c'est apercevoir ou sentir non l'être ou la substance de l'âme, mais bien l'existence du *moi*, sujet distinct par là même de tout objet représenté, ou de toute chose conçue existante. Que veut-on de plus, ou que peut-on chercher de plus clair et de plus évident? S'en tient-on à la connaissance de sentiment, ou à la perception immédiate interne du sujet pensant? Elle est parfaite dans son genre. Aspire-t-on à une connaissance extérieure ou objective de la chose pensante hors de la pensée même? Ce mode de connaissance, auquel on cherche si vainement à tout réduire, et qui n'est certainement pas la connaissance primitive, est hors de toute application du propre sujet pensant, et il faut bien prendre garde ici qu'en demandant ce qu'on sait, on ne sait pas du tout ce qu'on demande (1).

C'est Descartes lui-même qui nous a appris à faire l'importante distinction entre les deux valeurs du terme *exister*, ou les deux points de vue de l'existence subjective et objective, relative et absolue, qui se trouvent malheureusement confondues sous la forme logique de son principe. Mais, en s'arrêtant au fait qui lui sert de point de départ, et négligeant la forme, on trouve dans la liaison immédiate énoncée par son principe entre la pensée et l'existence du *moi*, le vrai principe générateur et la source réelle de toute

---

(1) Kant a supérieurement exposé le paralogisme *transcendantal*, comme il l'appelle, sur lequel repose toute la philosophie de Descartes. « Nous croyons voir en nous-mêmes le sujet inconditionnel, « et nous l'adoptons, non comme la simple idée d'un sujet pensant, « qui n'aurait qu'une valeur ou représentation subjective, mais « comme la substance elle-même ayant une valeur objective, une « existence indépendante de notre manière de la concevoir. »
Il est facile de voir que la grande discussion entre Malebranche et Arnauld, au sujet de la manière dont nous connaissons notre âme, tient à la confusion de ces deux idées : de l'âme substance telle qu'elle est objectivement ou en elle-même et du *moi* ou du sujet pensant, qui n'existe qu'autant qu'il se connaît. Ces discussions tiennent elles-mêmes à l'énoncé ambigu du principe de Descartes, et à la confusion perpétuelle qui se fait entre la manière dont nous nous sentons disposés dans l'exercice de la pensée, et ce que nous prenons pour un être métaphysique que nous appelons improprement *nous-mêmes* comme objet hors de la pensée. Mais assurément, l'analyse la plus subtile du fait de conscience n'est pas capable de répandre le moindre jour sur la connaissance de l'âme, hors de ce fait de la conscience.

évidence. Pour la reconnaître, cette évidence immédiate, il faut savoir se placer avec lui dans le point de vue de l'aperception interne, et mieux que lui ramener le fait du sens intime à sa valeur originelle, sans le dénaturer par l'imagination, ni le morceler par l'abstraction. C'est ce que ne peuvent faire ceux qui transportant de prime-abord toute la réalité à l'objet de la perception, ne veulent rien admettre, rien concevoir, qui ne soit du ressort de l'observation extérieure, ni ceux qui croyant trouver un point d'appui dans le vide des abstractions ou de l'absolu, s'élancent *ex abrupto* hors du champ de toute expérience tant externe qu'interne, mettant ainsi le possible avant l'actuel, ou la science avant l'existence même.

Descartes est devenu vraiment le créateur ou le père d'une science qui, sous un titre quelconque, doit se fonder sur l'observation intérieure, en apprenant à l'esprit humain à se replier sur lui-même, à ne chercher qu'en lui les vrais principes de la science. Il montre par l'exemple, autant que par le précepte, que la connaissance propre du *moi*, le fait de conscience, est distincte et séparée de la représentation de tout objet; que tout ce qui est conçu ainsi par l'imagination, ou à l'aide des sens externes, est étranger à cette connaissance immédiate et évidente par elle même. Enfin, il prouve, je ne dis pas la séparation absolue des substances, mais la distinction essentielle qui existe entre les phénomènes externes et internes, ou entre les facultés spécialement appropriées aux uns et aux autres. Sous ce dernier point de vue, le seul qui se rapporte clairement aux faits primitifs, la philosophie de Descartes doit être considérée comme la véritable *doctrine mère*, en tant qu'elle tend à donner à la science des principes la seule base qu'elle puisse avoir dans le fait primitif de sens intime.

II

Système de Leibnitz.

En examinant l'ensemble de la doctrine de Descartes, en comparant sa physique avec sa méthaphysique, on voit aisément que les méthodes nouvelles qu'il introduit dans toutes les branches des connaissances humaines, et le point de vue général sous lequel il embrasse la nature, vont se rattacher à sa philosophie première, et reçoivent l'empreinte de la doctrine des idées et des facultés de l'âme. Comme il abstrait et généralise où il ne faut qu'observer, il suppose là où il faudrait réfléchir, et réfléchit là où il faudrait voir. Ce n'est point avec la réflexion qu'on peut atteindre le monde extérieur ni une existence étrangère quelconque. Descartes semble tout attendre de la lumière intérieure, alors que la lumière ne peut venir que de l'attention portée sur les choses du dehors. C'est ainsi qu'il construit le monde avec certaines *natures simples*, éléments abstraits, purs ouvrages de l'esprit, qu'il réalise au dehors, comme il a réalisé dans l'âme les idées innées ou la pensée substantielle. Cherchant toujours cette évidence de raison qu'il veut seule reconnaître, parce qu'il l'a substituée à l'évidence de fait et de sentiment dans le premier phénomène de conscience, il réalise tout ce qu'il conçoit clairement.

Si la doctrine philosophique de Leibnitz a quelques rapports d'analogie avec celle de Descartes, elle en diffère aussi sous plusieurs points essentiels, et il ne serait pas difficile de démontrer que cette divergence va se rattacher au fait primitif de la conscience, ou à la manière dont chacun de ces philosophes l'a conçu et a cru pouvoir l'interpréter, l'expliquer, l'analyser. Descartes part des profondeurs de l'âme pour expliquer la nature; Leibnitz part de la nature pour descendre dans les profondeurs de l'âme. Le premier transporte au monde extérieur les actes ou les produits de la pensée; l'autre retrouve au sein de sa pensée les éléments et l'espèce de mécanisme sous lequel il conçoit le plus vaste ensemble des phénomènes, dont sa pensée est le miroir vivant.

Leibnitz semble vouloir tendre sans cesse à se placer comme au centre de l'entendement divin qu'il considère, d'après Platon, comme la région des essences ou des possibles. Dans ce point de vue de l'absolu, le monde des corps se réduit à des points mathématiques; les nombres ou éléments de quantité discrète sont les seules réalités. Tel est peut-être le motif secret de la confiance que Leibnitz accorde aux formes du raisonnement, à cette arithmétique ou *caractéristique universelle*, qui exprimerait non-seulement des vérités sur les rapports absolus des êtres, mais ces êtres mêmes tels qu'ils sont aux yeux de Dieu. L'étendue ou la quantité continue ne serait alors qu'un pur phénomène relatif à l'organisation humaine.

Dans le même point de vue de l'absolu, il est bien vrai que chaque monade ou être représente l'univers, parce qu'elle a des rapports avec tous les êtres de l'univers; mais la représentation n'est que dans l'intelligence qui voit, et non pas dans l'objet vu; car les rapports sont conçus entre les êtres, et non pas dans ces êtres comme les constituant. Autrement il faudrait dire que, lorsque nous attribuons à des êtres inférieurs, comme aux animaux, nos idées, notre intelligence, notre sensibilité, nous ne voyons en eux que ce qui y est, quoique confusément, pure hypothèse inadmissible. Au surplus, il est vrai de dire avec Leibnitz, que plus nos idées sont distinctes, plus elles se rapprochent de ce point de vue divin où les choses sont entendues comme elles sont et, en se rapprochant de ce point de vue, deviennent en quelque sorte adéquates.

Le génie de Leibnitz suffisait à tout. Dans le même temps qu'il créait un nouveau calcul, à l'aide duquel il saisissait l'infini de l'espace et de la durée, et résolvait comme en se jouant les problèmes jusqu'alors inaccessibles de la géométrie transcendante et de la mécanique des corps, il tentait d'approfondir les mystères les plus obscurs de la métaphysique ou de la dynamique des esprits. Ces deux grandes classes de rapports ou de lois s'identifient presque dans son point de vue systématique par la plus admirable harmonie; les unes sont les miroirs fidèles où se représentent les autres.

Un savant et judicieux historien de la philosophie prétend que la science de l'entendement humain avait été une des dernières à s'offrir aux méditations de Leibnitz. Le fait paraît difficile à établir; il semblerait plutôt que cette tête si éminemment systématique, embrassa d'abord, comme dans une seule vue, les principes dans les conséquences, les causes dans les effets, les abstraits dans les concrets, et *vice versa*. Et, en supposant que ce génie extraordinaire eût besoin, comme les communs esprits, d'une progression d'un ordre de vérités à un autre, on dirait plutôt qu'il a transporté à la nature les découvertes qu'il a faites dans la région des esprits. Partant de l'existence de ces éléments ou monades, dont la coordination réalise à nos yeux le phénomène de l'étendue, il s'élève jusqu'à la monade centrale éminemment active qui représente ces éléments par des perceptions claires; et repartant de cette source, il transporte à la nature des données prises dans l'intimité de la réflexion ou de la conscience. Et de quelle autre source aurait-il pu tirer cette idée purement réflexive de la force et de la tendance continuelle au changement d'état? celle de l'effort (*conatus*)? de l'unité centrale où se représente la multitude? celle de la perception enfin, qu'il attribue à toutes les monades ou entéléchies, dans tous les degrés infiniment variés de distinction ou de confusion?

Descartes, commençant par la réflexion qui s'attache au sujet de la pensée, comme distinct et séparé de tout ce qui n'est pas lui, passe immédiatement à l'abstraction; et la poussant jusqu'au bout, croit saisir l'absolu de l'existence dans l'absolu même de la pensée substantielle. De là, la pensée prise pour l'essence même de l'âme ; par suite, le système des idées innées et tout le caractère de cette doctrine. Leibnitz, partant des données d'une sorte de calcul appliqué aux phénomènes, s'élève des mouvements physiques et composés à la conception naturelle des forces simples répandues dans la nature ; mais, complétant l'abstraction sans remonter jusqu'à l'origine de cette idée de force, il la considère dans l'absolu comme faisant partie de l'essence de chaque monade séparée. Ces forces tendent toutes au changement, et ce changement intérieur correspond à tout ce qui se passe au même instant dans l'univers, et le représente d'une manière plus ou moins confuse ; d'où la perception ou la représentation de la multitude dans l'unité, dont les degrés de clarté se proportionnent à la nature des monades ou des forces. Les degrés se trouvent notés dans le langage très-précis de ce métaphysicien-géomètre par les termes de *perception obscure*, qui appartient à toutes les monades, de *perception distincte*, et *d'aperception* ou *réflexion des degrés supérieurs* qui n'appartient qu'à l'âme humaine (1).

Ainsi, quoiqu'il y ait une existence ou une force absolue et inconditionnelle qui sert elle-même de

---

(1) Præter infimum perceptionis gradum qui etiam in stupentibus reperitur, et medium gradum quem sensionem appellamus et in brutis agnoscimus, datur gradus quidam altior quem appellamus cogitationem. (*Édit. Dutens*, tome II, partie I, page 233. — Voir aussi la *Monadologie* et les *Principes de la nature et de la grâce*.)

point de départ, il n'y a point de pensée absolue et invariable. La force d'agir et de représenter, ou de représenter en agissant, constitue l'essence de l'âme. Cette force est susceptible de plus ou de moins ; l'aperception interne (ou le *moi*) n'est pas toujours et essentiellement jointe à toute perception, et la réflexion, qui constitue la pensée proprement dite, par laquelle le sujet se rend présent à lui-même dans le for intérieur, en se séparant de tout ce qui est objectif, n'appartient pas à toutes les âmes ni à la même âme humaine, en différents temps. D'où l'on conçoit qu'il peut y avoir des sensations ou des affections sans conscience, auxquelles se trouvent réduits les animaux et l'homme lui-même, dans les premiers temps de la vie, comme dans plusieurs états où la sensibilité, la perceptibilité obscure, prédomine et absorbe tout.

Tous ces résultats, exclus de la doctrine absolue de Descartes, sont très-conformes aux faits de l'expérience intérieure. Mais ce n'est point d'après ces faits et les conditions de cette expérience seule que Leibnitz avait établi sa théorie, ce n'est point dans les phénomènes intérieurs, ou le sens intime bien consulté, qu'il paraît avoir trouvé les différences essentielles qu'il précise dans sa langue psychologique. Il a d'abord porté sa vue plus loin, en cherchant à pénétrer jusqu'à l'essence même des monades, qui consiste dans une activité absolue, en vertu de laquelle chacune d'elles peut représenter l'univers à sa manière, sans aucune influence étrangère à sa nature même. Mais en ramenant cette doctrine au fait qui pouvait lui servir de base, on trouve, dans le point de vue de Leibnitz, une sorte d'analyse ou de résolution du fait de conscience où de la dualité primitive dans ses éléments, savoir : la perception obscure inhérente à toute monade, et l'aperception du *moi* qui s'y joint pour l'élever jusqu'à l'idée ou la représentation claire. Le premier élément, la perception pure et simple, ressort de cette analyse comme un mode simple, premier dans l'ordre du temps; mais le deuxième élément surajouté, le *moi*, qu'est-il en lui-même et d'où vient-il ? Il ne paraît pas, dans la doctrine de Leibnitz, que ce *moi* puisse s'apercevoir ou exister pour lui-même, sans être associé avec des perceptions quelconques : il n'est, pour ainsi dire, qu'une forme de celle-ci ; forme inhérente à l'âme humaine, n'existant en elle que comme virtualité, et ne passant de cet état virtuel à l'effectif, qu'autant que les impressions extérieures lui fournissent l'occasion et les moyens de se manifester. Mais alors même il ne se manifeste que dans le concret, et, s'il y a des modifications aperçues par le *moi*, ou en lui, il n'y a point d'aperception interne et séparée de ce *moi* seul. L'âme a bien le pouvoir de faire des actes réfléchis et de voir ce qui est en elle-même; bien plus, elle ne voit ce qui est au dehors que par le moyen de certaines formes ou idées qui sont en elle seule (1); mais il n'y a point d'aperception immédiate ou actuelle de ces formes ou idées, et l'âme ne peut les saisir que dans l'intuition des choses ou

---

(1) Animæ natura est exercere actus reflexos, seu seipsam *intueri*. Externa non videt, nisi per intuitionem eorum quæ insunt in semet ipsa. (*Leibnitz.*)

des images qu'elle rapporte au dehors. Aussi la connaissance effective ne remonte-t-elle point au delà de la sensation ou de l'expérience ; il n'y a point d'idées positives innées dans le sens de Descartes, mais seulement des dispositions ou virtualités.

Ici le point de vue de Leibnitz paraît rentrer dans celui de Locke. Mais ce qui distingue la doctrine dont nous parlons, c'est que l'âme ne peut absolument être considérée comme *table rase* avant les premières sensations reçues, et que les principes ou les véritables éléments de la connaissance résident en elle antérieurement, et ne font que passer du virtuel à l'effectif, en se joignant aux impressions qui viennent du monde extérieur. Sur quoi il est important d'observer que, dans le système de Leibnitz, l'âme n'étant jamais séparée d'une sorte de corps organique, suivant les affections duquel elle représente harmoniquement ce qui est hors d'elle, et ce corps ou cette monade primitive ne faisant que se développer à la naissance et s'envelopper à la mort, sans cesser d'être uni à l'âme, il ne saurait y avoir en aucun sens d'idées innées ou séparées de toute sensation ou affection interne.

En partant de l'existence absolue, Leibnitz ne pouvait pousser plus loin qu'il n'a fait l'analyse des faits primitifs du sens intime ; mais cette analyse purement expérimentale devait lui paraître, ce semble, assez peu importante, lorsqu'il plaçait les racines de la science dans la région idéale de ces possibilités abstraites, types des existences, que la raison humaine doit consulter avant tout pour expliquer l'univers, comme la pensée divine s'y est conformée pour le créer. Dans cette région élevée au-dessus de toute expérience intérieure et extérieure, on voit l'esprit systématique de Leibnitz se rencontrer avec celui de Descartes. Comme l'un a cru pouvoir mettre la réalité de l'existence sous la forme d'une conclusion syllogistique, l'autre croit pouvoir la démontrer en appliquant le principe de contradiction ou de raison suffisante (1). Ces deux génies éminemment méditatifs saisissent le fait de conscience dans sa profondeur; mais ils ne savent pas ou ne veulent pas s'arrêter, et croient devoir remonter plus haut pour trouver le principe générateur de la science. Tout ce qu'ils ont voulu placer au delà est hypothétique, arbitraire, sujet aux doutes et aux illusions, comme étant non-seulement supérieur, mais de plus contraire au fait primitif du sens intime.

L'opposition de ce fait, avec les deux systèmes des causes occasionnelles et de l'harmonie préétablie ressortira des analyses ultérieures auxquelles nous procéderons incessamment. Il s'agissait ici seulement de montrer l'origine qu'ont eue ces systèmes

---

(1) Voici pourtant un passage de Leibnitz qui semble bien prouver qu'il a parfaitement connu la ligne de démarcation entre les deux espèces d'évidence :

« L'aperception immédiate de notre existence et de nos pensées « nous fournit les premières vérités *a posteriori* ou de fait, c'est-à-« dire les premières expériences, comme les propositions identiques « contiennent les premières vérités *a priori* ou de raison, c'est-à-« dire les *premières lumières*. Les unes et les autres sont incapa-« bles d'être prouvées, et peuvent être appelées *immédiates :* « celles-là, parce qu'il y a immédiation entre l'entendement et son « objet; celles-ci, parce qu'il y a immédiation entre le sujet et le « prédicat. » (*Nouveaux Essais*, livre IV, ch. IX, à la fin.)

dans certaines excursions de l'esprit hors des limites du fait, qui peut seul donner une base réelle à la science.

III

De divers systèmes plus récents et en particulier de celui de Kant.

C'est à Descartes et à Leibnitz, comme chefs de deux écoles célèbres, qu'il faut attribuer toutes les tentatives malheureuses faites depuis pour trouver l'origine de la connaissance, en la cherchant où elle n'est point, sans l'apercevoir où elle est, dans le phénomène de la conscience.

Il serait trop long et peut-être inutile, après les observations aussi profondes que judicieuses, déjà faites par deux hommes doués d'un vrai talent philosophique (1), d'entrer dans un examen détaillé des systèmes de métaphysique qui ont fait tant de bruit en Allemagne dans ces derniers temps. Nous remarquerons seulement qu'en considérant ces systèmes sous le rapport qui nous intéresse ici spécialement, celui de l'analyse du fait primitif du sens intime, on voit leurs auteurs marcher à peu près sur les traces des maîtres qui les ont précédés, et tantôt reproduire les caractères ou les signes de ces faits auxquels s'at-

---

(1) Voyez l'*Histoire comparée des systèmes*, par M. Degérando (1re édition), et les excellents Mémoires de M. Ancillon fils, sur le *premier problème de la philosophie, sur l'existence et sur les derniers systèmes de métaphysique qui ont paru en Allemagne*, tome II de ses *Mélanges*.

tache un sentiment d'évidence immédiate, tantôt s'enfoncer et se perdre dans les ténèbres inaccessibles à la lumière de conscience. Ces métaphysiciens, employant tour à tour, comme Déscartes et Leibnitz, la réflexion et l'abstraction, ont dû rencontrer les mêmes données, s'arrêter aux mêmes difficultés, et souvent adopter les mêmes prestiges.

1° Kant, s'appuyant plus sur l'abstraction que sur la réflexion, s'occupe de la classification ou de l'ordre logique des instruments de la connaissance, plutôt que de l'analyse réelle des éléments de cette connaissance même. Se plaçant dans un point de vue très-rapproché de celui de Leibnitz, il admet comme lui certaines formes inhérentes à l'âme humaine ou préexistantes en elle, comme de simples virtualités qui ne s'effectuent que dans l'expérience extérieure. Ne lui demandez point l'origine réelle de ces formes de la connaissance, puisqu'il vous renverrait à celle de l'âme même ou du *noumène* pensant, qui ne peut être connu ou se connaître que dans l'expérience, quoiqu'il soit supposé exister avant elle. Ne lui demandez pas non plus une analyse vraie du fait de conscience, ou de la dualité primitive, qui comprend avec le sujet un, identique, un objet multiple et variable. Ces deux éléments sont à ses yeux absolument indivisés et indivisibles dans l'expérience intérieure et extérieure; car l'objet ne peut être conçu que sous les formes d'espace et de temps inhérentes au sujet et dont il est revêtu par lui, et ce sujet, à son tour, ne peut se connaître primitivement par lui-même, hors de la représentation de quelque objet. D'où il suit, comme l'avait déjà dit Condillac, que, nous transportant dans le monde extérieur et nous élevant jusqu'aux cieux, nous ne contemplons jamais que notre pensée; de même qu'en descendant dans notre intérieur pour nous connaître nous-mêmes, nous n'apercevons les formes propres et constitutives de notre être, que dans leur union avec une certaine matière objective qui en est inséparable. Le sujet et l'objet ne sont donc que deux abstractions; il n'y a point de connaissance réelle ou positive qui s'attache à l'un ou à l'autre, et, chose inconcevable ! toute réalité ne consiste que dans l'union de ces deux éléments abstraits.

Ainsi cette grande ligne de démarcation entre le sujet et l'objet, entre la forme et la matière, que Kant lui-même semble reconnaître dès son point de départ, et dont tout son langage suppose la réalité, n'aboutit en résultat qu'à une distinction purement logique. N'en a-t-il pas altéré et compliqué l'expression vraie et naturelle? Les limites mêmes que la réflexion avait posées entre les deux classes de phénomènes externes et internes, paraissent renversées. L'analyse du fait primitif de sens intime, commencée par Descartes et plus avancée par Leibnitz, redevient impossible et se trouve découragée à jamais.

Mais Kant a-t-il vraiment pénétré dans la profondeur de ce fait? En se bornant à un coup d'œil superficiel, n'y a-t-il pas supposé ce qui n'y est pas, en négligeant ce qui y est? Cette forme d'espace qu'il y admet comme élément nécessaire, qu'il place dans l'âme antérieurement à toute sensation, est-elle bien, je ne dirai pas *a priori*, mais même primitive ou contemporaine de la première connaissance? N'est-elle pas plutôt abstraite de certaines sensations dont il a généralisé trop promptement les caractères particuliers? Enfin, toutes ces formes, ces catégories, ne sont-elles pas de purs éléments abstraits, absolument dénués des caractères qui conviennent aux principes de la connaissance humaine? Ces doutes pourront s'éclaircir dans la suite. Mais, sans insister davantage, nous dirons que Kant ne s'étant point arrêté au fait primitif, mérite, encore bien plus que Descartes et Leibnitz, le reproche d'y avoir supposé ce qui n'y est pas, sans y démêler ce qui y est.

2° Les auteurs des systèmes plus nouvellement connus en Allemagne, sous les titres d'*Idéalisme transcendantal* et de *Philosophie de la nature*, commencent, comme Descartes, par une réflexion toute concentrée sur le sujet de la pensée, séparé de tout objet ou terme d'action; mais, partant du même point commun, ils pénètrent bien plus avant dans ce champ des abstractions, dont le philosophe français avait ouvert l'entrée.

L'absolu de l'existence, conclu de la pensée dans le principe fondamental de Descartes, conservait trop l'empreinte du fait primitif individuel d'où il avait été déduit. Il a fallu effacer entièrement cette empreinte individuelle et généraliser autant que possible pour atteindre l'absolu. Les auteurs de ces systèmes, en effet, le saisissent à l'extrémité d'une chaîne de notions abstraites, où l'aperception immédiate interne du *moi* disparait entièrement, pour faire place à une intuition intellectuelle, ou plutôt à un je ne sais quoi qui ne tient plus au sujet ni à l'objet, mais d'où l'un et l'autre ressortent en même temps, comme par une création mystérieuse.

Que pourrions-nous dire de ces systèmes qui laissent si loin derrière eux un fait que nous considérons comme *primitif*, et qui, lorsqu'il s'agit de trouver une base réelle à la science, débutent par s'ôter toute base même idéale dans l'existence? Si, en faisant ainsi abstraction du *moi* individuel, il reste encore un sujet idéal doué d'un sens supérieur approprié à l'existence absolue, comme je n'ai pas la puissance de m'anéantir ainsi, et néanmoins de continuer à penser ou à réfléchir, je me reconnais privé pour jamais sans doute de ce sens mystérieux, et en félicitant ceux qui en jouissent, je m'en tiens à celui qui est commun et intime à tout être pensant, sans regretter la privation d'un bien à jamais inconnu.

Écartons tous les prestiges produits par cette sorte de dérèglement d'une faculté qui va toujours abstrayant et simplifiant, tant qu'elle trouve des matériaux dans les signes mêmes de sa propre création, et attachons-nous seulement à l'origine d'une réalité pratique, très-bien distinguée par les métaphysiciens mêmes dont nous venons de parler, sans prétendre à cette réalité absolue vers laquelle ils ont trop vainement dirigé leurs efforts. Nous trouvons que la première étant toute constituée dans le fait primitif de la conscience, doit ressortir d'une analyse exacte de ce fait, analyse indiquée, commencée, mais toujours demeurée incomplète dans les systèmes précédents. Ces systèmes s'accordent tous en effet à reconnaître et dénommer les éléments de la perception : le sujet et l'objet; mais ils les considèrent tantôt séparés l'un de l'autre par les actes de réflexion et d'intuition, tantôt comme indivisibles dans tout phénomène interne ou externe. Il s'agit donc, pour compléter l'analyse, de reconnaître les éléments de la dualité primitive; de chercher d'abord jusqu'à quel point la distinction ou la séparation indiquée peut avoir lieu; de déterminer ensuite si chacun de ces éléments est une réalité, ou un mode constitutif de l'existence personnelle, ou si ce ne sont que de simples éléments abstraits, dont la réunion seule constitue l'existence sentie ou aperçue qui n'appartient ni à l'un ni à l'autre isolément. C'est ce que nous pourrons rechercher après avoir examiné encore, sous le même rapport de l'analyse des faits primitifs, les doctrines philosophiques qui se fondent sur l'expérience extérieure.

CHAPITRE DEUXIÈME.

RAPPORTS DE LA PHILOSOPHIE DE L'EXPÉRIENCE AVEC L'ANALYSE DES FAITS PRIMITIFS.

I

Bacon.

Si le mérite d'une doctrine pouvait s'évaluer uniquement par ses résultats pratiques, par le nombre et l'importance de ses conquêtes sur la nature extérieure, surtout par la grande et utile impulsion communiquée à l'esprit humain vers les objets qu'il est toujours le plus intéressé à connaître, et aussi le plus curieux de rechercher, quelle autre aurait plus de droits à l'admiration et aux hommages que cette philosophie de l'expérience, illustrée par le nom de Bacon et par cette honorable postérité qui le reconnaît encore pour son chef? C'est à l'influence de cette doctrine que vont se rattacher toutes ces belles découvertes qui ont changé la face des sciences naturelles, et successivement étendu leurs progrès depuis le siècle des Galilée et des Newton jusqu'à nos jours. Mais cette influence a-t-elle été également heureuse dans les sciences métaphysiques et morales (1)? et les méthodes tracées par Bacon, pour le

---

(1) Nous avons déjà examiné cette question dans l'introduction de cet ouvrage.

perfectionnement de la physique, ont-elles pu ou dû trouver ici une application utile et bien entendue? Cette question, qui peut, je crois, être résolue *a posteriori* par les effets ou les exemples, le sera de plus et principalement *a priori*, si l'on réfléchit sur la nature, l'objet et le but de deux espèces de sciences essentiellement diverses que l'on a vainement tenté d'assimiler, savoir : celle qui s'attache aux objets de l'imagination ou de la représentation extérieure, et celle qui se concentre dans le sujet de la réflexion ou de l'aperception interne. Cette comparaison approfondie, dont nous aurons à nous occuper dans la suite, prouvera que les deux sciences ne sauraient comporter l'application des mêmes méthodes, ni de la même sorte d'expérience, ni des mêmes procédés dans la classification des phénomènes, la position des lois et la recherche des causes. Sans entrer maintenant dans le détail de ces preuves, j'examinerai ici sous la forme d'un doute, qui n'en sera peut-être pas un pour les penseurs, la question de savoir si la méthode expérimentale de Bacon n'a pas été aussi contraire aux progrès de la psychologie, que la méthode réflexive et abstraite l'avait été aux progrès de la science de la nature.

Dans son ouvrage sur l'accroissement des sciences, Bacon proscrit en ces termes toute méthode d'expérience ou d'observation intérieure, et détruit ainsi l'unique base de la psychologie : « Lorsque l'esprit
« humain applique ses facultés à la nature, en con-
« templant assidûment l'œuvre de Dieu, ses idées se
« conforment aux objets de cette nature et sont ré-

« glées ou déterminées par eux. Mais lorsqu'il se
« replie ou se tourne sur lui-même, comme l'a-
« raignée qui fait sa toile, rien ne limite ou ne dé-
« termine son point de vue; aussi les doctrines qu'il
« construit en ce cas ressemblent à ces toiles remar-
« quables par la beauté et la finesse du tissu, mais
« qui sont au rang des ouvrages frivoles et de nul
« emploi (1). » Ainsi cet acte de réflexion, ce point
de vue intérieur ou du *moi*, où Descartes a trouvé la
source propre et unique de toute évidence, ne serait
qu'une sorte de tournoiement frivole, qu'un jeu de
notions tout à fait vain et vide de résultats.

De même que Newton s'écriait : O physique ! préserve-toi de la métaphysique ! ne pourrions-nous pas
ici, nous écrier à notre tour : O métaphysique !
préserve-toi de la physique ! Si l'on compare en effet
les tendances opposées des deux méthodes de Descartes et de Bacon, ne serait-on pas fondé à croire
d'abord qu'autant la première, en partant d'une réflexion concentrée, a dû se trouver en opposition
avec le progrès des sciences physiques, autant la seconde, partant de l'expérience extérieure, devait
nuire à l'étude propre des faits du sens intime, ou
même dénaturer l'objet de la psychologie. Et vraiment si ces deux sortes d'études ou de connaissances
se fondent sur deux facultés de l'esprit essentielle-

---

(1) Etenim mens humana, si agat in materiam (naturam rerum et opera Dei contemplando) pro modo materiæ operatur, atque ab eadem determinatur; sin ipsa in se vertatur (tanquam aranea texens telam) tum demum interminata est, et parit certe telas quasdam doctrinæ tenuitate fili operisque admirabiles, sed quoad usum frivolas et inanes. (*De Dignitate et augmentis scientiarium*, lib. primus.)

ment différentes par leur nature et leur objet, il doit arriver naturellement que tout ce qui sert à développer l'une ou qui est donné à sa culture exclusive, tend à affaiblir et en quelque sorte à paralyser l'autre. Plus l'homme s'accoutume à s'éloigner de lui-même, plus il trouve de plaisir et de facilité à connaître tout ce qui n'est pas lui, et plus il doit éprouver de peine et de dégoût à s'étudier ou à retourner sa vue vers le fond même de son être; plus aussi il doit être porté à croire que cette étude est vaine, par cela même qu'elle n'a aucun résultat palpable, aucune application matérielle. Il est donc aisé de reconnaître dans la direction imprimée aux esprits par la méthode de Bacon, dans les habitudes contractées en observant sans cesse la nature extérieure, en la tourmentant de toutes les manières, enfin dans les succès prodigieux et toujours croissants qui vinrent se rattacher à cette méthode d'observation; il est aisé, dis-je, d'y reconnaître les causes de l'indifférence ou de l'espèce de dédain qu'on dut concevoir dès lors, pour une science tout intérieure, dont on ne s'était peut-être pas encore éclairci les moyens, le but et le véritable objet.

Tout préoccupé des destinées de la science de la nature et du terme où il désirait la conduire, Bacon ne s'arrête point sur ses fondements théoriques. Il suppose bien de prime-abord que toute l'origine de la connaissance est dans l'expérience extérieure, mais il ne s'attache pas à le démontrer; et le principe tant discuté qu'il n'y a rien dans l'entendement qui n'y soit venu par les sens, ne se trouve pas même énoncé dans sa doctrine. Mais il fait mieux dans son but que d'énoncer ou d'analyser le principe, il le prouve *a posteriori* par l'étendue et la fécondité de ses applications ; il marche pendant que d'autres discutent sur la nature du mouvement.

Bacon part du fait de la représentation extérieure, ou d'un premier jugement d'observation, comme d'une donnée primitive essentielle. Il n'a pas besoin de l'expliquer ni même d'en distinguer les termes. A quoi lui servirait cette analyse? Pour lui, il ne s'agit point d'une science de *principes*, de la distinction du sujet et de l'objet, de leur nature, de ce qui dans la perception appartient à l'un ou à l'autre : en s'arrêtant à de pareilles distinctions, on ne ferait, suivant lui, que tourner sur soi-même comme l'araignée qui fabrique sa toile, et sans faire un pas en avant. Ces distinctions trop minutieuses ne tendraient qu'à l'éloigner de son but, et peut-être à diminuer cette confiance dont il a besoin pour l'atteindre. Ainsi, ces grandes questions sur l'origine de la science humaine, sur l'existence, sur la manière dont nous parvenons à connaître d'abord la nôtre propre, et consécutivement celle des objets, ou enfin sur le mode et les conditions de ce lien ineffable qui unit le *moi* à la nature ou la nature au *moi;* ces questions, dis-je, dont Descartes est le véritable promoteur, et qui ont tant exercé depuis lui le génie de la méditation, se trouvaient hors des limites prescrites par la méthode de Bacon, et ne pouvaient trouver de place dans sa doctrine.

II

Locke.

Les successeurs de Bacon, ou les disciples de sa méthode, qui, de leur propre mouvement, ou en cédant peut-être à l'influence encore exercée par Descartes, furent conduits à jeter un regard en arrière, ou à revenir sur l'origine des idées, ne purent que s'attacher d'abord à prouver ou à confirmer en théorie cet ancien principe de l'école : *Nihil est in intellectu quod non priùs fuerit in sensu*, principe dont la vérité devait leur paraître clairement démontrée par les beaux résultats pratiques et par les succès nouveaux d'une philosophie à laquelle il servait de fondement.

Le monde extérieur se présente d'abord à Locke comme une donnée primitive dont il ne s'agit pas d'expliquer ni même de constater la réalité. C'est de ce monde que nos premières idées de sensation sont réputées découler de toutes pièces, par le canal des sens externes. La sensation est simple ou indécomposable : elle est le premier fait, et s'identifie ainsi avec un premier jugement. Or, tout jugement, ou rapport perçu, suppose bien nécessairement deux termes ; mais ces deux termes n'étant vraiment constitués tels que dans le rapport commun qui les unit, et ne pouvant être connus isolément l'un de l'autre, nous sommes fondés à appeler et réputer *simple* cette idée première de sensation, comme étant par le fait indécomposée, si elle n'est point indécomposable. Tel est le point de vue de Locke, qui par là tend à faire rentrer la métaphysique entière dans le domaine de l'expérience, en considérant cette science première comme une sorte de physique expérimentale de l'âme, soumise à la méthode et aux principes du restaurateur des sciences naturelles.

L'auteur de l'*Essai sur l'Entendement humain* ne s'arrête pas à ces limites de la sensation ou de l'objet qui s'y trouve représenté ; il reconnaît jusque dans ces premières idées sensibles, auxquelles il attribue le caractère de simplicité, une aperception interne qui est même, selon lui, le seul signe de la présence de l'âme, ou la seule caractéristique des modes ou opérations qui lui appartiennent en propre. En effet, dit-il (ce point de doctrine est très-remarquable), l'âme ne peut être dite sentir ou agir qu'autant qu'elle aperçoit actuellement que c'est elle qui sent ou agit, et tout ce qui est hors des bornes de cette aperception actuelle ou possible ne peut être réellement attribué à l'âme. Ici commence un point de vue purement réflexif, qui rentre dans celui de Descartes et n'appartient plus en aucune manière à la doctrine expérimentale de Bacon. Arrêtons-nous à ce premier pas dans le champ de l'expérience intérieure, et analysons tout ce qui se trouve dans l'énoncé de Locke sur le fait d'aperception interne, donné comme le caractère essentiel des attributions de l'âme.

Je demande d'abord si l'idée exprimée par le mot *âme* est restreinte à celle du *moi*, sujet de l'aperception interne actuelle, ou si ce signe emporte de plus avec lui la notion d'une substance qui existe absolument par elle-même et hors du fait de sens intime. Dans ce dernier cas, je ne vois pas pourquoi on se refuserait à attribuer à l'âme certains modes ou actes qui, n'étant pas joints à l'aperception interne, se trouvent réellement étrangers au *moi* et hors du champ de l'expérience intérieure. En effet, dès qu'on part d'un principe absolu, tel que la notion de substance, quelle raison suffisante aurait-on de nier les attributs absolus supérieurs à toute expérience? En disant que l'aperception interne, ou la conscience du *moi*, est la seule caractéristique de tous les modes ou de toutes les opérations qui peuvent être attribués à l'âme, ne limite-t-on pas arbitrairement et sans motifs l'extension indéfinie sous laquelle on prend d'abord le terme qui exprime le sujet? Car si l'âme existe réellement sans aperception interne ou sentiment de *moi*, pourquoi ne sentirait ou n'agirait-elle pas sans cette aperception? Pourquoi n'y aurait-il pas dans ce sujet, identique par hypothèse, des perceptions obscures, toujours étrangères à la conscience, ainsi que le dit Leibnitz? Pourquoi le principe de la vie qui s'ignore ne serait-il pas le même que celui de la pensée qui se connaît? De telles questions sont insolubles par leur nature, ou ne peuvent être résolues que d'une manière hypothétique : nous ne pouvons rien savoir à leur égard *a priori*, ni même par l'expérience, puisque ces questions sont étrangères à tous les faits.

Mais, dans la première alternative, où le mot *âme* n'emporterait avec lui d'autre notion ou idée que celle du *moi* actuel ou phénoménal, le principe énoncé reviendrait à celui-ci : les seules modifications ou opérations qui puissent être attribuées au *moi*, sont celles qu'il s'attribue actuellement dans le fait de la conscience. Ce fait se trouve donc affirmé de lui-même, comme il l'est dans l'énoncé de Descartes : *Je pense, donc j'existe*. C'est l'évidence immédiate et tout intérieure, c'est l'identité à laquelle se trouvent ramenés tous les systèmes, en parcourant un cercle dont ils cherchent si vainement à sortir. Mais cette sorte d'équation identique qui se reproduit sans cesse n'annonce-t-elle pas bien le caractère d'un principe ou d'un fait primitif tel qu'il est impossible de passer outre (1) ? Arrêtons-nous donc à cette limite, ou à la base réelle de la science des principes. Employons utilement à constater et éclaircir le véritable fait primitif, un temps et des forces que nous perdrions en cherchant à pénétrer plus avant.

Reprenons la formule de Locke : l'âme ne peut sentir ou agir sans apercevoir actuellement qu'elle sent ou agit. Cette formule, encore un coup, n'exprime rien autre chose que le fait de conscience et se réduit à une proposition parfaitement identique, si l'âme est prise pour le *moi*. Mais, dans l'hypothèse contraire qui est celle de Locke comme celle de Descartes et de Leibnitz, il y a des distinctions essen-

---

(1) Je pense, donc j'existe. — La conscience est la seule forme de l'âme. — Le *moi* se pose lui-même. — A.=A. ; autant d'identités qui prouvent combien sont vains les efforts qu'on peut faire pour concevoir quelque chose d'absolu et hors du fait primitif.

tielles à noter. Si l'âme est prise pour la force absolue, qui agit et qui meut, il est vrai de dire, comme nous le montrerons bientôt, que la conscience étant inséparable du premier exercice de cette force et de son premier déploiement sur un terme qui résiste, cette aperception est le signe caractéristique et unique de sa présence, ou de l'action réelle de l'âme. Mais il importe bien d'observer ici que nous ne partons point de cette notion de force absolue comme d'un principe; qu'au contraire, nous ne pouvons que remonter du fait de la conscience actuelle de son exercice, à la notion d'une force qui sert de fondement caché à l'action ou au mouvement que le *moi* s'attribue comme cause. L'erreur de Locke et de Leibnitz est d'avoir voulu intervertir cet ordre. Que si l'âme était prise pour une substance passive qui sent ou qui est capable de sentir, en vertu de certaines impressions reçues, il n'est plus aussi vrai de dire que l'aperception interne soit la caractéristique essentielle de tous les modes ou impressions que cette substance peut être dite sentir; car plusieurs modifications affectives qui peuvent être attribuées à l'âme sensitive, sont tout à fait étrangères au *moi*. S'il est bien évident en effet que le *moi* est le sujet réel de tous les modes, même passifs, auxquels il s'unit ou qu'il aperçoit, il n'est pas moins évident qu'il ne s'unit pas essentiellement à une multitude d'affections ou de perceptions obscures qui peuvent être sans lui, comme il peut être sans elles.

Demander en quel temps l'homme commence à avoir des idées, dit Locke, c'est demander en quel temps il commence à *apercevoir;* et, sans s'occuper sérieusement de cette question, il suppose qu'aussitôt que l'âme est unie avec le corps organique et qu'elle reçoit des impressions ou qu'elle sent, elle aperçoit par cela même ; c'est-à-dire qu'il y a une personnalité individuelle constituée dans la première sensation. Et pourquoi le suppose-t-il ainsi ? C'est qu'il part de la notion de substance sentante et pensante ; qu'il confond cette notion avec le fait même de la conscience ou du *moi,* qui est ainsi réputé inné ou sans origine; que, par suite, il renonce à analyser le fait primitif pour y constater tout ce qui y est et n'y rien admettre de ce qui n'y est pas.

Locke prend son point de départ dans l'absolu, mais il ne s'y arrête pas, et il passe immédiatement dans le champ de l'expérience extérieure. Descartes et Leibnitz s'arrêtent au contraire à cet absolu, où ils croient trouver les principes de la science et les éléments d'un monde qu'ils se proposent de construire. Ces trois philosophes admettent également une expérience intérieure et des faits de sens intime ; mais ils ne reconnaissent pas les titres réels de leur primauté. Descartes et Leibnitz ont trop abstrait. Locke n'a pas assez abstrait, et s'il eût poussé l'analyse jusqu'à ses dernières limites, peut-être aurait-il vu les deux origines qu'il donne à la connaissance réunies dans une seule source, dans un seul et même fait primitif dont il s'agissait de reconnaître les éléments pour expliquer la formation de toutes nos idées, et donner à la réflexion même la base qui lui manque dans sa doctrine.

III

Condillac.

On vient de voir comment la doctrine de Locke tient à la fois à la méthode de Bacon, par l'influence première qu'elle donne aux idées de sensation, considérées comme faits primitifs simples et indécomposables, et à celle de Descartes, par les idées réflexives qu'elle admet ultérieurement comme éléments simples d'une autre espèce de connaissance tout intérieure. Mais l'hétérogénéité de cette doctrine prouve sans doute que les deux méthodes sont inconciliables, ou du moins qu'il faut analyser davantage le fait qui sert de principe pour pouvoir les associer ou les appliquer simultanément sans confondre leurs limites.

Disciple de Locke, mais destiné à devenir maître, Condillac vient se placer comme à son tour entre Descartes et Bacon. Il emprunte, peut-être sans le vouloir, les principes synthétiques du premier, qu'il croit pouvoir concilier avec la méthode de l'autre. De cette alliance résulte la doctrine nouvelle renfermée dans le *Traité des sensations*.

Descartes avait exprimé le principe générateur de la science sous cette formule : *Je pense, donc j'existe*. Condillac substitue cet énoncé plus simple en apparence : *Je sens*. Mais qu'importe ici la différence des formules, si le même fait primitif se trouve énoncé dans le dernier verbe comme dans le premier ? Or, l'emploi des deux verbes à la première personne, je pense, je sens, énonce bien vraiment le même fait de conscience, mais en est-il de même des deux substantifs abstraits : *Pensée, Sensation* (1) ?

---

(1) Le terme *Sensation*, dans la langue de Condillac, comme celui de *Pensée*, dans celle de Descartes, sont du genre appelé par les grammaires *substantifs abstraits*. Quoique la grammaire ne reconnaisse point différentes espèces de ces substantifs abstraits, je crois qu'il est nécessaire d'établir une distinction philosophique entre ceux qui sont dérivés des adjectifs, et ceux qui dérivent des verbes actifs ou des participes de ces verbes.

Lorsque l'esprit considère une qualité comme attachée actuellement à tel objet, ou comme faisant partie de tel groupe où l'attention la distingue entre toutes les autres, sans l'en séparer tout à fait, nous employons la forme de l'adjectif ; mais lorsque la séparation complète s'effectue dans le point de vue de l'esprit qui s'attache exclusivement au mode dont il s'agit, la forme adjective passe à la substantive, et le signe de la qualité complétement abstraite, devient le sujet artificiel ou logique de plusieurs propositions verbales, dont la vérité est plus souvent conventionnelle ou logique qu'absolue ou réelle.

Mais lorsque la vue des phénomènes de la nature suggère à l'esprit l'application de l'idée réflexive de *cause* ou de *force productive*, cette force, ou la participation nécessaire de cette force à l'effet qu'elle produit sans en faire partie, est exprimée par ce terme particulier appelé *Verbe* qui comprend l'existence et l'action, et qui se substantifie assez naturellement dans le langage. C'est ainsi que tous les noms substantifs, tels que *pensée, perception, sensation* ou plutôt *sentiment*, qui expriment les facultés de l'âme, viennent des verbes *penser* ou *être pensant*, *percevoir* ou *être percevant*, etc. Plusieurs langues expriment même encore ces substantifs par l'infinitif du verbe, en mettant l'article devant, comme lorsqu'on dit : le *penser*, le *sentir*, le *juger*. Ces dernières formes expriment encore mieux la dérivation naturelle ; elles sont aussi plus significatives et sujettes à moins d'amphibologies, pourvu toutefois qu'on n'en abuse pas autant que le font ordinairement les philosophes allemands.

Montaigne dit très-bien : « Je ne crains pas la *mort*, mais le *mourir*, » car le premier exprime l'action terminée, le second l'action pendant qu'elle se fait.

Leibnitz observe dans ses *Nouveaux Essais* (livre II, chapitre XXIII, § 1), au sujet des substantifs abstraits de la première classe, que les qualités qu'on saisit aisément *in concreto* dans les objets substantiels, sont plus difficiles à comprendre *in abstracto*, séparées de ces objets. « Et ceux qui sont informés, dit-il, des subtilités scho-

La pensée fondamentale que Descartes prend pour principe peut bien être identifiée avec ce que nous appelons le sentiment qui emporte avec lui une par-

« lastiques, savent aussi que ce qu'elles offrent de plus épineux tombe « tout d'un coup si l'on veut bannir les êtres abstraits et se résoudre « à ne parler que par concrets, en n'admettant les substantifs abs- « traits, dans les démonstrations des sciences, qu'en tant qu'ils « représentent des sujets vraiment substantiels (c'est-à-dire des « agents doués de force). » Leibnitz établit dans le même ouvrage (livre III, chapitre VIII, § 1) une distinction à peu près semblable à la nôtre entre les substantifs abstraits qu'il appelle *logiques* et ceux qu'il appelle *réels*. « Les abstraits réels, dit-il, ou du moins conçus « comme réels, sont ou essences et parties de l'essence, ou accidents, « c'est-à-dire êtres ajoutés à la substance. Les termes abstraits *lo-* « *giques* sont les prédications réduites en terme, comme si je disais « être homme, être animal ; et en ce sens on les peut énoncer l'un « de l'autre en disant : « être homme, c'est être animal. » Mais dans « les réalités, cela n'a point de lieu, car on ne peut pas dire que « l'humanité ou *l'hommeité* (si vous voulez) qui est l'essence de « l'homme entière, est l'animalité qui n'est qu'une partie de cette « essence. »

En appliquant ces distinctions essentielles entre les abstraits logiques ou dérivés des adjectifs, et les abstraits réels ou dérivés des verbes qui emportent l'action avec l'existence, je dirai pour l'éclaircissement de l'article qui a donné lieu à cette note que le terme *pensée*, dérivé du verbe *être pensant* est un *abstrait réel* qui exprime le fait de conscience et l'essence entière du sujet individuel, *moi* ; et, quoiqu'on ait reproché à Descartes (*Objections* 3es et 4es) d'avoir trop souvent substitué une pure abstraction à la réalité en prenant la *pensée* pour l'être complet qui sent, qui vit, etc., il n'en est pas moins vrai que cette substitution avait un motif légitime dans le principe même de sa doctrine. Je crois qu'on peut dire la même chose du terme *sentiment* qui est un abstrait réel comme dérivé immédiatement du verbe *sentir* et faisant du moins partie de l'essence du *moi*. Mais quant au terme *sensation* dont la génération est équivoque, je crois qu'il n'a, dans le point de vue de Condillac, que la valeur d'un abstrait logique et qui n'est tout au plus qu'un prédicat généralisé du *moi* individuel. C'est bien d'un tel terme qu'un autre abstrait de la même espèce ne peut être affirmé. On va donc contre la règle établie par Locke lui-même lorsqu'on dit : l'attention, la réflexion ou le jugement ne sont que la sensation ; car, n'est-ce pas comme si l'on disait : l'humanité est l'animalité ? etc.

ticipation expresse du *moi*. Ce sentiment tout intime est celui de l'individualité ou de l'existence personnelle. Dans l'hypothèse d'une statue animée qui est primitivement *odeur de rose* et rien de plus par rapport à elle, cette sensation avec laquelle l'âme ou le *moi* se trouve complétement identifié exclut positivement l'individualité personnelle, tant qu'il n'y a point de fondement à l'emploi de la formule énonciative de l'existence personnelle, *Je suis*. S'il est vrai, comme le dit Locke, que l'aperception interne du *moi* soit la seule caractéristique des modes qui peuvent être réellement attribués à l'âme, il faudrait en conclure : ou que la sensation, telle que Condillac la prend pour principe, n'appartient en aucune manière au sujet un et identique, sentant et pensant, ou que cette sensation n'est qu'un élément abstrait, et non un fait réel et positif de notre existence, un simple signe, un principe de convention. Or, le principe d'une science de faits ne peut être une abstraction. Si donc on appelle la psychologie une science de faits intérieurs, on sera fondé à croire qu'elle ne peut pas plus être établie sur le principe de Condillac, qui exclut le fait complet de conscience, que sur celui de Descartes, qui est un élément réflexif abstrait du même fait.

Descartes admet en effet de prime-abord une pensée ou une égoïté, une, substantielle, absolue, indépendante de toutes conditions autres que la nature de l'âme dont l'essence est de penser. Condillac part à son tour de la sensation substantielle ; car, quoiqu'il veuille bien écarter, autant qu'il est en lui, l'idée de substance, il n'en admet pas moins une âme dont toute l'essence est de sentir. Si Descartes avait vu dans le mode réflexif, qui constitue la pensée ou l'égoïté, un premier composé naturel ou un rapport entre deux termes, il aurait conçu que le simple qu'il prenait pour point de départ, n'étant que l'abstrait, ne pouvait servir de principe à la science des phénomènes intérieurs, encore moins à la science de la nature. De même, si Condillac était parvenu par une analyse réelle jusqu'au véritable simple sensitif, il aurait vu que, par cela même que la première sensation sans *moi*, ou le mode purement affectif, tel que nous l'avons indiqué plus haut, était absolument simple, rien ne pouvait en être déduit par transformation. Mais, pendant que le premier de ces deux philosophes morcelle, pour ainsi dire, le fait primitif de conscience, en mettant le simple à la place du composé, l'autre l'altère et le dénature en mettant un élément artificiel à la place du vrai. Si Descartes abstrait là où il faudrait se borner à réfléchir, Condillac abstrait de même et fait une hypothèse quand il ne s'agit que d'observer et constater un fait. Le premier, conséquent à son principe, croit pouvoir construire le monde avec des éléments tirés du sein de sa pensée; l'autre, non moins conséquent, croit pouvoir reconstruire l'entendement humain avec des éléments conventionnels de sa création, tirés de sa propre hypothèse. Je me bornerai à considérer la doctrine de Condillac sous ce dernier point de vue, c'est-à-dire comme tendant à poser la psychologie sur une base purement logique, au lieu de l'établir sur des faits simples de la nature humaine.

Je m'attache d'abord à examiner, d'après ce qui précède, quelle est l'espèce d'analyse qu'emploie l'auteur du *Traité des sensations* et de la *Logique*, quand il se propose d'analyser ou de décomposer la faculté de sentir, pour déduire de cette origine simple et unique toutes les facultés de l'âme. Quel est le caractère ou la nature propre des résultats de cette décomposition? Sont-ce des faits élémentaires que la réflexion puisse vérifier ou le sens intime reconnaître? Sont-ce de simples éléments logiques ou des définitions nominales? Voyons :

En donnant une âme à sa statue, Condillac est bien forcé d'admettre quelque chose d'individuel ou de permanent, d'un, d'identique, de causal, etc., comme inhérent ou inné à cette âme, car il faut bien lui donner quelques attributs, ou autrement l'âme ne différerait pas du néant pur. Cependant il veut que cette âme soit absolument *table rase* avant d'avoir reçu les premières impressions du dehors, et il rejette comme de raison, non-seulement toute idée positive actuellement innée, mais de plus toutes facultés innées telles que Locke les admet expressément avec Descartes et Leibnitz, dans sa théorie des idées originaires de la réflexion. « Il est inutile, » dit en commençant l'auteur du *Traité des sensations*, « de sup-
« poser que l'âme tient immédiatement de la nature
« les facultés dont elle est douée. Toutes sont con-
« tenues dans la faculté de sentir ; et celle-ci n'a be-
« soin que de se développer à l'aide de l'expérience,
« du plaisir ou de la douleur, pour produire toutes
« les autres facultés, telles que le jugement, la ré-

« flexion, les désirs, les passions, qui ne sont que la
« sensation même transformée différemment (1). »
Ainsi, ces facultés prétendues innées, ne seraient
que des habitudes acquises. Mais du moins, la faculté de sentir est bien innée ou inhérente à l'âme
humaine dont elle constitue par hypothèse toute l'essence. Or, la sensation première et originale ne doit-elle pas avoir dans sa nature, ou dans ce qui la constitue *sensation*, tout ce qui est requis pour produire
par son développement ultérieur toutes les facultés
qui sont censées dérivées? Car il est de fait que les
animaux, à qui on ne peut refuser la même faculté de
sentir sans choquer toutes les analogies et les vraisemblances, n'ont pas les mêmes facultés de jugement et surtout de réflexion (2). Donc, leurs sensations
ne renferment pas tout ce qui est compris dans les
nôtres; donc il y a quelque chose de naturel ou
d'inné, propre à cette sensation ou au sujet à qui
elle est primitivement attribuée. Or, d'où viennent
ces éléments supérieurs? Ne faudra-t-il pas les considérer comme inhérents à la nature particulière de la
substance qui sent?

Condillac a fait, je crois, une hypothèse impossible ou contradictoire, en admettant d'un côté comme
inhérente à l'âme une faculté de sentir si féconde,

. (1) Ces mots résument le *Dessein de l'ouvrage*, qui précède le *Traité des sensations* : ce n'est pas une citation textuelle. (Note de l'éditeur.)

(2) Condillac se propose à lui-même cette question embarrassante, mais on peut voir comment il l'élude au lieu de la résoudre. (*Traité des sensations*, dans une note appartenant au *Dessein de l'ouvrage*.)

si riche en développement, et d'un autre côté, en assignant hors de cette âme, ou dans les objets extérieurs qui déterminent la sensation, les causes nécessaires ou le principe, non-seulement de la formation des idées, mais même de la génération de toutes les facultés qui sont toutes hypothétiquement dérivées de la sensation.

Observons bien ici que pour concevoir la possibilité de ramener ainsi à une seule et commune origine les facultés de l'esprit humain et les idées ou images relatives au monde extérieur, il a fallu transporter dans la psychologie la méthode des physiciens, c'est-à-dire faire abstraction des causes ou des forces pour ne considérer que leurs produits. Aussi l'auteur dont nous parlons confond-il sans cesse les opérations intellectuelles avec leurs résultats ou même avec les matériaux sur lesquels elles s'exercent. Il dissimule jusqu'à l'existence des facultés actives, change arbitrairement la valeur de leurs titres nominaux, et substitue aux idées ou aux faits positifs avérés par la réflexion ou le sens intime, les signes conventionnels du langage nouveau qu'il établit. Ainsi, j'aurais eu raison de dire que les analyses du *Traité des sensations* ne roulent que sur des éléments artificiels, logiques ou abstraits, et non point sur des faits réels et primitifs de la nature sentante ou pensante. Entrons plus avant dans les preuves.

Dans cette opération logique qui a pour objet de décomposer la faculté de sentir, Condillac confond perpétuellement, je crois (1), deux modes de résolu-

---

(1) Voyez sa *Logique*.

tion ou d'analyse qu'il est de la plus haute importance de bien distinguer, lorsqu'il s'agit surtout d'une science de principes (1). Ces deux modes sont :

1° Celui qui s'applique à des touts artificiels ou à des notions abstraites, complexes, comme sont celles de classes ou de genres, ou encore à des idées archétypes que l'esprit a formées lui-même avec des éléments de son choix ; ici, il ne s'agit que de résoudre la notion dans ses éléments conventionnels.

2° Celui qui s'applique à des touts réels, composés de parties unies entre elles par la nature même de la chose que l'esprit considère et qu'il n'est pas en son pouvoir de changer arbitrairement; ici il s'agit de décomposer le tout dans ses éléments constitutifs et réels.

La plupart des idées ou notions que Locke a distinguées sous le nom de modes mixtes, sont susceptibles, selon lui, du premier mode de résolution. Les objets ou les phénomènes composés de la nature animée ou inanimée doivent être décomposés de la seconde manière. Maintenant le terme *sensation* que Condillac emploie d'une manière si générale, si exclusive, exprime-t-il une notion abstraite, une idée de genre ou de classe, ou bien est-il employé à désigner un phénomène réel composé, pris dans la nature organisée, vivante et pensante? Dans le premier cas, il ne s'agit que d'analyse logique, de vérité conditionnelle; dans le second cas on peut demander si

---

(1) Descartes et Leibnitz ont parfaitement établi cette distinction. Voyez les *Règles pour la direction de l'esprit* de Descartes, et le second tome des *OEuvres* de Leibnitz.

la sensation que l'âme devient, ou avec qui elle s'identifie, n'est pas tout aussi simple, tout aussi indécomposable que l'âme elle-même, puisque en effet une sensation quelconque n'est que le sujet sentant modifié de telle ou telle manière. Prétendre décomposer la sensation, n'est-ce pas vouloir décomposer l'âme elle-même et aller directement contre la démonstration qui établit sa simplicité essentielle (1)? D'ailleurs, il faut bien qu'on reconnaisse dans toutes les théories, qu'au sein de la plus grande variété des modifications, il y a quelque chose qui reste et quelque chose qui est changé : ce qui reste ne se transforme pas, et ce qui se transforme ne reste pas. C'est donc à ce qui se transforme seulement, c'est-à-dire à un mode ou à une combinaison de modes purement abstraits ou séparés de leur sujet commun d'inhérence, que pourra s'appliquer l'analyse de décomposition; et alors le terme *sensation* n'aura plus que la valeur logique d'un signe, au lieu de la valeur réelle d'un fait de sens intime. Et vraiment il ne sera pas difficile de tout déduire du terme *sensation* par l'analyse, quand on y aura tout fait entrer par la synthèse; il ne s'agit alors que de résoudre la puissance d'un signe qu'on a composé soi-même arbitrairement (2). N'est-ce pas ainsi que dans une équation algébrique d'un degré supérieur on transforme la valeur de X en la faisant successivement égale à A, B, C, D, etc. ?

Ainsi, lorsque j'ai défini à ma manière l'*attention*,

---

(1) Voyez cette démonstration dans l'*Essai sur l'origine des connaissances humaines*, au commencement.

(2) Voyez la *Logique* de Condillac.

par exemple : *une sensation assez vive pour absorber ou exclure toutes les autres,* il est tout simple que je trouve cette faculté dans la sensation qui n'a pas même besoin de se transformer pour la produire, puisque ce n'est là qu'une circonstance de cette sensation présente. Il en sera de même de la mémoire si je la caractérise comme une suite de l'ébranlement sensitif prolongé; du jugement, si je le fais consister dans le concours de deux sensations. Mais, qu'est-ce donc que cette décomposition de la faculté de sentir, sinon l'énumération de caractères abstraits, conventionnellement établis ou arbitrairement définis? quel rapport peut avoir une telle décomposition artificielle avec l'analyse vraie des idées réfléchies de nos opérations intellectuelles, ou des faits de sens intime qui leur correspondent?

Pour renverser toute cette science logique, je n'ai qu'à contredire les définitions de Condillac, et caractériser les facultés actives proprement dites de l'entendement et de la volonté en dehors de toute sensation, sous les mêmes titres qu'il attribue à des facultés toutes passives, prises au dedans de la sensation, et je trouverai des résultats opposés. L'attention ne serait plus la sensation qui prend d'elle-même ce degré de vivacité qui la rend exclusive, mais l'exercice d'une force suprasensible, ou la volonté même qui lui donne ce caractère. La mémoire ne sera plus un ébranlement sensitif, mais encore cette force de vouloir qui rappelle ou fait revivre une représentation passée, en y joignant un sentiment de personnalité continue qui fait la réminiscence, etc. En continuant ainsi à spécifier et à caractériser ou définir les facultés de l'intelligence, en dehors de la sensation, j'aurai peut-être fait la décomposition ou l'analyse vraie du fait primitif de la conscience, j'aurai montré comment toutes les idées simples et élémentaires de la réflexion ressortent de ce fait primitif, où elles prennent leur origine commune.

Mais, sans anticiper sur les résultats de nos analyses ultérieures, je me bornerai à déduire de tout ce qui précède une conclusion à laquelle on était peut-être, je crois, loin de s'attendre : c'est que la doctrine de Condillac, quoique se fondant sur un point de vue opposé à celui de Descartes, n'en participe pas moins à toute la tendance de cette doctrine, qui est de substituer dans la science des principes, l'évidence de raison à celle de sentiment ou de fait; l'identité des idées à l'analogie des phénomènes; de construire ainsi la science avec des éléments artificiels ou logiques, comme on construit des formules algébriques. C'est ainsi que l'on a un système de vérités conditionnelles, bien liées par l'expression, sans l'être par les faits. Mais si l'on cherche quelque vérité absolue primitive, si l'on demande sur quel principe elle repose, comment elle justifie son titre, on ne trouve de *criterium* dans aucun fait de notre nature; tout, jusqu'à l'individualité personnelle, semble se réduire à un simple jeu de notions.

On a trop cru, et Condillac après Locke a surtout contribué à accréditer cette erreur, que les sciences psychologiques et morales qui ont les facultés de l'homme pour objet, ne se composaient que de notions archétypes ou sans modèle. Ainsi, on devait penser qu'il n'y avait qu'à former d'abord ces idées d'après certaines conventions faites avec soi-même et y rester fidèle pour y trouver tout ce qu'on y aurait mis et raisonner aussi exactement et sûrement avec les signes de la métaphysique qu'avec ceux de l'algèbre. Condillac semble bien avoir fondé presque toute sa doctrine sur cette opinion à laquelle il se montre très-conséquent dans son *Traité des sensations*, sa *Logique*, et surtout sa *Langue des calculs*. Mais quoi! n'y a-t-il donc pas en psychologie et en morale des faits primitifs à constater? et toute hypothèse établie sur une autre base que sur ces faits, ou qui ne peut y être raccordée, fût-elle encore mieux tissue dans l'expression ou plus conséquente à ses propres principes de définitions, peut-elle constituer une science, ou atteindre à la vérité absolue? Le modèle des idées psychologiques, pour être tout intime à nous-mêmes, en est-il moins certain, moins nécessaire à consulter? Ne faudrait-il donc admettre d'autres phénomènes que ceux qui peuvent se manifester à nos sens externes, d'autre réalité que celle qui peut être vue ou touchée? N'y a-t-il pas une expérience intérieure qui est la source de toute évidence immédiate? Enfin, le grand et beau précepte *Nosce te ipsum* n'aurait-il d'appui que dans la logique et la physique? Et pourquoi le philosophe appliqué à l'étude de lui-même, ne serait-il pas en présence du sens intime comme le physicien est en présence de la nature?

La doctrine de Condillac ne repose donc sur aucun principe de *fait*. C'est une simple hypothèse abstraite; et lorsque ce philosophe prétend dériver toutes les facultés et les premières connaissances, de la sensation transformée, c'est parce qu'il y suppose déjà tacitement et avant tout l'existence de la personnalité ou le *moi*, préexistant dans la nature même de l'âme ou du sujet sentant, commé les alchimistes croyaient ou voulaient persuader aux autres qu'ils avaient transformé les métaux inférieurs en or pur, pendant que ce métal précieux était déjà contenu en nature au fond du creuset avant le grand-œuvre. De même Condillac ne trouve la pensée dans la sensation qui se transforme, qu'autant qu'il a déjà mêlé à la sensation, dès son point de départ, cet élément intellectuel qui reste fixe au fond du creuset de l'analyse.

CONCLUSION DE LA PREMIÈRE SECTION.

Nous venons de confirmer par assez d'exemples ce qui avait été annoncé dès le commencement de cet ouvrage, savoir : que les divergences ou les écarts des divers systèmes de métaphysique viennent de ce que les uns dépassent toutes les limites des faits vraiment primitifs en abstrayant trop, pendant que les autres restent en dehors des mêmes limites en n'abstrayant ou n'analysant pas assez. Ceux-là prennent pour principes des abstractions sans réalité, ceux-ci prennent des composés sensibles pour de véritables éléments, ou, comme dans le dernier exemple, ils substituent aux faits vraiment primitifs d'une nature intelligente et pensante, ceux d'une nature simplement vivante ou animale.

Pour atteindre ces faits primitifs sur lesquels peut reposer solidement la science des principes, il s'agirait maintenant de déterminer quel est celui auquel se lie expressément la personnalité originelle ou le premier sentiment du *moi*; quels sont les signes caractéristiques de ce fait vraiment primitif ou fondamental de la connaissance; quelle en est la condition nécessaire, enfin comment il ressort de tous les faits d'une nature animale avec lesquels il se combine, et qui peuvent le précéder ou l'amener dans l'ordre des temps, dans l'existence absolue, sans pouvoir être avant lui dans l'ordre relatif de la connaissance. Mais avant d'entrer dans cette discussion, qui doit faire l'objet de la section suivante, je terminerai celle-ci par quelques réflexions qui s'appliquent également à toutes les doctrines que nous venons d'examiner.

Les systèmes qui partent du possible, de l'absolu ou du simple abstrait, comme ceux qui se fondent sur une expérience déjà composée, sont généralement sujets à prendre pour type de tous les modes intellectuels ou sensibles qu'ils prétendent rattacher à un principe commun, soit formel ou subjectif, soit matériel ou objectif, tel mode particulier produit de l'expérience interne ou externe; ils le généralisent immédiatement sous un signe quelconque : tel que *pensée, perception* ou *sensation*, etc. Ce signe devient dès lors un terme général ou abstrait, dont on pourra affirmer tout ce qu'on voudra, d'après les conventions du langage, mais sans que ces affirmations logiques doivent s'étendre plus loin que le mode particulier qui a servi de type à la notion générale, ou ceux qui sont liés avec lui par des rapports de ressemblance bien et dûment constatés. L'extension indéfinie qu'on donne au terme général, en lui faisant embrasser toutes les modifications attribuées au même sujet, quelle que soit d'ailleurs leur hétérogénéité de source ou de caractère, résulte ainsi uniquement d'une hypothèse ou d'une convention arbitraire qui va même souvent contre la nature des choses. Ici est le vice le plus commun à toutes les nomenclatures adoptées par les divers systèmes, et ceux mêmes qui se tiennent le plus en garde contre cet abus de généralisations arbitraires sont souvent entraînés malgré eux par la force des habitudes du langage établi.

Sans doute, on ne saurait avoir autant de mots propres qu'il y a de modes ou d'opérations intellectuelles spécifiquement distinctes; mais comment pouvoir justifier la nomenclature ou le système qui tend à comprendre sous un terme appellatif commun des modes aussi opposés que le sont des impressions toutes passives de la sensibilité et des actes de la volonté ou de l'intelligence? C'est pourtant sur une telle généralisation plus ou moins arbitraire, établie souvent sans consulter l'observation ni l'expérience intérieure, que se fondent certains principes que chaque doctrine emploie de la manière la plus illimitée. Il peut y avoir, par exemple, des impressions qui se bornent à affecter simplement l'être sensitif qui les reçoit ou les *devient*, sans être accompagnées d'aucune représentation; il peut y avoir aussi des intuitions externes sans aucun mélange d'affection agréable ou douloureuse. Tels modes sont les produits exclusifs de la libre activité du sujet identique qui meut et pense; tels autres constituent l'être sentant en dépendance exclusive et nécessaire de tout ce qui l'environne. Ceux-là admettent essentiellement l'individualité ou le *moi* et en sont indivisibles. Ceux-ci l'excluent ou ne s'y associent qu'accidentellement et sont toujours prêts à s'en séparer. Les uns admettent la forme de l'espace comme l'élément commun, ou le véritable titre d'un genre ou d'une classe de représentations ou d'intuitions externes. La forme du temps semble plus exclusivement propre à d'autres; et combien de formes particulières dont on ne parle pas, qui n'en serviraient pas moins de fondement propre à classer des espèces diverses de représentations, si l'analyse était plus exacte, si l'on était moins pressé de généraliser des modes particuliers, en attribuant à tous des caractères abstraits seulement de quelques-uns! Combien surtout d'affections ou de perceptions obscures qui demeurent étrangères à ces formes d'espace et de temps, que l'on n'a considérées comme inhérentes à la sensibilité, qu'en se fondant sur une généralisation arbitraire et précipitée! Cela posé, on peut apprécier ces maximes absolues, regardées comme des axiomes dans telles écoles de philosophie et contredites fortement par d'autres : « Tout ce qui est dans l'entendement vient « de la sensation ou n'est que la sensation même « transformée. » — « Il n'y a dans l'âme que des « représentations. »—« L'espace et le temps sont des « formes inhérentes à la sensibilité, et rien ne peut « être senti qu'en se revêtant de l'une ou de l'autre de « ces formes ou de toutes deux à la fois, etc. » Quels modes ou quelles sensations a-t-on en vue dans chacun de ces énoncés? car il y en a de bien des espèces, et il serait facile de prouver que ce qui est d'une vérité d'expérience pour les uns peut ne convenir nullement aux autres.

Il n'est pas de science où l'on doive plus se méfier des maximes absolues que dans celle où l'observation des cas particuliers est sujette à tant de difficultés et d'incertitudes, et pourtant si nécessaire.

C'est ainsi que diverses doctrines de métaphysique peuvent n'aboutir qu'à autant de systèmes de vérités conditionnelles, où il s'agit non plus de faits d'expérience intérieure, mais de signes et de définitions; non plus d'observer, mais de classer, de bien faire sa langue et d'y rester fidèle. Certainement les signes ont une influence bien essentielle sur les idées auxquelles ils se lient; mais, quand il s'agit d'une science de principes, ce sont les faits primitifs qu'il s'agit de constater avant tout, puisque eux seuls peuvent donner une base solide à la science et à la langue qui se forme en même temps; et à cette occasion nous remarquerons que la langue actuelle de la psychologie est à peu près dans le même état où se trouvait celle de la chimie avant les belles découvertes de Lavoisier.

Comme on avait ignoré jusqu'alors l'existence du principe générateur des acides et des oxydes métalliques, l'omission de ce seul principe dans les analyses les rendait nécessairement toutes incertaines, incomplètes et trompeuses. De là le vague et la confusion de ce langage qui ne pouvait que se proportionner à l'indétermination et à l'obscurité des idées elles-mêmes. Souvent les composés se trouvaient désignés par des noms simples et les simples par des noms composés. Les substances les plus hétérogènes se trouvaient comprises sous le même terme générique, et les analogues séparées dans des classes différentes. Comment aurait-il pu exister quelque analogie établie dans les signes, lorsqu'il n'y en avait aucune observée dans les faits? Ceux qui connaissent l'histoire de la révolution pneumatique, savent comment la langue de la chimie est parvenue à ce degré d'exactitude, de clarté et de parfaite analogie qui assure aujourd'hui tous ses titres à l'universalité.

Sans doute la science et le langage de la psychologie sont bien loin de ces brillantes destinées, et peut-être même la nature de son objet l'en éloigne-t-elle pour toujours? Mais, s'il était vrai qu'un principe générateur des idées ou des faits qui servent de fondement à cette science, eût été également méconnu jusqu'ici dans sa valeur de principe, dans son influence générale sur tous les modes auxquels il s'unit, et enfin dans son caractère propre et réel, comme dans ceux qu'il communique aux éléments qui s'y associent ou en dérivent, on conçoit que l'omission d'un tel principe pourrait avoir occasionné autant d'incertitude, de vague et de mécomptes dans la psychologie, que celle du principe générateur des acides pouvait en avoir causé dans la chimie, avant Lavoisier. Si l'analyse philosophique parvenait donc aujourd'hui à découvrir un tel principe, elle commencerait, ou préparerait par là même une révolution aussi heureuse pour la philosophie de l'esprit humain que l'a été celle de la chimie pneumatique. Sans pouvoir prétendre à un but aussi élevé, j'indiquerai, comme je le conçois, la manière dont cette analyse devrait procéder pour déterminer le principe dont il s'agit, constater les titres des faits vraiment primitifs et déterminer les caractères auxquels on peut les reconnaître.

SECTION DEUXIÈME.

EXPOSITION DES BASES D'UNE ANALYSE DES FAITS DU SENS INTIME.

CHAPITRE PREMIER.

DE L'EFFORT CONSIDÉRÉ COMME LE FAIT PRIMITIF DU SENS INTIME, DE SES CARACTÈRES ET DE SES SIGNES DANS LE PHYSIQUE ET LE MORAL DE L'HOMME.

On a demandé souvent à Descartes ce qu'il entendait par sa pensée substantielle, nue et vide de toute représentation; d'après quel fait ou quelle sorte d'expérience, il admettait la réalité d'une telle pensée; et il n'a jamais pu répondre nettement à cette question pressante.

On a demandé aussi inutilement à Leibnitz et à Locke en quoi consiste cette aperception immédiate interne qui se joint aux divers modes de la sensibilité et de la pensée, et n'est aucun de ces modes particuliers.

On peut demander à Kant quelle est cette matière de la sensation qui n'est jamais sans une forme, ou quelle est cette forme qui n'a aucune réalité sans la matière.

L'impossibilité reconnue de concevoir sous aucune idée sensible ou réfléchie chacun de ces éléments, comme distingués et séparés l'un de l'autre, a pu faire croire qu'il ne s'agissait que d'une distinction logique établie entre de purs éléments abstraits. Mais, si l'on parvenait à démontrer d'une part: qu'il y a un fait ou un mode réel (*sui generis*) unique dans son genre, tout fondé dans le sujet de la sensation qui est constitué tel par ce mode même; que celui-ci peut subsister et avoir par lui-même le caractère de fait de conscience, sans être actuellement et indivisiblement uni à aucune affection passive de la sensibilité, ou à aucune représentation extérieure; que dans lui se trouve avec le sentiment de personnalité individuelle, l'origine spéciale de toutes les idées premières de cause, de force, d'unité, d'identité, de substance, dont notre esprit fait un emploi si constant et si nécessaire, n'aurait-on pas trouvé la réponse aux demandes précédentes, sans remonter aux principes *a priori* ou sans sortir des limites de l'expérience intérieure?

Si l'on faisait voir d'autre part, et en se fondant sur la même expérience, qu'il y a une classe d'impressions sensibles, ou d'affections internes, d'où la personnalité individuelle et toutes les formes qui lui sont inhérentes se trouvent exclues; que tout ce qui est dans la sensibilité passive n'est pas pour cela dans la conscience; qu'il y a une multitude de degrés suivant lesquels l'affection sensitive peut encore s'aviver ou s'affaiblir, pendant que le sentiment de *moi* s'obscurcit ou s'éclaircit en sens inverse, ne pourrait-on pas donner une base réelle ou positive à cette vieille distinction, rajeunie par Kant, entre la matière et la forme de nos sensations ou idées, et concevoir jusqu'à un certain point ce que peut être l'une sans l'autre ?

Pour procéder régulièrement à cette analyse, je reprends le principe de Descartes : *je pense, j'existe*, et descendant en moi-même, je cherche à caractériser plus expressément quelle est cette pensée primitive, substantielle, qui est censée constituer toute mon existence individuelle, et je la trouve identifiée dans sa source avec le sentiment d'une action ou d'un effort voulu. Cet effort sera donc pour moi le fait primitif, ou le mode fondamental que je cherche et dont je suis appelé à analyser les caractères ou les signes.

L'identité que j'annonce ici comme l'expression même du fait de conscience, semble avoir été déjà reconnue par plusieurs métaphysiciens sous des formules particulières qu'il ne sera pas inutile de rappeler ici.

« L'esprit, » dit l'auteur d'un système très-répandu en Allemagne sous le nom de *Philosophie de la nature*, « n'obtient la conscience de son action que
« dans le *vouloir seul*, et l'acte du vouloir en géné-
« ral est la première condition de la conscience de
« soi-même (1). »

« L'action par laquelle le *moi* se pose lui-même
« et qui constitue la science, » dit un autre méta-

---

(1) Schelling. (Voir l'*Histoire comparée des systèmes* de M. Degérando, 1ʳᵉ édition, tome II, page 304.)

physicien de la même école, « est libre, absolument
« libre, spontanée. Il ne faut y chercher aucun au-
« tre principe, puisqu'elle a son principe en elle-
« même (1). »

Ces expressions du fait de conscience reviennent à celle qui a été adoptée en commun par deux philosophes français. Selon MM. Cabanis et de Tracy (2), « La conscience du *moi*, senti, reconnu distinct des « autres existences, n'est autre que celle d'un *effort* « *voulu*. »

Je trouve une autre expression du même fait qui me paraît encore plus précise, plus développée et plus conforme au témoignage du sens intime : « L'in-« dividualité, » dit Bouterweck, « est reconnue par « elle-même comme le principe d'une force vivante; « elle ne peut être reconnue que par l'effet d'une « résistance. *L'effort* et *l'activité* ne peuvent être « connus que par la séparation du sujet qui fait ef-« fort et des objets qui résistent (3). »

S'il m'était permis de me citer moi-même, je pourrais prouver que j'étais parvenu de mon côté à reconnaître le même principe et sous des expressions parfaitement semblables, comme on peut le voir par ce qui précède. Je dis aussi que l'effort voulu, immédiatement aperçu, constitue expressément l'individualité, le *moi*, le fait primitif du sens intime.

Ces formules, ou ces expressions univoques du

---

(1) Fichte. (*Ibid.*, page 300.)
(2) M. de Tracy : *Éléments d'idéologie* et *Mémoires de l'Institut*. Cabanis : *Rapports du physique et du moral de l'homme*.
(3) Degérando : *Histoire comparée des systèmes*, 1re édition, tome II, page 320.

même fait, du même principe, sembleraient être comme la voix du sens intime ou de la conscience du *moi*, qui se constate et se caractérise lui-même à son propre regard intérieur. Mais comment arrive-t-il qu'après avoir reconnu et posé un principe commun, les mêmes métaphysiciens se séparent en écoles diamétralement opposées, par la théorie comme par la pratique, les unes prétendant tout tirer de l'absolu à partir du *moi* qui est dit se *poser* et se créer lui-même; les autres ne voyant rien autre chose que des sensations dont toutes les facultés de l'homme, y compris la volonté et le libre arbitre, ne sont que des transformations? Ces divergences, ou ces écarts de principes, me semblent tenir au peu de soin qu'on a mis à constater la nature singulière du principe, ou le caractère individuel du fait primitif; à la promptitude avec laquelle on passe de l'individualité précise du *moi*, aux généralisations arbitraires les plus étendues. Elles tiennent, en un mot, ces divergences de systèmes, à l'emploi exclusif que font les uns de l'imagination jointe à l'abstraction, les autres de l'abstraction pure ou logique, sans consulter l'aperception interne ou la réflexion (sorte de sens intérieur, comme dit Locke) par laquelle seule, le *moi* peut reconnaître tout ce qui est de son domaine, et distinguer tout ce qui est de lui de ce qui n'en est pas. Les divergences qui nous frappent dans les doctrines des métaphysiciens, partis cependant d'un même principe et de l'énoncé d'un même fait, proviennent donc surtout du défaut des méthodes dont ils se servent pour élever leurs théories, ou du défaut d'appropriation des facultés qu'ils emploient au sujet qu'ils traitent.

Je caractériserai dès à présent ce sens intime, d'une manière plus expresse, sous le titre de *sens de l'effort*, dont la cause, ou force productrice, devient *moi* par le seul fait de la distinction qui s'établit entre le sujet de cet effort libre, et le terme qui résiste immédiatement par son inertie propre. Je dis immédiatement, pour énoncer ici d'avance une autre distinction bien essentielle, que je crois être fondé à établir entre la résistance ou l'inertie relative du corps propre qui cède ou obéit à l'effort volontaire, et la résistance absolue du corps étranger qui peut être invincible.

Le sens de l'effort n'a point été désigné jusqu'ici sous son titre spécial, précisément parce qu'il est le plus intime ou le plus près de nous, ou plutôt parce qu'il est nous-mêmes. Si l'on demandait dès à présent à le connaître par une explication plus détaillée, je répondrais que chacun de nos sens se définit de lui-même par son exercice (1). S'il y avait, par exemple, quelque paralytique de naissance qui n'eût jamais agi volontairement pour remuer ses membres ou pour mouvoir les corps étrangers, en supposant que cet être pût avoir le moindre degré d'intelligence, ce qui me paraît impossible, il n'y aurait pas plus moyen de lui faire comprendre par des mots ce qu'est l'effort, qu'il n'y en a d'expliquer à un aveugle-né, ce que sont les couleurs et le sens de la

---

(1) Voyez l'*Introduction générale*.

vue. Cependant, comme on explique, non pas le sens ou le phénomène de la vision, mais bien les conditions, instruments et moyens physiques ou organiques qui servent à l'effectuer, il ne sera peut-être pas inutile d'analyser aussi physiquement les instruments et moyens d'exercice du sens interne de l'effort, pour apprendre à mieux circonscrire son domaine, en le distinguant de celui d'un sens externe avec qui on pourrait le confondre. J'entrerai à cet égard dans quelques considérations qui me paraissent importantes.

Cette étude, étrangère à l'analyse propre des phénomènes du sens intime, qui exclut tout ce qui est du ressort de l'observation extérieure, rentrera plus expressément dans l'objet d'une autre partie de cet ouvrage, où nous nous occuperons plus particulièrement des rapports des phénomènes de la nature physique ou organique avec ceux de la psychologie; mais je ne peux me passer de donner les indications physiologiques suivantes, comme indispensables à mon but actuel.

1° Les organes des sensations dont les physiologistes se sont jusqu'ici presque exclusivement occupés paraissent limités au système nerveux cérébral distingué par un observateur célèbre (1) sous le titre de *Système nerveux de la vie animale*. Le sens de l'effort, dont il s'agit ici, est circonscrit par cette partie du système musculaire que l'action de la volonté met expressément en jeu, et que la physiologie

---

(1) Voyez les œuvres de Bichat : *De la vie et de la mort*, et *Anatomie physiologique.*

distingue aussi sous le titre de *Système des muscles volontaires de la vie animale*.

2° Dans l'état naturel et originaire de l'être sentant, il n'y a point d'affection sentie dans telle partie que ce soit de son organisation, ni d'objet perçu au dehors, qu'autant que les extrémités nerveuses sont excitées d'abord par une cause quelconque, étrangère au *moi*, et que cette première impression est transmise continûment par les nerfs sensitifs qui la reçoivent, jusqu'au centre du cerveau où la perception est censée s'accomplir, quoiqu'on ignore profondément ce qui se passe dans les nerfs et le cerveau lorsque l'impression est sentie ou perçue. Néanmoins, des expériences constantes prouvent que cette perception est toujours précédée ou accompagnée des conditions organiques que nous venons de rappeler. Mais, dans l'exercice du sens de l'effort, il se fait quelque chose de plus.

Supposons d'abord que l'organe musculaire soit excité par une cause étrangère ou par un *stimulus* propre à mettre en jeu cette propriété vitale que les physiologistes nomment irritabilité ou contractilité organique sensible; ou encore, supposons qu'une partie mobile soit remuée, soulevée ou fortement agitée par une force extérieure, il résultera bien de là une impression particulière qu'on peut appeler sensation musculaire ou sensation de mouvement, mais qu'on ne saurait confondre avec ce mode de notre activité que nous spécifions sous le titre d'effort voulu. En effet, cette sensation musculaire est soumise aux mêmes lois ou conditions organiques qui déterminent l'exercice général de la sensibilité : c'est toujours une impression reçue, transmise au cerveau où elle est sentie comme un mode passif étranger à la volonté ou au *moi*. Mais dans l'effort, tel que nous l'apercevons et le reproduisons à chaque instant, il n'y point d'excitation, point de stimulant étranger, et pourtant l'organe musculaire est mis en jeu, la contraction opérée, le mouvement produit, sans aucune cause autre que cette force propre qui se sent ou s'aperçoit immédiatement dans son exercice, et aussi sans qu'aucun signe puisse la représenter à l'imagination ou à quelque sens étranger au sien propre.

Représentons pourtant cette force en exercice sous une image, et, en nous plaçant, pour un moment, dans le point de vue physiologique, supposons qu'elle soit localisée dans le centre du cerveau. Lorsque l'effort s'exerce, ce ressort central au débandement duquel se rattache par une sorte de fiction imaginaire le sentiment de notre activité, *sera dit entrer en action par lui-même* (1). J'adopte cette dernière expression, comme un symbole matériel de l'effort voulu, ou d'une action qui n'est pas actuellement forcée ni provoquée par aucune impression sensible venue du dehors, ni même produite dans aucune partie du système nerveux hors du centre. La première détermination motrice étant ainsi conçue dans le centre, est transmise immédiatement par les nerfs, jusqu'à l'organe musculaire. Celui-ci se con-

---

(1) Expressions de M. Cabanis dans son grand ouvrage sur les *Rapports du physique et du moral de l'homme.*

tracte, se déploie; son irritabilité propre est mise en jeu comme elle pourrait l'être par une cause stimulante étrangère. Mais, au lieu que, dans ce dernier cas, la simple sensation musculaire passive commence à l'organe extérieur pour se terminer au centre qui la reçoit, ici la détermination motrice, active, commence dans le centre où réside la cause qui, après avoir effectué la contraction ou le mouvement, perçoit comme effet par la transmission nerveuse, l'impression musculaire qu'elle détermine en principe. Je trouve là le symbole de l'action complète dont je dois m'attacher à analyser plus expressément les signes physiologiques; car, c'est sur ces signes seuls que peut ici s'appuyer l'analyse, puisque toute action de la volonté est vraiment indivisible et instantanée dans le fait du sens intime.

En considérant donc cette action sous le rapport physiologique, j'y distingue deux éléments ou deux instants dans lesquels elle s'accomplit. Au premier correspond la simple détermination motrice ou le débandement du ressort central sur les nerfs. Seulement, cette partie de l'action, ainsi bornée au système nerveux, ne paraît pas devoir emporter avec elle une perception interne particulière; mais en supposant qu'il y eût une telle perception et qu'elle ne fût pas nécessairement confondue avec celle de la résistance ou l'inertie du muscle contracté qui l'accompagne ou la suit immédiatement, on ne pourrait y rattacher encore le signe symbolique de l'individualité ou du *moi*, qui ne peut commencer à se connaître ou à exister pour lui-même qu'en tant qu'il peut se distinguer comme sujet de l'effort, d'un terme qui résiste. Ainsi, l'espèce de perception obscure qui correspondrait à cette action incomplète et exercée d'un centre unique sur un système nerveux homogène, ne serait encore qu'un sentiment vague et confus d'existence, auquel se trouvent réduites peut-être plusieurs espèces d'animaux. Au second instant correspond ce qui se passe dans le système moteur, depuis l'instant où le muscle se contracte, jusqu'à ce que l'effet de la contraction soit transmis ou rapporté au centre, où la sensation musculaire prend alors ce caractère de redoublement qui constitue l'aperception interne de l'effort, inséparable d'une résistance, ou l'aperception intime du *moi* qui se connaît en se distinguant du terme résistant.

Élevons-nous maintenant du symbole ou du signe à la chose signifiée, et comparons les faits intérieurs avec les hypothèses ou les faits physiologiques.

Nous savons, par une expérience bien constante, que l'être sentant ne se donne jamais à lui-même, par aucun exercice de son activité, ces impressions agréables ou douloureuses qui l'affectent malgré lui; qu'il n'est pas l'artisan ni le créateur de ces sensations ou de ces images qui naissent, se succèdent ou disparaissent, sans aucun concours de sa volonté, ou même contre son vœu. Nous savons de plus, par l'observation de la nature sentante, et par les expériences variées des physiologistes, qu'il y a des moyens sûrs et constants de mettre en jeu la sensibilité animale, par des excitants appropriés, et d'arracher à l'être sentant tous les signes des affections, de la douleur, ou du plaisir physique, qu'on lui fait éprouver. Le sens interne de l'effort ne peut au contraire être mis en jeu que par cette force intérieure et *sui generis* que nous appelons volonté et avec laquelle s'identifie complétement ce que nous appelons notre *moi*.

La puissance de l'effort ou le pouvoir de commencer et de continuer telle ou telle série de mouvements ou d'actions, est un fait de sens intime aussi évident que celui de notre existence même. Il n'est aucune force étrangère à qui cette puissance soit nécessairement subordonnée. Observez en effet, combien peuvent être impuissants tous les moyens extérieurs ou artificiels qui tendraient à imiter les effets de cette force agissante, ou à reproduire et à provoquer les signes de sa manifestation. Si vous portez un *stimulus*, soit directement sur un muscle, soit sur le tronc ou le centre nerveux qui lui envoie des rameaux, vous déterminez à coup sûr des contractions, sensibles dans le vivant, et purement organiques dans le mort. Quant à la volonté de l'homme ou la puissance de l'effort, elle demeure indépendante dans le *for intérieur*, hors de toute atteinte comme de toute incitation du dehors. Ni les amorces du plaisir, ni l'aiguillon de la douleur, ne sauraient l'entraîner d'une manière invincible. Quand elle s'exerce, toutes les lois physiologiques sont troublées; tous les signes extérieurs de sensibilité ou de contractilité sont incertains et peuvent être muets ou trompeurs. Eh! que peut, par exemple, la douleur la plus atroce, sur la volonté d'un Mucius Scévola? Avant qu'elle cède, le bras qu'elle tient immobile sur le brasier ardent pourra tomber en cendres. N'est-ce donc pas une force propre et *sui juris*, que celle qui domine ainsi la sensibilité, l'enchaîne à ses propres lois, qui force le corps à s'arrêter ou à se précipiter en avant quand son instinct l'entraîne à la fuite (1)?

Mais nous ne parlons pas encore de cette force morale guidée par des motifs qui peuvent rendre l'effort sublime. Avant qu'il y ait des motifs d'agir, il y a bien sûrement une puissance de mouvement ou d'action; avant que ce mouvement soit devenu moyen, il a commencé par être lui-même le but ou le terme propre du vouloir. Enfin il faut que le *moi* ait commencé à exister pour lui-même, ou à se circonscrire dans son domaine propre, avant d'étendre sur la nature sa force constitutive. C'est par là que se justifient des considérations qui pourraient paraître aux uns minutieuses, à d'autres trop rapprochées de ce matérialisme qu'elles tendent précisément à attaquer dans ses premiers fondements.

Pour nous donc qui ne nous occupons ici que d'un fait primitif du sens intime, la volonté n'est encore que la puissance *une* de l'effort. Nous venons de caractériser cette force dans les signes, ou les premières conditions, ou les instruments de son exercice. Nous

---

(1) Rien ne peint mieux cette supériorité d'un vouloir énergique, comme l'identité parfaite entre ce vouloir et le *moi* que le trait remarquable d'un grand capitaine qui, se sentant frémir involontairement, au moment d'une bataille décisive, saisit son corps tremblant et l'interpella rudement ainsi : « Tu trembles, faible « carcasse ; si tu savais où je vais te conduire, tu tremblerais bien « davantage » Qui est le *je* ou *moi*? Est-ce le corps qui tremble? Est-ce la vertu sentante qui le fait trembler? Est-ce une résultante des sensations passives?

avons besoin maintenant de rechercher par l'analyse quelle peut être l'origine de cet exercice, et celle de la personnalité individuelle qui ne peut en être séparée. Mais avant d'entrer dans cette analyse, résumons les conséquences de ce qui précède.

1° Le fait primitif du sens intime n'est autre que celui d'un effort voulu, inséparable d'une résistance organique ou d'une sensation musculaire dont le *moi* est cause. Ce fait est donc un rapport dont les deux termes sont distincts sans être séparés. Pour qu'ils pussent l'être, il faudrait, dans l'hypothèse physiologique prise pour symbole, que l'action immédiate exercée du centre sur les nerfs moteurs fût accompagnée d'une perception interne particulière, distincte et séparée de la sensation musculaire; mais alors, la même perception interne consisterait dans un autre rapport encore plus intime entre la force hyperorganique exercée du centre et les nerfs sur qui elle agit immédiatement. Ce serait donc l'inertie nerveuse qui remplacerait en ce cas l'inertie musculaire, et il n'y aurait rien de changé dans le caractère de fait primitif.

2° Le caractère essentiel du fait primitif consiste en ce que ni l'un ni l'autre des termes du rapport fondamental n'est constitué en dépendance nécessaire des impressions du dehors. Ainsi, la connaissance du *moi* peut être séparée dans son principe de celle de l'univers extérieur.

3° L'effort-cause, le *moi* a l'aperception interne de son existence dès qu'il peut distinguer cette cause qui est lui, de l'effet ou de la contraction rapportée au terme organique qui n'est plus lui, et qu'il met en dehors (1).

4° Le fait primitif qui sert nécessairement de point de départ à la science, va donc se résoudre dans un premier effort où l'analyse peut encore distinguer deux éléments : une force hyperorganique naturellement en rapport avec une résistance vivante.

5° L'idée ou notion abstraite réflexive de la force se déduit ultérieurement du fait ou du sentiment primitif de l'effort. En suivant une marche inverse, et partant de l'idée de force absolue, tous les métaphysiciens, jusqu'à Locke inclusivement, ont déplacé l'origine de la science : ils ont voulu déduire l'actuel et le réel du possible : c'était commencer par les ténèbres.

Ne craignons pas de nous perdre dans les ténèbres en cherchant à présent comment l'effort peut commencer à être voulu, quelle est l'origine de cette première action, de ce vouloir libre, qui est la condition première de la connaissance de soi-même, et, par suite, de toute autre connaissance. Nous avons un fil qui nous dirige dans ces recherches, et qui, s'il ne nous conduit pas à la vérité absolue que nous cherchons, ne nous permet pas du moins de nous perdre dans des régions idéales, où il n'y aurait plus d'issue, plus de moyen de revenir sur ses pas.

---

(1) Nous verrons bientôt que cet *en dehors* n'est pas l'étendue extérieure, ni même la forme de l'espace, telle que les Kantistes la supposent, comme inhérente à la sensibilité.

CHAPITRE DEUXIÈME.

RECHERCHES SUR L'ORIGINE DE L'EFFORT ET DE LA PERSONNALITÉ.

Si, comme le pensent des philosophes qui ont essayé de tout dériver de la sensation, la volonté n'était autre chose que le désir, confondu lui-même avec un premier besoin de l'être organisé vivant; s'il était vrai, ou conforme aux faits de sens intime, que les déterminations instinctives, considérées comme sensations complètes, renfermassent jugement, désir ou vouloir; enfin que le premier de tous les mouvements faits par chacun de nous eût été accompagné de volonté, ou produit par une volonté, il serait bien inutile de chercher, je ne dis pas l'origine de cette force absolue identique à l'âme, ou à ce qui en tient lieu dans tous les systèmes, mais celle du sentiment de son exercice ou de l'effort avec lequel s'identifie le *moi*. Cette origine en effet irait se confondre avec les premiers rudiments de la vie, et remonterait jusqu'au germe organique qui préexiste peut-être à la fécondation. Si ce système était celui de la nature, je me trouverais n'avoir poursuivi jusqu'ici qu'une chimère, et toutes les précisions ou distinctions que j'ai cherché à établir, disparaîtraient comme des ombres vaines. Il m'est donc imposé l'obligation de faire voir que mes recherches actuelles ont un objet réel, ou qu'il peut y avoir une origine de l'effort voulu ou du *moi*, postérieur dans l'ordre du temps, à la naissance de l'être sensitif et aux premières déterminations instinctives, aux besoins, aux désirs mêmes qui diffèrent du vouloir proprement dit, comme la passion diffère de l'action.

Je vais d'abord me replacer de nouveau dans le point de vue physiologique, et sur le propre terrain des philosophes qui ont assimilé ou confondu dans l'origine, tout ce que je crois qu'il faut distinguer ou même séparer, pour avoir une science de principes. Si les distinctions que j'établis se trouvent confirmées par la physiologie même, elles devront sans doute en acquérir plus de poids et de valeur aux yeux de ceux à qui je me permets de les opposer.

Suivant les principes d'un physiologiste doué du génie de l'expérience, plus encore que du talent des classifications, on est fondé à reconnaître trois modes ou trois espèces de contractilités musculaires (1),

---

(1) Il est essentiel qu'on ait présente ici la division que Bichat a établie entre les trois espèces de contractilités; particulièrement la distinction qu'il établit entre deux modes de cette contractilité qu'il appelle animale. Je rapporterai le passage entier qui offre les motifs de cette dernière distinction, et je ferai à ce sujet quelques remarques critiques.

« Les muscles locomoteurs, c'est-à-dire ceux des membres, du « tronc, ceux, en un mot, différents du cœur, de l'estomac, etc., « sont mis en action de deux manières : 1° par la volonté; 2° par « les sympathies. Ce dernier mode d'action a lieu quand, à l'occa-« sion de l'affection d'un organe intérieur, le cerveau s'affecte « aussi et détermine des mouvements alors involontaires dans les « muscles locomoteurs. Ainsi une passion porte son influence sur « le foie; le cerveau excité sympathiquement, excite les muscles « volontaires; alors c'est dans le foie qu'existe vraiment le prin-

distinguées entre elles comme les causes qui produisent ou déterminent les contractions. La première espèce est une simple propriété organique inhérente à la fibre musculaire, et qui est connue depuis Haller sous le titre d'*irritabilité*. Nous n'avons pas besoin de

« cipe de leurs mouvements, lesquels dans ce cas, sont de la classe
« de ceux de la vie organique ; en sorte que ces muscles, quoique
« toujours mis en jeu par le cerveau, peuvent cependant apparte-
« nir tour à tour dans leurs fonctions et à l'une et à l'autre vie.

« Il est facile d'après cela de concevoir la locomotion du fœtus ;
« elle n'est point chez lui, comme elle sera chez l'adulte, une por-
« tion de la vie animale ; son exercice ne suppose point de volonté
« préexistante qui la dirige et en règle les actes ; elle est un effet
« purement sympathique, et qui a son principe dans la vie orga-
« nique.

« Tous les phénomènes de cette vie se succèdent alors avec une
« extrême rapidité ; mille mouvements divers s'enchaînent sans
« cesse dans les organes circulatoires et nutritifs ; tout y est dans
« une action très-énergique : or, cette activité de la vie organique
« suppose de fréquentes influences exercées par les organes inter-
« nes sur le cerveau, et par conséquent de nombreuses réactions
« exercées par celui-ci sur les muscles qui se meuvent alors sympa-
« thiquement.

« Le cerveau est d'autant plus susceptible de s'affecter par ces
« sortes d'influences, qu'il est alors plus développé, à proportion
« des autres organes, et qu'il est passif du côté des sensations.

« On conçoit donc à présent ce que sont les mouvements du
« fœtus. Ils appartiennent à la même classe que plusieurs de ceux
« de l'adulte, qu'on n'a point encore assez distingués ; ils sont les
« mêmes que ceux produits par les passions sur les muscles vo-
« lontaires ; ils ressemblent à ceux d'un homme qui dort, et qui,
« sans qu'aucun rêve agite le cerveau, se meut avec plus ou moins
« de force. Par exemple, rien de plus commun que de violents mou-
« vements dans le sommeil qui succède à une digestion pénible :
« c'est l'estomac, qui, étant dans une vive action, agit sur le cer-
« veau, lequel met en activité les muscles locomoteurs.

« A cet égard, distinguons bien deux espèces de locomotions
« dans le sommeil : l'une pour ainsi dire volontaire, produite par
« les rêves, est une dépendance de la vie animale ; l'autre, effet de
« l'influence des organes internes, a son principe dans la vie orga-
« nique à laquelle elle appartient ; c'est précisément celle du fœtus.

« Je pourrais trouver divers autres exemples de mouvements

savoir jusqu'à quel point l'influence nerveuse contribue à la mettre en jeu, parce que cette propriété, simplement vitale, se trouve hors de l'objet de nos recherches. Ce qui nous importe, c'est de reconnaître les véritables caractères distinctifs entre la contractilité sensible, qu'on pourrait aussi appeler *animale* et une contractilité proprement *volontaire*. Cherchons donc à bien spécifier les caractères physiologiques de ces deux espèces. Elles se réfèrent bien toutes deux à l'influence cérébrale, mais sous des conditions

« involontaires, et par conséquent organiques, exécutés dans l'a-
« dulte par les muscles volontaires, et propres par conséquent à
« donner une idée de ceux du fœtus : mais ceux-là suffisent. Re-
« marquons seulement que les mouvements organiques, ainsi que
« l'affection sympathique du cerveau qui en est la source, dispo-
« sent peu à peu cet organe et les muscles, l'un à la perception
« des sensations, l'autre aux mouvements de la vie animale qui
« commenceront après la naissance. » (Bichat. *Recherches physiologiques sur la vie et la mort*, 2ᵉ édition, pages 123 à 125.)

Ces distinctions établies avec tant de justesse, de sagacité et de profondeur, étant posées, pourquoi donc confondre ce mode de contractilité effectuée par la réaction sympathique du cerveau avec celui qui est opéré par son action propre et directe ? Pourquoi ne pas ranger dans deux classes séparées, la contractilité animale, déterminée par cette réaction sympathique du cerveau, qui est la cause la plus générale du mouvement des animaux, soumis à toute l'influence des besoins et des appétits, et la contractilité propre à l'homme qui, dirigé par un principe *soi-mouvant*, ou une force hyperorganique, peut s'affranchir du lien des affections et des passions ? En distinguant ces deux classes ou espèces de contractions, Bichat eût pu échapper à une difficulté qu'il se propose à lui-même et qu'il avoue ne pas être en état de résoudre :

Pourquoi, dit-il, la contractilité organique sensible ne se transforme-t-elle jamais en animale ou *volontaire*, pendant que la sensibilité organique nerveuse devient animale en augmentant de degrés ? (pages 103 et 104.) Cette difficulté seule devait faire remarquer à l'auteur le vice radical de sa classification, et la lacune qui existe dans ses divisions symétriques des modes de contractilité. En effet, pour conserver l'analogie entre les classes de modes di-

très-différentes et qu'il n'est pas permis de confondre, même physiologiquement.

Des impressions affectives excitées dans le système nerveux par des causes étrangères ou intestines, étant transmises au cerveau ou à quelqu'autre des centres partiels, déterminent ces réactions énergiques qui vont mettre en jeu des organes locomobiles : de là les contractions animales, et tous les mouvements instinctifs. Je viens de parler de centres partiels comme de points de réaction parce qu'il n'est point prouvé que ce soit l'influence directe d'un centre unique qui détermine toujours la locomotion instinctive des animaux comme du fœtus, et plusieurs analogies tendent à prouver le contraire. En supposant, ce qui semble démenti par plusieurs observations physiologiques, qu'un centre unique

---

vers de sensibilité et de contractilité, il fallait mettre en rapport la sensation organique avec la contraction aussi organique, et on conçoit alors que celle-ci devient sensible par la même condition qui rend l'autre animale, c'est-à-dire en augmentant de degrés. Mais en mettant en rapport la contraction volontaire avec la sensation animale, toute analogie échappe ; on se trouve comparer des choses hétérogènes, car il ne s'agit plus d'impressions nerveuses ou musculaires, également senties, lorsqu'elles parviennent à ce degré où elles peuvent être transmises au cerveau, au lieu de se concentrer dans leur organe propre ; mais, d'un côté, c'est une impression transmise au centre, et de l'autre, une action voulue et un mouvement transféré en sens inverse, du centre moteur au muscle qui reçoit de ce centre seul le principe de sa contraction. La sensibilité et la volonté ainsi considérées sous deux symboles physiologiques opposés, sont donc des éléments hétérogènes et incomparables. Pourquoi d'ailleurs s'étonner qu'une simple sensation musculaire ne se transforme pas en acte de volonté, et que les contractions sensibles du cœur ou de l'estomac ne puissent pas rentrer sous le domaine de cette puissance, lorsqu'on a établi que ces ressorts de la vie organique ne communiquent pas directement avec le centre unique de contractilité volontaire?

détermine seul par sa réaction l'espèce de mouvement dont il s'agit ici, du moins est-il vrai que ce centre joue en ce cas un rôle passif ou purement sympathique, influencé, comme il est, par des impressions des organes nerveux internes ou externes qui sont les véritables causes déterminantes de ces contractions animales.

Mais dans la contraction proprement *volontaire*, c'est bien dans un centre unique que commence l'action qui, sans être provoquée ni forcée par aucune impression étrangère, se transmet directement aux organes locomobiles par l'intermédiaire des nerfs. Nous trouvons là le symbole propre et unique de l'effort voulu, tel que nous l'avons caractérisé.

Comme la contractilité volontaire diffère donc de l'animale, ainsi la volonté, puissance individuelle et libre de l'effort et du mouvement, diffère de l'appétit, du besoin et de toutes les affections de malaise, d'inquiétude, etc. que l'on a réunies arbitrairement sous le titre général de *volonté*. Ici, les points de vue psychologique et physiologique se correspondent parfaitement. La réaction sympathique du centre, qui effectue les contractions animales ou les mouvements instinctifs, est le symbole du *désir affectif* très-improprement nommé volonté. L'action qui, commençant dans un centre unique effectue les mouvements libres, qu'il dépend de l'individu de faire ou de ne pas faire, est le symbole propre d'une *volonté* motrice. La faculté générale, dont il s'agit dans le premier point de vue physiologique, n'est pas seulement subordonnée, mais identique à la sensibilité considérée comme le principe ou la cause qui détermine le mouvement animal. Il ne faut donc pas lui chercher d'autre origine que celle de la vie même de l'être organisé, qui ne sent qu'autant qu'il est mû, et qui ne se meut qu'autant qu'il sent. En ce cas, il est conditionnellement vrai de dire que le premier de tous les mouvements a été accompagné de désir ou de vouloir et que les déterminations instinctives, étant des sensations comme les autres, renferment le jugement, le désir, etc. La faculté individuelle, dont il s'agit dans le second point de vue, loin d'être subordonnée à la sensibilité, est le plus souvent en opposition avec elle, et nous avons déjà vu qu'elle a ses lois propres et primordiales, hors du cercle de toutes les impressions affectives.

L'expérience du sens intime suffit pour nous assurer en effet que, dans les cas où des mouvements quelconques sont nécessités et brusquement entraînés par des appétits violents, des passions ou excitations trop affectives de la sensibilité, nous nous mouvons, ou plutôt notre corps se meut sans notre congé, sans, ou même contre les ordres exprès de la volonté, qui est opprimée et comme nulle, par cela même que la sensibilité prédomine ou règne exclusivement. Comment pourrait-il donc se faire que les mêmes impressions affectives, qui détruisent l'empire de la volonté et absorbent ou enveloppent cette puissance, lorsqu'elle est déjà pleinement constituée, servissent originairement à la développer et à la mettre en exercice? Comment pouvoir supposer que l'être, qui commence à vivre, puisse apercevoir ou sentir ses propres mouvements, et commencer à en déduire quelque connaissance, lorsque nous-mêmes ignorons complétement ces mouvements, en principe et en résultat, au milieu du trouble des affections qui les provoquent ou les entraînent? Comment enfin le même principe, qui obscurcit et éteint si souvent en nous la lumière de conscience, pourrait-il en avoir été la source première?

Nous sommes donc fondés à dire, dans le point de vue où nous sommes, que les premiers mouvements, déterminés par l'appétit ou le besoin organique, ou même accompagnés de désir, diffèrent autant de la volonté proprement dite, que l'action propre et directe exercée d'un centre unique diffère de toutes les réactions sympathiques. Ainsi, les premiers actes de cette volonté naissante, éclairée dans son principe, diffèrent des déterminations aveugles de l'instinct, qui les précède dans l'ordre du temps, sans leur servir d'origine. Il y a donc lieu à chercher par une analyse expresse des faits primitifs, quelle est la suite des progrès ou des conditions qui ont pu amener le premier exercice de la puissance individuelle de l'effort, et avec elle le premier sentiment du *moi*; ce qui revient à demander quelle est la loi, soit physiologique, soit psychologique du passage des mouvements instinctifs aux mouvements volontaires, libres, accompagnés d'effort.

Tant que le centre organique, auquel les physiologistes rapportent la détermination motrice, ne fait que réagir, consécutivement aux impressions qu'il reçoit des divers organes sensitifs avec lesquels il est en rapport, les mouvements ainsi produits, ne pouvant être aperçus ou sentis comme distincts de leurs causes excitatives, ne peuvent pas même commencer à être voulus. Car si la perception distincte n'est pas antérieure, comme je le crois, à un exercice quelconque de la volonté, celle-ci ne saurait être non plus avant un degré quelconque de perception; et quoiqu'il soit vrai de dire que l'être pensant ne peut commencer à connaître qu'autant qu'il commence à agir et à vouloir, il n'en est pas moins vrai, suivant l'expression ordinaire, qu'on ne peut vouloir expressément ce qu'on ne connaît en aucune manière.

Si l'on paraît tourner ici dans un cercle vicieux, c'est que, faute d'avoir reconnu le fait vraiment primitif, on veut distinguer ou séparer deux actes qui se réduisent à un dans ce fait, et qu'on applique déjà la loi de succession, ou, comme les Kantistes, la forme complète du temps, au premier terme de toute succession, à l'origine de tout temps.

Par la suite indéterminée des progrès de l'être, simple dans la vitalité, mais destiné à devenir double dans l'humanité (1), il arrive une époque où l'empire exclusif de l'instinct va finir ou se rejoindre à un autre ordre de facultés. Déjà les impressions commencent à devenir moins vives, moins générales, moins tumultueuses; l'habitude en a émoussé la pointe d'abord très-affective; les appétits sont moins

---

(1) *Homo simplex in vitalitate, duplex in humanitate*, dit énergiquement, et ce semble avec une profonde vérité, Boërhaave. (*De morbis nervorum.*)

pressants, les mouvements moins brusques, moins automatiques ; les organes de la locomotion commencent à se raffermir, leur irritabilité propre diminue ; ils cèdent moins promptement à toutes les causes extérieures de contraction. Ainsi, d'un côté, ces organes ont contracté des habitudes dans la locomotion instinctive répétée, et ils sont disposés de manière à se prêter avec plus de facilité aux contractions nouvelles que la volonté doit leur imprimer ; d'un autre côté, le centre moteur a acquis aussi, en réagissant, des déterminations telles qu'il est capable d'entrer spontanément en action, en vertu de cette loi générale de l'habitude, qui fait qu'un organe vivant tend à renouveler de lui-même les impressions ou les mouvements qu'une cause étrangère a suscités plusieurs fois en lui, ou qu'il se rend propres les dispositions d'un autre organe qu'il a sympathiquement partagées.

Lorsque le centre effectuera ainsi les mouvements par son action propre et initiale, ceux-ci prendront un tout autre caractère et deviendront *spontanés*, d'*instinctifs* qu'ils étaient d'abord. Or, cette spontanéité n'est pas encore la volonté, ou la puissance de l'effort, mais elle la précède immédiatement. En vertu de la spontanéité de l'action du centre, qui est le terme immédiat ou l'instrument propre de la force hyperorganique de l'âme, cette force, qui ne pouvait apercevoir ou sentir distinctement les mouvements instinctifs, commence à sentir les mouvements spontanés, qu'aucune affection ne trouble ou ne distrait. Mais elle ne peut commencer à les sentir ainsi comme produits par son instrument immédiat, sans s'en approprier le pouvoir. Dès qu'elle sent ce pouvoir, elle l'exerce, en effectuant elle-même le mouvement. Dès qu'elle l'effectue, elle aperçoit son effort avec la résistance, elle est cause pour elle-même, et, relativement à l'effet qu'elle produit librement, elle est *moi*.

Ainsi commence la personnalité avec la première action complète d'une force hyperorganique qui n'est pour elle-même, ou comme *moi*, qu'autant qu'elle se connaît, et qui ne commence à se connaître qu'autant qu'elle commence à agir librement (1). Il ne s'agit pas de savoir ce que cette force est en elle-même, comment elle existe ou quand elle commence

---

(1) La volonté, dit très-bien Clarke, dans ses réponses à Leibnitz (cinquième réplique, § 1-20), *est la faculté de se mouvoir de soi-même ou d'agir*. C'est le premier acte de la faculté motrice. La force active en qui réside cette faculté est la seule et véritable cause de l'action : il ne s'agit que de savoir quand et comment cette force motrice s'exerce ; je ne dis pas de manière à être cause, mais de manière à se sentir, ou à s'apercevoir cause du mouvement qu'elle opère. On pourrait attribuer à l'âme tous les mouvements organiques et instinctifs, comme les volontaires, et dire qu'elle en est la cause unique. Mais ce n'est là qu'une hypothèse explicative, et il s'agit d'un fait de sens intime ; ce fait ne peut se vérifier que par lui-même, et il ne se vérifie qu'autant que l'âme commence à se sentir cause du mouvement. Or, il y a une origine à ce sentiment.

« Aussi longtemps, » dit encore d'une manière plus expresse M. Béguelin, « que l'automate primitif n'agit et ne réagit qu'en
« vertu de sa simple organisation, aussi longtemps qu'il n'a tout
« au plus que des perceptions obscures, il n'est point libre. Mais
« à mesure que son état se perfectionne et qu'il s'élève à l'aper-
« ception, qu'il sent, qu'il distingue et qu'il compare, il apprend à
« diriger les organes de ses sensations, et dès lors il commence à
« jouir d'un certain genre de liberté... Parvenu à la personnalité,
« il est aussi libre que sa nature le comporte. » (Mémoires de l'Académie de Berlin, 1779, page 334.)

à exister absolument (1), mais quand elle commence à exister comme personne identique, comme *moi*. Or, elle n'existe pour elle-même qu'autant qu'elle se connaît, et elle ne se connaît qu'autant qu'elle agit.

Quoique le fait primitif, dont nous cherchons à déterminer la source, semble échapper, dans cette source même, à toute espèce d'expérience, et ne se présente que comme hypothèse, nous pouvons trouver cependant quelques exemples propres à éclaircir, jusqu'à un certain point, l'origine de la personnalité, telle que nous venons de l'établir.

1° Dans le sommeil de la pensée ou du *moi*, il arrive quelquefois qu'on est réveillé en sursaut par des mouvements, des paroles ou des voix, produits d'une spontanéité semblable à celle qui sert originairement d'intermédiaire entre l'instinct et la volonté. A l'instant même de ce réveil subit, l'individu sent ces mouvements, non pas accompagnés de l'effort comme ils le sont dans l'état de veille, mais d'un sentiment de pouvoir les faire qui est, en ce cas,

---

(1) « L'objet de la métaphysique appliquée, » dit très-bien M. Ancillon (dans les Mémoires de l'Académie de Berlin), « con-
« siste à prouver qu'au delà de tout ce qui s'appelle matière, phé-
« nomènes de la pensée et de la volonté, c'est-à-dire de tout ce
« qui s'annonce par l'expérience, il y a, et il doit y avoir quelque
« chose à quoi l'expérience ne saurait atteindre, qui, sans être ni
« visible ni palpable, est très-réel, puisque tout ce qui est senti
« ou représenté va s'y rattacher comme le mode à la substance
« ou l'effet à la cause. Quand la métaphysique a prouvé cette thèse,
« elle a fait tout ce qu'on peut attendre d'elle, et il est absurde
« d'exiger qu'elle nous fasse *voir* ou *imaginer* ces agents *invisibles*
« dont elle montre la nécessité, et qu'elle les soumette aux mêmes
« épreuves d'observation ou d'expérience qui servent aux physi-
« ciens : c'est confondre les genres. »

le souvenir de cet effort. C'est par là qu'il s'approprie en résultat ces mouvements spontanés qu'il n'a pas déterminés en principe, et cette appropriation de conscience caractérise seule le réveil complet. Ainsi, dans l'origine de la personnalité, le mouvement spontané donne l'éveil à l'âme, y fait naître comme le pressentiment d'un pouvoir qui détermine le premier effort voulu et avec lui la première connaissance.

2° Dans l'enfant qui vient de naître, et encore pendant un certain temps après la naissance, la locomotion et la voix ne sont mises en jeu que par l'instinct. L'enfant s'agite et crie parce qu'il souffre, et autant qu'il est affecté par des besoins ou des appétits simples. Tant que dure cet état purement sensitif, la volonté et l'aperception ne peuvent exister ; car, comment penser que les premiers vagissements de la douleur, les premiers mouvements automatiques sont des actes d'une faculté de vouloir et de juger déjà en exercice, à moins qu'on n'admette ces facultés comme innées ou inconditionnelles ? Sans doute les cris de l'enfant ont une signification ou un sens naturel, mais c'est pour l'être intelligent capable de le saisir ou de l'interpréter, et non pour l'enfant réduit aux sensations et aux contractions animales. Mais hors de l'empire exclusif des affections, des besoins ou appétits de l'instinct, l'enfant crie et s'agite encore en vertu des déterminations ou des habitudes contractées par le centre moteur et par les organes de la locomotion ou de la voix. Ces mouvements alors spontanés sont de véritables sensations. Bientôt ils seront aperçus, voulus et transformés par l'enfant lui-même, en *signes volontaires* dont il se servira pour appeler à son secours. Voilà le premier pas de l'homme, *duplex in humanitate*, le premier signe de la personnalité naissante. Le passage cherché est donc franchi. Mais comment aurait-il pu l'être, si les mouvements eussent été toujours des produits d'une réaction instinctive et sympathique, entraînés et offusqués par de vives affections, et enfin s'il n'y avait pas un mode intermédiaire de motilité tel, que la sensation, distincte du mouvement opéré, fût accompagnée d'un sentiment de pouvoir, et donnât lieu par suite à l'exercice du vouloir (1)? Tel est l'ordre ou la série des progrès; tel est le passage de l'instinct à la spontanéité, et de celle-ci à la volonté qui constitue la personne, le *moi*. L'animal franchit rapidement les deux premiers degrés; l'homme seul peut atteindre jusqu'au troisième, mais il ne l'atteint que progressivement, sui-

---

(1) « On ne peut pas vouloir sans cause, » dit M. de Tracy, « et « c'est ce qu'il ne faut jamais oublier. Ainsi l'on ne peut pas vou- « loir sans avoir senti, mais on pourrait sentir toujours sans vou- « loir jamais. » Que d'équivoques qui roulent ici sur le mot *sentir!* La volonté humaine est une cause première dans l'ordre des phénomènes de l'humanité, et qui ne reconnaît au-dessus d'elle, dans le progrès de nos conceptions ontologiques, que la cause suprême dont l'existence de l'homme est un effet. Cependant j'admets qu'on ne peut pas vouloir sans avoir senti, ou sans sentir le mouvement qui forme comme la matière ou le terme du vouloir, mais on pourrait sentir toujours des impressions comme des mouvements involontaires sans les vouloir jamais, parce que, pour vouloir, il faut qu'il y ait le sentiment d'un pouvoir, dans le mouvement ou la sensation musculaire qui a eu d'abord lieu sans la volonté. Dans l'acception de M. de Tracy, la sensation sans volonté, sans désir, n'est qu'une abstraction.

vant certaines lois ou conditions que la philosophie doit s'attacher à connaître pour trouver les principes et l'origine de toute science. Si nous n'avons pu écarter tous les voiles qui couvrent cette origine, nous avons du moins montré comment, et dans quel sens, il faut admettre une origine assignable de la personnalité ; comment ou par quels procédés de l'analyse, on peut espérer la trouver identifiée, non avec la première sensation d'une substance passive, mais avec la première action d'une force hyperorganique.

CHAPITRE TROISIÈME.

ORIGINE DE LA CONNAISSANCE QUE NOUS AVONS DE NOTRE PROPRE CORPS.

Le sens interne que nous appelons sens de l'effort, s'étend à toutes les parties du système musculaire ou locomobile, soumises à l'action de la volonté. Tout ce qui est compris dans la sphère d'activité de ce sens, ou qui se rattache soit directement, soit par association à son exercice, rentre dans le fait de conscience et devient objet propre, médiat ou immédiat de l'aperception interne. Tous les modes qui sont absolument hors des limites de la même puissance, demeurent simples dans la vitalité et ne s'élèvent jamais à la hauteur de l'aperception ou de l'idée.

Tel est le principe général. Il ne s'agit plus que de le développer et de le confirmer par l'analyse des différentes espèces de perceptions ou de sensations composées.

Ce principe posé, on voit d'abord qu'il n'est pas impossible de tracer, pour ainsi dire, dans l'organisation humaine, le cercle terminateur de la lumière de conscience, ou la ligne de démarcation qui sépare le sens propre et individuel de l'effort ou du vouloir, et cet autre sens, organe général et commun qu'on peut appeler sens vital. Par ce dernier, l'homme vit d'une sorte de vie végétative ou purement affective, comme les animaux les plus bas de l'échelle. Par la combinaison intime des deux sens, et dans la subordination nécessaire du mouvement aux affections et à la sensibilité animale, l'homme sent assurément, sans être encore une personne constituée, ou sans avoir un *moi* distinct, sans atteindre enfin jusqu'au fait de conscience ou de sens intime. Par le sens de l'effort, distinct de toutes les affections ou impressions passives, n'obéissant qu'à la volonté qu'il renferme en lui-même, l'homme parvient enfin à la dignité de personne morale, de *moi*. Ces trois ordres de facultés ou ces trois degrés d'élévation dans l'échelle des êtres animés, ressortent d'une analyse exacte, non pas seulement de certaines facultés abstraites, mais des conditions ou moyens naturels sur lesquels se fonde l'exercice primordial de ces facultés, quand elles viennent à passer du virtuel à l'effectif.

Le *moi* est un et simple, mais il n'est ou ne s'aperçoit tel qu'en qualité de sujet de l'effort, et relativement au terme composé et multiple sur lequel sa force se déploie. Cette multiplicité, ou composition du terme de l'effort, ne peut être actuellement conçue par nous, en vertu de nos habitudes premières, que sous l'image de parties contiguës ou juxta-posées, selon ce mode de coordination que nous appelons espace, étendue matérielle, et qui est, comme on dit, la forme de toutes nos représentations externes. Mais je dis que cette forme d'espace extérieur ou d'étendue, qui est l'objet de la vue ou du toucher, diffère essentiellement de celle qui constitue le terme propre de l'effort, l'objet de l'aperception immédiate dont le *moi* est inséparable.

Leibnitz définit supérieurement l'étendue, la continuité de ce qui résiste : *continuatio resistentis*. Cette définition qui, dans l'esprit de l'auteur, s'appliquait au phénomène de l'étendue extérieure, telle qu'elle se manifeste au sens du toucher et de la vue réunis, embrasse de plus l'objet de l'aperception interne et immédiate. Elle exprime même parfaitement le point de vue tout à fait nouveau, sous lequel je considère la connaissance du corps propre.

Si l'on consulte en effet uniquement le sens musculaire de l'effort et de la résistance, et qu'on abstraie autant que possible de son exercice actuel, tout ce qui peut se rapporter à la vue et au toucher, en un mot, à la représentation objective, on trouvera dans cette continuité de résistance, non plus étrangère et absolue, mais propre et immédiatement relative à l'effort voulu, le fondement ou le type simple et originel d'une sorte d'étendue qui, pour ne pouvoir se représenter sous aucune image, n'en a que mieux toute la réalité d'un fait primitif, réalité aussi certaine que celle de notre existence dont elle est inséparable. Comme l'espace dans lequel s'exerce notre locomotion extérieure est le lieu des intuitions objectives, ou la forme, la condition nécessaire sous laquelle il y a quelque chose de représenté hors de nous; ainsi cette étendue intérieure du corps, objet de l'aperception immédiate dont le *moi* se distingue, sans pouvoir jamais s'en séparer (1), est le lieu de toutes les impressions internes, qui ne peuvent être perçues ou senties par le *moi* que sous cette forme locale, sans laquelle elles demeureraient toujours confondues dans la combinaison vivante, comme affections simples ou *perceptions obscures*.

En considérant toutes les parties locomobiles du corps comme réunies en une seule masse, soumises à l'impulsion d'une même force vivante ou d'une seule et même volonté, le sujet de l'effort actuel, qui se distingue de ce composé qui résiste par son inertie et obéit à la puissance motrice, aura l'aperception de ce continu résistant, c'est-à-dire d'une étendue intérieure, mais encore sans limites ni distinction de parties. Or, comme les sensations du dehors ne se localisent ou ne se mettent à leurs justes distances respectives dans l'espace extérieur, qu'autant que cet espace a été limité et mesuré par le sens du toucher, ou par nos mouvements successifs et répétés (2), de même, pour que les impressions puissent être localisées dans les différentes parties de

---

(1) C'est ainsi, et en ayant égard à la séparation impossible, sans observer la distinction toujours possible des deux éléments du même fait de conscience, que Spinoza dit que « la conscience de l'âme n'est autre que l'idée immédiate du corps, et que la volonté n'est qu'une détermination et un effort corporels. » S'il eût dit que la conscience du *moi* est inséparable (au moins dans le mode actuel de notre existence) de l'idée immédiate du corps, et que la volonté est la détermination d'une force hyperorganique, qui ne peut s'exercer que sur le corps ni se manifester qu'avec lui et par lui ou par sa résistance, Spinoza aurait rectifié le principe de Descartes, en le ramenant à l'expression du fait primitif : *J'agis, je suis effort, j'existe ; donc le terme immédiat de l'effort existe*, etc., etc.

(2) Voyez les *Éléments d'idéologie* par M. de Tracy.

l'espace intérieur du corps propre, il faut que les parties aient été distinguées, ou mises pour ainsi dire les unes hors des autres par l'exercice répété de leur sens propre et immédiat. Mais le système général musculaire se trouve naturellement divisé en plusieurs systèmes partiels, qui offrent autant de termes distincts à la volonté motrice. Plus ces points de division se multiplient, plus l'aperception immédiate interne s'éclaire et se distingue, plus l'individualité, ou l'unité du sujet permanent de l'effort se manifeste par son opposition même avec la pluralité et la variété des termes mobiles. En se mettant hors de chacun, le *moi* apprend à les mettre les uns hors des autres, à connaître leurs limites communes et à y rapporter les impressions. C'est ainsi que ce premier rapport des sensations aux différentes parties du corps, réputé inné dans l'école de Descartes, et confondu avec le rapport d'extériorité dans celle de Condillac, peut n'être qu'un résultat direct et immédiat de l'exercice du sens de l'effort, et avoir tout son mobile ou son point d'appui dans l'expérience intérieure.

Avant d'aller plus loin, confirmons notre point de vue par quelques exemples tirés de faits d'expérience, ou d'observations physiologiques.

Il se présente assez souvent des cas de paralysie partielle, où la sensibilité subsiste dans les organes lésés, pendant que toute faculté contractile ou locomotive se trouve éteinte et *vice versâ*. On a pu remarquer dans quelques-uns de ces cas que le sens de l'effort étant oblitéré dans les muscles paralysés, l'individu n'avait plus le sentiment de l'existence de ces parties, ou qu'elles étaient comme mortes pour le *moi*, quoiqu'elles participassent encore à la vie et à la sensibilité générale. En vertu de cette participation seule, les organes peuvent donc recevoir et transmettre des impressions, affectives à un assez haut degré, mais qui, ne se localisant point dans des siéges déterminés, ne sont pas vraiment perçues par le *moi*, qui ne saurait les distinguer les unes des autres tant qu'il s'identifie avec chacune d'elles.

Je rapporterai ici l'observation curieuse que fit un médecin (1) sur un malade paralysé de la moitié du corps, après une attaque récente d'apoplexie. Ce médecin, curieux de savoir si le malade conservait encore quelque sentiment dans les parties paralysées, prit sa main, sous la couverture du lit, et pressa fortement un de ses doigts ; ce qui lui fit jeter un cri, et, en ayant fait autant à chaque doigt successivement, il obtint toujours les signes d'une douleur générale que le malade ne rapportait à aucun siége déterminé. Cet homme malade fut plusieurs jours à se remettre, et à apprendre à se servir de sa main, à remuer les doigts à volonté les uns après les autres, et ce ne fut qu'après cet exercice, et à mesure que le mouvement revint, qu'il apprit à localiser les impressions dans le siége qu'elles affectaient.

On trouve dans cet exemple la nature prise, pour ainsi dire, sur le fait : on y reconnait parfaitement

---

(1) Feu M. Rey-Régis, de la Faculté de Montpellier. Le fait que je rapporte est extrait d'un livre peu connu, intitulé *Histoire naturelle de l'âme.*

la manière dont le sens de l'effort doit concourir d'abord à circonscrire les différentes parties de notre corps, et ensuite à y localiser les impressions. Supposez que nous ignorassions l'existence de ces parties, les impressions générales affectives de plaisir ou de douleur ne nous en informeraient pas par elles-mêmes. Quel rapport nécessaire peut-il y avoir en effet entre de simples modifications de notre sensibilité et une idée de lieu ? Il faut donc que le siége de l'impression soit connu d'avance, mais il ne l'est pas comme lieu extérieur ou comme une portion d'étendue étrangère ; il doit donc avoir été d'abord circonscrit et connu comme terme de l'effort, indépendamment de toutes les impressions accidentelles avec lesquelles il peut tour à tour s'associer.

On peut induire avec beaucoup de probabilité, de l'expérience rapportée ci-devant, qu'un enfant qui naîtrait paralysé de tout son corps pour le mouvement, comme l'était dans une partie le paralytique de M. Régis, fût-il doué de la faculté de sentir au plus haut degré, n'aurait qu'une sorte d'existence absolue purement affective ; que, n'ayant point l'idée ou la connaissance de son corps, il n'aurait pas non plus l'aperception interne du *moi*, et ne pourrait s'élever comme être purement sentant au rang de personne individuelle. Toutes les facultés de cet être incomplet se trouveraient ainsi enveloppées dans la sensation, et ne s'en dégageraient jamais pour se transformer en idées. Tel est l'homme qui sommeille pour toutes les impressions reçues dans cet état où la sensibilité vit pendant que le *moi* est suspendu. Tels nous sommes quoique éveillés, pour une foule d'impressions tout intérieures qui ayant leur siége dans des organes absolument étrangers au sens de l'effort, ne se circonscrivent dans aucun lieu déterminé du corps, et demeurent ainsi toujours vagues, générales et inaperçues.

De ces analyses et observations, il résulte :
1° Qu'une sensation quelconque ne se localise dans un siége déterminé, qu'autant qu'elle peut s'associer à l'effort, ou qu'elle est reçue dans une partie qui est sous la dépendance immédiate ou médiate de la volonté motrice ;

2° Que l'idée de sensation, telle que Locke la considère, n'est point un élément, mais un premier composé dont la formation ne dépend pas uniquement de l'expérience extérieure ;

3° Que cette forme d'espace intérieur, encore vague et illimité, est bien réellement la forme nécessaire de toute sensation ou impression perçue et localisée, mais qu'elle a une origine dans l'exercice du sens spécial de l'effort, et qu'elle n'est point essentiellement inhérente à toute modification de la sensibilité, résultat directement contraire à un principe fondamental de la doctrine de Kant ;

4° Enfin, que le rapport d'une impression reçue à la partie déterminée du corps qui la reçoit, ou, avant tout, la connaissance et la circonscription des parties de ce corps propre ne sont ni des idées innées à l'âme, ni des produits de l'exercice d'un sens tout extérieur, tel que celui de l'attouchement des surfaces solides. Cette dernière conséquence nous ramène aux deux points de vue dont nous parlions tout à l'heure, et qui sont propres, l'un à l'école de Descartes, l'autre à celle de Condillac.

Arrêtons-nous un instant à les comparer avec les résultats de l'analyse qui précède.

1° « Ce raisonnement confus ou ce jugement na-« turel (inné), » dit Malebranche, « qui applique « au corps ce que l'âme sent, n'est qu'une sensation « qu'on peut dire *composée* ». C'est bien ici le cas d'employer le principe de Leibnitz : là où il y a un composé, il y a aussi des éléments simples. Mais si nous n'avons aucun moyen de reconnaître ces éléments séparés, ou du moins distincts l'un de l'autre, comment savons-nous qu'il y a un composé? Malebranche indique donc d'un côté le fondement ou la matière d'une analyse, mais d'un autre côté, il s'ôte tous les moyens de l'effectuer, en ce qu'il établit, comme Descartes, que l'âme *a une idée innée de son union avec le corps;* puisqu'il suit de là immédiatement que la première sensation est nécessairement et absolument composée, et que le jugement qui l'a composée ne peut avoir d'origine ni de fondement dans aucune sorte d'expérience. Malebranche croit prouver cependant que le jugement naturel dont il s'agit, n'est qu'une illusion. Mais comment le savons-nous? Si cette manière de percevoir en localisant les impressions sensibles, est unique, nécessaire, absolue, si elle ne dépend d'aucune condition, autre que la nature même de l'âme, sur quoi peut donc se fonder la réalité contraire à cette prétendue illusion? Enfin, si le sens intime nous trompe, où sera la vérité?

2° Dans son *Essai sur l'Entendement,* Locke n'eut point égard à l'analyse indiquée par les Cartésiens, relativement aux premières idées de sensation, et, quoiqu'elles eussent été regardées avant lui comme des composés, il les prit pour de véritables éléments. Il suppose que la sensation se rapporte d'elle-même, soit à la partie du corps qu'elle affecte, soit à l'objet qui la cause. Ainsi, la première connaissance est pour lui une donnée simple, un point de départ, et non une question ni un fait composé à expliquer. Mais, lorsque Condillac forma le projet de remonter jusqu'à l'origine de toute connaissance ou idée, et d'anatomiser, pour ainsi dire, les différentes espèces des sensations, afin de reconnaître la part contributive que peut prendre chacune d'elles au développement de notre intelligence, il vit très-bien que dans les premiers progrès de ce développement, la sensation ne devenait idée qu'autant qu'elle se combinait ou s'associait avec un jugement ou un premier rapport d'extériorité. Il vit, avec plus de profondeur encore, que les impressions d'un sens tout passif, tel que l'odorat, par exemple, se bornant à modifier l'âme ou l'être sensitif, n'ont en elles-mêmes ou dans leur caractère simplement affectif, rien qui porte, pour ainsi dire, le cachet de l'objet qui les occasionne, ni de l'organe qui les transmet. Ce double cachet imprimé à toutes les sensations composées, dans notre expérience ou nos habitudes actuelles, n'a donc son type original dans aucune impression purement affective. Il faut donc que ce type, ou soit renfermé d'avance dans la nature même de l'âme, et qu'il soit inné, comme l'ont cru les Cartésiens, ou qu'il ait une origine assignable dans notre expérience. Or, cette origine, si elle existe, ne pourra se trouver que dans l'exercice primordial d'un sens naturellement constitué en relation nécessaire avec le monde extérieur. Ce sens étant trouvé, et le caractère essentiellement relatif ou représentatif de ces modifications propres étant une fois mis dans tout son jour, on verra clairement comment ce mode spécial qui renferme en lui-même le premier jugement d'extériorité, s'associe successivement avec toutes les impressions sensibles, les compose et les transforme en idées de sensation (1), en leur communiquant son caractère relatif. C'est ainsi que l'analyse, indiquée seulement par les Cartésiens et méconnue par Locke, peut recevoir pour la première fois son complément nécessaire, en se rattachant à l'expérience. Mais cette expérience est tout extérieure ou prise en dehors de l'être sensible et moteur; elle suppose cet *en dehors* déjà donné par le sens du toucher sous la forme d'étendue solide; elle s'attache exclusivement à la connaissance secondaire du corps propre, comme objet d'intuition ou de représentation externe, et laisse tout à fait à l'écart ce sens tout intime sur lequel se fonde la connaissance du corps, comme terme de l'aperception immédiate interne du *moi*.

---

(1) Voyez dans l'*Extrait raisonné du traité des sensations* la définition que Condillac donne du mot *idée*, en l'identifiant à la vérité avec *image*; il remarque très-précisément en cet endroit que dans les idées les plus simples en apparence, il entre toujours un jugement : vérité ou fait d'analyse, que Locke n'avait fait qu'entrevoir vaguement et encore dans le seul cas particulier de l'association des idées originaires du toucher avec les images de la vue, etc.

Je ne m'arrêterai point à suivre en détail les pas que fait la statue de Condillac dans ce monde de représentations, qui semble se développer successivement sous ses mains mobiles. Nous aurons peut-être occasion de revenir ailleurs sur ce sujet. Je ferai seulement quant à mon objet actuel les observations suivantes :

1° Si Condillac fût remonté par l'analyse jusqu'au sens de l'effort, constitutif de la personnalité individuelle, au lieu de supposer cette personnalité comme préétablie par le fait même de la sensation, il n'aurait pu s'empêcher de reconnaître qu'il y a une connaissance immédiate du corps propre, fondée uniquement sur la réplique d'un effort voulu et d'une résistance organique qui cède ou obéit à la volonté. La réplique de deux sensations passives ne suffit pas pour fonder cette connaissance première, car il faut savoir avant tout comment ces deux sensations peuvent se distinguer, se localiser, se mettre l'une *hors de l'autre.*

2° En supposant toute la surface du corps, calleuse ou paralysée pour le sentiment, sans l'être pour le mouvement, l'application passive de la main calleuse sur les parties insensibles ne produirait aucune connaissance; mais dans cet état même, les deux mains, étant mues l'une contre l'autre par la même volonté, devraient se donner la double réplique de l'effort et de la résistance. En faisant la supposition inverse, d'une paralysie de mouvement, pendant que la sensation resterait entière, si l'on mettait les deux mains l'une sur l'autre, les deux impressions résultant de ce contact se confondraient en une seule affection générale qui ne se localiserait point, comme nous l'avons vu dans l'exemple du paralytique de M. Régis. Ainsi, indépendamment de la connaissance extérieure de la forme ou de la figure des parties de notre corps, comme objet relatif aux sens du toucher et de la vue, il y a une aperception interne de la présence ou de la coexistence de ce corps propre, toute relative à un sens musculaire spécial qui ne peut agir et se connaître qu'*en dedans* sans pouvoir se représenter *au dehors.*

3° Une évidence irrésistible s'attache dans le fond du sens intime aux deux éléments du même fait, aux deux termes du même rappport, la force et la résistance, et le doute de Descartes, qui suppose le corps anéanti pendant que la pensée subsiste, est absolument contraire au fait primitif, tel que nous le considérons, pendant qu'il trouve encore un motif dans le point de vue de Condillac.

4° Enfin, hors de l'exercice initial du sens de l'effort, toutes les impressions sensibles, y compris celles du tact, étant passives et matériellement simples, sont dénuées de toute relation à quelque existence, soit propre, soit étrangère; tandis que par ce sens unique, s'il était possible d'en isoler tous ceux qui rentrent essentiellement dans l'exercice des fonctions de la vie organique et animale, le *moi* se trouverait pleinement constitué, comme sujet d'un effort qui emporte nécessairement avec lui le sentiment d'une résistance.

C'est jusque-là qu'il faut creuser pour trouver l'origine du rapport d'extériorité et embrasser le grand problème des existences dans toute sa profondeur.

CHAPITRE QUATRIÈME.

DU RAPPORT DE L'APERCEPTION INTERNE ET DU FAIT PRIMITIF AVEC LES IDÉES ORIGINAIRES DE SUBSTANCE, DE FORCE OU DE CAUSE, D'UNITÉ, D'IDENTITÉ, ETC.

Leibnitz a dit très-profondément qu'il est tout aussi naturel à l'âme de faire des actes réfléchis, ou de voir par une sorte d'intuition, ce qui est en elle-même, que de percevoir ce qui est au dehors. Ce philosophe va même jusqu'à faire dépendre toute représentation extérieure, toute coordination dans l'espace et le temps, de ces mêmes idées qui ont selon lui tout leur fondement dans la nature de l'âme. C'est donc à l'exercice de cette même faculté réflexive que nous devons, avec la connaissance ou l'aperception interne de notre *moi*, toutes les notions premières et originales d'être, de substance, de force ou de cause, d'unité, d'identité numérique, notions que nos idéologistes modernes rangent sous le titre commun et bien vague d'*abstractions*, en les confondant avec des qualités ou propriétés vraiment abstraites, qui servent de titre commun à nos classifications ou catégories, à nos idées de genre, d'espèce, quoique celles-ci soient artificielles et arbitraires pendant que celles-là sont naturelles et nécessaires, que les unes soient les conditions mêmes de toute pensée, et placées à l'origine de la la science, tandis que les autres n'en sont que les signes ou les moyens auxiliaires; enfin, que les unes soient indépendantes de la nature des impressions sensibles avec qui elles se trouvent primitivement associées, pendant que les autres en dépendent immédiatement ou ne sont que les sensations mêmes généralisées.

Mais, si Leibnitz et les métaphysiciens placés à cette hauteur ont parfaitement distingué le caractère de ces idées premières et régulatrices; s'ils ont très-bien connu et indiqué la source intérieure où il fallait puiser pour les découvrir, ils n'en ont pas moins ignoré l'origine. Bien plus, ils ont nié absolument qu'elles eussent une origine quelconque dans l'expérience intérieure ou extérieure, puisqu'ils ont prétendu les rattacher exclusivement à la nature même de l'âme, substance inconditionnelle et indépendante.

La supposition de quelque chose d'inné est la mort de l'analyse; c'est le coup de désespoir du philosophe qui, sentant qu'il ne peut remonter plus haut, et que la chaîne des faits est prête à lui échapper, se résout à la laisser flotter dans le vide. Sans doute nous ne pouvons échapper tôt ou tard à un terme d'arrêt, mais il faut du moins reculer ce terme le plus possible, et mettre tout à fait à la fin ce que nos philosophes ont si souvent mis au commencement. Voyons donc si, avec les données déjà acquises sur l'origine de la personnalité, nous ne pouvons pas en assigner une aux idées dont il s'agit, **sans les faire** ressortir ni de la sensation ni de la nature de l'âme. Reprenons :

Avant le *moi* ou sans lui, il n'y a point de connaissance actuelle ni possible. Tout doit donc dériver de cette source première ou venir s'y rallier. S'il suffit de regarder en nous-mêmes, pour avoir l'idée de l'être, de la substance, de la cause, de l'un, du même, chacune de ces idées prend donc son origine immédiate dans le sentiment du *moi*. Généralisée dans l'expression, et présentée sous plusieurs faces dans les formes variées du langage, elle peut toujours être ramenée au type individuel et constant qu'elle conserve dans le sens intime. En montrant que toutes les idées réflexives, et prétendues innées, ne sont que le fait primitif de conscience, analysé et exprimé dans ses divers caractères, nous aurons fait voir aussi que ces idées ont une origine, puisque le *moi* ou la personnalité individuelle en a une.

I

Idées de substance et de force.

La différence essentielle qui sépare les doctrines de Descartes et de Leibnitz, c'est que le premier, ôtant toute action propre aux créatures, et considérant l'entendement et la volonté même comme passifs, est parti de l'idée d'une substance modifiable : l'âme ou la chose pensante, qu'il oppose au corps ou à la substance étendue (1) ; tandis que Leibnitz, voyant l'action partout, et animant jusqu'aux éléments de la matière, a pris l'idée de force pour son point de départ, et en a fait le pivot sur lequel roule toute sa doctrine. Mais, que ce soit la substance ou la force qui serve de principe, dès qu'on part de l'absolu, il n'y a plus de base; on est hors de l'expérience intérieure ou extérieure, et les idées innées sont là. Cependant Leibnitz se tient toujours plus près du fait de sens intime, et l'emploi qu'il fait de la force, des virtualités, des tendances et de l'effort même, qui n'est que la force ou la monade dominante en action, le ramène à chaque instant à l'expression du fait primitif, à peu près tel que nous l'avons conçu et exprimé.

L'idée de *force* ne peut être prise en effet originellement que dans la conscience du sujet qui fait l'effort, et lors même qu'elle est tout à fait abstraite du fait de conscience, transportée au dehors et tout à fait déplacée de sa base naturelle, elle conserve toujours l'empreinte de son origine. Nous ne pouvons concevoir aucune force d'impulsion, de choc ou de traction dans les corps, sans leur attribuer ou sans hypothétiser en eux jusqu'à un certain point cette force individuelle constitutive de notre *moi*.

L'idée de *substance* est plus mixte dans son origine et peut également dériver de l'un et de l'autre des deux éléments du fait de conscience, ou de la dua-

---

(1) On peut voir dans Malebranche comment il presse cette sorte d'antithèse des deux substances, toutes deux modifiables et considérées sous le rapport de la passion.

lité primitive. Ce terme se réfère en même temps à ce qui subsiste, ou reste le même au sein des modifications variables, et à ce qui, étant au-dessous de ces modifications, leur sert de lien commun. Or, ce qui subsiste au milieu de tous les changements, c'est le mode total de l'effort qui reste identique dans ses deux termes (la force et la résistance). On peut donc le prendre, suivant l'expression des Cartésiens, pour le véritable *mode substantiel*. Mais la résistance organique, ou le continu résistant, tel que nous l'avons caractérisé précédemment, s'associant à toutes les modifications sensibles, et restant quand elles passent, leur sert vraiment de lien commun. Ces modifications se répandent, pour ainsi dire, sur les différents points de ce continu, s'y fixent, s'y distinguent en s'y localisant : il est donc en quelque sorte au-dessous de toutes; il est la base constante, le véritable *substratum*, ou le sujet propre d'attribution, puisque, ainsi que le dit Malebranche, nous ne pouvons nous empêcher d'attribuer au corps ce que l'âme sent. Il faut observer ici que le sujet des attributions passives, la résistance organique, n'est point une pure abstraction, pas plus que ne l'est le sujet de l'effort *moi* à qui elle est corrélative. Otez toutes les modifications accidentelles et variables de la sensibilité, la résistance et l'effort subsisteront les mêmes, hors de toute association, comme sujet et objet, terme antécédent et conséquent du même rapport fondamental de l'égoïté personnelle.

Ici donc, et dans l'origine vraie de l'idée de substance, soit qu'on la distingue de celle de force, soit qu'on identifie ces deux idées, comme dans le point de vue de Leibnitz, on peut toujours répondre à la question suivante, si embarrassante quand il s'agit des mêmes idées, tout à fait abstraites, transportées au dehors, déplacées de leur base naturelle : Que reste-t-il d'un sujet quand on en a séparé toutes les qualités ou modifications qui lui sont attribuées et dont il est supposé former le *substratum*, le lien ou la copule? Car le *moi*, sujet de toutes les attributions actives, reste seul, tant que l'effort subsiste, et même à vide et sans aucun autre mode; comme la résistance subsiste nue, sans aucune des modifications passagères à qui elle donne une base fixe.

Voilà les deux idées mères de toutes les notions abstraites de force et de substance. C'est pour ne pas en avoir reconnu la filiation, qu'on a élevé tant de questions insolubles à l'occasion de ces idées, soit qu'on les ait réalisées dans l'absolu, en dérivant le possible du réel; soit qu'on ait nié expressément leur réalité, faute de pouvoir les ramener aux représentations claires des sens ou de l'imagination, avec lesquelles elles s'associent dans l'expérience extérieure, mais dont elles ne font nullement partie. Les idées de substance et de force prises en nous-mêmes, ou conçues en regardant en nous et non en dehors, ont toute la réalité et la vérité du fait de sens intime; mais cette évidence s'altère et s'obscurcit lorsqu'en les déplaçant de leur base naturelle, on les transporte aux choses du dehors.

Si l'on abstrait de la conscience de notre force propre, ou du sentiment du *moi* qui fait l'effort, l'exercice nu et pour ainsi dire matériel de cette force agissante, on aura l'idée ou la notion de force absolue ou possible. A cette notion, tout abstraite qu'elle puisse être, se mêle toujours un sentiment confus de cette force propre, constitutive du *moi*, que l'esprit cherche à en séparer, mais qui s'y mêle encore malgré nous.

De même, en séparant du sentiment d'un continu résistant, toujours présent dans l'état de veille et de personnalité, la résistance nue et non sentie, nous formons la notion d'une résistance absolue ou possible qui est celle de substance abstraite, toujours fondée sur cette résistance organique que nous ne faisons pas, qui subsiste nécessairement comme terme de notre effort, et que nous sommes plus disposés par là à séparer de nous-mêmes. Cette idée est toujours conçue sous un rapport de passivité, et d'après le modèle exemplaire de cette résistance organique que le *moi* aperçoit ou sent, en la distinguant de lui-même dans l'effort, mais qu'il ne fait pas comme cet effort.

Voilà pourquoi la notion abstraite de substance, plus obscure que celle de force, est toujours prise dans un point de vue plus éloigné, ou plus étranger à nous-mêmes que celle de force. Ainsi, en partant de la dualité primitive, origine commune de toute science, et séparant ou abstrayant autant que possible ses deux éléments, on prendra l'élément subjectif ou formel, type de toute idée de force et d'activité conçue comme relative avant de l'être comme absolue, pour le principe de la psychologie ou de la science de nous-mêmes ; et l'élément objectif ou matériel, type de toute idée de substance (qui passe aussi du relatif individuel à l'absolu général), pour le principe de la physique ou de la science de la nature. On ne saurait transgresser cet ordre, c'est-à-dire prendre la notion de substance pour le principe de la métaphysique, ou celle de force pour le principe de la physique, sans dénaturer le but et l'objet des deux sciences ; de même qu'en partant de l'un ou de l'autre principe considéré dans l'absolu, avant d'avoir connu la source qu'ont nécessairement ces idées dans une relation première et fondamentale, on met au commencement ce qui devrait être à la fin, on ne forme que des sciences abstraites, étrangères à la réalité des choses ou des phénomènes.

En comparant sous ces deux rapports les doctrines de Descartes et de Leibnitz, soit entre elles, soit avec cette vérité, but de toute science, nous trouvons le principe commun de leurs divergences, et la véritable cause de ces écarts que nous avons remarqués précédemment. Descartes et Leibnitz partent tous deux de l'absolu, l'un de la substance, l'autre de la force inconditionnelle ; mais l'un a construit la pensée avec des éléments empruntés d'une nature passive ; l'autre a construit la nature avec des éléments pris dans l'activité du *moi*.

Nous ne pouvons suivre en détail toutes les applications diverses que fait l'esprit humain de ces deux idées premières et régulatrices, en les transformant pour les combiner avec les phénomènes ou les images des choses du dehors : il nous suffit d'avoir montré l'origine vraie qu'elles ont dans le fait primitif de conscience, qui n'est lui-même que l'exercice d'un sens particulier, celui de l'effort et de la résistance. Il suffit que l'on conçoive comment ces idées, à quelque éloignement qu'elles soient de cette source, peuvent toujours y être ramenées par une analyse réfléchie.

Je sais bien, comme l'a dit un métaphysicien profond (1), que « l'idée de la substance, comme celle « de la force, est prise dans une latitude bien plus « grande que son principe ne semble l'indiquer, et « s'applique même à des objets où l'aperception immédiate, le fait du sens intime se change en une « connaissance purement symbolique, qui paraît « étrangère ou supérieure à toute impression réelle. » Mais cela ne change rien au fond même de ces idées, ni à la source primitive où elles ont pris naissance. Il faut avoir bien conçu ce qu'elles sont dans cette source pure et simple, pour mieux connaître et apprécier les nouveaux caractères qu'elles reçoivent, en passant sous l'empire d'autres facultés de l'esprit humain qui les composent et les entraînent dans leur direction.

Il importe surtout d'insister ici sur ce que les idées premières dont il s'agit, échappent toujours à l'imagination ou aux sens, soit dans leur état de simplicité native, soit dans tout ordre supérieur de leur combinaison; et nous en voyons bien la raison dans tout ce qui précède. Le sens du toucher, quoiqu'il

---

(1) M. Engel.

contribue plus qu'aucun autre à la composition et à la translation extérieure de nos idées de force et de substance, est cependant étranger à leur formation première. Ce n'est point à ce toucher extérieur des surfaces que s'adresse le vrai continu résistant, type de l'idée de substance, et le sentiment de la force est aussi donné dans l'effort primitif, hors de l'exercice de ce sens. Nous ne touchons donc pas davantage le *substratum* des formes tactiles, que nous ne voyons la substance même de la lumière, ou l'agent réel qui est caché sous le phénomène de la vision, et de même pour tous les autres sens. De là, aucune substance ne peut se représenter à l'imagination, et n'est conçue que sous une relation nécessaire à une certaine réunion de modes ou qualités dont elle est censée sujet *un* d'attribution. Mais, quoique l'imagination ne s'attache qu'aux éléments associés, ou groupés, ou aux conséquents de chaque rapport d'attribution, la raison n'en est pas moins nécessitée à admettre ou à supposer la réalité du sujet ou de l'antécédent ; si bien que c'est sur le sujet un et irreprésentable que portent toutes les affirmations : c'est lui, et non point les modes, qui sont dits ou conçus exister, agir. C'est là une loi primitive de notre pensée dont toute la langue porte l'empreinte. Or, le type original de cette empreinte est tout dans le fait primitif, dans la conscience du *moi*. Pourquoi donc le chercher ailleurs? pourquoi surtout dissimuler la vérité?

II

De la cause ou de l'application particulière et originelle du principe de causalité.

Le principe de causalité, a dit un philosophe très-judicieux (1), est le *père de la métaphysique.* Il s'agit de savoir si c'est un principe réel, ou simplement une *forme*, une catégorie ou manière dont l'âme voit les choses, sans conséquence pour leur réalité.

Tout dépend bien de là en effet, mais le seul moyen de reconnaître le caractère réel de ce principe de toute métaphysique, c'est de constater son identité avec le sentiment du *moi*, ou avec le fait primitif de la conscience. Partir de l'absolu, ou de l'idée abstraite de causalité pour l'ériger *ex abrupto* en catégorie, ou la considérer comme une forme propre et naturelle à l'esprit humain, comme un simple principe régulateur de nos connaissances, c'est mettre une sorte d'entité logique à la place d'un fait; c'est se placer de prime-abord hors du champ de toute réalité pratique, désormais inaccessible; c'est trancher le nœud de la question sur le principe de la science. D'un autre côté, n'avoir égard qu'à la simple loi de succession des phénomènes, et limiter là arbitrairement toute idée de cause, c'est dénaturer la valeur que le principe conserve toujours malgré nous-mêmes au fond du sens intime. Rien n'est plus facile en effet que de démontrer la différence, ou

---

(1) Ancillon père.

même l'opposition absolue qui existe entre l'idée d'une succession et celle d'une cause ou d'une force productive efficace; et cette opposition ressort même de toutes les tentatives faites par les physiciens disciples de Bacon, pour éloigner l'application réelle du principe de causalité, et de l'affectation qu'ils mettent à en dissimuler le titre, en prétendant ramener toutes les causes ou forces productives des phénomènes aux lois expérimentales de leur succession. Ils parviennent souvent en effet à découvrir de telles lois, en observant et classant exactement les effets de divers ordres ; mais, de leur aveu même, les véritables causes efficientes n'en demeurent pas moins indéterminées, et il reste toujours à la tête de chaque classe de phénomènes une inconnue dont on désespère de déterminer la valeur. Mais pourquoi en désespère-t-on? C'est qu'on sent confusément que cette inconnue, cet x, ne peut être comparée à aucune des idées sensibles sous lesquelles se représentent les phénomènes extérieurs, ou qu'elle n'est homogène à aucune idée de cette espèce. Or, d'où vient d'abord ce défaut d'homogénéité? En second lieu, pourquoi l'existence d'une force productive, ou d'une cause efficiente se présente-t-elle si obstinément à notre esprit, et subsiste-t-elle malgré nous dans l'intimité de notre pensée, pendant que d'autre part cette cause demeure voilée au regard de l'imagination, et nous dérobe éternellement sa face et sa manière d'opérer?

N'y a-t-il pas là quelque chose de mystérieux? Et l'inutilité même de tous les efforts des physiciens ou des philosophes pour substituer le rapport de succession à celui de causalité ne contribue-t-elle pas à accréditer le mystère, en favorisant l'opinion de ceux qui établissent ce dernier principe *a priori* comme une idée innée, une forme ou une loi inhérente à la pensée et indépendante de l'expérience (1) ? Tout le mystère des notions *a priori* disparaît devant le flambeau de l'expérience intérieure, qui nous apprend que l'idée de cause a son type primitif et unique dans le sentiment du *moi*, identifié avec celui de l'effort, type très-clair dans sa source, mais qui s'éclipse devant les images, se dénature en se combinant avec elles.

L'origine que j'annonce ici, méconnue ou niée formellement par divers philosophes, se trouve mieux justifiée par certaines attaques dirigées contre elle, que par les raisonnements directs qui tendraient à la confirmer.

L'un des philosophes dont le scepticisme même a servi les intérêts de la science, Hume, dans l'essai qui a pour but de chercher les fondements du principe de causalité, ou de liaison nécessaire entre les

---

(1) Quoique Charles Bonnet ait pris son point de départ dans la sensation, à peu près comme Condillac, il n'en a pas moins déduit ultérieurement, et en se replaçant dans un point de vue pareil à celui que j'ai adopté, la notion de cause et d'effet du sentiment immédiat de l'exercice de la volonté ou du pouvoir moteur. « Je « sais intimement, » dit-il (chap. XVI de son *Philalèthe*) « que je « puis mouvoir et que je meus mon corps ou différentes parties de « mon corps, que je puis me transporter et que je me transporte « d'un lieu dans un autre, que je puis surmonter et que je surmonte « la résistance de différents corps. Je déduis de ces différentes ac- « tions dont j'ai la conscience, la notion générale de la cause et « de l'effet. »

phénomènes de la nature (1), a rencontré dans ses excursions sceptiques le point de vue que nous cherchons à établir. Après avoir très-bien spécifié la valeur du principe, et montré qu'il ne peut point avoir de fondement dans l'expérience extérieure, il propose la question de savoir si cette idée de cause efficiente, ou d'une liaison nécessaire, ne pourrait pas se fonder sur le sentiment intérieur d'une force propre, ou d'un empire que nous attribuons à la volonté sur les organes du corps, ou sur les opérations de l'esprit. Mais ce subtil philosophe qui n'aimait rien tant que de rassembler des nuages, semble craindre d'avoir trouvé là une issue trop facile pour sortir de ce labyrinthe de doutes et d'incertitudes dont il aimait tant à parcourir les détours.

1° « D'abord, dit-il, l'influence des volitions sur
« les organes corporels est un fait connu par l'ex-
« périence comme le sont toutes les opérations de la
« nature (2). »

Oui, sans doute, c'est un fait, et nous ne demandons pas autre chose ; mais un fait de sens intime, un fait qui tire toute sa valeur du sentiment du *moi* qu'il constitue n'est pas une opération de la nature extérieure : au contraire, il y a une véritable antithèse entre un acte de volition et un phénomène de la nature, comme entre la liberté et la nécessité,

---

(1) *Essais philosophiques sur l'Entendement humain.* Septième Essai — *De l'idée de pouvoir ou de liaison nécessaire.*

(2) L'auteur, dans ce chapitre, ne donne pas toujours des citations textuelles de Hume et Engel, mais quelquefois des résumés de leur argumentation. (*Note de l'éditeur*).

l'activité et la passivité. Aucun principe, aucun phénomène de la nature ne peut être connu ou représenté sans le *moi*, mais il peut y avoir dans le *moi* des principes, des vouloirs, et une aperception interne indépendante des opérations de la nature extérieure. Enfin, regarder en soi ou réfléchir, n'est pas regarder au dehors ou se représenter des objets. En assimilant la valeur des données ou des lois de l'expérience extérieure avec celles de l'expérience intérieure, Hume renonce, dès le premier pas, à trouver ce qu'il cherche, ou plutôt il ne veut rien trouver et ferme exprès l'entrée à la lumière.

2° Il continue : « On n'eût jamais pu prévoir ce « fait dans l'énergie de sa cause. »

Il ne s'agit pas de prévoir mais de bien sentir ou d'apercevoir ce qui existe. De plus, au moment où la volonté, la force motrice va s'exercer, où un effort est déterminé, et même le premier effort voulu, il faut que l'énergie de la cause emporte avec elle une sorte de pressentiment ou de prévoyance de succès ; autrement, il n'y aurait qu'un simple désir et point de vouloir. Ce qui distingue un acte ou un mouvement volontaire d'une simple réaction ou détermination sensitive, c'est précisément que l'effet est prévu dans l'énergie de sa cause. C'est là aussi un caractère distinctif essentiel entre les faits de sens intime ou les produits de l'activité du *moi*, et les phénomènes ou opérations de la nature, qui ne sauraient jamais être prévus dans leur cause, puisque celle-ci est inconnue en elle-même, et que l'idée de son existence est déduite et non point aperçue immédiatement comme le *moi*, principe interne du mouvement, sujet de l'effort.

3° « Nous sommes condamnés à ignorer éternel-
« lement les moyens efficaces par lesquels cette opé-
« ration si extraordinaire s'effectue, tant s'en faut
« que nous en ayons le sentiment immédiat. »

Je concevrais plutôt qu'il eût dit, comme il le dira bientôt : Nous n'avons pas le sentiment immédiat de l'effort ou de la production du mouvement volontaire, tant s'en faut que nous en connaissions les moyens ; car nous pouvons avoir le sentiment sans connaître en aucune manière les moyens ; mais bien sûrement nous ne songerions pas à chercher les moyens, et il n'y aurait lieu à rien demander à ce sujet, si nous n'avions pas le sentiment. Ici le sceptique se prend dans ses propres filets, mais voyons plus loin.

4° « Si nous sentions notre pouvoir primordial, »
ajoute-t-il, « il faudrait qu'il nous fût connu ; s'il
« était connu, son effet le devrait être aussi, car
« tout pouvoir se rapporte à un effet ; et réciproque-
« ment connaître un pouvoir, une cause, c'est dé-
« couvrir dans la cause cette circonstance même qui
« la rend propre à produire son effet. Or, nous ne
« découvrons rien de pareil en nous, puisque nous
« n'avons aucune connaissance de tout ce jeu inté-
« rieur de nerfs et de muscles que la volonté est cen-
« sée mettre en action dans les mouvements de nos
« membres. Donc, nous ne connaissons ni ne sentons
« réellement le pouvoir de la volonté, ni en lui-
« même ni dans son effet ; donc il ne peut être le

« principe de cette liaison nécessaire établie dans
« notre esprit entre l'effet et la cause. »

Tout ce raisonnement porte à faux, en ce qu'il se fonde sur l'assimilation illusoire précédemment établie entre deux sortes de connaissances ou d'expériences, l'externe et l'interne. Notre pouvoir primordial, ou l'empire de la volonté sur les membres, est très-évidemment connu, mais seulement en ce qu'il est senti et non en ce qu'il est représenté au dehors comme pourrait l'être un mécanisme étranger à nous. En n'ayant égard qu'à cette représentation, et considérant le mouvement extérieur comme un effet dont la volonté serait supposée être cause, il est bien vrai de dire que le pouvoir ne peut être connu dans l'effet et *vice versâ*, car ces deux conceptions sont hétérogènes, l'une se fondant uniquement sur un sens intérieur, et l'autre sur un sens extérieur. Quelle espèce d'analogie y a-t-il entre la connaissance représentative de la position, du jeu et des fonctions de nos organes, tels que peut les connaître un anatomiste ou un physiologiste, et le sentiment intime qui correspond à ces fonctions, et aussi la connaissance interne des parties localisées dans le continu résistant dont nous parlions précédemment? Comment ne voit-on pas l'opposition qui a lieu entre ces deux sortes de connaissances, opposition telle qu'au moment même où la volonté va mouvoir un membre, si les instruments de motilité pouvaient se représenter au lieu d'être sentis, ou aperçus intérieurement, la volonté ne naîtrait jamais? De même si nous nous représentions les nerfs de la rétine et l'agent lumineux, nous ne verrions plus les couleurs; et comment des yeux organisés pour voir au dedans d'eux-mêmes pourraient-ils voir ce qui est au dehors? C'est ainsi que pour connaître objectivement les ressorts cachés de ses propres volitions, il faudrait en même temps être soi et un autre. Le pouvoir n'est donc connu ou pressenti qu'autant que nous nous mettons à la place de l'être moteur; l'effet ou le mouvement n'est représenté qu'autant que nous nous séparons entièrement de l'être auquel nous l'attribuons; ainsi par cela même que le dernier est connu comme objet ou phénomène étranger, il ne peut être *senti* dans sa cause, ni, par conséquent, sa cause ne peut être connue en lui ou comme il l'est lui-même.

Voulons-nous concevoir le pouvoir ou la force dans son effet, comme l'effet dans l'énergie de sa cause? Rétablissons maintenant l'homogénéité entre les deux termes du rapport primitif de causalité, et nous rentrons dans le fait de conscience, où le sujet de l'effort s'aperçoit intérieurement comme la cause d'un mouvement qui est simultanément aperçu ou senti, et non représenté, comme effet. Renier le sentiment ou la connaissance intérieure du pouvoir, c'est renier son existence tout entière. Mais voilà ce que fait le sceptique dans cette dénégation la plus extraordinaire qu'ait jamais osé faire le pyrrhonien le plus décidé.

5° « Nous ne sentons réellement, » dit-il en finissant sur cet article, « aucun pouvoir en produisant
« les mouvements de nos corps et en appliquant nos

« membres à diverses fonctions ; l'idée de force et de
« pouvoir ne dérive donc d'aucune *conscience inté-*
« *rieure.* »

Que répondre à celui qui nie un fait, un fait visible ou tangible? Rien sans doute. Il faudrait seulement lui faire voir ou toucher ce qu'il nie, et, s'il persistait à dire que ses sens le trompent, toute discussion serait terminée là. Mais s'il a le sens louche, calleux ou paralysé, au point de ne pouvoir connaître que des objets visibles ou colorés, et qu'il refuse ainsi d'admettre dans les corps la résistance, la solidité ou les formes tangibles, parce qu'il ne peut pas les voir, il faudra ou lui rendre l'usage du sens qu'il a perdu, ou, si cela ne se peut pas, l'amener du moins à reconnaître que les propriétés essentielles qu'il nie, n'étant point l'objet propre du sens auquel il voudrait les soumettre, il n'est point fondé à les rejeter par ce seul motif qu'il ne voit pas des choses non visibles par leur nature. Il me semble que c'est là le véritable point de vue où Hume a conduit la discussion dont il s'agit. Veut-on contester ou nier avec lui l'existence de l'effort ou du sentiment d'un pouvoir moteur? Ce ne peut être parce qu'on en est privé; car tout homme non paralytique qui est dans l'état de veille ou de *conscium suî,* enfin qui peut dire *moi*, exerce nécessairement le sens de l'effort, ou a le sentiment actuel du pouvoir, de la cause efficace qui contracte ses muscles. S'il refuse donc d'admettre l'existence de cette cause, c'est qu'il veut la concevoir sous une idée qui n'est pas la sienne, ou par quelque faculté étrangère au sens propre et immédiat dans lequel elle réside, ce sens lui-même étant devenu comme calleux par l'habitude de son exercice uniforme, continu et non interrompu tant que la veille dure.

Vraiment, l'effet le plus infaillible de l'habitude consiste à affaiblir et à détruire insensiblement le sentiment propre de tous les mouvements ou actes constamment répétés, et surtout à en voiler au regard du sens intime les déterminations et le principe, alors même qu'ils se manifestent au dehors par les résultats les plus sensibles. Comme une lumière uniforme, au ton de laquelle nos yeux sont accoutumés, n'est plus perceptible en elle-même, et ne le devient que par les objets divers qu'elle éclaire; ainsi l'effort voulu, qui est le principe et l'appui de la conscience, disparaît lui-même sous les modifications variées auxquelles il donne une base et une forme individuelles. A mesure que ce sens s'émousse par l'habitude, et avec lui le sentiment du pouvoir ou de la liaison primitive entre la volonté et les mouvements produits, les objets extérieurs, ou les causes de sensations extérieures, prennent plus d'ascendant. Accoutumés et nécessités même par notre nature d'êtres sentants, à diriger sur eux toute notre attention, nous finissons par leur attribuer ce qui nous appartient en propre, et même jusqu'à l'action qui nous les soumet, alors même que nous croyons en être le plus dépendants. Ainsi c'est la même habitude, à laquelle Hume attribue une influence exclusive et si illusoire sur la formation de toute idée de pouvoir et de liaison nécessaire ; c'est cette même habitude qui sert à nous aveugler le plus communément sur l'origine de l'idée de cause, ou sur le principe et le fondement réel de son application.

Nous verrons bientôt que la même cause d'aveuglement qui a déterminé les attaques du scepticisme contre le principe identique avec le fait primitif de conscience, a pu motiver aussi tous les écarts du dogmatisme, quand il a voulu expliquer par une influence mystérieuse quelconque, soit par l'intervention de Dieu même, soit par une harmonie préétablie, le lien naturel et mystérieux qui unit la force motrice à son terme d'application, ou le sujet de l'effort à la résistance. Nous verrons comment les célèbres auteurs de ces systèmes n'ont été conduits à altérer, ou même à nier le fait interne, immédiat et irrécusable du pouvoir moteur, qu'en cherchant à soumettre à la raison ce même fait de conscience que le sceptique voulait subordonner à l'imagination.

Rendons grâces au célèbre sceptique contre lequel nous osons lutter, puisqu'en attaquant, ou en niant, en sa qualité de fait, le principe sur lequel nous nous appuyons, il contribue à l'établir lui-même de la manière la plus solide en sa qualité de principe. C'est en effet Hume qui a vu avec sa sagacité ordinaire que l'influence de nos volitions sur les mouvements du corps pourrait bien être le type ou l'origine de toute idée de pouvoir ou de liaison causale ; mais il rejette ce principe, en se fondant, en dernière analyse, sur ce qu'il n'y a pas en nous de sentiment d'un tel pouvoir. Par conséquent, si ce sentiment est un fait d'expérience intérieure, le principe aura lieu.

Or, le fait est prouvé par la seule distinction que chacun reconnaît en lui-même, entre un mouvement volontaire et un autre qui ne l'est pas. Donc, le principe est aussi prouvé. Encore une fois, rendons grâces à Hume. Nul philosophe n'a établi avec une aussi grande force de conviction qu'il fallait renoncer à trouver hors de nous un fondement réel et solide à l'idée de pouvoir et de force ; d'où il suit qu'il n'y a plus qu'à chercher ce fondement en nous-mêmes, ou dans le sentiment de notre propre effort, dans le fait même du sens intime, dont tous les nuages accumulés par le scepticisme ne sauraient altérer l'évidence.

Je ne puis ici me refuser au plaisir d'appuyer ma manière de voir, relativement à l'origine de l'idée de force et de causalité, sur une sorte d'accord heureux pour moi, et je dirai presque sur la communauté de mon point de vue à cet égard avec celui d'un métaphysicien très-distingué.

M. Engel, dans un Mémoire sur *l'Origine de l'idée de la force* (1), est parvenu, de son côté, à trouver cette origine dans l'exercice du sens particulier qu'il caractérise à peu près comme nous, sous le titre de *sens musculaire, sens de l'effort* ou *de la tendance*. Il observe avec beaucoup de raison que Locke, Hume et tous les métaphysiciens qui ont traité de ce sujet, ont laissé l'idée de la force tout aussi confuse et ténébreuse, qu'elle l'est ordinairement dans les têtes des philosophes et de ceux qui ne le sont pas, uni-

---

(1) Mémoire lu à l'Académie de Berlin le 3 décembre 1801. — (*Mémoires de l'Académie de Berlin*, 1802.)

quement parce qu'ils n'ont point cherché l'origine spéciale qu'elle peut avoir dans un sens particulier, comme les couleurs l'ont dans la vue, l'étendue dans le toucher, etc.

« Si l'on avait, » dit-il, « regardé les muscles
« comme des organes par lesquels nous parvenons à
« avoir des idées de qualités, il y a toute apparence
« que, dans l'énumération des sens, Locke et Hume
« auraient dirigé particulièrement leur attention sur
« ce sens musculaire, que j'appelle *tendance*, et
« qu'ils auraient trouvé en lui la véritable origine
« première de l'idée de la force avec son caractère
« propre et distinctif. »

En arrivant à Hume, dont M. Engel se propose de relever les dénégations sceptiques sur l'origine dont il s'agit, il remarque d'abord « qu'au lieu de *prome-*
« *ner ses regards*, suivant l'expression du philoso-
« phe anglais, pour tâcher de découvrir quelque part
« l'impression d'où peut découler cette idée de la
« force, il fallait concentrer toute son attention sur
« l'exercice du sens musculaire : car on ne peut pas
« plus voir ce qui s'appelle *force*, qu'on ne peut voir
« le son, l'odeur, le goût. La force veut être sentie
« à l'aide de son propre sens qu'aucun autre ne sau-
« rait remplacer. Ainsi des sens différents ne peu-
« vent pas être expliqués ni conçus l'un par l'autre,
« par la raison tout à fait simple que *ce sont des sens*
« *différents*. Mais, par cette même raison, un sens
« ne doit pas vouloir juger ou contrôler un autre
« sens, et, parce qu'il ne le conçoit pas par ses pro-
« pres perceptions, il ne faut pas qu'il lui conteste

« les siennes et les rejette comme impossibles. »

Je me trouve absolument dans le point de vue de M. Engel, si bien qu'en comparant le passage que j'ai transcrit ici avec les idées qui précèdent, on dirait que mon opinion a été absolument calquée sur la sienne. Mais on va voir la différence essentielle qui nous sépare.

Notre auteur continue : « La vue et l'ouïe, les cou-
« leurs et les sons restent ce qu'ils sont, quand
« même les aveugles-nés et les sourds-muets n'en
« savent ou n'en conçoivent rien. Ainsi, l'action de
« notre sens musculaire sur le corps étranger, et la
« réaction du corps sur le sens restent ce qu'ils sont,
« quoiqu'on ne s'en forme aucune idée en y appli-
« quant le sens de la vue, du toucher, etc. »

Ici l'on voit que M. Engel admet dans l'exercice du sens musculaire un élément étranger, que j'avais eu soin d'en écarter en ramenant l'effort primitif à la simplicité d'un fait de sens intime. Cet élément consiste dans l'idée ou le sentiment *médiat* d'une résistance étrangère, absolue, que l'auteur substitue à l'aperception tout à fait *immédiate* de la résistance, ou de l'inertie même des muscles qui cèdent à l'effort de la volonté. Ainsi, selon lui, la véritable essence de la force consiste dans la possibilité de saisir et de déterminer une *force* étrangère, extérieure, ou, comme il dit, de *se compliquer*, de se mettre en conflit d'action avec une force étrangère qui résiste. Selon moi, et d'après tout ce qui précède, la véritable origine (je ne dis pas l'essence) de l'idée que nous attachons au mot *force,* consiste dans le pouvoir immédiat qu'a la volonté, de saisir et de déterminer la force d'inertie ou de résistance propre aux organes musculaires, et de se mettre avec elle en conflit d'action.

Dans le sens de M. Engel, il suit de la complication ou du conflit de notre force propre avec la force étrangère extérieure, que celle-ci est surmontée, ou que la nôtre est momentanément suspendue et comme paralysée par l'objet. Dans mon sens, l'inertie musculaire est toujours surmontée, et la force hyperorganique, bien loin d'être détendue ou comme paralysée par cette résistance, croît en énergie et en activité, à mesure que cette résistance augmente. Pour saisir cette complication des deux forces, l'une propre, l'autre étrangère, M. Engel en appelle à la conscience de quiconque sent en rompant un bâton, par exemple (1), comment la force de cohésion est surmontée peu à peu, à mesure que l'effort augmente jusqu'à la fraction, où notre force prend le dessus et obtient tout son effet. Je renvoie à la conscience de tout homme qui veut locomouvoir un de ses membres, ou le retenir seulement dans une position fixe par la contraction des muscles. Sans qu'il y ait aucun obstacle étranger, l'organe peut être disposé de manière à résister plus ou moins à la contraction, et à mesure qu'il cède à l'effort moteur, on ne peut s'empêcher de sentir un véritable conflit entre la force et la résistance. Mais en supposant même que l'organe cède instantanément, comme il arrive dans

---

(1) Il reviendrait au même d'employer l'exemple de l'effort fait pour soulever un fardeau ou faire avancer un mobile qui résiste.

tout acte de locomotion habituelle, la complication dont il s'agit, quoique inaperçue, par les causes dont nous avons parlé, n'en sera pas moins toujours aperceptible dans le fait du sens intime, par cela seul qu'il est impossible de confondre l'acte de locomotion déterminé par un vouloir exprès, avec un mouvement involontaire ou automatique.

« L'idée de la juxta-position, et par elle l'idée gé-
« nérale de l'espace, ne se forme pas plus clairement
« en nous, » dit M Engel, « par la vue et l'attou-
« chement; celle de la succession, et par elle l'idée
« générale du temps ne se forme pas plus clairement
« en nous par l'ouïe d'une série de sons, par la vue
« d'une série de mouvements, par l'attention aux
« changements intérieurs de l'âme, que ne se forme
« en nous, par l'usage de notre sens musculaire,
« celle de la *virtuosité*, et par elle l'idée générale de
« la force, de la cause et de l'effet. »

Ici l'auteur avertit qu'il s'abstient à dessein du mot de *causalité*, en y substituant celui de *virtuosité*, parce que, dans son origine le terme de *causalité* a trait à l'espace, et que cette forme de nos représentations est tout aussi étrangère au sens de la tendance ou de l'effort, qu'elle l'est aux sensations affectives de l'ouïe, du goût et de l'odorat, etc. Nous avons vu précédemment, en parlant de l'origine de la connaissance que nous avons de notre corps propre, comment l'exercice seul du sens musculaire, séparé de tout obstacle, peut emporter avec lui une forme primitive d'espace; ainsi nous n'avons pas les mêmes motifs que M. Engel, de nous abstenir du terme de causalité, et nous l'employons dans son acception vraie et originale, en la rapportant à l'exercice de notre sens musculaire. Mais voici où je trouve que M. Engel accorde trop beau jeu au philosophe qu'il combat, en partageant lui-même son scepticisme sur le fait primitif du sens interne.

« Nous étendons, dit-il, l'idée de la *virtuosité*, « celle de la cause et de l'effet, sur un nombre in- « nombrable, infini de phénomènes, où pourtant « tout ce que nous apercevons n'est qu'une simple « succession en temps, où rien ne nous annonce une « liaison intérieure et étroite telle, par exemple, « qu'elle se trouve entre l'effort de nos muscles et « l'acte de rompre un bâton, entre la résistance que « nous opposons à un vent de tempête, et l'effort « que nous mettons à continuer notre chemin (1). « C'est surtout de cette manière que nous envisa- « geons les mouvements arbitraires de nos membres, « de nos mains et de nos bras, en les étendant, de « nos pieds en marchant, de notre langue en parlant, « comme des effets de notre volonté, sans avoir ici « la moindre conscience, la plus faible intuition « d'une complication quelconque, d'une supério- « rité de la force de la volonté sur la force corpo- « relle. »

Il faut que ce sens de l'effort soit bien caché ou devenu bien obtus par l'habitude, puisque voilà en-

---

(1) Observez qu'ici M. Engel parle de l'effort des muscles en les considérant par rapport à l'obstacle étranger, comme je considère moi-même la volonté ou la force hyperorganique par rapport à eux. Nous ne pouvons pas plus en effet attribuer l'action ou l'effort aux muscles que la sensation aux nerfs.

core un philosophe des plus exercés à l'observation intérieure qui nie positivement son existence.

« Nous voyons que cette *virtuosité* (ce en vertu
« l'un de l'autre) que nous avons apprise par le sens
« de la tendance, ne peut absolument pas, telle que
« nous la connaissons, être appliquée à ces opéra-
« tions de l'ame. »

Telle que vous la concevez, à la bonne heure : mais d'où la connaissez-vous primitivement, cette virtuosité, si ce n'est par l'exercice primitif même de cette opération de la force hyperorganique que nous appelons *vouloir*?

« Nous renonçons même à l'espérance de pouvoir
« *concevoir* jamais comment deux natures, l'une spi-
« rituelle, l'autre matérielle, peuvent jamais agir
« l'une sur l'autre. »

Qu'entendez-vous par *concevoir*? Est-ce se représenter ou imaginer? Assurément on ne se représentera jamais ce qui est irreprésentable. Est-ce concevoir par des raisonnements *a priori* sur la nature des substances spirituelle et corporelle? On peut bien encore renoncer à un tel espoir, puisque le concept des deux substances dont il s'agit, est lui-même déduit par abstraction des deux termes du même rapport primitif, ou des deux éléments du même fait dont on cherche à rendre raison *a priori*. Mais concevoir par la réflexion le sujet individuel de l'effort, agissant sur une résistance organique dont il se distingue, rien n'est plus facile, car c'est le fait lui-même donné dans l'exercice du sens de la tendance. Et il faut bien remarquer, comme le dit très-bien Descartes lui-même dans une de ses lettres, que c'est là une de ces choses qu'on obscurcit en voulant les expliquer, et qu'il n'y a ni raisonnement, ni comparaison tirée d'ailleurs, qui puisse nous les faire concevoir.

« Cependant (continue l'auteur du Mémoire), « nous ne pouvons nous empêcher d'admettre une « liaison entre la détermination de la volonté et le « mouvement des muscles, laquelle, pour être hété- « rogène, pour ne pouvoir pas être reconnue par le « sens de la tendance, n'en est pas moins réelle ni « moins causale. Cette liaison, pour n'avoir pas de « sens à elle, ne doit pas nous être contestée, ne doit « pas être rejetée comme chimérique. »

Je soutiens au contraire, d'après tout ce qui précède, que le sens de la tendance ou de l'effort ne peut être autre que celui de la liaison immédiate qui existe entre une détermination de la volonté et le mouvement ou la contraction des muscles; et que c'est justement parce que cette liaison est toute comprise dans l'exercice du sens de l'effort, et identique au fait même du sens intime, que nous ne pouvons nous empêcher de l'admettre.

M. Engel a donc déplacé l'origine de l'idée de force ou de causalité. Il ne voit pas la cause primitive où elle est, et il la voit où elle n'est pas. Il prend surtout dans cet article le primitif pour le déduit et le déduit pour le primitif, et la raison de cette transposition de principe est évidente : c'est que dans le sens de la tendance tel qu'il le conçoit, l'effort est toujours censé appartenir aux muscles et la résistance à l'obstacle étranger, tandis qu'en remontant au vrai principe de la liaison causale, l'effort appartient uniquement à la volonté, et la résistance à l'inertie dans les muscles d'abord, avant même de se compliquer avec la résistance étrangère.

Enfin, si M. Engel eût remonté jusqu'au véritable fait primitif, il n'aurait pas dit : « Nous avons la re-
« présentation d'une détermination de la volonté en
« soi ; nous l'avons des mouvements des muscles en
« soi ; nous puisons la première dans le sens inté-
« rieur, la seconde dans un de nos sens externes ; la
« seule chose qui nous manque, c'est la représenta-
« tion de la liaison ou complication des deux. » Rien n'est plus contraire au fait de conscience. D'abord, nous n'avons dans tous ces cas aucune *représentation*. Mais, sans chicaner sur les termes, je dis qu'il n'y a aucune aperception interne d'une détermination de la volonté en soi et hors de son exercice : l'effort ou le mouvement produit ; comme il n'y a aucune perception de mouvements volontaires en tant que tels, hors du sentiment de la force qui les détermine (1) ; l'existence personnelle repose tout entière sur la liaison des deux. C'est ce composé seul, ou cette dualité qui est aperçue ; et, ce que nous n'avons pas précisément d'une autre manière que par l'abstraction, c'est la perception de chacun des deux éléments isolés ; tant il est difficile d'atteindre le simple dans toutes nos aperceptions ; tant l'observation des phénomènes intérieurs est difficile et in-

---

(1) Nous ne sentons ainsi en eux-mêmes et hors de toute complication avec la volonté que des mouvements involontaires, comme les battements de cœur, etc.

certaine; tant on est enclin à prendre les déductions de l'habitude pour de véritables principes. Rien ne le prouve mieux que l'exemple des deux philosophes à qui nous devons d'avoir pu donner à notre principe sur l'origine de l'idée de force, les développements et les éclaircissements dont il était susceptible.

III

Des idées d'unité et d'identité.

D'après tout ce qui a été déduit précédemment de l'analyse du fait primitif de conscience, je ne sais si j'ai besoin de m'arrêter encore à faire voir comment toute idée d'*un*, du *même*, étant essentiellement comprise dans le fait primitif, ou le *moi*, dont elle est une forme, ne peut être tirée que de cette source, pour être de là étendue ou transportée, par une sorte de généralisation, aux phénomènes et aux divers objets de la nature extérieure.

L'unité est entière et indivisible dans le *moi*, qui se reproduit ou s'aperçoit constamment dans l'effort sous la même forme *une*. Dans le *moi* seul est l'unité première de la substance, de la cause ou de la force, de l'existence enfin. La pluralité des objets de la nature extérieure et la pluralité des termes qui résistent à la même volonté, au même effort, n'est conçue que sous la relation à cette unité première et fondamentale. Chacun de ces objets ou termes n'est perçu ultérieurement comme existant, étant un, le même, cause ou force, qu'autant que le sujet qui se perçoit, rapporte à l'objet ses formes propres constitutives et le revêt, pour ainsi dire, des modalités dont il se dépouille. Otez le *moi*, il n'y a plus d'unité nulle part : c'est une multitude confuse qui n'a plus de centre unique où elle aille se représenter (1) et se coordonner ; ce sont des images mobiles qui n'ont plus de fonds où elles s'attachent, et confuses par leur nature, des affections composées qui ne reviennent jamais les mêmes. Ainsi tout change, rien ne reste ; tout est simultané, rien n'est successif : telle est l'existence purement sensitive, où l'on ne peut retrouver le type du véritable *unum per se*.

Il est dans la nature de la volonté, ou de la force motrice constitutive du *moi*, de n'agir que par succession, ou de n'exécuter qu'un seul acte aperceptible à la fois, par cette raison très-naturelle qu'étant *une* et *simple*, elle ne peut être *plusieurs* en même temps. Ainsi, quoique la multitude des impressions confuses dont se compose toute une vie, coexistent et affectent simultanément l'être sensitif, il ne peut y avoir qu'un seul acte d'aperception pour chacune, comme il n'y a qu'un vouloir. Ce qui est simultané ou multiple dans la sensation, devient successif dans la pensée qui ne commence qu'avec cette succession même. Condillac a très-bien vu et exprimé ce résul-

---

(1) Leibnitz (*Monadologie*, § 14), définit très-profondément la perception : « *la représentation du multiple dans l'unité*. » Ne pourrait-on pas dire aussi que l'unité attribuée à chaque objet est la représentation de l'unité du *moi* dans le multiple objectif ?

tat. Mais toute succession doit avoir un premier terme, et quel est-il ici? Est-ce encore une sensation passive? Ne faut-il pas un agent qui commence la succession; et comment et quand pourra-t-il la commencer? Nous voici ramenés à l'origine de l'individualité personnelle qui est aussi celle de toute idée d'unité.

Le type primordial, fixe et unique de toute identité, comme de toute unité, se trouve dans le *moi*, ou dans l'acte du vouloir qui le constitue; et cette identité secondaire que nous attribuons aux modifications ou aux objets de nos perceptions répétées, n'est autre dans son principe que celle de la même personne individuelle qui se retrouve toujours une, identique au fond, quelles que soient la variété et la multiplicité des formes objectives, ou représentations modales. Cette identité, dont Locke a si longuement parlé et à quelques égards si profondément pensé, ayant tout son fondement dans le fait primitif de la conscience se réfère également à ses deux termes, distincts et non séparés l'un de l'autre, semblable en cela à l'idée de substance qui a aussi son double type original dans le sujet comme dans le terme de l'effort, et différente de celles d'unité et de force qui se rapportent plus spécialement au sujet distingué de son terme résistant. Changez en effet le terme organique résistant en laissant subsister le sujet de l'effort, il n'y a plus d'identité reconnue; changez le sujet en laissant subsister le même terme, il n'y en aura pas non plus. La même personnalité continuée ne peut donc se fonder ici sur l'identité absolue de la force hyperorganique, abstraite de son terme résistant, ni sur celle du terme résistant, isolé du sujet de l'effort ; mais c'est la conservation d'un même sujet en relation originelle et permanente avec le même terme organique, qui fait la véritable identité complète de la personne. C'est ce que Leibnitz me paraît avoir aussi profondément que justement aperçu.

En lisant avec attention dans les *Essais sur l'Entendement humain*, le chapitre qui traite de l'identité personnelle, on s'aperçoit aisément que l'auteur ne distingue pas assez nettement cette identité vraiment personnelle ou de conscience, en tant qu'elle s'applique au sujet comme au terme de la même aperception immédiate ou de l'effort, de deux autres sortes d'identités qui diffèrent totalement du fait primitif, quoiqu'elles en soient déduites, savoir : 1° Celle que nous attribuons dans l'expérience à l'objet d'une perception répétée ; 2° celle qui est attribuée à la substance même de l'âme dans le point de vue ontologique, hors de l'expérience.

L'idée de *substance* abstraite et généralisée, au point de s'appliquer également à tous les objets de la nature extérieure, a son origine ou son type primordial dans le sentiment du *moi*. Comment subordonner l'identité immédiatement aperçue de ce *moi*, à l'identité de la substance qui n'est établie elle-même que d'après ce type? L'identité de la substance est conclue ou déduite de celle du *moi*, qui est vraiment primitive. Sur quel motif ou d'après quelle hypothèse pourrait-on donc subordonner l'une à l'autre ?

Au deuxième égard, quant à l'identité de substance pensante dont Locke complique inutilement ses recherches, en élevant à ce sujet des questions insolubles, comme de savoir si l'identité personnelle peut subsister dans le changement de substance immatérielle, si la conscience des actions passées peut être transférée d'une âme à une autre, etc. ; je ferai observer d'abord que l'idée de substance pensante étant déduite du sentiment du *moi* ou du fait de conscience, qui est le vrai principe, nous ne pouvons affirmer du dérivé rien qui soit contraire au primitif ou au principe : le sort de celui-là dépend de celui-ci, ou, pour parler au figuré, nous ne pouvons supposer que deux empreintes absolument différentes correspondent au même type original. Aussi, tant que la même personne reste, nous sommes fondés ou nécessités même à admettre, dans le point de vue ontologique, que la même substance pensante reste, et la première identité est le seul *criterium* intérieur que nous puissions avoir pour juger de la seconde ou de celle de la substance.

On peut admettre, ou par analogie ou par hypothèse, que la même substance restant, l'identité de la personne sera conservée, et que la substance changeant, la personne changerait aussi ; en observant toutefois que ces dernières déductions n'ont qu'une valeur hypothétique ou conventionnelle, et sont étrangères au fait de sens intime qui ne peut servir à les vérifier. Comment, d'après quelle analogie ou quelle hypothèse raisonnable, pourrait-on supposer que la substance pensante étant *autre*, la personne resterait la même, ou bien, qu'ayant deux substances, la personne serait une?... Ici, toutes les idées sont renversées, et on méconnaît absolument le type primitif et commun de toute idée de substance identique. En effet, si ce type est le *moi*, comment pourrait-il rester un pour lui-même, dans le fait de conscience et se transformer en un autre être absolu?

En fondant l'identité personnelle sur la conscience, Locke me paraît encore avoir détourné ce terme de sa signification propre et individuelle, en l'étendant : 1° Aux parties du corps sièges d'impressions sensibles; 2° au souvenir des actions passées. Et de là deux autres sources considérables d'erreurs et d'obscurités. Au premier égard.... (1).

Au deuxième égard, je ferai observer que la représentation des actions passées, en tant que telles, est la réminiscence, qui présuppose la conscience jointe à l'action première, mais qui diffère de cette même conscience comme le passé diffère de l'actuel. La réminiscence ou la mémoire, telle que Locke la considère, ne peut servir de base à l'identité personnelle, puisqu'au contraire, elle la suppose préétablie, et s'y réfère comme le conséquent à son antécédent.

Voici enfin le point où l'auteur de l'*Essai* saisit le véritable principe, mais encore à tâtons et sans le reconnaître, ou au moins sans en tirer aucun parti.

« Nous aurons, dit-il, de la peine à déterminer
« jusques où le sentiment des actions passées est at-
« taché à quelque agent individuel, en sorte qu'un

---

(1) Ici le manuscrit présente une lacune.

« autre agent ne puisse l'avoir ; il nous sera, dis-je,
« bien difficile de déterminer cela, jusqu'à ce que
« nous connaissions quelles espèces d'actions ne
« peuvent être faites sans un acte réfléchi de percep-
« tion qui les accompagne, et comment ces sortes
« d'actions sont produites par des *substances pen-*
« *santes* qui ne sauraient penser sans en être con-
« vaincues en elles-mêmes (1). »

Voilà justement ce qu'il fallait déterminer avant tout : ces espèces d'actions qui sont essentiellement accompagnées d'aperception, sont celles que le vouloir détermine. C'est à elles que se borne la conscience, sans s'étendre plus loin. On voit dès lors que cette conscience, et par suite la réminiscence des actes ou mouvements ainsi voulus et déterminés, ne peut pas plus se transférer d'une substance à une autre, que le *moi* ne peut continuer d'être lui dans le for intérieur en étant une autre personne.

Nous trouvons là aussi la meilleure réponse qu'on puisse faire aux sceptiques, quand ils allèguent contre le fondement réel de l'identité personnelle, ces cas singuliers où un homme, ayant rêvé qu'il avait fait une action, peut continuer à se l'attribuer pendant la veille. En effet, les représentations, ou les actes improprement dits, qui ont lieu dans les rêves, ne sont pas du nombre de ces actions, dont Locke parlait tout à l'heure, qui ne peuvent êtres faites sans un acte d'aperception. La croyance d'imagination qui se joint à ces fantômes du sommeil diffère

---

(1) *Essai philosophique concernant l'Entendement humain.* Livre II, chap. XXVII, § 13.

de l'évidence du sens intime, ou de la conscience même, comme l'ombre diffère de la réalité.

Nous n'irons pas plus loin sur ce sujet de l'identité, l'un des plus importants de la philosophie : il suffit d'avoir montré comment l'identité personnelle ne saurait être déplacée de sa base, sans se dénaturer ou se perdre au sein des abstractions ou des images confuses; résultat bien justifié par l'exemple que nous venons de rapporter.

IV

Des idées de liberté et de nécessité.

La sensation musculaire, qui a été distinguée par un philosophe très-judicieux sous le titre de *sensation de mouvements*, est le seul mode susceptible de devenir alternativement actif ou accompagné d'effort, ou déterminé par le vouloir, et passif, comme contrarié ou forcé par un agent autre que ce vouloir ou le *moi*. Je trouve dans cette alternative, et par suite dans le fait de conscience, le type exemplaire de l'idée de liberté opposée à celle de nécessité.

Quand je meus un de mes membres, ou que je transporte mon corps sans obstacle et comme je le veux, je suis libre. Quand le pouvoir que je sens est contrarié, comme si je suis poussé, entraîné malgré moi ou contre ma volonté, je suis non libre ou nécessité. Le fait de sens intime suffit pour nous donner l'idée la plus claire possible de deux états pareils; mais cette idée se complique et s'obscurcit, comme toutes les idées de la réflexion, en passant du fait de conscience à l'absolu de l'âme, ou aux phénomènes de l'expérience extérieure.

Mettre la liberté en problème c'est y mettre le sentiment de l'existence ou du *moi*, qui n'en diffère point, et toute question sur ce fait primitif devient frivole par cela même qu'on en fait une question. La liberté ou l'idée de liberté, prise dans sa source réelle, n'est autre chose que le sentiment même de notre activité ou de ce pouvoir d'agir, de créer l'effort constitutif du *moi*. La nécessité qui lui est opposée est le sentiment de notre passivité; celle-ci n'est point un sentiment primitif et immédiat; car, pour se sentir ou se reconnaître comme passif, il faut d'abord s'être reconnu avec la conscience d'un pouvoir. Ainsi la nécessité ou la passivité n'est qu'une privation de liberté; c'est une idée négative, qui suppose un mode positif auquel elle se réfère. Comme nous n'aurions pas l'idée des ténèbres si nous ne connaissions pas la lumière, de même nous ne nous apercevrions pas que nous sommes souvent passifs, si nous ne sentions aussi quelquefois que nous sommes actifs; je dis plus, c'est que si nous avions toujours été passifs dès l'origine de l'existence, il n'y aurait point de personne individuelle ou de *moi* capable de juger ou de reconnaître cette passivité. En qualité d'êtres purement sensitifs, nous serions entraînés dans toute la série de nos modifications, par une nécessité fatale que nous ne connaîtrions jamais, puisque nous ne pourrions nous connaître nous-mêmes comme individus.

Ainsi celui qui renie sa liberté pourrait tout aussi bien renier son existence. Mais puisqu'il nie, il a l'idée de ce qu'il nie; et comme cette idée n'est au fond qu'un sentiment immédiat, il a ce sentiment; et comment en parlerait-il autrement? comment saurait-il qu'il est un être tout passif? Il est vrai que nous sommes passifs dans la plus grande partie de nos modifications, et pour toutes les impressions qui nous font vivre; il n'y a qu'un seul mode fondamental, fourni par un sens unique, en qui ou par qui nous soyons actifs. Ce sens, tout intérieur, quoique obscurci par tant d'impressions étrangères, devenu comme obtus par l'habitude, n'en constitue pas moins l'existence personnelle de l'être pensant. Ainsi, il y a en nous un fond de passivité invincible à toute notre activité, comme un fond d'activité inaccessible à toute notre passivité.

En comparant au nombre et à la prédominance des organes sensitifs l'unité et l'intimité du sens même dont il s'agit, on explique en partie les doutes et les objections contraires au sentiment primitif et immédiat de la liberté ou de l'activité humaine. Mais ces objections se fondent encore et principalement sur deux points de vue opposés à celui du sens intime. On confond la volonté, ou le pouvoir *soi-mouvant*, qui ne s'applique qu'aux actes ou mouvements dont nous disposons sans aller plus loin, avec le *désir* qui, accompagnant toute impression passive de la sensibilité affective, tend nécessairement vers les objets, ou causes extérieures de ces impressions dont nous ne disposons pas. En second lieu, on remonte plus haut que ce pouvoir soi-mouvant, et au delà du fait où se trouve primitivement constitué dans son exercice même le sentiment de la liberté. Par une contradiction singulière dans les termes, on demande ce qui détermine dans l'absolu le premier exercice d'un pouvoir, dont le caractère est de se déterminer par lui-même dans le fait d'expérience intérieure. Quand on a la condition première, donnée par cette expérience, on pose un inconditionnel; on tend son esprit vers un possible qui dément l'actuel, comme si le possible, qui est toujours déduit de l'actuel, pouvait en aucun cas démentir son origine. N'est-ce pas en renversant ainsi l'ordre de génération de la connaissance, qu'après que le sens intime a dit : le *moi* ou sujet de l'effort (principe soi-mouvant) commence le mouvement et ne se connaît qu'en agissant sur le corps; la métaphysique a osé dire : l'âme substance peut être nécessitée dans ses premières déterminations; elle ne meut point le corps, mais elle sent seulement qu'il est mu, soit en vertu d'une cause occasionnelle, soit en vertu d'une harmonie préétablie? N'est-ce pas ainsi que Descartes et Leibnitz, après avoir proclamé le grand principe de la liberté de l'homme, élèvent des systèmes qui anéantissent cette liberté?

Ces deux points de vue, savoir : celui où la volonté est confondue avec le désir, et celui où la substance de l'âme est considérée au fond comme passive dans ses déterminations, rentrent jusqu'à un certain point l'un dans l'autre. Il faut en examiner le fondement pour dissiper les nuages qui peuvent obscurcir encore le fait primitif, ou le sentiment de notre liberté identique avec celui de l'existence.

1° Je demande à faire ici une hypothèse, qui me paraît propre à mettre dans tout son jour la distinction fondamentale qu'on s'est plu à effacer, entre la volonté motrice et le désir affectif. Je feins donc un être tel que la statue de Condillac, borné au sens de l'odorat, et tellement constitué, qu'il ne suffirait pas de mettre des corps odorants à la portée de son organe, pour lui en donner la *sensation*, mais qu'il faudrait de plus un mouvement inspiratoire fort prolongé et déterminé par sa volonté, pour qu'il pût commencer à sentir une odeur quelconque. Pour concevoir comment ce mouvement pourra être effectué, d'abord par instinct, puis spontanément, enfin par une volonté ou un pouvoir soi-mouvant, je renvoie à ce qui précède sur l'origine de l'effort et de la personnalité. Je suppose à présent le mouvement inspiratoire tout à fait volontaire ou libre, c'est-à-dire tel que l'être moteur et sentant puisse le commencer, le suspendre quand et comme il lui plaît, sans motif étranger à l'exercice de sa propre activité.

Dans cette hypothèse, il faudra nécessairement attendre qu'il veuille aspirer, pour lui faire sentir une odeur; car il est impossible de modifier en lui la sensibilité tant que la volonté est inactive. Mais qu'on saisisse le moment où cette volonté inspiratrice s'exerce pour lui présenter une fleur, cet être est modifié d'une manière toute nouvelle : la sensation agréable qu'il éprouve détermine une inspiration plus prolongée, un mouvement plus énergique; la volonté est déjà déterminée par un motif étranger à elle-même. Si la fleur est toujours présente, ou qu'elle se représente, à point nommé, toutes les fois que notre être fictif voudra inspirer, il s'accoutumera nécessairement à se croire l'auteur ou la cause de la sensation qui suit ou accompagne toujours le mouvement dont il est ou se sent cause. Je dis qu'il se croira cause de la sensation : il faut bien distinguer cette croyance, fondée sur une association d'habitude, du sentiment primitif et immédiat de pouvoir et de causalité dans l'effort ou le mouvement volontaire, sentiment de pouvoir plein et entier, dès l'origine même de son exercice, qui emporte avec lui l'évidence d'une croyance simple. Mais l'être qui sent toujours et infailliblement l'odeur, autant qu'il exécute le mouvement, ne fera pas d'abord cette distinction. En tant qu'aucune expérience contraire ne viendra pas séparer ces deux modes aussi hétérogènes dans leur principe, il croira disposer de la sensation comme du mouvement; sa volonté lui semblera se déployer sur l'une comme elle se déploie réellement sur l'autre. Cet être est donc susceptible d'être envisagé ici sous deux points de vue différents et opposés : l'un relatif à lui-même, qu'on ne peut concevoir qu'en se mettant à sa place (1); l'autre ab-

---

(1) Dans le premier point de vue de Condillac qui ne pouvait se mettre à la place de sa statue, il ne pouvait y avoir lieu réellement à distinguer un état actif et un état passif; mais cet auteur sentant le besoin de faire cette distinction, dès les premiers progrès de la statue, ne l'établit que d'une manière bien vague, en disant que la statue est active, etc.

solu, ou bien encore relatif à la connaissance qu'a un spectateur étranger, de l'objet qui est cause ou occasion vraie des modifications d'odeurs.

Dans le premier point de vue, l'être moteur et sentant est libre pour lui-même ou à ses propres yeux, dans la modification qu'il contribue à se donner, et qu'il croit se donner tout entière par l'acte d'odoration dont il dispose. Dans le second point de vue, l'être moteur et sentant n'est pas reconnu ou jugé actif; le spectateur étranger ignore s'il l'est ou jusqu'à quel point il l'est; mais il le juge et doit le juger entièrement passif et nécessité quant à l'impression dont la cause est vue ou imaginée en dehors. Mais, dans la réalité, cet être est en même temps actif ou libre, et passif ou nécessité, savoir : vraiment actif dans le mode sous lequel il s'aperçoit tel, et passif dans le mode sous lequel il se sent encore comme actif.

Écartons maintenant toute cause d'odeur : lorsque l'individu dont il s'agit voudra inspirer et sentir en même temps, son acte ou son vouloir n'aura qu'une partie de l'effet auquel il tendait, et l'effort et la résistance organique qui en est le terme propre resteront seuls. En vain cet effort croit en énergie, l'odeur ne vient pas. Ici commence infailliblement pour cet être même, et abstraction faite de toute connaissance ou représentation extérieure, une séparation bien motivée entre ce qui est actif ou libre en lui, et ce qui est passif ou nécessité. Il continue à attribuer au pouvoir soi-mouvant qui est *lui*, l'effort ou le mouvement inspiratoire désassocié de la sensation d'odeur qui n'est pas lui, en tant qu'étrangère à sa force propre et constitutive. Il continue à vouloir le mouvement dont il dispose, et dans l'exercice duquel il est et se reconnaît toujours libre; il ne voudra plus l'odeur comme n'en disposant pas ou n'en étant pas la cause efficiente; il se bornera à *désirer* cette modification; il tendra vers elle toutes ses facultés actives. L'idée de cette modification deviendra souvent le motif ou l'occasion de ses actes. Le désir pourra ainsi précéder la volonté, ou déterminer l'exercice du pouvoir soi-mouvant, mais ce pouvoir n'en restera pas moins entier et n'obéissant qu'à lui, alors même que son exercice est précédé ou amené par des motifs sensibles qui l'inclinent sans le nécessiter.

La fiction que nous venons d'employer me paraît très-propre à établir nettement la ligne de démarcation entre le *désir* et la *volonté* (1).

La volonté est concentrée dans les mêmes limites que le pouvoir et ne s'étend pas au delà; le désir commence, au contraire, là où finit le pouvoir, et embrasse tout le champ de notre passivité. L'être moteur et libre ne veut que ce qu'il peut ou qu'autant qu'il peut; l'être passif ne désire ce qu'il ne peut pas, qu'autant qu'il ne peut pas se le donner. Le premier s'affranchit de la nécessité de la nature; l'autre lui obéit et se trouve tout entier sous l'empire du *fatum*. C'est parce que l'homme porte en lui-

---

(1) Tous les sens externes qui, comme nous le verrons bientôt, participent, inégalement à la vérité, à l'action et à la passion, auraient pu nous donner des exemples semblables.

même ce double type, qu'il a une idée de liberté opposée à celle de nécessité, et qu'il connaît l'une dans son contraste avec l'autre.

2° La distinction essentielle dont nous venons de poser le fondement nous met plus à portée d'apprécier l'opinion des philosophes qui n'ont élevé tant de doutes et de questions abstruses sur la liberté, qu'en confondant cette puissance avec le désir et en cherchant à la déterminer dans l'absolu hors du fait ou du mode primitif de l'effort (1). . . . . . .

. . . .
. . . .

. . . . . Un homme, en supposant qu'il pût faire palpiter son cœur avec plus de force en s'arrêtant sur certaines idées qui l'affectent, comme il peut arriver dans certaines organisations mobiles, n'aura jamais, dans ce mouvement imprimé au cœur à la suite de ces idées, le sentiment d'un pouvoir pareil à celui qui accompagne un acte de locomotion volontaire.

Je conclus de là que la liberté, considérée comme le sentiment d'un pouvoir en exercice, suppose la réalité de ce pouvoir, comme le sentiment intime de notre existence nous prouve sa réalité. Et comme Descartes a dit : Je me sens exister (ou je pense), donc j'existe réellement; on dira de même et avec une évidence du même ordre de primauté : Je me sens libre, donc je le suis. Si ce sentiment de pouvoir me trompait, si je pouvais douter encore, si, au mo-

---

(1) Ici le manuscrit présente une lacune.

ment où je me détermine, où je fais un effort, c'est un autre être, une autre puissance invisible qui est cause de ma détermination, qui exerce mon effort ou exécute mon vouloir ; je pourrais douter également si, lorsque je sens ou aperçois mon existence individuelle, ce n'est pas un autre être qui existe à ma place.

3° On ne saurait trop s'étonner de ce que l'analogie ou l'identité que nous venons d'établir entre le sentiment de la liberté et du pouvoir, et celui de l'existence, a pu échapper à un philosophe tel que Descartes, qui avait rendu un hommage si éclatant au témoignage du sens intime, au point d'y mettre l'origine de toute évidence et le principe générateur de la science. Comment le même philosophe qui dit : Je pense ou je sens que j'existe, donc j'existe réellement, a-t-il pu dire ensuite : Je sens que j'ai et que j'exerce actuellement un pouvoir moteur sur mon corps, et pourtant ce pouvoir n'existe pas réellement, ce n'est pas moi ou mon âme qui meus le corps, c'est une autre puissance ? Cette inconséquence philosophique (j'ose le dire, malgré tout le respect que m'inspire le grand nom de Descartes) se rattache précisément au point de vue précédemment examiné à l'occasion de l'hypothèse de la girouette et de l'aiguille aimantée, ou plutôt ces hypothèses ont été amenées naturellement par la doctrine de Descartes sur la volonté qu'il identifie complétement avec le désir ou l'inclination. La volonté n'est en effet dans ce système qu'un simple vœu de l'âme pour que le mouvement s'accomplisse, et ce dernier est comme un événement qui lui serait en quelque sorte étranger et dont elle ne disposerait en aucune manière; c'est enfin l'aiguille aimantée ou la girouette qui, dirigées par une force invisible, croient se diriger elles-mêmes, parce qu'elles trouvent du plaisir à se laisser entraîner et qu'elles désirent aller du côté où le courant les pousse. Ici, à la vérité, ce n'est point une cause physique, mais le moteur suprême, Dieu, cause efficace, unique, qui fait pour le mouvement du corps ce que le vent fait pour la girouette : il suffit que l'âme le désire ou incline vers lui, et à l'instant le moteur suprême intervient et se place, pour ainsi dire, entre l'âme et le corps, remue celui-ci conformément au désir de celle-là.

Tel est le fameux système des *causes occasionnelles*, imaginé uniquement pour sauver la difficulté qu'on trouvait à concevoir, dans l'absolu et hors de l'expérience du sens intime, comment une substance spirituelle et inétendue pouvait s'appliquer à une étendue matérielle, et *vice versâ*, etc. Tout ce qui a été dit précédemment sur les hypothèses de Bayle et de Leibnitz, qui reposent sur le même principe, sur la même confusion du désir avec la volonté, s'applique ici presque mot à mot.

Je demande toujours, en effet, ce que devient dans ces systèmes le sentiment du pouvoir ou de l'effort; je demande ce qui différencie, dans le fait de conscience, le mouvement voulu et librement effectué, de celui qui est involontaire, contraint par une force différente du *moi* ou entraîné, comme dans l'instinct. Est-ce Dieu qui agit et meut, quand le *moi* sent le pouvoir et s'attribue le mouvement, comme en étant la cause productive immédiate? Il faudra dire alors que Dieu s'identifie avec le *moi* ou le *moi* avec lui. Mais pourquoi employer le titre d'une puissance mystérieuse? Il n'y a rien de mystérieux dans le sentiment intérieur de l'effort, ou dans le fait même de l'existence de la cause efficiente. Tout est inintelligible lorsque, sortant du fait ou mettant l'absolu avant lui, on demande quelle est l'essence de cette force motrice hors de son acte, hors du sentiment d'elle-même; et le *Deus ex machinâ*, au lieu de lever le mystère, nous fait encore mieux sentir qu'il est impénétrable par la nature même des choses, ou plutôt qu'il n'y a pas même lieu à poser une question.

Mais est-ce encore Dieu qui vient mouvoir le corps quand la sensation du mouvement est passive ou dénuée d'effort? Alors, sans doute, il n'y a plus d'identité entre le *moi* et cette personne invisible. Qu'on l'appelle Dieu, âme sensitive, peu importe, puisqu'ici le *moi* n'est pas cause; il ne réclamera point contre le titre de la puissance qui agit hors de son domaine, il sent seulement qu'elle est autre que lui, et le sentiment de sa dépendance actuelle ne ressort même que par contraste du sentiment intérieur d'un pouvoir exercé. Ainsi, de quelque manière qu'on exprime la différence entre l'action et la passion, entre la liberté et la nécessité; qu'on attribue la première à Dieu seul, et la seconde au corps, toujours faut-il reconnaître que la différence ou l'opposition existe réellement, et que le type en est tout entier dans le fait de conscience, identique avec le sentiment du pouvoir.

Descartes a semblé quelquefois vouloir s'en tenir à la vérité de ce fait où il a puisé l'évidence ; mais une tendance plus forte vers l'absolu ou l'inconditionnel l'entraîne et le met en opposition avec cette évidence même.

« Que l'esprit qui est incorporel, » dit-il dans une de ses lettres, « puisse faire mouvoir le corps, il n'y
« a ni raisonnement ni comparaison tirée d'aucune
« autre chose, qui nous le puisse apprendre, mais
« néanmoins nous ne saurions en douter, puisque
« des expériences certaines et évidentes nous le font
« connaître tous les jours manifestement ; et il faut
« bien prendre garde qu'il s'agit ici d'une de ces choses
« connues par elles-mêmes, qu'on obscurcit toutes
« les fois qu'on veut les expliquer par d'autres. »

Pourquoi donc recourir au *Deus ex machinâ* pour rendre raison du mouvement du corps ? N'est-ce pas vouloir expliquer une chose connue par elle-même, au moyen d'une autre qui lui est tout à fait étrangère, et substituer le miracle au fait naturel du sens intime ? Nous sentons immédiatement, et sans raisonnement ni comparaison tirés d'ailleurs, que l'esprit (ou mieux la volonté, le *moi*) fait mouvoir le corps ou est la cause de ce mouvement ; — donc cette cause existe réellement en tant que telle, de la même manière que j'existe réellement par cela seul que je le sens ou que je pense. Que devient alors ce raisonnement *a priori* sur lequel se fonde le système des causes occasionnelles ? Une substance inétendue ne peut s'appliquer en aucune manière à une substance étendue ; — donc il n'est pas possible de concevoir *a priori* que l'âme agisse sur le corps ; — donc il n'y agit ou n'y influe point réellement. La volition n'est donc que le désir ou l'inclination de l'âme vers tel ou tel mouvement du corps : c'est la seule part qu'elle y prenne ; tout l'efficace de la cause appartient à un moteur suprême étranger, et le sentiment de notre pouvoir dans l'effort voulu, ou n'existe pas, ou n'est qu'une illusion.

Dans cette contradiction, très-manifeste ici, entre le raisonnement *a priori* fondé sur la nature absolue des substances, et le fait primitif d'expérience fondé sur le témoignage du sens intime, je demande auquel des deux il faut s'en rapporter ; je demande si l'évidence de mon pouvoir ou de ma propre causalité dans le mouvement du corps n'est pas d'un ordre supérieur ou antérieur à celle d'une différence essentielle ou d'une hétérogénéité de nature des deux substances ; et, en remontant plus haut, je demande d'où vient l'idée elle-même de la substance inétendue, c'est-à-dire de la force, et de la substance étendue, c'est-à-dire de la résistance continuée (*resistentis continuatio*) ? D'où savons-nous que l'une n'est pas l'autre ou en est distincte? Nous ne le savons que par le fait ou dans le fait même de la conscience où le sujet de l'effort voulu se distingue du terme résistant. Pourquoi donc se mettre en contradiction avec ce principe de fait, seul et véritable titre de la distinction des deux substances, pour maintenir l'hypothèse ou le principe de déduction qui les abstrait ou les sépare complétement l'une de l'autre? N'est-ce pas briser le modèle pour conserver une copie, ou plutôt, après avoir altéré cette copie, n'est-ce pas la prendre elle-même pour l'original?

Le système de l'harmonie préétablie s'accorde parfaitement avec celui des causes occasionnelles, dans l'altération ou la dénégation même du fait primitif de la conscience, c'est-à-dire d'un pouvoir senti ou immédiatement aperçu, et par cela même réel, dans les mouvements volontaires du corps : il s'y accorde surtout en ce qu'il confond le désir ou l'appétit et la simple tendance affective, avec la volonté ou le pouvoir soi-mouvant. Toutes les traces de ce pouvoir, et par suite de la liberté qu'il constitue, se trouvent effacées dans ce système, où les mouvements du corps et les désirs de l'âme se correspondent harmoniquement, par la nature même des substances telles qu'elles ont été constituées ou faites l'une pour l'autre par le Créateur, sans qu'il y ait entre elles d'influence réciproque, ou que l'une puisse jamais changer les lois fatales de l'autre.

Tout ce qu'on a dit précédemment s'applique donc de la même manière, et à ce système, et à celui de Cudworth sur les formes plastiques, et à celui des *vitalistes* qui, réduisant aussi toute volition active au simple désir ou à l'appétit, nient le pouvoir primitif de l'âme ou du *moi*, en méconnaissent le sentiment, et se croient aussi obligés de chercher un intermédiaire mystérieux qui effectue dans le corps les inclinations ou désirs qui sont dans l'âme, etc. Tous ces systèmes dissimulent le vrai point d'une difficulté vraiment insoluble dans leur principe : Quelle est la base ou la condition première de cette différence, clairement établie dans le fait du sens intime, entre une action ou un mouvement volontaire, et un mouvement involontaire? D'où nous vient l'idée de pouvoir ou de cause? Comment savons-nous qu'il y a quelque cause ou force dans l'univers ou hors de lui?

Anaxagoras, dit un historien savant et judicieux (1), est le premier qui ait remarqué dans les êtres animés l'identité du principe moteur et du principe pensant. Assurément, le témoignage du sens intime avait bien suffi pour établir cette vérité première : elle dut être connue ou sentie aussitôt qu'il exista dans le monde un être agissant et pensant. Un autre Anaxagore, né à propos dans nos temps modernes, armé de l'autorité d'une raison supérieure et de l'évidence même du sens intime, aurait pu rappeler aussi nos métaphysiciens à cette identité de principes si anciennement et toujours si vainement reniée. Éclairé par l'expérience des siècles et par l'histoire des révolutions de la philosophie, avec quelle force de conviction n'eût-il pas signalé ces écueils où la raison humaine vient se briser toutes les fois que, méconnaissant et son origine et sa portée, elle renverse l'ordre de la génération des idées ou des faits primitifs qui servent de base à tous ces concepts de substances, de causes, de forces; essaie de pénétrer jusqu'aux *essences absolues* et tente de se placer *ex abrupto* dans la région des possibles pour en dériver les existences actuelles !

---

(1) M. Degérando.

CONCLUSION DE CE CHAPITRE.

Caractères particuliers des idées qui y ont été analysées.

Les idées dont nous venons de présenter l'analyse en montrant leur dérivation commune et immédiate du fait de conscience, sont les éléments véritables de la *science des principes;* elles servent de *base nécessaire au travail de la raison* (1), ainsi que l'a très-bien conçu et exprimé la société savante qui a posé le problème relatif à l'analyse des faits primitifs du sens intime et à l'aperception interne immédiate.

Ces termes de *substance*, *cause* ou *force*, *unité*, *identité*, etc., expriment en effet autant de points de vue abstraits dans la forme du langage, mais primitifs et réels dans le fond du sujet pensant qui s'aperçoit ou existe un, durable, identique, cause ou force productive du mouvement. Ce sont là enfin les idées que Locke reconnut le premier, sous le titre d'idées simples de la réflexion, mais dont il laissa l'analyse si imparfaite. Ainsi, considérées dans leur rapport immédiat au type originel dont chacune d'elles est une empreinte, ces idées simples, élémentaires, ne sauraient être confondues sans les plus graves inconvénients avec celles qu'on a nommées d'une manière beaucoup trop vague, idées abstraites ou générales. Appellerait-on en effet abstractions le

---

(1) Expressions du programme de l'Académie de Berlin. Voyez l'Introduction générale, au commencement

fait primitif du sens intime ou ses dérivés les plus immédiats, le *moi*, la *personne*, la *cause,* l'*un*, le *même*, parce que ces faits, ces idées simples n'ont point d'objets qui puissent se représenter ou se figurer d'aucune manière aux sens externes ou à l'imagination ; ou bien encore parce qu'entrant comme éléments subjectifs, formels ou régulateurs, dans tout ce que le *moi* peut connaître hors de lui ou en lui, ces idées ne sont conçues à part qu'en tant qu'elles sont vraiment séparées ou abstraites des objets de nos représentations? Je demande alors à motiver ici plus précisément une distinction nécessaire entre les deux sortes d'idées abstraites dont il s'agit.

Les idées ou les notions abstraites, suivant Condillac (1), ne sont formées que de ce qu'il y a de commun entre plusieurs idées particulières : telle est la notion d'*animal*, etc. C'est là limiter la valeur du mot *abstraction* aux idées générales. Or, toute notion générale est bien abstraite, mais toute idée abstraite n'est pas générale.

En résolvant un tout concret dans ses parties ou ses qualités élémentaires, on obtient un certain nombre d'abstraits proprement dits, dont chacun ainsi donné comme abstrait à la faculté d'attention qui l'isole du composé objectif, n'existe réellement que dans ce tout auquel il tend sans cesse à se rejoindre. Telle est l'opération que nous appelons proprement *abstraire;* mais celle qui consiste à généraliser, suppose de plus des comparaisons plus ou moins éten-

---

(1) Voyez le *Traité des systèmes.*

dues entre divers objets, rapprochés entre eux sous le point de vue de telles propriétés ou qualités abstraites qui leur sont communes. Ici l'on abstrait de plusieurs individus et l'on compare ; là, on n'abstrait que d'un, et l'on ne compare point. Voilà donc déjà une différence essentielle à noter entre les idées générales, et les idées abstraites par l'attention, d'un seul et même tout objectif, concret. Mais les idées simples, abstraites par la réflexion du *moi* sur lui-même, diffèrent également des unes et des autres par plusieurs caractères dont je noterai ici les principaux.

Les idées abstraites générales, formées par la comparaison de telles qualités ou modifications sensibles, dépendent de la nature de ces modifications, tellement que, si celles-ci viennent à changer en intensité ou en nombre, l'idée abstraite n'est plus la même. Comme, par exemple, un aveugle ne saurait attacher aucune idée aux signes généraux des couleurs, il n'attachera pas non plus la même signification que nous aux termes des genres plus élevés, tels que ceux de fleur, d'arbre, de végétal, d'animal, etc. Combien d'ailleurs ces notions ne sont-elles pas sujettes à varier, suivant que les idées particulières d'où elles sont abstraites, varient aussi en qualité ou en quantité, dans les divers esprits, ou dans le même en différents temps !

Au contraire les idées simples réflexives dont il s'agit, quoique intimement associées par nos habitudes avec les objets des sens ou de l'expérience extérieure, n'ayant dans leur nature et avant l'association, aucun caractère sensible, variable ou multiple, conservent après l'abstraction, la même forme individuelle et constante. Comme elles ne dépendent point de la nature ni du nombre des modifications comparées, celles-ci ont beau changer dans la représentation, les autres resteront les mêmes dans l'acte de réflexion, qui saisit leur caractère propre et individuel. Voilà pourquoi aussi ces idées simples, abstraites par réflexion, ne sauraient servir de type à aucun genre ou classe de choses et de phénomènes extérieurs. En effet, les propriétés ou qualités abstraites qui servent de base à une classification doivent appartenir également à tous les objets classés, ou entrer comme éléments de composition dans l'idée particulière qui représente chacun d'eux individuellement. Or, les idées dont il s'agit ici n'étant *qu'associées,* en qualité d'éléments formels ou régulateurs à toutes nos représentations, ne peuvent devenir les titres distinctifs de genres ou espèces de quelques-unes d'entre elles. Comme elles ne servent qu'à lier entre elles les parties du composé objectif, elles n'en sont point parties intégrantes. Comme elles constituent le *un* de tout individu, elles ne peuvent devenir le *commun* titre de la classe ou du genre. Enfin, comme elles ont leur source unique dans le sujet de toute représentation, elles sont hétérogènes à toutes les propriétés ou qualités qui se représentent dans les objets mêmes classifiés. Aussi ne peut-on les obtenir par la simple résolution de quelque concret que ce soit dans ses parties constituantes.

Ainsi :

1° Pendant que les idées générales abstraites,

qu'on pourrait aussi appeler *abstractions logiques,* sont nécessairement collectives, les idées abstraites réflexives sont toujours individuelles et simples. (Otez l'universel ou le commun, le singulier ou le un restera encore, comme l'a très-bien remarqué Leibnitz, quoique dans un point de vue différent du mien.)

2° Celles-là s'éloignent d'autant plus du caractère individuel ou réel, par leur extension à une multitude d'objets variés, qu'elles sont d'ailleurs plus abstraites, c'est-à-dire plus simplifiées quant à la compréhension. Celles-ci, au contraire, se rapprochent toujours davantage de l'unité réelle ou de la vérité même du fait primitif de conscience, à mesure qu'elles sont plus *abstraites,* c'est-à-dire plus complètement séparées de toutes les qualités ou impressions sensibles dont se composent les objets hors de nous.

3° Les abstractions logiques se trouvent réduites à une valeur purement nominale, jusqu'à ce que l'imagination s'emparant de leurs signes y ajoute le complément sensible, nécessaire pour les mettre à sa portée et les appliquer à l'étude des phénomènes. Les idées abstraites de la réflexion jouissent par elles-mêmes d'une valeur propre et réelle, indépendante de toute application aux choses du dehors, ou plutôt qui peut s'altérer par cette application même. Celles-là, fondées en grande partie sur les conventions qui ont déterminé notre langage, ne sont susceptibles que de cette sorte d'évidence de raison qui satisfait l'esprit, lorsqu'il aperçoit clairement que ses propres conventions sont remplies, et qu'elles le conduisent à un but final par une pente régulière de déductions. Celles-ci, après qu'elles ont été purifiées pour ainsi dire de tout mélange avec les choses du dehors, revêtent ce caractère d'évidence immédiate, et éminemment appropriée aux faits de sens intime où elles prennent leur source unique.

On trouve dans les caractères qui distinguent les deux sortes d'idées abstraites que nous venons de comparer, la solution de cette question élevée par quelques philosophes, si l'on peut, ou si l'on doit analyser les principes des sciences, ou si ce mot *principe* n'indique pas lui-même le terme où toute analyse doit s'arrêter.

En effet, prend-on pour principes des catégories ou des idées générales, des termes de classes, de genres, tels que ceux qui se trouvent à la tête de chaque branche de connaissances physiques? Alors on peut et on doit toujours analyser les principes, c'est-à-dire descendre des effets les plus généraux jusqu'aux phénomènes élémentaires, particuliers à qui appartient exclusivement l'évidence du fait. Mais, appelle-t-on principes, ou plutôt, prend-on pour la base même de la science des principes, le fait de conscience, ou les idées simples de la réflexion, comme celles de cause, de force, d'identité, etc., prises dans leur dérivation la plus immédiate de ce même fait de conscience? Alors, sans doute, il ne saurait y avoir lieu à analyser les principes; il ne peut s'agir que de ramener les idées premières, simples et régulatrices, à leur source propre, c'est-à-dire au *moi*. Et comme avant le *moi*, il n'y a point de science puisqu'il n'y a pas d'existence, l'analyse parvenue jusque-là s'arrête nécessairement sans pouvoir s'étendre plus loin.

La métaphysique sera donc une science réelle et positive : celle des phénomènes intérieurs et de toutes les idées qui peuvent s'en déduire, en tant qu'elle partira du fait de conscience, comme donnée primitive qu'il s'agit de constater, et non d'expliquer ou d'analyser. Ce sera une science abstraite, roulant nécessairement sur ses propres définitions ou ses hypothèses conventionnelles, et n'ayant ni commencement ni fin, si, partant de principes généraux, elle veut se créer elle-même ou se constituer science hors de toute existence donnée. En d'autres termes, et pour rappeler ici la vérité qui sert d'épigraphe à cet ouvrage, si tous les principes réels de notre connaissance viennent se résoudre dans un fait primitif, le sens qui s'applique immédiatement à la connaissance de ce fait intime, doit être lui-même le vrai principe et l'unique origine de la science : *Sensionem cognoscendi ipsa principia principium esse, scientiamque omnem ab eâ derivari dicendum est.* Ils se sont donc laissé entraîner par le torrent des habitudes de l'imagination ou du langage, ces philosophes qui ont substitué des abstractions, logiques ou physiques, aux éléments vrais de la science des principes, suivant sans restriction une méthode de pure analogie, propre aux sciences dérivées, soit physiques, soit conventionnelles. Ils ont trop imité les philosophes de l'Inde qui appuient le monde sur une tortue, sans remonter jusqu'à la force mouvante qui active, soutient et balance entre elles toutes ses parties.

Je demande à étayer encore la distinction essentielle et fondamentale que je viens d'établir entre les idées abstraites de la réflexion et les idées générales, sur l'autorité d'un métaphysicien célèbre, qui a parfaitement reconnu et exprimé la même distinction quoiqu'il n'y soit pas toujours resté fidèle.

« Il est nécessaire, dit Kant, d'éclaircir et de pré-
« ciser la signification encore incertaine de ce mot
« *abstrait*, dont l'ambiguïté pourrait répandre des
« nuages sur toutes nos recherches des choses intel-
« lectuelles. Il faut donc distinguer d'une manière
« plus expresse, les éléments qui sont abstraits des
« choses ou objets en qui ou par qui ils existent *in*
« *concreto*, dans un état de combinaison intime, et
« les éléments qui s'abstraient eux-mêmes des com-
« posés avec lesquels ils sont associés par une sim-
« ple agrégation ou co-existence. Ainsi, tout con-
« cept intellectuel (ou idée simple de la réflexion)
« n'est point abstrait des choses sensibles, comme
« s'il était un des éléments constitutifs de ces choses ;
« mais il s'en abstrait de lui-même ou s'en sépare,
« comme élément hétérogène aux parties intégrantes
« du composé, en sorte qu'il serait plus exact de
« l'appeler *abstrayant* (dans la signification active)
« qu'*abstrait* (dans la voix passive). *Conceptus intel-*
« *lectualis abstrahit ab omni sensitivo; non abstra-*
« *hitur a sensitivis, et forsitan rectius diceretur*
« ABSTRAHENS *quam* ABSTRACTUS (1). »

---

(1) *De mundi sensibilis atque intelligibilis forma et princi-*

Ce point de vue rentre parfaitement dans ma manière de considérer les idées abstraites réflexives de substance, de cause, de force, telles que je les ai déduites par l'analyse du fait primitif de conscience, en développant le caractère distinctif si bien exprimé par Kant. En remontant jusqu'à la source même de la distinction, on trouverait la confirmation du principe que j'ai cherché moi-même à établir, et comme le résumé de toute cette section, savoir, que le *moi* qui existe ou s'aperçoit intérieurement comme *un, simple, identique*, n'est point abstrait des sensations comme ce qu'il y aurait de commun ou de général en elles, mais qu'il s'en abstrait lui-même par l'acte d'aperception interne, qui distingue et sépare jusqu'à un certain point l'individu ou le *un* du collectif et du multiple ; la force agissante ou la cause, de l'effet produit ; l'action de la passion ; en un mot le sujet qui fait l'effort, du terme qui résiste et qui pâtit des modifications diverses. Le *moi* est donc vraiment *abstrahens* dans son action réflexive, et non *abstractus*. Cette opposition ou antithèse d'expressions et d'idées se trouve également effacée, et dans les systèmes qui ramènent tout à la sensation transformée, et dans ceux qui dénaturent les idées simples de la réflexion, en les transformant d'une autre manière en catégories ou idées générales abstraites, avant de les avoir ramenées à leur source ou au véritable principe.

L'objet de cette section se trouverait rempli si j'é-

---

piis, 1770. Cette dissertation latine paraît avoir servi de début à toute la doctrine critique.

tais parvenu à mettre dans tout son jour le vrai principe générateur de la science, en le dégageant des illusions systématiques sur lesquelles se fonde la double transformation dont je viens de parler. Je poursuivrais alors avec plus de sécurité la nouvelle carrière ouverte à l'analyse des sensations et des idées.

FIN DE LA PREMIÈRE PARTIE ET DU TOME PREMIER.

TABLE DES MATIÈRES

DU TOME PREMIER.

	Pages.
Avant-propos de l'éditeur.	*a*
Introduction générale aux oeuvres de M. de Biran.	i

ESSAI SUR LES FONDEMENTS DE LA PSYCHOLOGIE. . 1
    Avant-propos de l'éditeur. 3

Introduction générale.

I. Résumé des Mémoires couronnés par l'Institut de France, l'Académie de Berlin et l'Académie de Copenhague. 21
II. Détermination du fait primitif de sens intime . . . 35
III. Projet de conciliation entre les divers systèmes des philosophes sur la génération des idées 50
IV. Coup d'œil sur les divisions de la psychologie et sur la méthode qui y est appropriée 65
V. Des moyens que nous avons pour vérifier ou reconnaître nos facultés. Cause des disputes sur l'obscurité et la clarté des idées psychologiques . 80
VI. Des méthodes pratiques appropriées au développement ou au perfectionnement des facultés . . . 108

Plan de l'ouvrage. 131

PREMIÈRE PARTIE.

Analyse des faits primitifs du sens intime. 139
    Introduction. . . . . *ibid.*

Section première

Considérations sur les divers systèmes de philosophie relativement à l'analyse des faits primitifs. 145

		Pages.
Chap. I.	Rapports de la philosophie *a priori* avec l'analyse des faits primitifs.	148
	1° Système de Descartes.	148
	2° Système de Leibnitz.	157
	3° De divers systèmes plus récents et en particulier de celui de Kant.	166
Chap. II.	Rapports de la philosophie de l'expérience avec l'analyse des faits primitifs.	172
	1° Bacon.	ibid.
	2° Locke.	177
	3° Condillac.	183
	Conclusion de la première section.	197

SECTION DEUXIÈME.

Exposition des bases d'une analyse des faits du sens intime. 203

Chap. I.	De l'effort, considéré comme le fait primitif du sens intime, de ses caractères et de ses signes dans le physique et le moral de l'homme.	ibid.
Chap. II.	Recherches sur l'origine de l'effort et de la personnalité.	218
Chap. III.	Origine de la connaissance que nous avons de notre propre corps.	233
Chap. IV.	Du rapport de l'aperception interne et du fait primitif avec les idées originaires de substance, de force ou de cause, d'unité, d'identité, etc.	246
	1° Idées de substance et de force.	248
	2° De la cause ou de l'application particulière et originelle du principe de causalité.	256
	3° Des idées d'unité et d'identité.	276
	4° Des idées de liberté et de nécessité.	283
	Conclusion de ce chapitre. — Caractères particuliers des idées qui y ont été analysées.	299

FIN DE LA TABLE DES MATIÈRES DU TOME PREMIER.

www.ingramcontent.com/pod-product-compliance
Lightning Source LLC
Chambersburg PA
CBHW051355230426
43669CB00011B/1650